A HISTORY OF FOREIGN NEWS

[第2版]

外国新闻史教程

21世纪新闻传播学基础教材

■李 磊 著

中国传媒大学出版社

·北京·

目 录

第二编　自由竞争时期的资本主义新闻传播事业史

第三编 垄断竞争时期的资本主义传播事业史

第一编

封建集权主义时代的新闻传播事业史

导　言

封建社会形态在人类历史上生存时间漫长、发展空间广阔，因而各个国家封建社会的新闻传播事业呈现出不同的历史类型与发展轨迹，它们的成长过程不仅当时便展现出绚丽多彩的画面，还对后续自由资本主义时代、垄断资本主义时代、社会主义时代新闻传播事业及世界上其他的新闻传播事业体系产生了深刻的影响。研究这一阶段的新闻传播事业发展史，将帮助我们对世界新闻史的整体发展框架与历程有一个基础性的把握。为了比较清晰地介绍这段内容丰富的历史，我们将在此首先对封建社会新闻传播事业的基本问题做一个简要的概述。

一、分期与内容

1. 新闻传播事业的分期问题

人类的新闻传播事业既与其社会历史发展的总体进程同步，又有着特定的自我发展规律；它既可能像政治、文化等上层建筑一样随着其下的经济基础而转变，也可能因某种历史的特殊背景及原因而呈现出与经济、文化、科技等社会子系统并不同步的现象。因为它也像自然界一样，具有自己的内在发展规律和阶段性上升等特征。

因此，封建社会的新闻传播事业史的分期，并不能简单地等同于常识性的世界封建社会制度的分期时限——即西方以公元 476 年西罗马帝国的灭亡为开端，至 1640 年英国资产阶级革命而告终。在东方,虽然各国封建社会产生的时间不等,但大抵以 18 ~ 19 世纪世界范围的民族独立解放运动而结束。相形之下,封建社会传播事业史的历史上限在西方大约起自公元 15 ~ 16 世纪的意大利,其下限则终止于西方各国资产阶级性质的新闻传播事业体制占据社会大众传播主导地位的 17 ~ 18 世纪——即相应于史学界所描述的封建社会制度在世界范围内的衰亡与资本主义制度在世界范围内的确立时期。东方的封建传播体制诞生与延续的时间则更久、更长。比如中国,在公元 9 世纪的盛唐时代就出现了封建官报系统的萌芽——邸报,在宋代(北宋)又出现了民间私人的“小报”。东方各国封建传播体系的瓦解是与其殖民化和资产阶级革命时代的到来紧密相连的,因而在时间上要明显晚于西方。

2. 封建社会新闻传播事业的主体内容

封建社会形态下的传播事业史的历史存在,从内容上来看,可以近似地划分为两大体系和一个亚体系——东方体系和西方体系及殖民地传播事业体系。这两个体系基本包括了东方较为纯粹的封建性质的传播事业和西方在封建社会“母体”内斗争成长的资产阶级近代传播事业萌芽的基本内容;从时间上来看,封建社会新闻传播事业在东方存在的时间上限似可从中国的汉唐算起,下限则到了清末半殖民地半封建时期;封建社会新闻传播事业在西方存在的时间上限则为 15 ~ 16 世纪(在意大利),下限为 18 ~ 19 世纪,相应于封建社会传播事业在西方范围内的整体性衰落和新兴的资本主义传播事业体系在西方世界范围内的逐步确立时期。

封建社会传播事业所包含的东西方两个主流内容在各方面都有着很大的差异。西方式的封建社会传播事业主流是伴随着14 ~ 15 世纪资本主义生产关系在意大利、西欧的萌芽而同步诞生,并伴随着文艺复兴、宗教改革、各国资产阶级革命运动而发展壮大的近代资本主义传播事业及它与之斗争的对立物——各国封建专制传播事业;虽然这种近代传播事业是市场、资本和市民社会的产物,是一种性质上反抗封建集权主义管制的新的媒体、新的传播力量,但由于在这一时期它仅仅是一种萌芽,处于早期的发展阶段,还没能形成同日后资本主义社会结构、国家形态、思想文化相统一的成熟状态,仍然处于封建社会“母体”之中,因而西方近代传播事业的萌芽与早期发展阶段仍属于封建社会传播事业的范畴。因为,在 14 世纪到 17 世纪这两三百年间,西方封建社会的整体结构虽已处于全面的衰亡阶段,但仍然顽强地占据着社会统治的主导地位,封建的集权政治体系依然对社会生活施加着强大的反作用力,作为当时社会上层建筑之一的市民传播事业,当然也就受其强烈的制约与影响,不可避免地被打上了封建专制主义的鲜明烙印,况且当时西欧各国封建政权还都有着自己相当强大和完备的封建传播体系,这两种传播事业既斗争又混合转化,被统一地包裹在封建社会的体制之内,构成了封建传播事业的第一个主体内容。

封建社会的传播事业的另一主体内容,便是在西方式的近代资本主义性质的传播事业产生之前就早已存在的、东方式的“纯”封建社会传播事业,如中国唐朝的“开元邸报”、明代的“京报”、日本江户幕府时期的“御沙汰书”、“荷兰传闻书”,及在其他东方国家中更为原始粗糙的封建社会的传播媒介和系统。这些传播媒介和体系虽然仅仅是一些较为零散粗糙的社会传播手段或方式,但它们确实是封建政权和国王们用来进行社会统治的信息传播官方系统,它们构成了世界新闻传播史上封建社会传播事业的第二个主体内容。

美洲的北美十三州和加拿大,亚洲的印度、半殖民地半封建社会的近代中国、太平洋的澳洲大陆,则构成了封建传播事业的一个亚体系——殖民地传播事业类型。虽然这些地区和国家有着种种不同的背景,但遭受外来宗主国的殖民压迫,在发展自己的社会传播事业进程中与宗主国的专制控制展开了长期的斗争,这确实是它们共同的社会发展背景,因而这些国家特定殖民时期的传播事业便构成了一种较为特殊的传播事业类型。

二、集权主义——统一的传播事业内核

纵览世界各国的封建社会传播事业史，我们可以看到更为细腻、千差万别的不同传播类型。比如在封建传播事业东西方诸种类型之中，既有英、法等国的专制王权型，也有德意志封建贵族分封型；既有古代中国大一统皇权型，也有日本幕府将军型；还有俄国半农奴半封建型；美洲、澳洲、印度殖民地型等等，呈现出多样化的趋势。这当然是由各国不同的历史、地理、文化、政治、经济等多种因素及这些因素不同的组合演变方式等原因所造成的，但是，如果我们再仔细地对这些不同类型的封建社会传播事业诸形态进行一番抽象地概括和深入的定性分析，我们就不难发现，在这些各自相异的传播类型之中，有着一条规律性的"红线"贯穿其间，这就是统一的集权主义传播模式特征，试分析如下。

第一，统一近似的传播理念——无论是何种封建传播类型，传播事业的当权者们：封建的国王、将军、皇帝、哈里发、总督等，都对其治下的传播事业有着近似统一的传播理念，这就是传播事业是国家和君主们实现其统治目标的垄断资源和私有工具，一个社会中的传播事业和其所有的传播行为，都必须毫无保留地支持并促进统治者们实现其预定的国家目标。

第二，传播职能的共同要求——封建和集权统治者们认为，传播事业的主要存在价值和基本职能就是作为一种工具、一种手段、一种媒介、一种力量来协助君主、哈里发、沙皇、总督大人们完成他们治国平天下的宏伟任务，因而整个社会传播事业应作为一种为上层统治者们服务的建设性力量而不是一种相反的异己势力而存在。

第三，信息交流的运行模式——从传播事业的基本职能出发，封建社会里的信息传播体系基本上形成了围绕着以封建上层权力为中心的两个主要信息流程模式：其一是在上层统治集团内部横向流动的"水平式流程模式"，以保证统治者们能够分享重要的信息，进行有效的社会控制活动；其二是从封建上层权力中心流向下层被统治

阶级的、自上而下的信息“单向垂直式流程模式”,其目的是保证把统治者意欲让广大民众知晓的某些信息传达下去,以实现其统治目标。如果我们用一个简单的图示来表达的话,这两种信息流程似乎可以用“T”型或“倒金字塔”型来加以图解。“T”字的上“一横”代表着统治阶层内部水平式信息流动模式,“一竖”则代表着面向广大的被统治阶级的单向垂直式信息流动模式。附带一提,在封建社会里,还不同程度地存在着一种下层民众之间进行的横向信息水平流动过程,如民间歌谣、唱本、“读卖瓦版”、民间“小报”、商业阶层使用的“新闻信”、“集市新闻”等等,所以似还可以用“工”字形模式来描述封建社会中大众传播的共同信息流程。但这些信息传媒和传播过程都为统治者严加防范、遭受残酷打击,不许其逃脱出传播管制的藩篱,不许其危害统治的基础与秩序,因而显得声音微弱、难以对社会的发展进程产生较大的影响。

第四,传播事业的强控管理——由于统治者几乎毫无例外地认为封建社会的整个传播事业都是国王、君主们的私有物,都必须无条件地为封建统治阶层服务,都必须符合君主们的根本利益,这就决定了封建社会的当权者普遍对社会传播事业采取了垄断独占和严格控制的基本政策。虽然在各个国家中对传播事业的控制方式可能不尽相同,但其基本的精神是完全一致的,这就是严厉控制、统一管理,绝不使其损害王国和君主们的自身利益。

以上是我们对封建社会中的传播事业的一些基本特征所作的一个简单描述。如果我们想用一个更为准确的概念来概括封建社会传播事业及行为的总体特征的话,这个概念应该是“集权主义”。

“集权主义”的概念在传播史上的意义似可以理解为两大特点:其一是一切“向上”的趋势特征——“集权主义”传播事业的基本职能是为上层服务的;传播交流体系的信息源来自上层;信息的传递走向及过程也是自上而下的;传播事业是高高在上的君主们的工具和私有物,与普通大众毫不相干;传播的内容和传播的行为只对上层当权者负责;这一切构成了它“一切向上”负责的总体特征;其二是它的强控特征——为了达到和保证“一切向上”的目的，封建统治者们就必须对传播事业进行人为的控制，必须以国家权力为后盾，对任何偏离向上趋势的传播行为实施强制性的打击和矫正，以确保传播事业牢牢地控制在上层君主、智者和统治集团手中，绝不允许任何个体牟利的、阶级异己的成分存在。

三、政治体制与传播事业——分散的类型

我们对于封建传播事业的一个基本认识是：虽然所有封建国家的传播事业中都贯穿着“集权主义”的精神实质和统一特征，但是，受其各种不同历史发展要素及这些要素间不同组合方式的影响，封建传播事业在各个国家构成了不同的传播事业类型。因为，同样是封建社会形态，法国和德国、英国与日本、中国同俄国间都存在着极大的差异，这种社会整体性的差异当然会明显地影响到各国传播事业的发展与定型，并对其未来的发展走向有着相当重大的影响。

一个社会中的传播事业体系的形成与发展受到多重因素的影响，这是毫无疑义的，但笼统地说传播事业受多种历史因素的制约并不能给我们一个较为清晰的图画。在我们看来，各个国家中影响其大众传播事业的因素似可简要地概括为以下四类：经济系统；政治系统；文化系统；科技系统。当然还有自然地理和社会外部其他力量等要素的影响，这些要素的不同组合方式和不同时空的存在才构成了能够说明每一个具体传播事业发展的历史原因。我们在此欲探讨的一个问题是：在决定各国传播事业的差异性上最主要的、最明显的要素是什么呢？换句话说，在影响各国传播事业形成其独特类型的各种力量中，哪一种是最大的、最强的、最明显的？

我们认为，赋予各国封建社会传播事业以不同类型、个性的主要历史要素是各国的政治系统——或者可以更简要地归结为社会政治系统中的政体形态。

何为政体形态？政体形态是国家政权构成的具体形式。同属封建集权主义性质的国家政权，由于不同的历史背景和现实的统治力

量对比关系等一系列要素的影响，可能会采取不同的政体形态。比如，在封建的英、法两国，专制王权占据主导地位，因此君主专制型政体就形成了；而诸侯力量强大的德意志，国家政体形态只能是贵族分封势力为主的七大选侯选举产生傀儡国王的贵族君主制；中国则是绝对的东方大一统专制皇权政体；日本却是半封建半资本主义的"二元"天皇制政体；北美十三州的殖民地型和俄国的半农奴半封建沙皇君主制等政体形态更呈现出迥然不同的特质。显然，同为封建社会，各国的政体形态也呈现出很大的差异。

那么，为什么说政体形态是赋予各国传播事业以强烈个性的重要历史要素呢？这主要是因为人类的传播事业乃是一种主要呈现在政治上层建筑领域中的文明现象。在政治、经济、文化、科技四大社会子系统中，政治系统对传播事业的影响最为直接、亦最为有力。一个社会中的各种要素当然都或多或少地对生存在其框架之内的传播事业发挥着各自的影响力，但它们的影响却都要间接地通过政治系统的吸收转化，而后以政治结构或政体形态的信息方式来指令、规范、制约其下的传播事业小系统。正是在这个意义上来看，政治系统对传播事业的具体类型和发展走向有着巨大的制约能力，这个观点构成了我们考察各国封建社会传播事业不同体系的基本出发点。

据此出发，我们把封建社会形态下的各国传播事业划分为东、西方两大体系，我们将在本编之中对这两大体系之内不同类型的封建传播事业进行逐个的考察和横向性的比较分析。主要考察的类型是：英、法专制君主型传播事业体系；德意志贵族分封型传播事业体系；中国大一统专制皇权型传播事业体系；北美十三州殖民地型传播事业体系。

需要说明的是，由于我们所研讨的内容庞杂浩繁，我们只能对其进行简约的叙述和分析。同时，为了准确地把握我们所描述的对象，我们还必须对其生存发展的历史背景进行必要的综合性考察。因此，历史的综合考察和对各国传播事业横向的比较分析便成为本书主要的研究方法。本书每章的内容基本上由三个板块构成：背景之回顾——对所叙述的内容进行准确的历史总体框架把握;历史的进程——对所叙述的内容进行客观真实的简明描述;分析与思考——这是每章的重点,对所描述的历史内容进行探索性的比较分析。

下面让我们进入正题,分章对封建社会的两大传播体系,四种传播类型的具体内容进行探讨。

【练习题】

名词解释:

1. 集权主义
2. 自由主义
3. 新闻事业
4. 新闻体制

简答题:

1. 简述集权主义传播事业的基本思想与理念
2. 简要阐明集权主义新闻传播模式的基本特征

第一章

西欧专制君主型传播事业体系

封建时期的英、法传播事业史

第一节　背景之回顾

一、共同的特征

封建专制君主政体是封建国家最为常见的一种政权组织形式，世界上大多数封建国家都曾建立过这种政体，例如英国的都铎王朝和斯图亚特王朝；法国的波旁王朝；西班牙、奥匈帝国的哈布斯堡王朝；俄国的罗曼诺夫王朝等。虽然这种政体在各国的具体形式有种种差别，但基本上具有以下几方面的共同特征。

1. 存在着空前强大的专制王权

专制君主政体是封建社会中最古老的一种专制权力组织形式。在这种政体下，取消了以往由封建贵族世袭官职的制度，君主直接任免大臣，用直接为君主负责的国家官僚机构代替了以往对国王保持某种独立性的封建贵族势力。国家的立法、司法、行政大权全部集中于强化了的独裁王权手中。作为国家控制的一种重要工具——社会新闻传播事业，也理所当然地被强行纳入国王神圣专制的权力系统之中，并被视为一种协助专制王权完成预定国家管理目标的有效工具。

2. 君主至高无上、神圣不可侵犯的观念

在专制政体国家内，存在着一个超乎一切法律机构之上的，不可分割、不可转让的最高帝王个人独裁权力。这种个人权力常常被演绎为出自神授,系天命所归。君主因此至高无上、神圣不可侵犯,一旦登基,便即终身在位,不可更替。正是依据此种观念,封建国家的君主们顺理成章地宣称王国内的所有传播媒介之所有权均属国王垄断独占,排除其他一切治下团体民众对社会大众传媒体系的染指。

3. 超经济的社会强力控制行为

由于在这种政体内,国家最高权力全部集中于一人手上——这个人通常就是高高在上的君主(国王、皇帝、沙皇、哈里发、苏丹等),还由于在封建专制政体中,政治斗争的所有内容都是以维护和夺取这种最高权力为中心而展开的,因而在这种政体内不断地发生着强化王权和削弱王权的起伏斗争,这就迫使国王需要不断地对整个社会系统实施自上而下的强化控制,以确保自己至高无上的专制地位之稳固。此种强化行为表现在新闻传播领域,就是对新闻信息来源、信息传播过程、信息传播效果、信息传播范围的严格控制和强权管理。

二、英法专制王权简史

西欧英、法两国封建专制君主制的历史大约有两三百年之久,在英国,主要是都铎王朝和斯图亚特时期;在法国,则主要是波旁王朝时期。

1. 英国的封建专制王权史

英国封建专制王权的兴起,肇始于1066年法国诺曼底公爵威廉的入侵,史称“威廉征服”。威廉公爵用武力击败了英伦本土的盎格鲁-撒克逊旧贵族,大大削弱了原居住地封建贵族们的独立势力。通过没收土地分封给追随来英的诺曼底贵族,威廉王培植了一批忠于王室的封建统治集团分子,从而加强了王权的势力,使英国较早地出现了中央集权政体的萌芽。

对英国王权的强盛具有重大影响的另一个历史事件是15世纪爆发的“红白玫瑰战争”。这场由两大封建家族——约克家族和兰开斯特家族及其各自的封建附庸们所进行的、旨在夺取最高统治权力的战争共打了30年(1455～1485)。在战争中,大批封建贵族刀剑相向、残杀殆尽,这就为后来的统治者们在英国建立强大的封建专制政体扫清了道路。胜利者亨利·都铎为了谋求统治的稳定,同兰开斯特家族的安娜结为夫妇,从而结束了这场内乱,建立起了英国历史上最为强大的一个封建专制王朝——都铎王朝,英国封建社会大众传播事业的鼎盛发展进程主要就是在这个王朝统治时期内展开的。

2. 法国的封建王权史

自843年《凡尔登条约》把查理大帝的军事帝国一分为三以后(德意志、意大利、法国),西法兰克(纽斯特里亚)地区就逐渐演变成为法兰西王国,公元987年,法国历史进入了卡佩王朝时期。

卡佩王朝的初期,法国各地依然处于封建贵族势力割据状态,经过王朝几代君主们的刻意经营,在13世纪时法国进入了封建等级君主政体阶段,并逐步向专制君主政体过渡。对于法国王权的兴起影响重大的历史事件是1337～1453年的英法百年战争,圣女贞德就是这场战争中的法国民族英雄。百年战争使法兰西民众的民族意识空前觉醒,全国团结在王权的旗帜下,一个强大的封建国家在欧洲大陆产生了。到了1491年时,法王查理八世最终完成了整个国家从领土到政权的统一,在法国建立了最早的封建君主专制政体。然后,陆续经过查理八世、路易十二和法兰西斯一世几代君主们的努力,在16世纪时,法国强大的封建君主专制政体终于正式确立了。1589年,波旁王朝建立,法国封建时代的大众传播事业主要就发生、成长、定型于这个王朝的统治时期之内。

三、王权与报业

马克思说过:“君主专制发生在过渡时期,那时旧封建等级趋于衰亡,中世纪市民等级正在形成现代资产阶级,斗争的任何一方尚未压倒另一方”[①]。恩格斯也指出:当时“互相斗争的各阶级达到了这样势均力敌的地步,以至于国家权力作为表面上的调停人而暂时得到了对于两个阶级的某种独立性。”[②]

事实正是这样,在消灭封建割据、建立统一民族国家的历史进程中,封建王权获得了整个民族几乎所有社会阶层的承认和拥护,并进而取得了至高无上的强大专制权力。然而,王权一旦得势,便立即按照自己的统治逻辑,给英、法两国的历史进程打上了专制的深深烙印。国王一朝大权在握,就迫使整个民族向其屈服,全部社会生活均受其一人操纵,并使整个国家利益服从于一己私利。国家虽有政府,但却完全依附于君王。法国“太阳王”路易十四的一句名言概括了这一时期英、法专制君主制度的基本特征:“朕即国家”。

君主们对国家和社会所采取的这种专制行为和理论,也反映到初期的传播事业领域中来了,这就是我们在导言中所提及的“集权主义理论”的出现。

“集权主义理论”的核心是:在专制君主国家中,传播通讯事业是担负特殊任务的一种社会统治工具;传播事业在社会系统中传播的任何消息、思想和意见,都必须对完成君主们指定的预定目标具有直接或间接的帮助;为了完成此项职能,传播事业就必须服从国王的控制,使它不至于妨碍国家实现自己的最终目的;由于那些从事大众传播事业的人——那些在统治者们看来低贱无知的人们,往往不能理解君主们的英明远见,总是会因循一己私利而把大众传播媒介变为牟利的手段,从而严重地妨碍了君主们的治国目标。因此,国王们必须对其麾下的社会传播事业实施强力控制,以防止传播事业偏离预定的社会管理目标,成为一种异己的势力。在英、法封建专制王权统治时期,大众传播的“集权主义”理论成为两国君主们对待治下传

① 《马克思恩格斯全集》第4卷第340页。
② 恩格斯:《家庭、私有制和国家的起源》,《马克思恩格斯选集》第4卷第168页。

播事业始终不渝的理念。

第二节 历史的进程

一、英国都铎王朝的出版管制

英国专制王权对新闻出版及传播通讯事业的控制始于强大的都铎王朝时代。印刷术传入英国的初期,并未受到国王们的特别重视。1476年,在英王爱德华四世的支持下,商人威廉·卡克斯顿在伦敦的威斯敏斯特大教堂建立了英国第一个印刷所。但是在随后的宗教革命及政治斗争中,印刷传单和非法书籍成为威胁王权巩固的一种危险的武器,从而引起了都铎王朝君主们的注意,并开始了其对治下的新闻出版、传播事业实施强力控制的历史。

1. 亨利八世与出版特许独占制度

都铎王朝的亨利八世是开始管理王国内出版印刷事业的第一位英国君主。他通过:①禁止国外出版商在英国从事出版印刷行业,保护国内出版商的特权利益;②任命专职皇家出版人员负责监督出版事业;③给予经过选择的印刷商以独占经营的专利权益,防止任何反对势力出版印刷品的产生;④保护被授予特权的印刷商们的专营利益,并对整个出版印刷事业进行强权管制——这四项步骤开始了其控制英国出版印刷事业的历史。

1528年,亨利八世颁布命令,限制外国出版商学徒人数不得超过三人;1529年,亨利八世又开出了一张官方禁书单,正式开始对王国内的出版印刷业进行控制;1530年,他特许海顿神父一人发售神学家坦特尔翻译的《圣经》,并建立了第一个在政府控制下颁发许可证的制度;1534年,英国皇室又颁布了保护国内出版商的法令;亨利八世在这年的圣诞节发布公告,规定所有出版商开张营业前必须获得皇家许可。到了1538年的时候,皇家特许出版印刷制度被正式建立起来了。

2. 玛丽女王与皇家特许出版公司

玛丽女王执政时代是英国历史上宗教纷争的时代。为管制印刷出版事业，打击异教邪说，巩固王权，女王对印刷出版采取了一种行业垄断特许方法，发展并完善了亨利八世的控制手段。

早在1357年，英国就有一种法庭公文与教科书写作者协会，到了1500年，这个协会扩展为出版行业工会，许多印刷商们被接纳成为会员。1557年，玛丽女王将这个出版行业工会改造成为皇家特许出版公司。女王在皇家特许出版公司委任状中规定：在英国，除公司会员及女王特许者外，其他人的印刷出版行为一律禁止。据此，皇家特许出版公司的会员们取得了在王国领土内独占出版各种印刷品的权力。凡经女王特许的印刷商，都是这个公司的会员。会员们只要不损害国家的政治利益，安分守己，王权就保护他们从这种印刷出版独占政策中获取可观的经济利润，并不允许别人插手这一行当。对当局而言，通过皇家出版公司的帮助就可以有效地制止针对政府的诽谤、恶意攻击及异教言论、文章的出版印刷，而为了报答皇家特许的新闻报道和出版印刷独占权力，保护自己可观的财产利润，皇家特许出版公司的会员们完全同意只刊登“有益于国家利益的消息”，并卖力地帮助当局查处非法出版者，对违反这一戒条的会员和非法出版者予以严厉的惩处，以向政府表示忠诚。在随后的伊丽莎白女王时代，这个封建时代的出版垄断托拉斯继续存在着。这种控制的方式如此有效，以至于伊丽莎白一世自己也认为，建立皇家特许出版公司是把王室的政治利益同印刷商和官方办报人的经济利益统一起来的最佳途径。事实也的确如此，由于皇家特许出版公司对于整个印刷业的独揽和监督，国家几乎可以不负担任何开支便达到了抑制反对势力舆论的目的。公司会员们更是努力工作，以期获得统治者的满意，确保特权地位，进而获得丰厚的利润。这种政治与经济的联合体使得英国封建专制王权对新闻印刷出版事业的控制强大而有力。

3. 伊丽莎白一世与皇家出版法庭

在伊丽莎白一世时代，英国皇家对印刷出版行业的控制手段又有新的发展，这就是1570年建立的皇家出版法庭。

早在亨利八世时英国就有了专门辅佐国王的枢密院这一组织，它的主要作用是协助国王进行国家统治。伊丽莎白时代枢密院的权力就已很大，它的重要的职责之一就是监督和控制特许印刷出版。1570年，伊丽莎白女王把枢密院中的司法委员会专门独立出来，组成为皇家出版法庭，这就是英国历史上著名的“星法院”。它的组成人员包括议会的议长、财政大臣、掌玺大臣及主教、勋爵各一人，专门审理两种案件：一是普通民事或刑事案件，二是重大的政治案件，包括叛国煽动罪、诽谤宫廷罪等重大案件。这种审判不经一般的司法审判辩护程序而是秘密进行的。为使罪犯招供，可以运用各种酷刑。英国历史上的许多新闻出版印刷人士均曾饱尝其苦，“星法院”完全成为压迫新闻自由的一个丑恶象征。

在组建皇家出版法庭的同时，伊丽莎白女王还继续加强了特许独占的控制体系，最主要的措施是女王于1586年颁发的出版法庭命令。该命令一直维持到1667年，是英国新兴资产阶级新闻自由的最大克星。命令规定：

(1)一切印刷品须送交皇家出版公司登记，全部印刷商的印刷机械必须在皇家特许出版公司登记。

(2)除了剑桥、牛津大学和伦敦市以外，一律禁止印刷。

(3)除非得到教会同意，不再允许出版商申请登记。

(4)印刷商印刷任何刊物均须事前请求许可，否则处以12便士到40先令罚款或坐牢等项处罚。

(5)皇家特许出版公司对非法秘密出版物有搜查、扣压、没收及逮捕嫌疑犯的权力，并有权对其实施相应惩处。

(6)特许出版商的学徒以1至3人为限，剑桥、牛津大学等地印刷所各限有学徒10人。

这项命令的执行，在伦敦城内由皇家特许出版公司负责，在地方上则由当地教会及地方长官负责。各地教会和皇家特许出版公司为保障自身权益，执行命令极为认真。直到1660年，皇家出版法庭一直通过该项命令对出版行业保持着有效的控制和严格的管理。

二、斯图亚特王朝时期出版专制控制的衰落

斯图亚特王朝建立伊始(1603 年),国王詹姆斯一世就遇到了麻烦。在这一时期,以往出版自由、宗教自主和民主政治的微弱呼声开始逐渐强大起来,封建王朝潜在的所有危机也日益显露,各个早已互相敌对的阶级及利益集团都拉开了战斗的序幕,各种非法印刷活动频繁。面对这一新的形势,詹姆斯一世沿袭都铎王朝的老规矩,企图对新闻出版行业继续实施独占控制,但已显得有些力不从心了。

1620 年在欧洲大陆发生的事件引起了英国人的关注,国王的女儿伊丽莎白公主的丈夫——即国王的女婿——德国的巴拉丁选侯费雷德里克因波希米亚王国的争端而与他国开战。1621 年夏天,荷兰的印刷商们为迎合英国人关心战事的兴趣,出版了一种原始的报纸"科兰特",并运到伦敦发售。这些"科兰特"报纸主要报道了欧洲大陆的战争新闻,也对詹姆斯一世的外交政策进行了批评,于是国王于 1620 年 12 月和 1621 年 7 月两次颁布公告,禁止任意谈论国事,并发布了取缔"科兰特"的命令。

1621 年 9 月,为了有效地控制舆论,抵御外来"科兰特"报纸的影响,皇家特许印刷商尼古拉斯·波恩得到国王准许,发行了英国人自办的第一张印有"准许出版"字样的"科兰特"报纸。这种官方准印的报纸只刊印国外有利于王室的新闻,并尊重国王的旨意,不报道国内任何新闻。

1625 年詹姆斯一世死后,其子查理一世即位。他为了达到更为专制的目的而对任何异己言论实施残酷的镇压。但随着国王与国会的激烈斗争,双方都没有更多的精力对新闻出版实施控制了,因而在 1640 年英国资产阶级革命爆发前夕,报道国内消息的非法报刊迅速盛行起来。为了寻求公众的支持,国会修改了以往限制新闻出版的大部分规定。而 1640 年英国资产阶级革命的爆发,标志着斯图亚特王朝反动的印刷出版控制手段的破产。随着内战的进行,国王的权

力日益被削弱，并逐渐转到国会手中，特许出版公司的权力也大受影响。1641 年，“长期国会”取消了臭名昭著的“星法院”和皇家特许出版公司，英国新闻出版业第一次呼吸到了自由的空气。

三、法国波旁王朝的出版管制活动

1. 首相黎塞留和报业

早在 1474 年，法国的封建王权便已开始管制出版印刷事业。最初的管制活动是由巴黎大学负责的，后来政府通过了一个出版事业组合机构，正式建立了出版特许制度，直接管制出版印刷事业。

法国封建社会最早的新闻刊物的出现，同波旁王朝路易十三的著名首相、大权在握的主教大人黎塞留有着密切的关系。黎塞留深知利用出版印刷控制舆论的重要意义，因而最早在法国建立并发展了专制王权控制下的新闻出版事业。

1611 年，在黎塞留的极大关注和操纵下，法国出版了第一本年鉴——《弗朗索瓦信使》。该年鉴由黎塞留的心腹约瑟夫神甫主持，内容系刊载每年 12 个月中政府公布的法令、官方的重要措施以及宫廷的一系列活动，显然，它带有明显的官方宣传色彩。

但是，由于年鉴每年才能发行一次，性质类似历史文件汇编，难以达到政府及时宣传和控制舆论的目的。于是，1631 年 5 月 30 日，还是在黎塞留的支持下，法国历史上的第一份新闻性报刊——《公报》产生了。

2. 三大官报系统

同英国一样，法国封建社会最初的出版印刷事业也是受政府严格管制的，任何出版印刷品，非经国王特许不许发行。但是，同英国不同的是，法国国王不仅通过特许准予印刷发行，而且还通过官方的积极支持建立了三大官报系统，垄断了主要的传播领域，这三大官报就是经国王特许发行的政治性的《公报》、文学性的《信使报》和科学性的《学者报》。

(1)《公报》(la Gazette)

《公报》是由泰奥弗拉斯特·勒纳多于1631年5月30日创办的。早在《公报》创办之前,曾有一位名叫路易·旺多姆的书商,曾在巴黎出版了几期单页的不定期新闻纸,叫做《普通新闻》。但在首相黎塞留的支持下,勒纳多的《公报》很快吞并了《普通新闻》,并于1631年10月取得了国王路易十三所给予的特权证明书。

路易十三的这份证明书写道:"勒纳多本人及其子孙,在法国境内得以永远享有发行报纸之权力……永远有权通过任何人印刷和出售新闻纸,报道王国内外过去与现在发生的任何事件,包括会议、商品、市价以及上述问讯处事宜……上述新闻纸在全国发行,并排除其他任何人的干涉。"

勒纳多的《公报》起初为月刊,后来一直是周刊。该报最初仅为4页,后增为8页。从1635年起,《公报》每年出两本汇集,一本专门刊登法国消息及宫廷闲话,另一本则专门报道国外消息,发行量为300份~800份。自1632年起,《公报》增加了问讯专版,这就是现代报纸广告版的维形。就当时的情景而言,《公报》算是办得相当成功的了。

依据路易十三和黎塞留给予的两项特权——刊登、发售新闻和刊载、发售广告,勒纳多一家获利甚丰,但该报也因此俯首帖耳,甘做当权者的喉舌耳目。勒纳多的《公报》报头上刊印皇室徽章,并在报头上注明"地球上所有国王及强国的报纸"。当时该报刊登的政治性文章大多出自黎塞留之笔。1633年,为刊登黎塞留临时送来的一篇文章,勒纳多不得不将已印好的一期报纸加以重新编印。

尽管是官方庇护下的喉舌,《公报》在法国新闻史上仍具有划时代的意义。这是因为,其一,《公报》是法国新闻出版史上出版很有规律的第一份报刊;其二,《公报》的出版时间非常长从1631年一直陆续发行到1915才停刊(其中曾几次改变过报名、刊期);其三,《公报》不仅在当时的法国很有影响,它还是欧洲最古老的新闻性刊物之一,也是欧洲最早的政论性刊物之一。具有开明好奇和一定批判精神的勒纳多以他的开创性工作赢得了后世的尊敬,被人们誉为“法国报业之父”。

(2)《信使报》(Le Courrier d'E legance)

法国文学性的刊物最早始于1650年的《滑稽新闻》,它是由贵妇隆格维尔小姐和蹩脚的诗人让·洛莱共同创办的。其内容是用诗体文章记叙关于巴黎凡尔赛宫廷的活动和上流社会社交界的秘闻,风格轻浮、浮夸、华丽、幽默。1672年,另一家文学性的刊物出现了,这就是《信使报》。《信使报》又名《文雅信使》,是由让·多纳德·隆塞创办的,这也是一张专门刊载凡尔赛宫廷和巴黎社交界传闻,格调华丽轻浮的文学性报刊。《信使报》每月发行一期,每期至少有200页,内容主要有:现实记事、文学记事、戏剧副刊,大学会议、高级官员的任命、红白喜事、音乐、美术、诗歌、小说、谜语及爱情、神学等问题,由于让·多纳德·隆塞极受国王宠信,他的《信使报》也获得了国王的特许出版专权,成为法国文学界的官方报刊。1724年,该刊正式更名为《法国新闻报》,成为巴黎最有影响性的文学刊物。

3.《学者报》(Journal des Seavants)

科学性的报刊《学者报》是在当时法国著名财政大臣柯贝尔赞助下,于1665年创办的。柯贝尔学识渊博,爱好文学艺术,他认为法国的科学文化应有一个定期刊物传播阐述,便积极赞助《学者报》的出版。《学者报》的早期主持人是国会议员德尼·德萨洛。该报在法国享有出版特权,通常每周、半月或一个月发行一期。内容有新书摘要、科学理论与发明报告、天文学以及显微镜、望远镜的发明消息等等。它历尽艰难,延续出版至今,现仍受法国科学院赞助,其主要内容是介绍法国及国外出版的新书。

《公报》、《信使报》、《学者报》作为三种性质不同的出版印刷物,均受法国国王的庇护,享受特许权益,其共同性质就是在维护王权、统一舆论的前提下,分别向王国内的读者们供给新闻、娱乐和科学方面的各类消息。在法国大革命爆发之前,法国封建王朝统治下的新闻出版事业就这样缓慢而协调地向前发展着。

第三节 分析与思考

在本章中，我们将就西欧专制封建王权下的集权主义新闻传播事业的一些基本特征进行分析，以研讨在此种社会结构与理念框架下的新闻事业发展的深层原因。

一、王权与新闻传播事业

西欧历史上的封建王权的产生，按照马克思的说法，乃是“发生在这样一个过渡时期，那时旧的封建等级趋于衰亡，中世纪市民等级正在形成，现代资产阶级斗争的一方尚未压倒另一方”。由于新生的资产阶级市民阶层和没落的封建贵族阶层这两种社会主体力量相互冲突、势均力敌，“以至于国家权力作为表面上的调停人而暂时得到了对于两个阶级的某种独立性”（恩格斯语），这种国家权力就是强大的封建王权势力。从本质上来说，封建王权势力与封建贵族势力是一致的，但是他们却在政令统一和分封割据的权力角逐中意见相左、争斗不已。在封建母体内部生长起来的市民阶层虽然在根本利益上与封建制度有着激烈的冲突，但出于自我发展壮大的目的，又支持王权对内统一国家、对外海外殖民，因为统一的国内市场和不断攫取到的海外廉价资源对市民阶层（即资产阶级）的经济发展活动奠定了良好的基础，而王权也需要资产阶级的钱袋来维持国家的庞大财政支出及统一的军队和其他国家机器。

西欧历史上的这种“三角制衡”关系对这一时期新闻传播事业的发展，起到了良好的推动作用。由于专制王权所带来的统一的国内市场、长期的社会稳定、不断拓展的海外市场等因素，使得新闻传播活动日益活跃，各种印刷出版品不断出现。从另一方面看，封建的专制王权既要牢牢地把握治下的各种社会新闻传播活动，从意识形态、文化思想、制度法律等社会层面统一舆论，但有时也积极主动地支持创办官方的新闻传播媒体，或透过有效的手段，对私人的新闻传播媒介实施控制，以便达到弘扬国威、宣传王权、统一舆情、实行社会规范控制等为我所用的目的。

就这样，从总体上来看，西欧封建王权的兴起对当时新闻传播事业的发展起到了一种积极的促进作用。依赖于强大的王权，英、法两国的新闻传播事业获得了一段较为长期的稳定局面，有了较大的发展，积蓄了较为丰富的新闻传播实践经验。这一切，为后来以资产阶级市民阶层为主的新型传播事业不断突破日益阻碍其发展势头的封建集权主义传播政策，在资产阶级革命浪潮中充当舆论先锋的历史角色打下了一定的基础。当然，我们也必须看到专制王权对其王国内的新闻传播事业发展的阻碍作用，这不仅表现在王权对社会传播事业的专制掌控上，更表现在对后来已不甘心只蛰伏在经济领域里赚钱，也想在政治生活中有所表现的市民阶层新闻传媒的残酷打击、百般迫害上。随着封建王权与资产阶级“蜜月”关系的终结，日益腐朽的王权与以往时有冲突的封建贵族们联手，开始了对日益强大的资产阶级新闻传播事业的全面压制。但是，在王权庇护下业已强大起来了的资产阶级早已不复谨小慎微、低三下四的旧态，而是以激扬的面貌、高昂的斗志拿起了武器——笔和枪，开始了震惊世界的伟大的资产阶级革命。

二、英国封建特许出版独占制度分析

以集权主义的理念来统辖、控制新闻传播事业的统治者们，常常会依据不同的社会生存环境和他们的政治智慧来运用这些理念，并发展出来许多不同的手段、技巧和方法。持续时间最久、效果最为成功的一种控制方法，就是发轫于英国都铎王朝，其影响遍及全球的印刷出版特许独占制度。

顾名思义，这种集权主义控制方法的核心原则有两个：其一，认为在王国境内，所有的印刷出版权力完全归属王室，不经国王特许，谁也无权从事印刷出版事业；其二，为了王国的目标和子民的幸福，国王和皇室必须对境内所有的出版印刷事业实行资源独占，把关乎国计民生大事的新闻出版事业大权交付给那些“堪当重任”的官方委任的印刷商手中。

由此可见，英国都铎王朝的封建传播控制体系是以皇室拥有对新闻传播事业的独占权为前提的。当人们在精神上认可了“普天之下、莫非王土；率土之滨、莫非王臣”的理念，认为皇家“天经地义”地拥有王国内所有的财产与权力时，统治者们对传播事业的集权控制也就顺理成章、无可非议了。

然而，在一个封闭的王国里，特许独占的社会资源会带来很高的经济利润，这使得那些同样掌握印刷技艺、有能力从事印刷出版行业、却又没有获得皇家出版特许权益的人们千方百计地与被授予特权者进行各种形式的竞争。比如，一个从皇家印刷商那里正式学徒期满的印刷工匠所做的第一件事便是申请皇家印刷特许权，但这种特权是稀缺的、有一定数额的，并不是所有的印刷工匠们都能得到这份特权。于是，一些拥有娴熟印刷手艺但又没有印刷特许权的印刷工们便热衷于自行印刷有利可图的印刷品，或干脆为那些政府的反对者们、宗教异端派别印制“非法”的印刷品，以取得丰厚利润。为了制止这种信息流通的失控现象，英国封建政府花费了大量财力来查禁这些印刷品，甚至以叛国罪把一些非法印刷商判处死刑，以儆效尤。但是，高额的回报、不愿丢下辛勤苦学得来的手艺和灵巧隐蔽的工作方式，使得大批的“非法”地下印刷商队伍禁而不止、剿而难灭，反对国王和皇室利益的印刷品也就层出不穷、防不胜防了。

为了有效地控制王国内信息的传播活动，英国都铎王朝的统治者们逐渐发展出了一种新的管理方式，这就是把以往分散的、获有印刷特许权的官方印刷商们联合起来，利用这个行业古老的行会形式，将其发展成为一个半官方色彩的皇家特许出版公司。根据皇室所授予的特权，这个公司获得了对王国内整个印刷行业的完全垄断独占，并有权自行甄别、挑选、罢免特许印刷商，有权对可疑的印刷作坊进行搜查、封禁，有权对可疑的印刷商进行逮捕、审讯和惩治。统治者们把官方印刷商们的经济利益和皇家的政治利益用制度紧密地结合在一起,利用更加精通印刷行业、为保卫自己的既得利益而战的爪牙们的力量来高效地镇压反对派的印刷活动。显然,这种把特许印刷商们的经济利益巧妙地与皇室的政治利益结合起来的方法是极为高明、非常有效的。

都铎王朝的特许独占印刷管理制度确实是一种高效有序的管理方法,它既避免了王室专制的恶名,又节省了大量的人力物力,达到了控制言论传播的目的,形成了一套不是官方传播体系但却胜似官方传播体系,能够为王权所信赖倚靠的外围力量。这种力量再辅以国家的行政(发放特许权)、司法(皇家出版法庭)权力的支持,就基本上能够对王国内的各种社会信息传播活动实施有效地控制了。

三、怎样评价历史上的集权主义传播事业

在人类历史上,无论是西方还是东方,都曾出现过强大的专制王权和集权主义色彩浓厚的封建社会传播事业体系。在对这种曾对人类历史的发展起过重要作用并至今仍对我们的传播事业有着重大影响力的传播事业体制进行评判时,我们必须摒弃简单的标签式定性批判,而应对其进行历史的、唯物的科学分析,以便能够较为透彻地了解和把握这种历史悠久的传播事业的特性。

概而言之,集权主义传播事业的特点有以下数条。

第一,由于集权主义传播事业通常总是垂直掌握在专制统治者的手中,并获得了超经济的强大国家力量的全面支持,因而它是一种力量统一集中、传播效果强大的传播工具体系,能够在统治者的统一协调下共同完成某一项重大的宣传鼓动工作,具有强大的舆论一律化功能。

第二,这种传播体系具有指令一贯到底,系统结构简单,体系内的信号放大迅速、贯彻彻底的特性,易于快速地贯彻来自上部统治者的任何指令,但却对来自下部或外部的反馈信息反应迟缓、极不敏感。

第三，这种传播体系易于掌握在少数精英阶层和分子手中，倾向于有目的地支持非盈利但又为社会所必需的信息传播行为；并能有效地压抑个别阶层、集团、个人利己的传播经营活动，以免这种自私的传播行为损害统治者所预定的社会传播目标。

第四，集权主义传播体制是一定社会历史发展时期的客观产物，符合特定地域中的特定社会之特定发展阶段的特定需求，适应那些具有“亚细亚生产方式”特征的中央集权制国家，并经常能够极有效率地组织起统一强大的舆论环境，对民族与国家的发展产生强大的正面或负面影响效应。

第五，该体制在结构上所具有的“刚性特征”和非弹性、非平衡性功能特点，使其难以有效地抵御来自体制上端的错误指令，也不能够较为灵活地应对来自外部的危机，常常呈现出一种“一抓就死，一放就乱”的刚性系统特征；一旦传播系统的上端“信息源”出现了错误信息，它强大的系统功能就可能会迅速地放大这种错误的信息，系统会产生功能性“异化现象”，并反过来伤害自身预定的社会目标。

第六，在讲求舆论统一的前提下，该体制天然地具有压抑不同声音的结构性倾向，容易产生单一的精神、文化氛围，不允许“异质性”信息和舆论的合理存在。

从以上的简单分析可以看出，我们对历史上曾经广泛存在过的集权主义传播事业不能够以简单的方式加以抛弃。事实上，它是一种优势与劣势共存、优点和缺点同在的传播事业体系。它能够在历史上存在如此长久的时间、如此广泛的空间这一事实本身就说明了它的深厚底蕴，绝不是简单的批判和谩骂就能应付了事的。事实上，我们需要的是清醒的思考，冷静的分析和科学精确的论证解剖，然后，才能得出相应的结论，为我们的事业服务。

【练习题】

名词解释：

1. 特许出版独占制度
2. 皇家特许出版公司
3.《公报》
4.《信使报》
5.《学者报》
6. 黎塞留
7. 皇家出版法庭

简答题：

1. 西欧封建王权对当时的新闻传播事业有哪些影响？
2. 评析英国封建时期的印刷行业特许独占制度。

论述题：

1. 评析英、法两国历史上的集权主义传播事业。
2. 试分析英国都铎王朝时期特许垄断出版管制体系的观念、特征、功能与历史影响。

第二章

贵族分封制传播事业体系

德意志封建时期的传播事业史

第一节　背景之回顾

一、奇特的历史反差——一个特殊的标本

1. 世界报业发源地与近代落后的传播事业之反差

在世界近代史上，德国是一个非常独特的国家。一方面，作为拉开近代资产阶级革命序幕的宗教改革和农民战争的伟大国家，德意志曾经为资本主义近代文明的到来作出过卓越的贡献；另一方面，德意志并没有像英、法、美各国那样，顺利地通过不同形式的资产阶级革命来成功地建立本国的资本主义体系，并进而沿着资本主义上升阶段发展壮大，而是在封建专制的重压下，苟延残喘至19世纪末叶——直到1870年才通过俾斯麦的“铁血政策”和封建王朝战争，武力统一了全德意志，进入混合式的资本主义发展阶段。

德意志民族的这种奇特的历史反差轨迹，在新闻传播事业上也反映出来了。一方面，它曾经是世界近代传播事业的主要发源地之一，近代印刷术和定期性新闻刊物都最早在德意志出现，这些传媒是比人们所熟知的意大利的手抄小报更为直接的近代报刊的雏形。从某种意义上来讲，德意志可以说是近代传播媒介的先驱；另一方面，自1618～1648年三十年战争之后，德国的新闻事业却又衰落到了令人难以置信的地步。在长期封建专制的重压下，它的新闻事业极其

脆弱,完全没有进化到资本主义新闻传播事业较高阶段。资本主义新闻传播事业史中的一般发展轨迹:如政党报刊;廉价报纸;言论自由思想;第四等级观念;无冕之王的社会地位,等等,似乎都与德国的新闻事业无缘——即使有点联系,也仅仅是表象罢了,它的整个近代传播事业远远落后于其他资本主义国家。

2. 资本主义新闻市场的高度发达与集权反动的法西斯传播体制之反差

如果再把审视的眼光向后延伸,我们还可以看到,虽然 1871 年德意志统一以后,德国近代传播的资本主义性质逐渐明显起来,在两次世界大战期间,德国也出现了“报团”和大众传播行业的垄断现象,德国的现代传播事业发展神速,并很快在规模和实力上直追英、法等国。但在二战前夕,德国的新闻事业发展轨道又转入了另一种集权主义传播事业的变态毒瘤——法西斯纳粹新闻传播体系。可以说,1945 年希特勒第三帝国的覆灭,才标志着德国新型的资本主义新闻传播事业的真正产生和完全确立。

总之,德国新闻传播事业扑朔迷离的历史现象、令人惊愕与深思的巨大反差和独特的新闻传播事业发展轨迹,给我们提供了一个非常难得的历史标本。我们尝试着在此解剖这一标本,以期发现一些新闻传播事业发展的内在规律。

二、对早期德意志传播事业历史背景分析

在本节中,除了向读者提出问题外,我们还将分析一下影响和决定早期德意志新闻传播事业面貌的外部社会历史因素,并探讨这些不同的历史因素是如何组合在一起,怎样沉淀和反映到该国传播事业领域之中的。我们还要观察分析这些因素是如何决定了德意志早期传播事业类型的形成的。

1. 地理的因素——贸易型经济的形成

在人类历史上,由于具备某些特殊优越的地理条件而影响某个国家发展进程的事例比比皆是。例如,古代东方两河流域和古埃及,

都曾因灌溉之利而产生了灌溉农业文明，并在此基础上建立了古代帝国；14～15世纪地中海沿岸的意大利也是因为占据沟通东西方交通的地理之便而滋生了资本主义的早期商品经济萌芽，发展成为当时世界领先的国家；而当奥斯曼土耳其帝国切断了东西方商贸要道，占据了地中海东部以后，意大利的经济和军事优势就很快转手为大西洋沿岸的西班牙与葡萄牙了。在14～15世纪意大利的佛罗伦萨、米兰、威尼斯等地的商业贸易红火兴旺时，地处中欧的德意志便成为南边的意大利与北边的波罗的海沿岸诸国商业贸易的通衢要道。沿着这条大道陆续出现了许多商业化的城市，德意志的资本主义早期商品经济在南边的意大利和东边的法国、尼德兰低地国家的刺激下很快发展起来了。显然，这为后来的近代报刊业在德国的诞生奠定了较好的基础。

2. 经济的因素——没有统一的国内市场

德国经济的发展在17世纪前是欧洲最先进的，同时又有着自己的弱点，这就是发展地域的不平衡性。商业性大城市往往在边境地区或交通要道上，主要的经营项目是对外贸易，各个城市的经济同外国的联系反而比与本国其他城市密切得多。全国没有一个城市能像英国的伦敦和法国的巴黎那样成为自己国内工商业的中心。南部的市场经济和商业联系与北部完全不同，东部与西部之间也几乎没有什么往来。国内的交通要道只限于沿海和内河的航道和几条通商大道而已。德意志领土上茂密的森林和遍布的沼泽，阻隔了远离河流和商旅大道的中、小城市及广袤的乡村之间的交通联系。这些地方在中世纪的生产条件下仍然与世无争地过着一种自然经济的生活方式。

横向来看，英、法两国商业经济的发展逐步构成了国内统一的经济联系和共同的协作市场，并进而促成了民族国家的统一和政治上的中央集权。而德意志则恰恰相反，地域经济发展的不平衡，形成了许多利益不同的地方割据集团，全国没有一个统一的经济网络能把这些地方上的集团联络在一起。这种特殊的经济类型和发展程度的不平衡性及分裂性反映到政治上，表现为德意志长期存在的封建割据局面的形成。正是由于这种政治分裂状态的严重影响，导致了德意志各地新闻传播事业的发展缺乏政治层面的支持和持久的动力。同时，这种政治分裂现象最终导致了17世纪至1870年统一前的德意志经济的普遍衰落。

由于德国政治上的长期分裂和因为分裂而引发的多次战争的惨重打击，其工商业一蹶不振，农业则出现了农奴制的倒退现象，这使得德意志的经济水平很快下降到了一个惊人的地步，并导致了资本主义生产关系在德意志举步维艰、发展缓慢，甚至长期处于停滞状态。在这种条件的制约下，德意志本土上难以产生强大的资产阶级政治势力，难以在革命的斗争进程中团结国内的各个阶层，建立起一个统一强大的德意志资本主义近代民族国家，为近代新闻传播事业在德国的发展壮大提供一个良好的空间。事实上，这一历史性的任务是后来俾斯麦通过普鲁士封建军事专制的国家，用铁血战争的方式自上而下地加以完成的。

3. 政治状况——长期的封建割据

现在，让我们再具体地看一看当时德意志的政治特征。中世纪以来的德意志政治上的特征，概括地说主要有两点：一是由于频繁的对外战争失败，德意志君主们无法建立起一个持久的强大的封建王权。二是政治和经济及其他诸种因素的共同影响，最终导致了封建割据政治局面在德意志的长期存在。

在15世纪前，德意志曾同英、法两国一样，也曾在封建纷争的混乱中产生了比较强大的王权，这就是国王奥托一世在公元962年所建立的神圣罗马帝国。但由于奥托一世等几代神圣罗马帝国的君主们贪婪于南部邻国意大利的富庶和热衷于宗教纷争，使他们不顾国力，频繁发动对意大利的战争。战争的失败导致了王权的衰落和境内封建诸侯割据势力的强大，终于使德意志没有走上英、法两国封建专制王权的道路。

德意志各地经济发展的不平衡性和畸形发展的、没有相互密切联系的外向性经济类型，也使得统一的国内市场无法形成。互相分离的各个经济利益集团的存在，表现在政治上就是各地封建诸侯划地而治、裂土分割政治状态的形成。当近邻法国专制王权日益强大兴盛的时候，德意志境内的封建诸侯们也发展成为政治上几乎完全独立的各个小君主侯国。于是，在德意志境内就逐渐产生了一种封建等级分封制的君主政体形态。

概括来看，德意志封建割据状况是通过近代史上的三个重要的政治文件而逐步形成的，这三个文件是《黄金诏书》、《奥格斯堡和约》和《威斯特伐利亚和约》。

1356 年，哈布斯堡王朝的查理四世颁布的《黄金诏书》规定：神圣罗马帝国的皇帝由德意志境内的七大选侯推举产生，而诸侯们在各自的领地内拥有完全的自主权力。

1555 年的《奥格斯堡和约》则确定了“教随国定”的原则，承认和助长了各地诸侯们的政治与宗教权势。

1648 年三十年战争后签订的《威斯特伐利亚和约》进一步正式承认了德意志的分封局面，并且通过保护外国势力的条文使德意志成了其他国家角逐争斗的战场，更加使德意志在政治上成为依附各国势力的一盘散沙。

在这种封建割据的局面之下，德意志的经济、政治、科技发展水平全面落后于已形成了强大专制统一王权的英法诸国。它既无力统一全国、建立民族独立国家，也不可能在经济领域里迅速建立资本主义的市场元素，为近代大众传播媒介的生长提供一个良好的环境。事实上，在很长一段时间内，德意志一直处于政治上的分崩离析和经济上的衰弱不振状态。西班牙王位继承战后，在德意志产生了普鲁士王国，构成了普鲁士、奥地利两强相争；七大选侯各自独立；上千个骑士领等封建小邦国自治的分裂割据局面。这一状况一直延续到了普鲁士王国以武力自上而下地统一全德意志的 1870 年。可以想象，德意志的这种政治、经济状态对近代德国新闻传播事业的影响，是相当巨大和深远的。

第二节　历史的进程

一、富格尔家族与手抄新闻信

在新闻传播史上,"手抄新闻"——也即新闻信的出现,是一个重要的发展阶段,它的起源可以上溯到古罗马帝国时代。公元二世纪的时候,罗马城伴随着帝国疆土的开拓,逐渐变为整个欧洲政治、经济、文化的中心,当然也成为新闻传播的中心。欧洲各地的王公贵族、商人平民都想探听到来自罗马的最新消息,于是,有人便抄录罗马政府的公报,分送各处,获取酬金,史称"新闻信"。有人认为,这些从事"新闻信"抄录传送的人就是第一批职业化的新闻从业人员。到了14~15世纪,随着意大利沿海商贸经济的逐渐发展,各地的商人们开始成为信息的主要需求者了。他们需求的数量是如此之多,质量是如此之高,以至于在欧洲的一些地区出现了专业化的新闻从业者为其服务。这类人员利用"新闻信"这种古老的个人手抄纸介媒介,借助当时最为先进便捷的交通工具,逐渐形成了一个囊括整个欧洲商贸地区的新闻传播网络。意大利威尼斯、米兰等地的"科塞特"公报(Gazette)和"手抄新闻";欧洲其他一些地区存在的不定期新闻印刷品都是这个网络中的人们所创造与使用的主要传播媒介。

德意志最早的新闻传播媒介同意大利一样,也是手抄的"新闻信",这一历史现象的产生是同早期德意志工商业的繁荣分不开的。如前所述,德意志境内的商旅大道附近曾因工商贸易的发达而兴起了一系列的商业城市。同意大利的商人一样,这些城市里的商人们对于商业金融信息的搜寻、汇集和周转工作显得极为热情,德意志境内的奥格斯堡城闻名全欧的金融大家族——富格尔家族就是一例。

富格尔家族因为金融工作的需要,对于各地新闻信息的搜集和传递非常重视。他们在全欧洲各个重要的地区和城市均安插了专业信息管理人员,搜求汇集和整理传播各种有用的信息以达成经商的目的。这些信息专业人员主要通过手抄的"新闻信"等形式,相互间传递情报,经营着富格尔家族遍及欧洲的金融事业。除了自用以外,"富格尔家族还雇人将所得到的消息抄写,编成《富格尔新闻》对外出售。现在维也纳图书馆还收藏了他们在 1588 年到 1605 年间的手抄报纸近 30 册。"①

二、谷登堡与近代活板印刷术

我们曾经提到过,在近代报刊业的发展历史中,德意志曾占有极为重要的一席之地,因为它是近代报刊业最早的发源地之一。一个重要标志就是对于人类新闻传播事业最为重要的发明之一:金属活字和近代印刷工艺就是德国人谷登堡于 1450 年前后发明的。

谷登堡(1397 ~ 1468)是一名德国工匠,出生于德国的美因兹,他除了从事切削宝石、制作镜子等工作外,还致力于活字印刷的发明研究工作。1450 年,他与富商福斯特合伙经营印刷所,利用自己研制的字模浇铸金属活字,从事新型印刷事业。谷登堡所使用的印刷方式与以前的人工手抄新闻有了截然的不同,他不仅使用铜模铸造出合金材料的活字,并且"形成了由拣字、组版、填空、齐行和印刷还字等步骤组成的活字印刷工艺;同时他还制造了木质的、靠螺旋在印板上加压力的印刷机,代替了纯粹的手工操作,从而提高了印刷的质量和效率"②。1455 年他的印刷所印刷出版了著名的《四十二行圣经》,据考证,这是欧洲最早出现的金属活字印刷品。虽然同年因债务和活版印刷术发明权等问题,谷登堡与合伙人富斯特发生争执而对簿公堂,并不幸败诉,但他仍在美因兹市长 K. 胡默里的支持下继续从事近代活版印刷事业,印刷出版了《圣经 · 诗篇》、《土耳其历书》等珍贵书籍③。由于谷登堡的发明,世界文明史上新的一页在德

---

① 张昆编著:《简明世界新闻通史》武汉大学出版社 1994 年版,第 20 页。
② 同上,第 22 页。
③ 甘惜分主编:《新闻学大辞典》河南人民出版社 1993 年版,第 767 页。

意志掀开了。

尽管谷登堡的新型印刷术在出现的很长一段时间内主要被人们用来印刷圣经、赎罪书等一类的宗教宣传材料,但它的影响和意义是及其伟大的,因为人们使用这种新型印刷技术,可以简捷方便地复制印刷书籍和新闻报刊,这就使得新知识、新思想的扩展和传递变得容易和普及了。

三、不定期印刷品的出现

虽然在德意志最早出现的新闻传播媒介是手抄新闻信，但在近代金属活版印刷技术发明不久,印刷性的新闻出版物便很快在德意志境内出现了,这就是 15 ~ 16 世纪时德国境内陆续出现的大批不定期新闻印刷品。如 1482 年奥格斯堡城发行的《土耳其侵犯欧洲新闻》,1508 年出版发行的《巴西探险记》等。这一类单页新闻印刷品当时被人称做 FLUG BLATT,是一种同当时的“手抄新闻”并存的新闻印刷媒介。在当时,“手抄新闻”主要出售给一些信息的预约者,而此类印刷的单页的不定期新闻纸是在大街上公开出售的,更像是我们今天的新闻号外。

到了 16 世纪后期,在德意志境内开始出现单张发行的新闻纸了,虽仍不定期,但却使用同一报名发行出版很长时间,其中的《德国特别新闻》(1568 ~ 1604 年)和《巴比新闻》最为著名。也是在这一时期,在德意志逐渐出现了定期性的新闻印刷品。

四、定期性新闻印刷品的出现

定期性新闻印刷品的出现同德意志当时的两个社会条件的存在密不可分。其一是在德意志境内各个城市中定期举办、日益发达的集市贸易活动;其二是当时神圣罗马帝国所建立的邮政驿车业务(始于 1502 年),这两个因素对德意志定期新闻出版物的产生具有直接的影响。事实上,早在 1448 年，德国的美因兹地区就出现了印刷出版的年历,并逐渐演变为专以集市贸易为服务对象的第一批定期出版印刷品——《年鉴》。当帝国的邮政驿车制度逐步完善起来的时候,在17世纪初期,德意志境内又产生了一批定期性的新闻类周刊(它们的刊期与帝国境内定期驿车到达城镇的时间是一致的),其中就有世界新闻史上极为著名的,于1590年创刊,但1609年才在奥格斯堡城定期发行的《观察周刊》(AUISA)。该报每期一张,只刊载一项新闻,这张报纸可能是世界上最早的印刷新闻周刊。

1615年,被后世称为"德国报业之父"的艾莫尔创办了《法兰克福新闻》周报。这份报纸以新闻书的形式出版,每期刊登数条新闻。据认为,这份报纸是近代报纸的雏形,也是世界上第一家真正的报纸,以这家历史悠久的报纸为名的刊物一直发行至1902年才停刊①。

1648年《威斯特伐利亚和约》签署以后,残酷的战争破坏使德意志的工商业和新闻传播业饱受打击。不过,由于德国邮政制度仍然存在,邮件递送在一些城市仍可以当日到达,所以近代的第一张日报仍然得以在德意志境内诞生,这就是1656年由出版商蒂莫台斯·里兹赫在莱比锡创办的《新到新闻》,人们认为这是德国也是世界上第一张日报。1660年在莱比锡创刊的《莱比锡新闻》(Leipziger Zeitung)也非常著名,该报最初是周刊,后改为每日出版,成为一张日报。人们通常认为这就是世界上最早的第二张日报了。由此看来,由于德意志较为奇特的经济类型和地理位置,以及其他一些因素的影响,使得它成为近代传播事业的发源地之一。因为相形之下,英国在1621年间才出现模仿荷兰新闻书——"科兰特"的《每日新闻》,到了1702年,伦敦才出现了第一张日报——《每日新闻》。法国则是在1631年才出现勒纳多家族主办的《公报》,直到1777年才产生自己的第一份日报——《法国新闻》。

① 甘惜分主编:《新闻学大辞典》,河南人民出版社1993年版,第767页。

第三节　分析与思考

一、德意志封建贵族领主制传播体系的特色分析

同古代中国东方式的“大一统君主专制型传播体系”及西欧英、法两国封建的“中央集权专制王权型传播体系”相比，德意志封建贵族领主制传播体系具有一些自身的特色。

第一，德意志的近代传播媒介虽然起步较早，但受各种因素的影响，均零散分布在各地商贸较为发达的城镇之中，并且绝大多数都掌握在封建诸侯贵族领主们的手里。这些传媒势力单薄、相互分离，发行人和印刷者对所在城镇领主有很强的人身依附性，很难形成独立的势力和自我发展的内在机制，因而也就不可能具有全国性的影响力，不能够对整个社会产生一种放射式的良性连锁反应。

第二，德意志近代新闻传播事业刚刚萌芽，对于这种新型新闻传播媒介的控制便同时出现了。“约翰内斯·古滕贝格（即谷登堡——引者注）发明印刷术（1450 年左右）以后不久，教会和国家就发布了各种规定，书报事先未经批准（预检）不得印刷和传播”[①]。在德意志，近代传播事业诞生伊始即饱受封建世俗的、教会的双重严酷管制，在喜怒无常的封建领主与宗教林立、相互倾轧的恶劣生存环境里苟延残喘、艰难度日，没有任何宽松的发展空间。在各个封建领主的眼里，他们手下的印刷匠人与厨师、女佣等仆人一样，没有什么独立的人格地位，是自己招之即来、挥之便去的玩偶。在一些较为开明的贵族领地上，印刷工匠和商人们能受到较好的待遇，传播事业的发展有所起色，而在大部分的封建城镇里，传播事业的发展完全要仰仗那些只相信强权，刚愎独尊的封建领主们和主教大人。就是到了 19 世纪，英、法两国资产阶级革命风起云涌，给德意志软弱分散的资产

---

① 赫尔曼·麦恩：《联邦德国大众传播媒介》，德意志联邦共和国大使馆提供，张征、郭庆光等译，柏林，1994 年版，第 10 页。

阶级报刊以强烈影响的时候，德意志各个封建邦国的君主们仍以严酷的警察制度来镇压传播界自由的声音。比如，1819 年“卡尔斯巴德决议中的严格的书报检查规定曾一度使德国报刊上的‘政治声音’完全沉寂了下来。只是由于 1848 年革命，新闻出版才暂时恢复了自由。”①

第三，由于没有统一的国内市场，由于受外向型经济贸易方式的制约，德意志近代新闻传播事业赖以生存发展的经济基础较为薄弱，完全没有在封建母体中形成一个较为成熟的潜在的资本主义市场萌芽体制。由于从业者身份卑微、不能够自由流动，无法形成较好的市场机制，印刷商们无利可图，发展乏力，也就不能在德意志境内产生出一种经济上商品化经营、政治上依附统一王权自我发展壮大的环境和机制。

二、德意志为什么会有这种“历史的奇特反差”现象？

我们在第一节中提出了一个问题：为什么在德意志历史上，会出现新闻传播事业快速起步与严重倒退并存的反差现象呢？事实上，这还可以引出一个很大的问题：影响人类新闻传播事业的主要因素是什么？

从第二节史实部分的叙述中，我们是否可以得出这样一个结论：新闻传播事业——特别是早期的新闻传播事业，同其相处的经济基础的联系十分紧密，这一时期的经济因素在决定新闻传播事业的整体风貌时占有压倒性的主导地位。

从欧洲近代新闻传播事业的早期历史来看，情况似乎是这样的。近代的传播事业最早是作为提供商业信息、满足各地商人——主要是市民阶层，也即早期资产阶级的需要而产生并随之发展起来的。在这段历史时期里，商业贸易、市场经济的不断发展，构成了早期新

① 赫尔曼·麦恩：《联邦德国大众传播媒介》，德意志联邦共和国驻华大使馆提供，张征、郭庆光等译，柏林，1994 年版，第 11 页。

闻传播事业崛起的重要背景因素。正是这个因素在14~15世纪意大利沿海城市，在16世纪尼德兰等低地国家，在三十年战争之前的德意志的存在，使得意大利、荷兰等低地国家和德意志等地出现了最早的近代新闻媒介，并使这几个国家执掌了早期欧洲近代新闻传播事业发展的牛耳。

那么，我们是不是可以据此断言，经济基础是决定近代新闻传播事业发展的主要动力？或者说经济力量乃是对近代新闻传播事业最具影响的动力呢？从德意志近代新闻传播事业的发展看，答案似乎又是否定的。我们前面曾经提及，作为一种上层建筑领域中的文明现象，新闻传播事业强烈地受到其政治体制的制约。就德意志来说，1870年统一之前政治上的封建专制主义及诸侯分裂割据的基本政治特征，大大阻碍了国内新闻传播事业的发展进程。当相邻的英、法两国的封建专制君主们为弘扬国威、稳定政权而对其境内的新闻传播事业加以扶持、控制的时候，当英、法两国国内的近代新闻传媒为适应民族统一、国内市场应运而生的时候，雄心勃勃的英法出版商和报人们发现，只要不惹怒国君，不插手政治事务，他们尽可以放手大干，拼命挣钱，扩展自己的新闻传播事业。与此同时，英法封建专制政体所推行的重商主义政策、海外殖民主义政策、国内皇家宫廷文化的发展需求、庞大的国家官僚机构运转的要求，再加上统一的国内市场，稳定的政治局面，不断扩大的市民阶层，这一切因素都在刺激着新闻传播事业的发展，并为这种发展提供了相当有力的支持。相形之下，在辽阔的德意志大地上，分裂林立的封建小国君主们既不关心国家民族的统一，更不关心什么近代新闻传播事业的发展。他们喜怒无常，胡作非为，任意打击迫害新闻从业人员，残酷压制处于他们手下的新闻传播事业。严酷的书报审查制度（来自世俗的和教会的），低下的经济发展状况，出版商处于奴仆地位的社会身份，分崩离析的政治局面，这一切使得德意志的新闻传播事业难以产生全国性的报刊和强有力的出版印刷行业组织，更没有机会在统一强大的王权保护下积蓄力量、发展自身。

就这样,1870 年以前的德意志新闻传播事业在封建暴君们的恣意摧残之下苟延残喘、奄奄一息,逐步形成了一种独特的封建集权主义传播体系。从规模上看,分裂的德意志境内没有产生一张全国性的报刊出版物;从地域上看,各个封建小邦国的出版商们都被强行纳入了一种封建的等级人身依附关系,处于卑贱的奴仆地位,没有思想乃至人身尊严与自由,没有任何创造的欲望;从控制方式上来看,德意志的新、旧教派的纷争,使教会组织对新闻出版物的检查制度一直延续了下来,而世俗的封建领主、小邦国君主们则通过印刷品登记管理制度和国家警察制度,非常严密、残酷地控制压抑着新闻传播事业的正常发展。就这样,德意志境内的近代新闻传播事业既丧失了以往商业贸易经济的养料,又失去了在一个强大的封建专制政体下伴随着民族国家的统一而发展兴盛起来的历史机缘。腐朽的封建贵族等级制度使它腐烂;分裂的割据政局使它弱小;军国主义、警察制度又把它完全给压垮了。于是,一个带有封建主义全部腐败、残忍、没落色彩的德意志封建贵族分封型新闻传播事业便形成了。

【练习题】

名词解释:

1. 手抄新闻(新闻信)
2. 谷登堡
3.《法兰克福新闻》周报

论述题:

1. 试分析德意志封建贵族领主制新闻传播体系的特色。
2. 为什么说近代德意志新闻传播体系能够成为人们分析新闻事业形成机制的一个"历史标本"?

第三章

殖民地型传播事业体系

北美十三州传播事业史

(1607～1765)

第一节　背景之回顾

一、殖民地简史

自1492年克利斯托夫·哥伦布发现新大陆以来，无数渴望发财致富的冒险家们便纷纷涌向那里。西班牙、葡萄牙、法国、荷兰和瑞典的冒险家们首先在那里建立了自己的势力范围。当16世纪英国强大的都铎王朝崛起时，富饶的新大陆也使这个新兴的航海殖民国家跃跃欲试了。

1548年，一位名叫理查德·黑格洛特的英国地理学家写了一本书，叫做《西方殖民论》，极力鼓动他的同胞前往新大陆。他颇富鼓动性地写到："新世界的种植园可以用作骚扰西班牙的基地，而它们的产品可为英国提供新的市场。新大陆可以为英国的造船业提供木材，为皇室的金库提供大量的税收，为国内失业的、精力充沛的青年提供像样的职业。"黑格洛特的观点及"新大陆遍地金银"的传说，以及英国国内当时贫困的生活、严酷的宗教迫害，为大批殖民者提供了前往北美殖民的动力。

1607年5月，三艘小帆船把100多名首批殖民探险家们送到了现今的美国弗吉尼亚州的詹姆斯河口，这就是英国人在北美大陆上的第一块永久性殖民地——詹姆斯敦。

1620年,另一批备受国内宗教迫害的清教徒们乘坐一艘名为“五月花”号的帆船抵达北美大西洋海岸北端的普利茅斯海湾,在那里建立了英国人的第二块殖民地——普利茅斯。

1630年,一位名叫约翰·温斯罗普的人又带着1800名清教徒来到马萨诸塞湾,建立了波士顿这一著名的“上帝之城”。

除了清教徒以外,一些不满于清教徒严酷清规戒律的殖民者们继续向新大陆内部发展,陆续在大西洋沿岸建立了几个新的殖民点——康涅狄格(1639)、罗得岛(1644)、新罕布什尔(1680)。

在大西洋沿岸的南部地区,一些有权有势的领主们从英国国王手中买到或被授予大批土地,先后建立了马里兰、南北卡罗莱纳和佐治亚等殖民点。

1644年的英荷战争又使胜利了的英国得以在北美大西洋海岸的中部地区建立了纽约、新泽西、宾夕法尼亚和特拉华等殖民地。

这样,在1776年北美十三州独立战争之前,英国总共在北美东海岸建立了13个殖民地,它们是:马萨诸塞、新罕布什尔、康涅狄格、罗德埃兰、纽约、新泽西、宾夕法尼亚、特拉华、马里兰、弗吉尼亚、北卡罗莱纳、南卡罗莱纳、佐治亚。

二、报业的诞生地——新英格兰

“新英格兰”是美国人文地理上的一个术语,它一般泛指英国早期在北美大西洋沿岸北端建立的马萨诸塞、康涅狄格,新罕布什尔、罗德埃兰等几块殖民地。如前所述,1620年,一批清教徒乘“五月花”号帆船来到普利茅斯,这批殖民者来自英国的英格兰,因此他们把这块殖民地称为“新英格兰”。1630年,又一批殖民者在马萨诸塞的查尔斯河一带创建了一座新的城镇,殖民者们以故乡波士顿的名字命名了这座新城,这座城市就是美国最早的报业发源地。

新英格兰的地理环境造就了一个工商业集团的存在。土地的贫瘠使人们很早就把从商作为一种谋生手段,大西洋沿岸丰富的鱼类资源(纽芬兰渔场)、新英格兰北部大规模的商业活动、造船业和海外贸易,又刺激了伐木工业以及其他小工业的发展。于是,在新英格兰的许多城镇里,一个精明、强干、有钱有势的商人阶层出现了,而商业的繁荣与报刊的出现有着密切关系。随着商业的发展,新英格兰聪明能干的商人们很快发现,如果他们能在一个买主们可以读到的大众出版印刷物上刊登广告,或者能够从一个出版印刷品上得到各地的有关消息、商船抵达或起航的船期和各种商品的价格,他们就能更好地推销自己的货物并赚上大钱。这种前景导致了商人阶层对新闻出版物产生了极大的兴趣,美洲所有的早期报刊都是在商业中心城镇诞生的事实也证明了工商业的发展与早期报刊的产生有着密切的关系。

那么,美洲的早期报刊为什么最早在波士顿这个城市产生呢?这主要是因为波士顿不仅水陆交通便利、商业繁荣发达,而且这里的人们重视文化教育事业,对新闻出版物很感兴趣。

在波士顿的早期移民中,一些曾经在旧大陆受过良好教育的人们懂得教育的重要性。所以在波士顿城建立的第 5 个年头(1635),波士顿人就从税收中拨款建立了殖民地第一所公立中等学校——"波士顿拉丁学校"。1636 年,波士顿人又创立了著名的哈佛学院对子弟们进行高等教育。

教育事业和宗教信仰刺激了印刷事业的发展。为了出版大学和中学的教材、课本,一位名叫格洛弗的印刷商于 1638 年在波士顿创办了北美殖民地第一家印刷所。

正是由于重视教育和文化事业,波士顿成为新大陆的一个文化中心。在这里,识字的人较多,他们关心公共事务,希望了解外部世界,而印刷机械的存在、商人阶层对印刷出版物的强烈需求也都构成了报刊出版的前提条件。

三、殖民地的出版控制制度

从政治的角度来看,在北美出版报刊印刷物不可能是一帆风顺的。虽然远隔天涯海角，而且在法律上殖民地的民众享有一定的自治权力，但是英国殖民当局却对印刷出版物感到十分恐惧。英国驻弗吉尼亚总督帕格爵士在一份报告中流露了这种心情，他写道："感谢上帝，我们没有免费学校或印刷所，而且我们希望我们在百年当中都没有这些。因为知识已将叛逆、异端和党派带到人间，印刷者予以传布，并毁谤政府。愿上帝使二者远离我们。"

同这位总督大人一样，当波士顿的哈佛学院印刷所开始刊印出版一些书籍和"教会问答"之类的单张印刷品时，英国马萨诸塞的殖民地当局立刻感觉到了这种印刷出版物对其专制统治的威胁。于是，马萨诸塞州议会马上效仿英国国内专制出版法的规定，于1662年通过了北美十三州最早的一部新闻出版法。该法严格规定马萨诸塞的一切出版印刷品须经事先审查批准，发放许可证，方准出版印刷。但是，法律的束缚只能延缓而不能从根本上阻挡报刊的出现，在马萨诸塞新闻出版法颁布28年后，北美第一张报纸还是在波士顿这座城市中出现了。

第二节　历史的进程

一、印刷商哈里斯与《国内外公共事件》报

在波士顿最早出现的这份报纸叫《国内外公共事件》，它是由一位来自英国的流亡者本杰明·哈里斯于1690年创办的。

本杰明·哈里斯是英国伦敦的一位书商和印刷商，有着丰富的印刷出版经验。由于他思想激进，屡次违反官方禁令，从事政府禁止的印刷行为，曾被判刑、下狱、罚款多次。1686年，当有关当局再次发现了哈里斯违反禁令，帮助一个反政府团体印刷出版物，对他发出逮捕令时，哈里斯连夜携全家逃亡美洲，在波士顿开办了一家经营书籍的咖啡馆度日。

在波士顿，同英国伦敦一样，咖啡馆是商人和上层人物闲暇相聚、交流信息的公共场所。哈里斯为人精明强干，善于发现经营机

会，他马上看到这里的人们很需要大量的各类新闻信息及波士顿的环境为报刊的出现所提供的充分的市场潜力，职业病又犯了——他决定创办一张价格便宜，内容通俗，每月出版一次的报纸，如果新闻多，就随时增刊以吸引读者。

1690 年 9 月 25 日，哈里斯通过皮尔斯印刷所印刷发行了这份《国内外公共事件》报。该报六英寸宽、九点五英寸长。同早期的英国报纸一样，这份四个版的报纸只印完了三个版面，第四版是空白的，以便读者自己把所知的新闻补写上去，相互传阅。

一些史学家们认为，《国内外公共事件》报是美国历史上的第一份报纸。这份报纸注重新闻，在选材上注意着重报道读者关心的重大新闻事件，比如英法军队在新大陆西部的战争；波士顿流行天花及死亡的人数；法国国王玩弄王子的爱妻以致王子愤然造反等。这些新闻马上引起了读者的关注和兴趣。这一切因素使《国内外公共事件》报同早期殖民地出现的单张宗教传单和年历式出版物有很大的不同。的确，该报不但看上去像一份报纸，而且读起来也像一份报纸。然而，这份报纸才出版四天，就引起了当局的注意，这是因为哈里斯的报纸上刊登了当局不愿公众知晓的事实，另外，它还违反了 1662 颁布的马萨诸塞《新闻出版法》的有关规定。

殖民统治当局对哈里斯这份报纸中的一些消息相当不满。比如哈里斯在报道英法军队战斗时批评英军将领不主动迎击敌人。他还激烈地抨击英国的同盟者印第安人虐待俘虏，愤怒地称这些同盟军为“可怕的野蛮人”，声称“我们对他们太信任了”。

所有这些言辞都被当权者认为是对殖民当局有关政策的批评，为此，官方反应激烈、报复迅速。马萨诸塞的英国殖民当局很快发表了一项声明，指责该报“含有非常激烈的评论，且有种种荒谬不实的报道”，声明对该报的出版“当局绝未预闻或批准”，宣称他们对该报“颇为愤怒，不能容忍，当即禁止发卖并令收回。此后严禁任何人非经先行呈准擅自印刷任何印刷品。”就这样，哈里斯的《国内外公共事件》报仅仅出版了一期便告夭折，成为马萨诸塞英国殖民当局新闻出版法的第一个牺牲品。

从这以后，北美殖民地一直处在言论禁锢的黑暗时代，北美所出版的新闻出版物都不得不在付印前先由殖民当局对其内容进行审阅，核准后才能印刷，而且出版时还必须在第一页刊出“当局核准”的字样。北美新闻事业的先驱之一哈里斯于1695年重返伦敦，晚年穷困潦倒，从新闻舞台上销声匿迹了。

二、邮政局长与殖民地“官报”

哈里斯的《国内外公共事件》报被禁14年后，波士顿城又出现了第二张报纸，不过这是一份由一位政府官员——波士顿第一任邮政局长约翰·坎贝尔所办的半官方化的报纸——《波士顿新闻信札》。

在殖民地时代，邮政局长堪称“消息灵通人士”。他们有权第一个开拆官方投递公文要件的邮袋，而且还可以通过邮递人员及时打听、搜集各地的新闻消息。正因为有如此便利的条件，波士顿首任邮政局长坎贝尔于1704年4月24日创办了美国新闻史上的第二张报纸——《波士顿新闻信札》报。

《波士顿新闻信札》是一张双面印刷的单张报纸，每周出版一次。这是一张带有半官方色彩的报纸，因为其一，坎贝尔办报接受殖民地政府的财政津贴，并竭诚为官方服务，刊登政府的各式文书、公告和法令、自愿做当局的“喉舌”，并因此而得到官方的资助；其二，坎贝尔吸取了哈里斯《国内外公共事件》报被封的教训，把报纸的每篇稿件都主动送交给总督大人审批，坎贝尔的每期报纸上方都郑重地印着“当局核准”的字样。显然，《波士顿新闻信札》是一份不是官方却又胜似官方的报纸。

然而，《波士顿新闻信札》也有一些出色的表现应予以肯定。

第一，坎贝尔坚持新闻的真实性原则。坎贝尔主张“为了公众利益，对所有国外或国内的事件要进行真实的报道，而且防止对这些事件的许多不真实报道。”在办报的过程中，坎贝尔确实尽最大的努力以做到公正和准确。有一次，他因为把一个逗号错点在前面的数字上而在报上公开道歉，显示了他办报的认真和对读者的负责精神。

第二，坎贝尔的报纸还很注意报道本地新闻消息，而且文字简练有力，信息量比较大。凡是有关当地重要的新闻、船舶航期、货物买卖价格等一应俱有，很受波士顿人的欢迎。为了及时报道重要消息，坎贝尔还创造了“号外”这种形式。1704 年 6 月 30 日，著名海盗奎奇被处死刑，坎贝尔就利用“号外”单张报道以吸引读者。

第三，《波士顿新闻信札》还很重视广告的刊登。正是《波士顿新闻信札》报开创了美国新闻广告史的历程。在该报创刊号上，坎贝尔就刊登了一份为自己报纸征集广告的广告。在第二期中，他又刊登了一位在波士顿码头丢失了两个铁砧的人所开列的寻物悬赏广告，该广告声称：“如有拾到该项物品，并予代交或将确讯告知邮政局长坎贝尔先生者，当予相当酬金。”

然而，《波士顿新闻信札》在国外新闻的报道上却很不成功。这主要是因为坎贝尔认为新闻即是“最近的历史”，所以他非常不重视新闻的时效性。为了保持所谓的历史的顺序，坎贝尔总是把伦敦来的，已经隔了数周之久的报纸消息剪剪贴贴，先来先登，后来后登，一次登不完，就留作后用。由于版面有限，结果消息越积越多，新闻报道的时效性根本得不到保证。这种“论资排辈”、“编年史式”的新闻编辑方法往往使一则消息贻误一年之久方能刊载出来，到达读者手中，完全竞争不过海船从英国直接带来的报纸。

坎贝尔苦心经营《波士顿新闻信札》七年之久，然而每期发行量却仍然停留在 250 份左右。1719 年，坎贝尔政治失宠，丢掉了邮政局长之职，但他拒不向新任局长威廉·布鲁克移交《波士顿新闻信札》报，布鲁克只好通过创办另一份邮局报纸《波士顿公报》来挤垮对方，美国新闻史上最早的报业竞争便从此开始了。在其后的 20 多年时间里，波士顿的五位邮政局长们都承办《波士顿公报》，直到 1741 年，这张官方色彩日益浓厚的报纸与《新英格兰周报》合并，才结束了长达 30 年之久的北美大陆邮政局长办报的历史。

三、詹姆斯·富兰克林与《新英格兰报》

虽然在英国本土,随着资产阶级"第四等级"力量的兴起和不断斗争,封建古老的出版许可法制度已于1694年寿终正寝了,可是在北美殖民地,邮政局长们仍然顺从地把一期期的报纸送交总督大人审批,英国本土业已废止的出版审查制度依然在北美十三州殖民地通行。这种可笑的局面由于1721年《新格兰报》的问世而告结束,这张生气勃勃的小报的创办者叫詹姆斯·富兰克林。

詹姆斯·富兰克林是一位敢作敢为、颇有才气的美洲印刷商。在布鲁克任波士顿邮政局长时,詹姆斯曾是《波士顿公报》的合伙印刷商,当布鲁克被免职后,詹姆斯随之也丢掉了这份获利丰厚的差事——布鲁克的继任者把这块油水给了另外一家印刷所。詹姆斯对此极为恼怒,他早就对官方的这一切感到厌烦了,于是,当一群本地的持不同政见者鼓动富兰克林办一张非官方的新报时,詹姆斯欣然接受了这一建议。1721年8月17日,这张独立的、既未经当局许可、其稿件也拒绝送审的报纸——《新英格兰报》在波士顿诞生了。

《新英格兰报》的叛逆精神一开始便跃然纸上。詹姆斯首先对波士顿宗教界不可一世的人物马瑟神父父子发起了一场讨伐运动。当时,波士顿公众围绕是否预防天花接种问题形成了激烈的两派争论。詹姆斯把这场争论加以戏剧化的处理,在他的报纸上掀起了一股讨伐马瑟父子的旋风,这股旋风很快就把每一个波士顿人都给吸引住了。由于马瑟父子平时傲慢自大、积怨太深,众多的反对者们很快便聚集在詹姆斯的周围,纷纷为《新英格兰报》撰写稿件,对马瑟父子大加挞伐。詹姆斯所发动的这场新闻讨伐战使狂傲一时的马瑟父子招架不住、十分难堪,而读者们却兴高采烈,对《新英格兰报》赞许不已。可以说,詹姆斯的这场新闻讨伐战堪称是美国新闻史上第一次讨伐式的新闻报道运动。

对于詹姆斯讨伐马瑟神父的所作所为,殖民地当局一开始也幸灾乐祸、暗暗高兴,因为他们与当地教会之间也充满矛盾。基于这些理由，马萨诸塞州殖民当局一开始并没有对未经禀告便擅自出版的《新英格兰报》采取什么措施。

但是，当詹姆斯在这场新闻讨伐运动中获得了很高的社会声誉，又斗志昂扬、马不停蹄地掉转枪口，向政府发起攻击，严厉批评殖民当局对附近海盗的骚扰抵抗不力、行动迟缓时，便很快招致官方的愤怒和打击。殖民当局认为，必须对这种蔑视当局的现象予以严惩，现在该是好好教训一下詹姆斯这只牛虻的时候了。1722 年，当局以"蔑视罪"传讯了拒不停刊的詹姆斯·富兰克林，并判处其一个月的监禁。詹姆斯出狱后，对政府展开了更加猛烈批评，当局又马上在 1722 年底对他采取了更为严厉的措施。马萨诸塞州议会宣布："非首先受本省秘书监督，严禁詹姆斯·富兰克林……印刷或出版《新英格兰报》以及其他任何类似性宣传小册子和印刷品。"

聪明的詹姆斯钻法律的空子，让他 16 岁的弟弟——学徒工本杰明·富兰克林当上了《新英格兰报》的出版发行人，因为法律对年轻的本杰明·富兰克林没有效用。可是政府对詹姆斯毫不手软，再次逮捕了他并送交法庭审讯。1727 年，饱受重重压力的《新英格兰报》终于停刊了。詹姆斯于 1732 年离开了波士顿，前往罗德岛殖民地，在那里成为当地政府的一名印刷承包商。同年，他创办了该殖民地第一份报纸《罗德岛公报》，但詹姆斯却再也未能赢得他以往在新闻界的赫赫声誉。

四、曾格案件

曾格案件是发生在英属纽约州殖民地、涉及到新闻自由的一个非常著名的案例，这个案件对北美十三州的新闻传播事业产生了重大深远的影响。

从曾格案件发生的背景来看，它是北美纽约州的殖民当局同当地新兴资产阶级势力之间所展开的一场斗争的产物，正是这场殖民地统治者与被统治者的斗争产生了著名的"曾格案件"。

1731 年，纽约州总督死了，继任总督威廉·科斯比 13 个月后才从伦敦姗姗而来，前往就任。这个贪婪、傲慢的官僚刚刚到位就向代理总督范·达姆——纽约州议会议长索要前13个月的总督薪水，当这个无理要求遭到拒绝后，科斯比便把范·达姆告到了法院。由于法庭首席法官、当地人刘易斯·莫里斯支持范·达姆，恼羞成怒的科斯比总督又粗暴地撤销了莫里斯的法官职务，派其亲信詹姆斯·德兰西出任首席法官之职。显然，纽约州殖民统治当局之间的这种权利之争反映了英国殖民者与当地资产阶级集团的矛盾。最后，范·达姆，刘易斯·莫里斯和当地的著名律师詹姆斯·亚历山大等反科斯比派势力联合起来，人们称其为"平民派"。他们到处活动，甚至远赴英伦本土游说情愿，要求英国统治者撤回昏庸的科斯比总督，要求当地人士对殖民地事务享有更多的发言权。可是，"平民派"虽然在当地很有势力，却没有一个可靠的新闻传媒，无法将自己的意见通过印刷出版物及时地传播给公众，以赢得广泛的舆论支持，因为纽约城中唯一的一家报纸——《纽约公报》是完全亲政府的。

《纽约公报》是纽约州官方印刷商威廉·布雷德福于1725年11月8日创办的，人们评价这份报纸总是充溢着"满纸枯燥无味的材料与令人生厌的颂词"。布雷德福的政治观点非常保守，几乎在所有的问题上都拥护殖民当局。作为一个铁杆亲英派，布雷德福对"平民派"深恶痛绝，根本不会在《纽约公报》上替他们说半句公道话，于是，这些"平民派"领袖们便把目光转向了一位叫约翰·彼得·曾格的印刷商人。

约翰·曾格曾是布雷德福印刷所的一个学徒，期满出师后自己开办了一个印刷所。他文化水平不高，也没有什么过人的见识，但其政治态度却倾向于"平民派"。1733年秋，当"平民派"领袖们极力劝说曾格创办一份报纸以陈述他们的观点，并许诺在文字、编写、财政及其他方面给予全力支持时，曾格便答应了，1733年11月5日，曾格的《纽约新闻周刊》，一份纽约州"平民派"的报纸遂告问世。

《纽约新闻周刊》是一张四版的小型报纸，作为"平民派"的舆论工具，它出版的第一天便和行政当局发生了冲突。在"创刊号"上，该报通过刊登“选举下院议员”一文,用讽刺挖苦的笔调详尽报道了在议会的一次补缺选举中前法官刘易斯·莫里斯成功当选为议员,而负责选举的执行官员秉承总督大人之意,挖空心思阻拦莫里斯当选但却未能如愿以偿的详细经过。第5期(12月3日)的《纽约新闻周刊》又批评科斯比总督允许法国军舰伺机侦察纽约南部海湾,在同一期报纸上还刊登了一位愤怒的新泽西移民的文章——据说该文撰稿人就是律师亚历山大,谴责科斯比总督索要前任总督薪俸及无理撤换首席法官的卑劣行为。

《纽约新闻周刊》的这种报道大受当地公众欢迎,曾格不得不额外增印报纸才能满足读者的需求。然而科斯比总督大人却再也无法忍受了,他抓住《纽约新闻周刊》第5期上那两篇文章中提到人民的自由和财产业已受到政府的严重威胁,总督已剥夺了纽约州法庭“陪审团”的审判权力等内容,命令首席法官德兰西以“对政府进行无耻的中伤、恶毒谩骂和煽动性责难”等罪名对《纽约新闻周刊》发行人曾格提起公诉。在大陪审团拒绝了这次起诉后,恼羞成怒的科斯比总督私自对曾格采取法律行动,以诽谤及煽动罪于1734年11月17日将曾格逮捕。

曾格被逮捕后,总督的亲信控制的法庭拒绝合理保释,在把他监禁了9个月之久以后才于1735年8月4日正式开庭审讯。第一次开庭时,当“平民派”律师亚历山大和史密斯对起诉书提出质疑时,他们马上被总督所信赖的法官大人当庭无理剥夺了辩护律师资格。于是,在第二次开庭前夕,“平民派”火速派人前往费城,求助于殖民地的著名律师安得鲁·汉密尔顿先生,恳请其担任曾格的辩护律师。已80高龄的汉密尔顿欣然承诺,风尘仆仆赶到纽约出庭为曾格辩护。

审判开始,白发垂肩的汉密尔顿首先站起来为曾格做辩护,他声称:“我不能认为剥夺人们发表控诉的权力是正大光明的行为,我认为,发表控诉是每个人生来就享有的权力。”他又说:“因而我在此将不再麻烦检察官先生去为这一点而去询问证人,而且我确实承认

(为我的当事人),他不但印刷而且发表了那两篇文章,一如起诉书中陈述的那样,但我的确希望,他这样做没有犯下任何罪行。”

科斯比总督的检察官理查德·布雷德利在审判之前对威望卓著的汉密尔顿律师的出庭辩护有点心虚,没想到他竟出人意料地坦率承认被告发表了被指控的文章。按照当时的法律,陪审团只能裁定被告有无发表过被指控的文章,至于这些文章是否犯罪则是由法官来判定的。布雷德利喜出望外地宣布,被告一方既已承认发表了被指控的文章,陪审团已无事可做,只需等法官定罪宣判了。

然而,汉密尔顿平静而坚定地回答:“不对,都不对!检察长先生,这场交易牵涉到两个方面。我希望问题并不仅仅是由于我们印刷和发表了这两篇文章而构成诽谤,在宣布我的当事人是一个诽谤者之前,你还得做一些事情——你须得说明:那些言论本身确实是诽谤性的!也就是说,是假的、恶毒的、煽动性的,否则的话,我们就是无罪的!”

汉密尔顿坚持谎言才构成中伤、伪造才构成诽谤这一常识性理由,并主动要求去“证明这几篇称作诽谤的文章所讲的仅仅是确凿无疑的事实”。首席法官德兰西的逻辑则是:越是事实就越是诽谤。法官宣称,用事实来对统治者进行谴责或批评,会激起整个社会群体的愤怒和不安,从而导致政治秩序的破坏,被用来对统治者进行批评的事实越真实无误,这种批评所引起的后果就越严重,所以“越是事实越是诽谤”。基于这一原因,在此类诉讼案件中,事实本身是不能被提出来作为辩护理由的。对法官大人这套陈旧的法理观念,汉密尔顿沉着冷静地进行了反驳。他委婉指出德兰西法官所引用的这种法理观念和相关案例在英伦本土几十年前都早已被废止了。汉密尔顿的这番话被法官大人认为是在影射他欠缺必要的法律知识,恼羞成怒的德兰西法官咆哮起来,威胁要把汉密尔顿当场驱逐出庭。于是,汉密尔顿彬彬有礼地向法官鞠了一个躬,转身背对着法官席,直接向着12名陪审团成员们,向着众多的法庭听众宣讲了起来:“那么,先生们!现在我们必须吁请你们来做我们提出的但又被剥夺了权力去做的、证明那些事实的真实性的证人了……”

汉密尔顿声音洪亮，慷慨陈词。他引用英国密尔顿、沃尔温、李尔本等人关于出版自由的言论，力促陪审团成员们作为一个自由人、依据自己的良心来行动——即：除非他们发现曾格刊登的言论本身确实是假的、恶意的和妨害治安的，否则就应裁定曾格无罪，因为这是涉及殖民地所有人民出版自由的重大的原则问题。汉密尔顿最后说道：“——我虽已老朽，然而一旦有必要，哪怕是到天涯海角，我当在所不辞，只要我的服务在那里能为扑灭依据检察官的控告而提出起诉的火焰起一点微薄的作用。这种做法是由政府实行的、旨在剥夺人民对那些当权者独断专行的企图提出抗议（控诉）的权力。正是那些人，伤害和压迫在他们统治下的人们，激起人们的呐喊和控诉，然后再将人民的控诉作为新的压迫和起诉的理由。”

“……总而言之，法庭，还有你们，陪审团的先生们所面临的问题并非无关紧要或是仅仅关系到个人的私事。你们在此审理的并不是这位可怜的印刷商的事业，也不仅仅是纽约的事业。不是的！它的后果会影响到美洲大陆上生活在英国政府统治下的每个人的自由！这是最重要的事业，是自由的事业。我毫不怀疑，你们今天的行为将不仅赢得你们同胞们的爱戴和尊敬，而且将为每一个宁要自由而不要奴役生活的人们所赞美和钦佩。因为你们挫败了暴政的企图，你们的公正、廉洁的裁决将奠定一个崇高的基础，保证我们自己、我们的后代、我们的朋友所应享有的那样东西，即大自然和我们国家的法律赋予我们所应有的权力——自由——这就是把事实真相讲出来、写出来，以揭露和反抗（至少在世界的这些地区）专断权力的自由”。

汉密尔顿伟大的人格、雄辩的才华、渊博的知识、严谨的逻辑征服了法庭上的每一位听众，在他讲话的空隙，人们为之欢呼、鼓掌助威，全然不顾法庭肃静的禁令。狂妄的德兰西法官再也神气不起来了。汉密尔顿答辩胜诉，陪审团成员一致做出“无罪”的裁决。迫于法庭的气氛、迫于群众的压力，法官被迫宣告约翰·曾格无罪、当庭予以释放。约翰·曾格遂成为美国新闻史上的英雄人物,而安得鲁·汉密尔顿也以其为自由事业所作的这场著名答辩而名垂青史,为后人所景仰。

第三节 分析与思考

一、詹姆斯·富兰克林的贡献

作为美洲殖民地那份生气勃勃、无所畏惧的小报——《新英格兰报》的业主,詹姆斯·富兰克林以其敢作敢当的行为在美国新闻事业史上留下了鲜明的痕迹,作出了独特的贡献。

詹姆斯·富兰克林的首要功绩是:他为美洲报业摆脱专制的殖民地出版许可审查制度的羁绊,开创编辑、发行人独立的传统作出了开创性贡献。正是在《新英格兰报》这一张既"未经当局许可",又拒绝官方审查的小报上,詹姆斯·富兰克林勇敢地向神圣的宗教界和权威的殖民地当局开火,批评乃至攻击政府当局的所作所为,从而在美国新闻史上留下了令人难忘的一页。美国新闻史学家埃默里父子在其专著中对其赞誉道:"詹姆斯·富兰克林最重要的贡献是使美洲报业摆脱了出版许可证发放者的羁绊。尽管实际上的许可证那时已经废止(指在英国——引者注),但所有其他出版商仍屈服于官方的压力,'经当局许可'才印刷。富兰克林不仅是不经当局许可而印刷他的报纸,并且对之毫不理睬。因此,富兰克林为开创编辑独立的传统做出了自己的贡献。没有这种独立,任何报纸都不能说是自由的"。埃默里父子还特别强调:"即使他任何别的事都没有做而仅仅是在美国建立了未经当局许可而印刷的原则,詹姆斯也足以在美国新闻界名人祠中享有很高的一席地位"。

詹姆斯·富兰克林对美洲报业的第二个贡献表现在报纸编辑业务上。在攻击波士顿的马瑟神甫父子时,詹姆斯最先在美洲使用了一种"讨伐式"的报道方式。这是一种运用戏剧化的手法来撰写新闻,以鼓动、制造、迎合公众阅读兴趣的报道方法。用这种方法能够很快地造出声势浩大的舆论，其报道新闻的文章犀利、尖刻、通俗、诱人，在波士顿民众中产生了强烈的效果，人们兴高采烈、争先恐后地阅读着这份机智泼辣、有趣可爱，载满了他们喜闻乐见的新闻消息的小报。可以说，詹姆斯·富兰克林是一位深谙读者心理兴趣，能够娴熟地采集、编辑、制造通俗性社会轰动新闻的大师，同时，他也是一位深谙党派"讨伐"谩骂攻击艺术的大师。詹姆斯的这种对新闻的处理方式，这种党同伐异大造舆论的报道技巧，这种对公众兴趣的重视，都给美洲报业的编辑业务留下了深刻的烙印。在美国新闻史的政党报刊、廉价报刊、黄色新闻乃至今日美国新闻界诸多大众传媒身上，我们似乎都不难找到詹姆斯·富兰克林几百年前所使用过的报道技巧和编辑手法的影子。

詹姆斯对美洲报业的第三个贡献表现在他对报纸刊载文学作品的重视。在詹姆斯所生活的时代，供人民大众阅读的高质量作品在美洲殖民地还很少；读者所能买到的书籍仅仅是一些粗俗平庸的历书、简短的格言和宗教书籍。詹姆斯·富兰克林的《新英格兰报》在填补殖民地高水平文学作品的空白上做出了很大的努力。作为一个拥有波士顿城第一流的藏书、熟悉伦敦最优秀的文学刊物、酷爱英国《旁观者》、《闲谈》等杂志随笔小品文，稔熟英国著名文学家及作品的人，詹姆斯热情地向殖民地大众介绍英国的优秀文学作品，欢迎并扶持殖民地作者在他的刊物上发表文学性的作品。詹姆斯自己也动笔写作，他的文章妙语如珠，很受读者欢迎。詹姆斯·富兰克林对文学作品的热心扶持不仅对殖民地民众文化的提高很有助益，也对未来的报刊业务起到了一定的影响。

二、曾格案件分析

作为涉及美洲报业成长及新闻自由主题的著名案件，曾格一案的审判过程和最后结果对美国新闻史的发展可以说是具有深远长久的影响。

影响之一是著名律师汉密尔顿在法庭上提出并加以坚持的两项

原则:其一是允许被告对被控诽谤的文章的真伪提出证据——即汉密尔顿坚持的只要是真实的、确凿无疑的事实,就不构成诽谤的原则;其二是法庭陪审团对于被控出版物是否犯有诽谤罪有审理和判决的权力。尽管这两项原则在英国本土和美洲殖民地早已悄然成长、逐渐明确,尽管许许多多的自由斗士在为新闻出版自由的斗争中都曾或多或少零零散散地提出过这两个原则的一些内容,但是,在法庭上,用法律语言明确无误地提出并正式要求这两项原则得到承认,同时还以出色严谨的辩词给予充分肯定的第一人,正是汉密尔顿这位年逾八旬的皓首律师。众所周知,在那个时代,英、美两地煽动诽谤罪的法律审判程序是:决定出版物是否构成煽动犯罪的裁决者是法官而不是陪审团,陪审团的唯一职责仅仅是帮助法官确定被告是否出版了被控犯法的文章和出版物。同时,在这一类的诽谤诉讼案件里,事实是不能被提出来作为法庭上的辩护理由的,因为"越是事实,就越是诽谤"。专制者常常这样来思考,如果政府对于来自下层公众的谴责、批评无动于衷,听之任之的话,那么合法政府的存在就是不可能的。因为这些谴责和批评会激起整个社会的不安,导致人民对合法政府的不信任,从而损害社会全体成员的根本利益。这种批评越是真实,便越具有说服力,便越能产生严重的社会危害。显然,煽动诽谤法律的这些特色和精神使得出版自由、言论自由的理念与权力根本没有存在的余地。正是在这一背景下,汉密尔顿提出的这两项原则,即,事实本身可以作为辩护的理由;陪审团有权就与案件有关的法律和事实做出独立裁决,就具有了相当大的影响了。尽管纽约州于 1805 年才正式接受了上述原则;1792 年英国才终于修改了煽动诽谤法,在著名的《福克斯诽谤法案》中授予陪审团以裁决权;1834 年,英国法律界又在《坎贝尔勋爵法案》中承认了事实可以用来辩护的原则,但被告人曾格在这次审讯中首次由陪审团裁定无罪这一事实本身就对当时的法律旧习构成了强烈冲击。这一方面是因为英、美法庭审判尊重以往案例,曾格案件在新、旧大陆被自由人士在道义及法律上广泛沿用;从另一方面看,曾格的无罪开释隐含着对政府当局的一个有力的警告,这就是:新闻媒体拥有对政府官员进行批评的权利这种批评的权力是报纸维护公民和国家利益的保证,批评只要是事实,政府就无权干涉。不管殖民地当局愿不愿意接受这样的警告,反正自1735曾格案件之后,再未出现过殖民地法庭以煽动诽谤罪成功审判一位印刷商的案例。曾格案件所确定的事实可以成为辩护理由的原则虽然没有马上反映到美洲殖民地和英国的法律条文中来,但曾格案件作为一种典型的涉及言论自由的案例却对世界范围的自由民主斗士们产生了巨大的鼓舞作用。伦敦的一位读者在给费城《宾夕法尼亚公报》的一封信中高度评价了汉密尔顿所阐述的原则,称这些原则"虽不是法律,实优于法律,而且在任何正义伸张之处一定会成为法律"。

由此可见,曾格案件不仅在北美十三州殖民地立即发生了重大的影响,并且也给18世纪英国及世界各国自由的仁人志士们提供了反对新闻专制的有力武器,曾格案件的影响不仅覆盖美洲,而且延及世界。

曾格案件的胜诉对殖民地民众的鼓舞极大,这使它超出了新闻出版行业的时空范围,此为它的第二个重大影响。事实上,曾格案件的起因,正是殖民地温和的商人阶层"平民派"反对宗主国殖民当局的一场斗争。殖民地新兴政治势力同统治当局外在的矛盾冲突,也以这场最早的斗争而最为著名,它昭示着日后这种矛盾冲突的更大范围的出现。可以说,曾格案件是北美殖民地资产阶级和广大民众反对英国殖民统治、争取政治独立的一支前奏曲,虽然其中独立的主题乐章还隐藏不露、不甚鲜明,但它毕竟构成了日后北美十三州独立战争的序曲之一。它鼓舞了殖民地整个新闻出版界、律师界等知识人士的反抗暴政的斗志,鼓舞了殖民地民众自由独立的情绪。正是曾格案件的胜诉、反印花税法案的成功和要求殖民地独立的民众运动等一系列历史事件的推动,最终导致了北美十三州独立革命的武装斗争,迎来了美利坚合众国的第一抹曙光。

【练习题】

名词解释：

1.《国内外公共事件》报

2.《波士顿新闻信札》

3.《新英格兰报》

4. 曾格案件

简答题：

1. 詹姆斯·富兰克林对美国早期新闻事业的贡献是什么？

2. 曾格案件的价值与意义是什么？

论述题：

1. 试评析曾格案件的历史地位与贡献。

2. 试评析北美十三州殖民地型的集权主义传播事业。

第二编

自由竞争时期的资本主义新闻传播事业史

（17世纪中叶——20世纪末叶）

导 言

一、总体背景——两种社会机构的交替

在此编中,我们将学习与研讨世界新闻传播史上非常重要的一页——资本主义自由竞争时代的新闻传播事业的历史。在进入正题之前,我们首先尝试着从宏观鸟瞰的角度来把握分析一下自由资本主义社会的总体特征。

宏观分析某一种社会形态的有效方法之一是进行同类项的比较。自由资本主义是紧随着封建社会的崩溃而产生的一种新的社会形态,它一方面孕育成熟于封建社会的“母体”之内,但又有着同这一母体截然相异的内质与外形。对二者的对比分析,将有助于我们更为准确深刻地发现和把握资本主义社会形态的特定性质,亦将有助于我们对生成发展于这一新的空间之中的新型新闻传播事业的特质有一个全面的了解。

按照一般社会学的知识,每一个社会形态的结构系统都可以近似地分为三个不同的社会子系统:即经济系统、政治系统和意识形态文化系统(现在有人把科学技术专门划分为一个独立的子系统了),我们的比较就从这三个方面着手。

在封建社会的结构里,经济子系统中占据主导地位的始终是以自给自足为鲜明特征的小农经济——自然经济。这种自然经济的最大特点就在于自给自足,没有商品,没有流通,不需要社会化的市场

和大规模的社会性信息交流活动。显然，这种经济结构及内涵对近代新闻传播事业的需要是很小的。

相形之下，在资本主义社会里，经济子系统中占主导地位的是商品经济。商品经济的一大特点就是需要流动、必须流动。它总是用商品价值——而不是特权、地位、身份来衡量人世间的一切人与物。它要求商品的持有者必须获得人身的自由、权力的平等。要求建立起大规模的社会化通讯传播系统来传递各种信息，以利于整个社会中的商品生产、销售、分配工作能够顺利周转进行。资本的出现带来了经济放任、自由竞争的观念；带来了人身权利平等、信息自由流通的局面。日益强大的资本家集团要求政府不应插手私人事务，阻挠市场的公平竞争，而应该仅仅作为一个社会的中立、仲裁机构，为社会全体大众服务。显然，这种新的经济结构系统必然地要求产生一种新的信息传播事业体系与其相适应。

封建社会政治系统结构中的主导思想是君权神授和"家天下"的观念，而在资本主义社会政治系统结构之中，主导思潮则已逐步过渡到了人人平等、民主自由的观念；以往封建社会中的政治主体结构是完全依据君权为尊的根本概念来组织起来的、为其服务的官僚机构。所有的社会政治活动都是围绕着至高无上的君权来为其服务、受其控制的。可是在资本主义社会里，权力的来源、基础逐渐改变了，以选民为基础和中心的近代民主代议制度使得社会政治结构中的权力由以往的自上而下的任命，变为截然不同的自下而上的选举方式了。普选产生民众代表；民众代表选出内阁政府或国家首脑；被选举产生的民选政府和领导人自然地对社会对广大选举人负责，而再也不是只对上层的官员和君主负责了。显然，这种权力结构的倾斜乃至倒置，也自然地要求一种新型的社会传播事业体制与其相适应。

封建社会意识形态统治结构中的主导学说、思想体系主要是中世纪的蒙昧主义和专制主义。这种反动、顽固的蒙昧神学观视人类的知识为"罪恶的禁果"，宣扬愚昧的宗教原罪说，压抑和束缚人类潜在的健康精神和无限的创造力。而残酷凶暴的专制主义更是把人变成了君主脚下毫无个性尊严与自由的行尸走肉。在资本主义社会文化形态之中,占据主导地位的思想和学说则是人文主义和理性主义。前者肯定人的存在价值,宣扬人的哲学、人的身心解放;后者则高举理性的大旗,反对封建的蒙昧主义,要求世间所有的一切都要经受人类理性的批判,认为人们依据自己的理性力量和自身的努力,能够建立一个极其美好的新世界,而这一切都需要有一个不同以往的、自由而独立的社会新型信息传播体系来传递、交流不同的思想,发现理性的真理。

显然,即使从以上这种粗浅的分析中也能看出,资本主义社会和封建社会的确是两种决然不同的社会形态,而前者的全部存在、全部的社会生活特征都在要求和呼唤着一个全新的社会传播事业新体系的产生,正如人们所见,这个新体系也确实产生了。

二、理论的历史

自由资本在经济领域中所要求的自由竞争与放任的原则;在政治领域中所要求的民主代议政体,天赋人权说、社会契约论;在意识形态领域中所要求的人文主义、理性主义逐渐汇成了一股时代的新主流——自由主义浪潮。这一浪潮在新闻传播领域中的回响,就是“出版自由”原则的提出和确立。

在“出版自由”这一原则提出和确立的历史上,至少有三个人对此作出了卓越的贡献,他们是17世纪的约翰·弥尔顿;18世纪的托马斯·杰斐逊和19世纪的约翰·密尔。

最先在新闻传播理论领域中树起“出版自由”大旗的人是英国的约翰·弥尔顿(John Milton,1608~1674)。他生活、活动在1640年英国资产阶级革命前后,既是一位著名的文学家,也是一位新闻自由的伟大斗士。1640英国革命即将爆发前,他匆忙从意大利返回英国,参加反对君主政体的斗争。革命后,由于他所出版的几本小册子接连遭到了长期国会出版委员会的审查并于1644年被招致法庭质问、审讯，弥尔顿遂在法庭上当众宣读了他主张思想、出版自由的伟大文章——《出版自由请愿书》(Areopagitica or a speech for the liberty of unlicensedprinting to the Parlianaent of England)。

虽然弥尔顿的这篇文章并没有全面论述言论自由和出版自由的各项原则，但却提出了反对封建集权主义强化控制出版言论自由的有力论点，强烈谴责了当时整个封建检查制度的理论和实践。弥尔顿特别强烈地反对专制集权的书报检查制度，呼吁"让我有自由来认识、抒发己见，并根据良知来做自由的讨论"，认为这才是一切自由之中最重要的自由。他鄙夷书报检查官的作用，认为"这些检查员的所谓判断只不过是他们自己狭隘的胃口……试问谁又能保证他们的判断是正确的呢?"弥尔顿在这本小册子里大声疾呼:"英国用以发明、艺术的智慧及庄严而又卓越的见解决不是一二十个人所能包容无遗的;更不用说，没有他们的监督这一切就不能通过;不经过他们漏斗过滤，没有他们亲笔签署就不能发行。不论他们的禀赋多么好，我也不能如此轻视英国的文化。真理和悟性绝不能像商品一样加以垄断，或凭提单、发票，掂斤拨两地进行交易。"弥尔顿强烈要求公民拥有依据个人的良知自由地获取信息、陈述及辩论的权力。他的观点是:人们运用自己的理性就可以独立地辨别正确与谬误，分清好坏，而要想运用这种才能，人们就必须不受限制地去了解别人的思想和观点。他认为"杀死一个人，只是杀死了一个理性的动物，但不准好书出版，乃是毁灭理性本身"。弥尔顿坚信，真理是可以肯定、可以辩明、可以被表达出来的。只要让真理参加"自由而公开"的斗争，真理本身就具有战胜其他谬误而存活下来的无可比拟的力量。弥尔顿在这篇文章中大声疾呼:"虽然各种各样的学说都可以在大地上恣意流行，因此，即使真理也参战了，我们却以发放许可证和禁令的办法待她不公，怀疑她的力量。那么，让她与谬误搏斗吧!谁又见过在公开而自由的对抗中，真理会一败涂地呢?"(《论出版自由》)

正是从弥尔顿的这些思想里，西方新闻界逐渐发展形成了资本主义新闻自由的两个最重要的概念，这就是“观点的公开市场”以及真理具有“自我修正”的属性。这两个概念的含义是：如果让所有想说什么的人都能自由地表达自己的思想的话，那么真实的、正确的思想就会在“观点的公开市场”的平等竞争里保存下来，而虚假和错误的思想则会最终被克服。在这一进程中，掌握有巨大社会权力的政府不应该参加战斗和判决，也不应该协助其中的任何一方。虽然虚假有害的思想可能会一时获胜，但真实的正确的思想、意见通过吸收新的力量来维护自己，并会通过一种自我修正的机制和过程最终战胜其他错误思想和意见而保存下来，为大众所接受。

弥尔顿的这篇文章被后世誉为世界上第一本提倡出版自由，反对封建传统书刊检查制度的著作，也是关于思想自由、传播自由的最为重要的文献之一。人们赞誉他是新闻自由这一伟大命题最早的、最富权威性的阐述者之一。弥尔顿的这些关于新闻出版自由的思想虽然在他所处的时代遭到了压制，未曾引起应有的重视，但它们却对18世纪以后的西方新闻传播事业产生了重大而又深远的影响，弥尔顿也因为他的杰出思想而受到了后世人们的普遍尊崇。

在理论和实践两方面都对新闻自由作出了巨大贡献的另一位哲人是美国著名思想家、政治家托马斯·杰斐逊。他的新闻传播事业同政府之间的关系的观点及他对新闻传播事业监督职能的阐述均对后世影响巨大。从某种意义上来说，杰斐逊关于出版自由的思想奠定了美国资产阶级新闻传播事业自由主义理论的基础。

简略而言，杰斐逊认为，新闻传播事业在民主国家中乃是人民大众交流思想和意见的一个公众论坛，是民众了解情况和取得必要指导的主要渠道。新闻传播事业为了更好地完成这一使命，就必须摆脱国家的控制，独立于政府之外，并代表大众对政府实行一种舆论的监督和批评。

同弥尔顿一样，杰斐逊也认为人是受理性支配的，是可以在“公开而自由”的观念市场上寻找到真理的。因此，人类欲取得真理的第一个目标便是为人们打开所有通向真理探索的自由之门。而迄今为止，人们所能找到的最好的办法便是新闻自由。杰斐逊认为：传播事业最主要的目的，是作为一个社会的公众论坛，通过提供作为决定基础的各种信息与观点，来协助人们发现真理，协助人们解决政治、社会问题，而这一过程的主要特点和关键所在就是新闻传播媒介不受政府的控制与操纵。报刊有责任对政府实行一种其他社会机构无法提供的舆论监督。

杰斐逊确实是一位人格伟大的政治家。因为在他从政期间，他所力主倡导实行的新闻自由政策给他带来了很大的麻烦和痛苦，而他仍坚定地确信新闻自由是国家的根本福祉，忍受着他的政敌借助新闻自由肆无忌惮地对他实施穷凶极恶、毫无事实根据的人身攻击和诽谤谩骂，继续实行保护新闻自由的政策。杰斐逊曾在一封信中写道："联邦党人们（他的政敌—引者注）以世界上任何国家闻所未闻、见所未见的这种凶恶方式来攻击我，但是我将保护他们造谣与诽谤的权力，而且我仍将珍视这一权力的继续维持，坚定不移地追求我的目标"。杰斐逊还曾经这样说过：我心甘情愿让自己成为一次伟大的试验对象。要通过试验来证明，一个正派的、得到共同谅解的政府是打不倒的，就连放肆的报刊的造谣也打不倒，因而更不会被遵守合法而健康的真理界线的报刊所打倒……世界需要这次试验来证明，所谓出版自由同有秩序的政府不相容的这种借口是没有根据的。

正是杰斐逊认为自由的报刊应该成为对行政、立法、司法三权起到某种制衡作用的"第四种权力"的观点，正是他认为一个廉洁奉公、为公民服务的政府将不会被报刊谎言所打倒的观点，正是他认为出版自由与公平政府势不两立的看法是错误的观点，正是他认为报刊说谎是没有力量的表现的观点，形成了美国新闻传播事业监督政府、批评政府的传统，并为其后的美国新闻立法和出版自由思想奠定了理论基础。特别是杰斐逊所领导制定的美国宪法修正案第一条款，使弥尔顿理念上的新闻出版自由概念在美国形成为现实的强大法律，并反过来给予世界各国新闻传播思想以深远而巨大的影响。

西方新闻传播事业自由主义理论的集大成者是 19 世纪的英国

人约翰·密尔,他的代表著作是《论自由》。

密尔关于自由的基本观点是:自由意味着成年人想干什么就干什么,只要在行使这种自由时不伤害别人同样的权力。他认为,人类的一切行为都应该是为最大多数的人们创造幸福、维护幸福和增加幸福,社会为此所能作出最大贡献的主要方法之一,就是给予其成员以自己去思想和行动的权力。

据此,密尔在说明、阐述新闻传播领域内表达公民个人思想观点的自由权力之必要时,提出了四大论点:(1)如果我们压制某种观点、意见,那么就我们所能看到的结果来说,就等于压制了真理;(2)错误的意见可能包含着为发现整个真理所必需的那一点点真理部分;(3)即使大家接受的意见是全部真理,但是他们往往习惯于作为一种先入为主而不是在理性的基础上来加以掌握的,除非他们是被迫来维护这种真理;(4)如果大家接受的意见不是常常和别人的意见发生争执,思想就会失去活力,对于行为和性格就不会起作用。

在《论自由》中,密尔用下面一段话来强调个人表达思想自由的重要性:

> 如果全人类除一个人以外意见都一致,而只有一个人持有相反的意见,那么全人类要压制这一个人的意见,并不比这个人如果有力量来压制全人类更加合理。如果意见仅仅是一种除了本人以外毫无价值的个人所有物,那么阻挠人们不享用,就仅仅是伤害了私人,至于伤害了几个人或是更多的人,倒是无大区别的。但是,压制表达意见的特别罪恶在于这是对全人类的掠夺。对于后代和当代的人,对于持有这种意见的人,特别是对于不同意这种意见的人,都是一种掠夺。因为如果这种意见是正确的,他们就被剥夺了用错误来换取真理的机会;如果是错误的,他们就失去了几乎同样大的好处,那就是通过和错误意见的斗争,真理就会被理解得更加明确,印象也会更加生动。

自由主义的新闻传播理论在各国资产阶级革命的进程中先后被写进了各自的宪法(或作为习惯法而逐渐被引用)之中,成为占据社会主导地位的新闻思想。这一成果在法国表现在1789年的《人权宣言》第11条款,在美国则是1789宪法第一修正案及各州法律中的有关条文,而其真正得以全面的确立,则经历了一个相当长的历史阶段。关于这一历史阶段,我们将在下面的章节中涉及。

三、一般模式与特殊类型

从自由资本主义时期新闻传播事业自身的发展阶段来看,大多数国家——尤其是西方老牌资本主义国家,大体上都是按照较为相似的模式发展起来的。

自由资本主义时代新闻传播事业的一般发展沿革大体是这样的。在早期,当资本主义商品经济还处于萌芽状态、发展初期的时候,新闻传播活动仅仅在社会的经济领域中存在。作为一种商业金融行业的信息传递网络,此种新闻信息的传播表现为下层市民阶层一种水平式方向的信息流动,主要使用的传播媒介是手抄新闻信,以及基于集市贸易的不定期和定期的新闻印刷品。我们可称其为"商业新闻信"阶段。

随着资产阶级在社会政治、经济、意识形态诸领域中的发展壮大,新闻传播事业已逐渐不甘于仅仅在狭小的经济生活中担当传递商业信息的小角色,而已逐渐发展成为自由的、反抗的、强大的资产阶级用以表达舆论、宣传思想、形成舆论、夺取政权的言论武器。伴随着各国资产阶级革命的爆发,资本主义新闻传播事业进入了一个新的发展阶段。在这一阶段里,各国的新闻媒介几乎都经历了"政论—政党报刊"的历史时期,我们称其为"政论—政党报刊"阶段。

在随后的年代里,确立了资本主义制度的西方诸国陆续出现了伟大的工业革命。科学技术的飞速发展,民主普选进程的稳步推进,公民教育的逐渐普及,人民大众生活水平的相对提高及稳定和城市化现象的出现,导致了西方各国"廉价—大众化报刊"时代的来临。

新闻传播事业又在一个新的起点上开始了新一轮的飞跃。近代通讯社,近代大型报刊都在这一时期出现。新闻自由的思想也经过200多年的艰苦奋斗,在此时最终确立了下来。到了19世纪末20世纪初,自由资本主义时期的新闻传播事业业已发展到一个顶峰,并开始向下一个阶段——垄断阶段迈进,我们将其简称为“廉价大众化报刊”阶段。

在20世纪出现的垄断时代,资本主义国家的新闻传播媒介经历了一个由多变少,由小变大的集中过程。这一过程的最终结局,就是出现了以大财团为后盾的新闻传媒垄断集中、连锁经营的现象。我们称其为“传媒垄断连锁经营”阶段。

到了20世纪80年代,世界范围内的新闻传播事业进入了一个以高科技、高资本、国际化、网络化为特征的新时期。卫星通讯、电子计算机和国际互联网络及全球化等发展趋势导致了新闻传播“国际互联网络”时代的来临。就这样,在整个资本主义发展的社会历史中,新闻传播事业陆续经历了“商业新闻信——政论政党报刊——廉价大众报刊——垄断连锁传媒集团——国际网络时代”五个相互混合、相互连续的发展阶段,构成了该时期世界范围内新闻传播事业发展的一般模式,而且这一发展进程现在仍在持续。

新闻传播事业的发展具有各国传播所共有的一般模式,是因为导致这一行业持续发展的主要原因在各个国家也是基本相同的,这就是:

1. 社会政治的因素

在整个自由资本主义时代,政治的民主化进程是一个不可阻挡的历史潮流。由于普选制度的日益完善,选民的范围不断扩大,越来越多的人参加到了社会政治生活之中,资产阶级的革命浪潮更是把千百万普通大众吸引到波澜壮阔、有声有色的政治运动中来了。这一切,就使得越来越广泛的社会阶层增加了对政治问题的兴趣及对新闻报道的需求。教育的普及、城市劳工阶级的出现、大都市的兴起,汇集了几十万甚至上百万的人流,使得新型信息传媒的潜在读者群体不断地扩大了。无数事关民众利益的政治事件，与外部世界沟通的迫切需要，都要求一种大规模的社会化信息流动，而这一要求，唯有大众传播事业才能予以满足。于是，巨大的政治信息的需求导致了整个社会传播事业的飞速发展。

2. 社会经济的因素

来自经济领域的原始动力是推动各国新闻传播事业发展的更为深刻、更为广泛的基本原因之一。商品经济不仅促成了社会信息流通的最大需求，而且造就了统一的国内市场和广阔的世界范围的经济联系。新闻传播事业为了适应此种挑战，在市场规律的有力推动下，完全改变了以往封建手工作坊式的个体经营方式，发展成为独立的、庞大的、机器化的社会生产行业。报社、杂志社、出版社、通讯社开始大批量地、专业化地、标准化地生产新闻商品，买卖各类消息与信息。社会化生产方式使大众传媒真正深入到了社会的各个阶层。与此相应，报刊的售价低廉了，广告行业兴起了，报刊的内容通俗化了，新闻传播的媒介及手段多样化了。基于工业革命的丰硕成果和得到大量工商业广告支撑的新型大众传媒以独立的姿态、良好的经营、广泛的社会影响力，逐渐成长为各国文明社会生活中的一支重要的力量。

3. 社会文化的因素

资产阶级在革命和建立政权之前，就通过文艺复兴运动和启蒙运动广泛宣扬了本阶级的思想意识。在革命之后，资产阶级的一系列文化思潮成为社会的主流统治思想体系。天赋人权思想、社会契约论、自由平等概念、理性主义哲学等等为新型社会大众传播媒介的确立和扩展在思想上提供有力的支持，在舆论上帮助创造一个适宜其发展的人文大环境。这些思潮和理念在新闻传播界的代表体现——新闻出版自由思想日益深入人心，变成一股不可抗拒的时代巨流。这些文化思想因素，无疑也是推动新型社会传播事业向前发展的动力之一。

4.社会技术的因素

科学技术的进步,也是促成各国新闻传播事业飞快发展的重要因素之一。油墨和纸张的不断改进使新闻界可以廉价获得大量的新闻用纸;排版的机械化和印刷技术的发展使单位时间里大批量、低成本的印刷新闻成为可能;新闻信息的快速报道——传递技术的发展离不开有线电报、海底洲际电缆、电灯、电话、打字机等相关技术的发明与改进,也离不开日益发达的交通运输手段。这一切来自科学技术体系的社会生产力导致了新闻传播事业整体水平、规模的提高和扩大。

然而,我们必须注意的是,传播事业的发展既受普遍的基本因素的影响,更受各国具体历史条件的制约。各个国家不同的政治、经济、文化、科技系统成分内容的差异,这四种社会小系统组合形成社会大系统的时间、方式的不同,都会对各国具体的新闻传播事业面貌施加巨大的、甚至有时是具有决定性的影响。特别是政治系统变革的性质、成分、方向、速度、及所承继的历史相关遗产的影响,更是对新闻传播事业和媒介具有极大的制约性。当然,经济的、文化的、科技的影响因素和变革力量亦是相当重要的环节。正是受此多种基本的和特殊的因素制约,各国传播事业在自由资本主义时期的发展是相当不平衡的。

比如在英国,由于资产阶级革命的不彻底性,封建的旧有特权势力依然存在,致使资产阶级传播事业新体制直至19世纪中叶才得以确立。法国疾风暴雨式的社会大革命和革命后动荡不已的政局、党派林立的现象,战争、政变、街垒暴动等事件迭出,也大大影响了资产阶级传播新体制的顺利确立和向前发展。直到1881年,法兰西共和国才真正从政治和法律上确立了传播新体系的存在。美国则又是另一番景象。独立战争的胜利,民主势力的强大,大量痛恨封建特权的外来移民,辽阔的疆土,及发展迅速的资本主义市场经济,使得美国的新闻传播事业后来居上,超越欧洲诸国,成为一种发展平顺的典型。日本和德国则又形成了另一种类型,在资产阶级民主自由的假象下，专制主义、集权主义的实质并未消除，遂形成了一种混合型的“二元”化新闻传播体制，并最终导致了法西斯传播事业体制的产生。

可见，就是在自由资本主义时期和国家之中，新闻传播事业的发展历史也是既有质的同一，也有质的相异；既有量的扩大，亦有量的不足，存在着复杂变化的多种不同类型。这正是我们在本编中所要致力于研讨的内容。

【练习题】

名词解释：

1. 约翰·弥尔顿
2. 托马斯·杰斐逊
3. 约翰·密尔
4.《论出版自由》
5.《论自由》

论述题：

1. 近代资产阶级报业发展过程中贯穿着怎样的基本矛盾？其发展主要经历了哪些阶段？大致轨迹怎样？
2. 资产阶级新闻出版自由的口号是在什么情况下提出来的？弥尔顿和杰斐逊分别为此作出了什么贡献？应该给予怎样的历史评价？

第四章

渐进的改良之路

英国资本主义传播事业新体系的确立历史
(1640～1861)

第一节　背景之回顾

当人们探讨英国近代新闻传播事业发展之路的时候，常常会发现两个似乎相互矛盾的现象。一方面，历史学家们公认英国资产阶级新闻传播的一系列出版原则和自由权力深入人心，得到了普遍的社会认同；另一方面，新闻出版自由在英国的实现经历了比别的国家漫长得多的时间和痛苦的过程。可以明确地说，英国资产阶级新闻传播事业新体系的确立，呈现了一种不同于其他资本主义国家的特殊模式，而研究这一模式的形成方式和具体内容，当是一件很有意义的事情。

1640 年英国资产阶级革命，标志着世界范围内资产阶级与资本主义崛起时代的来临。它不仅使以往不被人重视的小小英伦三岛成为世界的中心，而且对英国资产阶级传播事业新体系的诞生与成长提供了一个新的发展背景。事实上，没有资产阶级政治上、军事上的革命，就没有资产阶级新闻传播事业的大发展，就不可能完成资产阶级新闻传播媒介从以往简单的商业性信息传媒向政治性政论报刊转化的关键性跳跃过程。

英国资产阶级革命大致分为三个发展时期，它们都对资产阶级传播事业新体系的确立进程产生了不同的推动力。

第一阶段(1640～1688)是资产阶级革命爆发,封建王朝复辟,到资产阶级又通过温和的“光荣革命”,确立了资产阶级统治实质的现代君主立宪政体。

由于国会与国王查理一世的尖锐矛盾与激烈冲突,1640年英国资产阶级革命爆发了。企图用武力镇压革命的查理一世反而被革命者送上了断头台,资产阶级革命运动在英国境内获得了胜利,包括已延续了近百年的特许出版及独占制度在内的一大批封建专制的政治与法律制度被废止了,英国人民获得了以往难以想象的充分自由,资产阶级传播事业新体系的建立工作正式开始了。

然而,保守的长老派国会对出现的混乱政局惊恐不安,他们并没有寻找出新的有效管理方法,而是“轻车熟路”地恢复了他们的封建前任所行之有效的专制手段——特许垄断出版制度。当局势变得更加错综复杂的时候,日益保守的国会不得不把国家大权拱手让给了战功显赫的“护国大将军”克伦威尔,企图借助他掌握的强大的军事力量来稳定政局、维护其专制政权。

1649年5月19日,国会宣布英国为共和国,英国资产阶级革命到达顶峰。共和国时期,一院制的国会是最高的立法机构,国务会议掌握着行政大权,形式上每年由国会选举产生,但实际上为军队领导人所控制,英国进入了克伦威尔将军统治时期。1653年,克伦威尔将军用武力解散了“长期国会”,就任“护国主”之位,共和国演变成为护国政府,克伦威尔将军大权独揽,建立了军事独裁的统治。在他执政时期,出于钳制舆论、巩固统治的需要,旧有的封建出版管制方法大多恢复。由于贪污腐败、高压管制,克伦威尔将军及后任者的统治遭到了民众的普遍反对,在克伦威尔将军死后不久,保守的大资产阶级和新贵族们惧怕革命,把稳定的希望寄托在已被推翻的旧王朝身上,1660年,斯图亚特王朝的查理二世从海外归来,封建王朝复辟了。

尽管受革命势力的压制,查理二世不敢过分嚣张,不敢全面恢复旧有的封建措施，但英国新兴的新闻出版事业仍然受到了严重的打击。查理二世的弟弟詹姆士二世继位后更是实行全面反攻倒算，大力恢复以往封建的反动集权措施——包括印刷出版独占和书报审查在内的新闻集权管制措施都陆续得以恢复。詹姆士二世是一个天主教徒，极力主张“君权神授论”，认为国王受命于上帝，权力无限，不受任何法律限制。他坚定地认为是国王创造法律而不是法律创造国王，因此国王至尊，应在法律和国会之上。他任用铁杆的保皇分子麦迪曼和莱斯特兰奇，实施严酷的出版特许制和出版审查制，残酷打击英国新闻出版事业，企图全面恢复封建专制集权制度。

反动国王詹姆士二世的专制行为和宗教立场引起了国会和人民的普遍不满和恐慌。1688 年底，国会派代表去荷兰迎接詹姆士二世信奉新教的女儿玛丽和她的丈夫荷兰执政者威廉回国执政，詹姆士二世被迫逃亡法国，国会遂立威廉和玛丽为英国国王和女王，确立了君主立宪制度，这就是英国历史上著名的“光荣革命”。

第二阶段(1688 ~ 1815)是英国资产阶级与土地贵族(新贵族)联盟执政，代表商业金融资产阶级利益的辉格党人与代表土地贵族利益的托利党人在议会框架之下此消彼长、相互争斗的阶段。在这一发展阶段中，英国资产阶级革命通过渐进改良的和平方式继续进行，逐步在政治、经济、文化、科技等领域全面确立了资本主义社会体系。

“光荣革命”以后，政局稳定，英国资产阶级通过继续推行圈地运动和海外殖民掠夺政策，完成了资本的原始积累过程，引发了伟大的工业革命。在这一历史进程之中，英国的近代君主立宪政体制度逐渐完善，资产阶级的“内阁制”形成了，两大带有浓厚封建保守色彩的资产阶级集团——辉格党人和托利党人在议会的框架之下相互争斗、轮番执政，英国资本主义社会体系在这种和平环境中逐渐被建立起来了。

由于成功地进行了一场宫廷政变，英国资产阶级革命所取得的主要成果被保存了下来。君主立宪、议会内阁制、有限财产普选、两党轮番执政等政治体制使工商金融资产阶级和土地新贵族的政治利益得到了保护；规模更大的圈地运动、海外殖民和重商主义政策的实施确保了他们的经济利益。然而，与旧制度有着千丝万缕的联系的土地贵族和依靠重商主义的殖民政策、税收政策和贸易政策发家致富的商业金融资本集团之间存在着很大的矛盾，这种矛盾与斗争以辉格党和托利党两大政治派别的形式表现了出来。共同反对封建专制主义的斗争经历使这两个政党都认识到，在和平的环境里通过合法的斗争（议会选举）可能是最为明智的方式，因此，改革与保守、进步与落后、形式上的守旧与内容上的革新、政治斗争的冲突与妥协，经济利益的争夺与让步，大都是以和平的方式有序渐进地完成的，这构成了该时期英国社会发展的主流色彩。在"光荣革命"之后，首先是辉格党人占据了近 70 年的英国政坛，从 18 世纪 60 年代起，托利党人利用人民对辉格党人的不满和新兴工业资产阶级集团势力的崛起重新上台，开始执政，但这个政党对工业资本家集团和城市工人、小资产阶级更加恐惧。在反动国王乔治三世、乔治四世统治时期，托利党人集团成为一股反对改革、阻挠进步的社会保守力量，英国资产阶级新闻传播新体系的雏形和成长过程就是在这个社会大背景下展开的。

工业革命的爆发为英国社会的发展带来了新的契机。工业革命首先改变了英国社会阶层旧的格局，以城市为居住中心的工业无产阶级和工业资产阶级两大社会集团诞生了。这样，以往由使用资本主义生产方式的土地贵族（新贵族）和随着海外殖民和国内圈地运动而壮大的商业与金融集团所组成的资产阶级队伍中，又增添了一个新的阶层——工业资本家阶层，他们随着工业革命的兴起而快速地发展壮大起来。

工业革命的进程还导致了英国社会生产力的迅速提高，改变了英国旧有的经济地理面貌。以前，经济最为发达和人口密集的地区是以伦敦为中心的东南部，而现在西北地区，在新的工业中心地带如曼彻斯特、伯明翰和利物浦等地，人口密集的大城市出现了。代表新兴生产力的工业资产阶级集团、城市雇佣劳动阶层开始登上历史的舞台，要求在新的社会生活中发出自己的声音，这种一致的呼声就是要求进行权力再分配的国会改革运动。

从19世纪初开始，英国社会的发展进入了第三个阶段(1815～1868)。这一阶段的中心内容就是新兴的工业资产阶级与劳工大众反对封建倒退，要求进一步深入进行资产阶级民主改革，扩大工业资产阶级与城市劳工阶层政治、经济权益，这个历史的发展进程是以反对托利党人的“谷物法”和进行国会改革运动为主要标志的。

英国资产阶级革命后的议会并不是一个真正的民主机构，这不仅因为它实行有限财产选举权，还因为陈腐的选举制度有利于保持守旧的贵族们在国会中的传统势力，甚至使资产阶级也不可能选出足够的代表。因为上院议员非经选举产生，由土地贵族和上层教士把持，议员职位世袭，如有空缺，则由国王提名增添新的贵族议员。而下院议员则按旧的选区名额，依据财产资格选出。但自17世纪以来，国会选区的划分和议席的分配方式仍如旧例，毫无改动。一些传统选区已荒无人烟，或成为“衰败城镇”，仅有很少的居民人口，但仍可选出议员，而像新兴的伯明翰、曼彻斯特等工业城镇，虽然人口众多，却因以前未设选区，无权选举自己的议员进入国会。这种统治权力分配方式当然激起了工业资本家阶层的强烈不满，也激起了这些大城市中劳工阶级和市民们的强烈不满。于是，从19世纪开始，以修改国会选举制度为突破口的资产阶级改革运动风起云涌、蔚为壮观。

然而，改革的进程并非一帆风顺。1819年8月16日，当八万多工人、市民和资产阶级人物集会于曼彻斯特的圣彼得广场，向国会请愿，要求改革选举制度，取消“谷物法”和禁止工人结社的法令时，托利党人的政府出动大批军警进行镇压，造成了死伤六百余人、震惊全国的流血大惨案，史称“彼得卢大屠杀”。紧接着，以首相卡瑟尔累为首的托利党人政府在国会的支持下颁布了“六项法令”，禁止50人以上的群众集会和示威游行；对一切出版物每份征税四便士；禁止出版亵渎上帝和反政府的任何书刊;凡写作、印刷、出版、销售反对政府书刊者都处以徒刑或流放。

但是,历史的车流是阻挡不住的。托利党人政府的反动措施激起了英国绝大多数阶层与民众的反对,资产阶级、工人阶级、小资产阶级和城市一般市民都对国家的停滞不前感到不满,强烈要求进行广泛的社会改革运动。他们在全国举行大规模的政治集会和聚餐活动,广泛联系社会各阶层的力量,形成了强大的改革态势。迫于人民的压力,托利党人的政府被迫于 1824 年废除了以前颁布的取缔集会结社的法令,1826 年又放宽了谷物进口的限制,在对外政策上实行了一些自由主义策略,从而在一定程度上缓和了英国社会的内部矛盾。

1830 年 10 月,在全国改革势力的重压下,托利党人的威灵顿内阁垮台了,国王威廉四世授命辉格党首领葛雷组阁,新组建的辉格党人政府立即提出了自己的国会选举改革法案:取消和减少许多"衰败选区"的国会议员席位,把它们转让给新兴的工业城市;降低选民的财产资格限制。但改革法案在国会中遭到托利党人的顽固反对,未获通过。1831 年,该项法案终于在下院通过,但再次受到上院(贵族院)的抵制。愤怒的资产阶级"伯明翰政治协会"、"全国政治协会"和"工人阶级和其他劳动者全国联盟"等众多人民团体在伦敦、曼彻斯特、伯明翰等大城市举行了一系列的民众大会,支持改革法案;伦敦也举行了六万人参加的大示威,向国王递呈要求改革的请愿书;其他各大城市的群众大会甚至提出了上院再否决国会改革法案就拒绝纳税,实行"财政绝交";辉格党葛雷内阁也趁机宣告辞职,向国王施加压力。各地此起彼伏的民众抗议浪潮使托利党人不敢受命组阁,国王只得挽回葛雷,上院也被迫通过了改革法案。1832 年 6 月 7 日,这项旷日持久、几经风雨的国会改革法案终于由国王威廉四世正式批准成为法律,资产阶级激进派的政治要求得到了满足,一般人民大众的民主权利也得到了一定程度的实现。到了 1868 年时,经过资产阶级和人民大众的不懈努力,英国资产阶级新闻传播事业的成长空间越来越广阔，终于迎来了廉价报刊大发展的新时代。

第二节 历史的进程

英国近代资产阶级新闻传播新体系的建立大致经历了两个不同的历史阶段：资产阶级革命与报刊出版自由的初步获得；新的新闻传播体系的逐步确立。这两个阶段共经过了200多年的时间，不可谓不长。

一、资产阶级革命和报刊出版自由的初步获得（1640～1694）

1.1640年革命前后的新闻出版状况

1640年英国资产阶级革命的爆发，标志着英国自由资本主义传播新体系历史进程的开始。当时，执掌权柄的长期国会于1641年7月5日正式取缔了令人生畏的封建社会舆论钳制的象征——“星法庭”（皇家出版法庭），同年颁布了新的出版法令，规定“除出版者与作者或者至少印刷者的姓名已登记备案以外，任何书籍不得付印”，言外之意是只要人们事先登记备案，就可以自由地出版与发行书籍和其他出版物。与此同时，臭名昭著的皇家特许出版公司也被废除，英国新闻出版界初获自由，一大批新闻纸和宣传性印刷小册子纷纷创办，英国历史上首次出现了百家争鸣、言论自由、生气勃勃的大好局面。

然而，由于不断遭受到获得了自由的新闻界肆无忌惮的批评与攻击，执政当局对新闻自由所造成的这种局面颇感不适，为结束这种所谓“混乱”现象，1643年6月，作为临时统治者的长期国会又恢复了已往封建统治者们所惯用的出版印刷特许制度，规定未经图书检查官的事先审查和批准，禁止印刷出版任何书籍与小册子，企图借此控制舆论，巩固自己的政治权力。正是在这种背景下，1644年约翰·弥尔顿（John Milton，1608～1674）因非法写作与发行小册子而遭到了国会出版检查委员会的审讯，弥尔顿遂向法庭递交了他的著名申辩书——《论出版自由》,第一次在人类历史上明确提出了出版自由的口号。

弥尔顿是英国历史上的一位伟大的诗人,也是英国资产阶级革命时期著名的政论作家。他1608年出生于伦敦一个富有虔诚清教徒气氛的富裕家庭之中,从小受过良好的教育,16岁进入著名学府剑桥大学学习。1632年弥尔顿在剑桥获得了硕士学位,毕业后致力于诗歌创作,在当时小有名气。1639年,正在意大利游历的弥尔顿匆匆中断旅程,赶回英国,投身于国内的资产阶级革命。

在英国资产阶级革命中,弥尔顿以政论和小册子为武器,不仅向封建专制君主政体和英国国教口诛笔伐,也向革命后全面恢复封建检查出版制度的保守国会和斯图亚特复辟王朝猛烈开火。在弥尔顿的这些政论文章和小册子中,充盈着坚决反对封建专制,支持共和政体,捍卫基本人权的资产阶级革命精神,其中,以《论出版自由》最为著名。

在《论出版自由》中,弥尔顿强烈反对集权专制的书报检查制度,认为人们运用自己的理性来进行自由的信息传播与讨论是非常重要的,因为出版自由是人类与生俱来的权力,是宗教自由和公民自由的前提,是"一切自由之中最重要的自由"。他认为:用检查制度来压制出版自由,实际上就是在杀死人类的理性与生存尊严,因为"这些检查员的所谓判断只不过是他们自己狭隘胃口","试问谁又能保证他们的判断是正确的呢?"弥尔顿坚定地认为,"英国以发明,艺术,智慧以及庄严而又卓越的见解绝不是一二十个人所能包容无遗的;更不用说,没有他们的监督这一切就不能通过,不经过他们的漏斗滤过,没有他们亲笔签署就不能发行。不论他们的禀赋多么好,我也不能如此轻视英国的文化。情趣和悟性绝不能像商品一样加以垄断,或凭提单、发票,掂斤拨两进行交易。"

弥尔顿认为出版自由的实质性目的有两个:"其一,是开明地听取人民的冤诉……其二,是容忍不同意见的争论。""因为通过这些不同的意见,能启发思路、开阔视野,即便它们是了无用处的尘土,也能成为擦亮真理的武器"[①]。因此,帮助人们认识真理、掌握真理的最好办法就是给予人们以言论出版的自由,使人民在理性的指导下,通过追求真理的反复修正过程,战胜谬误,最终把握真理。

另一位对英国的出版自由思想作出了重大贡献的人,是平民派领袖、小资产阶级民主主义者约翰·李尔本(John. Lilburne,1614 ~ 1657)。同弥尔顿一样,李尔本也认为出版自由乃是人类理性的发展需要,出版自由是大自然和"上帝"所赋予人民大众的、不可剥夺的"天赋权利"。在《英国天赋人权维护书》和《新人民公约》等著作中,李尔本系统地阐述了自己的"人民主权"说和"出版自由"的思想。

2. 克伦威尔将军与查理二世复辟时期的新闻出版业状况

克伦威尔将军以赫赫战功获取了独裁大权,他对出版印刷业采取了严厉的军事管制手段,并恢复了皇家特许出版公司制度,完全借用旧的专制手段来统制新闻出版事业。1649 年他发布命令,除特许者和官方所办的报刊以外,一律禁止他人从事出版印刷活动,整个英国一片沉默,刚刚获得了新闻自由的传播界又恢复了以往死气沉沉的状态。

1660 年,斯图亚特王朝的查理二世复辟登基,旧有的出版管制方式悉数恢复。这一年,保皇分子麦迪曼从皇室处取得了经营新闻出版行业的独占权利;1661 年,守旧的国会发布命令,重申禁止报道有关国会的一切消息;1662 年 6 月,国会又制定颁布了新的出版法案,强化了对印刷出版行业的控制;1663 年,保守分子莱斯特兰奇取代麦迪曼被任命为国王的新闻检查官,他对新闻出版界实施了更为严酷的封建集权管制措施。

复辟王朝针对新闻出版事业所实施的一系列反动措施——特别是莱斯特兰奇的高压钳制政策引起了人们普遍的反抗。事实上,革命震荡后的英国社会已逐渐丧失了封建专制舆论一统的权力与社会

---

① 张昆编著:《简明世界新闻通史》,武汉大学出版社 1994 年版,第 53 页。

基础。1679年,国会在社会各界强大压力下批准了自1662年以来所制定的一系列出版许可法律从此失效。在随后的年代里,首先是皇家出版独占特许制度陆续再次被废止。1692年,许多独立的出版商出于经济的考虑强烈要求废止1662年颁布的出版法案。各方面的呼声使得议会在1694年批准:1662年以来所颁布的出版法案和被称作许可法的一系列法律条文终止生效,至此,英国新闻出版界在法律上再次获得出版印刷的自由权力。

二、新的新闻自由传播体系的逐步确立(1694～1868)

1."知识税"的产生与废除

所谓"知识税",也叫"印花税",是18世纪初英国政府开始对报纸、广告、纸张等印刷品所征收的一种税金。它是英国政府继1694年皇家出版特许制度失效后所采用的一种通过经济手段管制出版印刷事业、压抑新闻自由的特别措施,历史学家们称之为"知识税"。

(1)产生的背景

自1694年专制的许可法及出版法案失效后,英国的新闻传播界便又出现了1640年革命时期的那种自由局面——当局者称之为"混乱的局面",女王、政府及宗教当局不断受到报刊攻击。部分出版商、书商和报刊发行人要求政府结束这种无序状况,以保护他们的利益。官方亦倾向于采取一种有效的管制方法来调控社会舆论。但由于旧有的出版垄断和特许制度已无法恢复,于是,在这种背景下,当权者产生了用经济手段来对新闻出版事业进行调控的"印花税"法案。

(2)产生的过程

早在1710年,英国政府为支持对法战争,国务大臣哈莱即提议并实行了对英国境内出版的日历、年历等印刷品进行征税以弥补军需,这是政府向出版印刷物征税的开始。当官方寻求一种能够有效替代声名狼藉的特许独占出版制度的方法时,向出版印刷物征收高额税金似乎是一种更合适的方式。官方认为，一家报刊若能依靠发行获取足够的利润，财政能够自主，它就会完全不在乎政府的贿赂津贴及行政威胁，因而在对政府事务进行评判时态度就会强硬起来。如果向报刊征收纸张税和发行税而不直接干涉报纸的编辑内容，通过高额税收来加重报刊的财政负担，使其被迫抬高报价，就可以一方面使一般民众失去阅读报刊的便利条件，另一方面又可以避免专制的恶名，还可以增加政府收入，真可谓"一石三鸟"。

(3)基本内容

1712 年 5 月 22 日，英国的第一个印花税法案在国会顺利通过，内容主要有四项：

报刊税　所有报刊自 1712 年 5 月 22 日起，一律征收印花税。税率是：半张或小于半张者，每份付税半个便士；半张以上不超过一张者，每份付税一个便士。报纸和小册子超过一张（四页）而不及六张者，每期每张付税二先令；超过六张的书籍、税单、报表等均可免税。

广告税　广告每项付税 12 便士，官办的报刊《伦敦公报》亦同，但书籍及单独发行的广告免税。

纸张税　进口纸张每吨征税 1 先令至 16 先令（按纸张的等级征税）。本国纸张每吨自 4 便士至 1 先令 6 便士不等。

注册　所有报纸均须向政府印花税局（STAMP OFFICE）注册，出版报刊每期均须注明发行人的姓名、地址，如有不符，罚款 20 磅；报刊如不付税即行出版，将吊销出版执照并受到相应惩处。

(4)印花税法案的影响、强化及废除

对于正处于幼年期的英国报刊，印花税法案无疑是一项沉重的负担，因此法案一经实施，便导致了许多报刊停业，实行不到半年，伦敦的报纸竟然停刊近一半之多，政府遏制报刊发展的目的基本达到了。

总体来看，印花税法案的实施在英国新闻史上产生了三方面的重大影响，其一是对报刊编辑形式的影响；其二是逐步形成了政府对报刊的秘密津贴制度；其三是促成了英国地方报业的产生与发展。

印花税率的沉重，使得人们千方百计地利用法案漏洞来偷税漏税。由于印花税法案规定报纸超过一张（4 页）而不及六张者，每期每张付税二先令，故各报纷纷增刊至一张半（6 页）的篇幅。由于篇幅增大了，编辑们为填满报纸，大量使用大字号、长标题、长篇社论、宽边宽栏，以及增加专稿和政论文章的方法来填充版面，致使报纸版面的形式发生了很大变化。

杂志周刊的老板也多数通过超出 6 张篇幅，杂志书籍化的形式发售逃税。这也迫使编辑们增加各种论说、评论文字，或者创办刊期较长的刊物，从而形成了具有近代色彩的政论性杂志。

在野党和私人报刊尽量设法逃税，而执政党和支持当局的官方报刊为表率天下，只好担负起了重税的大部分，被压得苟延残喘、难以为继。政府为清除此弊、支持喉舌，又逐渐形成了向支持政府的报刊发放秘密津贴的制度。

在 1694 年出版法案废止之前，英国地方各郡很少办有自己的报纸，人们习惯于阅读伦敦报刊。印花税出笼后，伦敦报价猛涨，地方各郡难以承受，才纷纷创办各类周刊，免费摘录伦敦消息，廉价发行，以满足地方读者的阅读需求。自 1714 ~ 1725 年间，共有 22 种地方周刊创办，从而形成了英国地方报刊的萌芽。

对于报界的逃税现象，英国政府立即察觉并逐步强化了“印花税法案”。1717 年，约翰 · 托兰德（John toland）提请政府加强印花税法案的执行力度，禁止晚报抄袭早报的文章来逃避税收。1724 年 4 月 25 日，下院通过新的印花税法案，弥补了 1712 年印花税法案的漏洞，规定报纸张数增加，税金比例亦随之增加。1743 年，政府对不付税而公开发行的报刊再度采取强硬措施，规定贩卖无税报纸者，监禁三个月；检举者则可获得 20 先令的奖金。1757 年，政府再度加重税金，规定报纸半张付税一便士，一张付税三便士，广告每项二先令。小皮特政府任期内，又先后三度提高印花税率（1794 年，1804 年、1815 年），使报纸每张付税额竟高达 4 便士，广告每项三先令 6 便士。由于印花税率居高不下，伦敦报纸每份售价高达 6 便士以上，普通读者难以购买，整个新闻传播事业萎缩停顿，很不景气。

印花税法案的实施和不断强化，引起英国上下的强烈不满和抗议。1832 年，新兴的工业资产阶级自由派倡导的改革选举法案在国会通过，标志着一个改革新时代的来临。同年，国会迫于选民的压力，首先将广告税由三先令 6 便士降为一先令 6 便士。1836 年，报纸税也由每张 4 便士减为 1 便士。

资产阶级自由派继续为废止印花税而斗争，他们相继组织了“废除知识税联合促进委员会”和“伦敦废除广告税委员会”（广告税废除后易名为“废除报纸税报界协会”）等社会团体，不断地组织群众向国会请愿，提交议案，强烈要求完全废止印花税法案。

1853 年，国会经过激烈辩论，终于决定广告税从同年 5 月份起终止废除。1855 年国会又决定取消报纸税金。1861 年 10 月，印花税的最后一个项目纸张税也完全废止。至此，“知识税”这一官方限制打击英国新生的资产阶级新闻传播事业成长历程的压迫手段宣告全面结束。

2. 秘密的津贴制度

如前所述，英国报业津贴制度的形成，同印花税法案的实施息息相关。由于官方报刊同民间报刊同样承受高额的印花税金，负担沉重，加上这些亲官方的报刊内容死板、声誉不佳，越来越难以为继。为了保证政府对舆论的掌控，宣传官方的各项主张，英国历届政府几乎都实行了一种秘密财政津贴制度，用国库的钱来刻意扶植那些官方或半官方的报刊。另一方面，为了达到更好的效果，执政者们还用大量的金钱收买非官方的著名报人和重要报刊的发行人，以期加强宣传效果，对社会舆论实施有效的控制，这样，就形成了官方控制新闻传播业的第二种手段——报刊秘密津贴制度。

在英国历届首相之中，瓦尔波首相（robent. wakpale）是利用津贴制度控制传播界最为成功的一个，在他的两届任期内（1714 ~ 1717，1721 ~ 1724），英国的报刊津贴制度发展到最高峰。

瓦尔波政府津贴的主要对象并不是那些报刊的个体作者，而是握有报刊生杀大权的发行人。为此，瓦尔波政府每年用于津贴出版印刷业的费用至少为五万英镑。对于拥护政府的报刊，当局不仅予以经济津贴，而且还常常提供独家新闻及免费邮寄报刊等权益，而对那些反对派的报刊则百般刁难，伺机打击。

然而，报业津贴制度虽在瓦尔波任内达到了高峰，也随着瓦尔波的下台而告结束，后来时有恢复，仅是回光返照。究其原因，主要是18世纪末资本主义工商业兴起，报纸广告不断增加，各个反对派报刊经营状况不错，财政逐渐自足自立，独立报业随之兴起，政府采取金钱控制的手段即告终结。

3. 司法煽动诽谤罪

用司法手段钳制传播出版事业、压制自由思想是英国统治者在18—19世纪控制新闻出版行业的主要方式之一，它与行政性的特殊垄断出版独占制度，经济性的“知识税”、“秘密津贴制度”和惯例性的“禁止报道国会消息”特权等方法相辅相成，组成了英国统治当局有效控制新兴资产阶级新闻传播事业的重要手段。

18世纪时，英国刑法对于出版传播事业的司法处罚主要有四项罪名：叛逆罪；总逮捕状；煽动诽谤罪；侵犯国会特权罪。其中尤以第三、四两项罪名应用最为广泛、时间最为长久。

叛逆罪和总逮捕状是两项主要运用于封建王朝时期的司法惩罚手段，它们是封建的出版特许和出版垄断制度在司法程序上的产物，在整个18世纪已很少加以使用。

煽动诽谤则是一个法律外延很宽泛的罪名，其特定内涵也不甚清晰明确，这就决定了它经常成为当权者最为喜欢、最广泛运用的一种强大武器，常常被用来对付那些持“异端邪说”的人们和专门与政府作对的反对派报刊及报人。

在整个18世纪，英国煽动诽谤罪的演进历史大体可分四个阶段：

第一阶段（1704～1730），这一阶段的特点是：当权者完全沿用

17世纪的封建集权司法评判原则，认为侵犯王室和国会的特权，发表任何攻击政府的政策或人员的文章即构成了煽动诽谤罪。被起诉的人是否有罪，完全由法官们来断定，别人无权裁决。1728年，印刷商理查德·富兰克林因出版小册子议论、抨击英国、法国与西班牙所签订的和约而遭到逮捕和起诉。法庭依据印刷事实而不是小册子内容的真伪，裁定他触犯了煽动诽谤罪，判决罚款100镑，交纳保证金2000镑，监禁一年。理查德·富兰克林一案表明这一时期法官认为"越是事实，越是诽谤"的荒谬理由仍然成立。

第二阶段（1730～1760），这一阶段的特点是：原本在司法审议过程中无权的陪审团，对于煽动诽谤类案件的判决逐渐有了比较公平的审判权力。由于1735年英属北美纽约州曾格案件的影响——这个案例在1738年被介绍到英国，引起了很大的轰动。同时，弥尔顿的《论出版自由》也在这一时期重印再版了，一个重要的思想观念在这一时期便引起世人广泛的争论，即报刊发行人和作者是否可以用内容真实准确的报道事实作为理由来进行辩护？能否依据事实的真伪和报道动机的真诚恶意来定罪或宣判此类案件的被告人无罪？这一时期的代表性案件为威廉·奥文一案。

威廉·奥文是一位伦敦的书商，1752年因出售责难国会的书刊而受审。由于该案的陪审团拒绝像往常那样接受法官的训令裁决威廉·奥文因为出版了这些书刊而触犯诽谤罪，而是裁决他无罪，法庭只好当庭宣告奥文无罪释放，这场官司以奥文胜诉告终。奥文一案说明事实的真伪已可以成为法庭辩护的重要理由。

第三阶段（1760～1780），这一时期英国新闻出版界已较为自由了，在英国新闻史上这一时期出现了两个重要的案件，都同煽动诽谤罪有关，这就是朱尼尤斯信件案和威克斯案。

朱尼尤斯信件案是该时期所发生的一个重要案例。"朱尼尤斯"（junius）系报刊作者菲力浦·富兰赛斯的匿名，1763～1772年间，他陆续在报刊上发表"朱尼尤斯信件"（the letters of junius）攻击当时的保守党政府和专横野蛮的英王乔治三世，他的系列文章引起了当局的极大愤恨。1769 年 12 月 19 日,伦敦《大众广告报》因刊登了朱尼尤斯写的第 35 封信(该信痛骂国王乔治三世)引起读者轰动,该报又加印了 1750 份出售,第二天伦敦各报纷纷转载,轰动全城。1770 年 1 月 23 日,司法大臣曼斯菲尔德爵士在伦敦对《大众广告报》发行人伍德福德等 6 人提起控诉,准备用煽动诽谤罪名对刊登"朱尼尤斯信件"的报纸进行打击迫害。但此案在名律师格林的有力辩护下,经过陪审团 9 个小时的讨论审议,最后作出无罪的裁定,法庭当众宣判作者、发行人无罪释放,保守政府企图用煽动诽谤罪来迫害报人的阴谋遭到了沉重打击。

第四阶段(1780～1792),这一时期的重大事件是司法大巨曼斯菲尔德爵士同艾斯肯勋爵之间因《大众广告报》一案所爆发的争论,这场争论引起了社会各阶层广泛的反响,并最终导致了煽动诽谤罪名结束的《福克斯诽谤法案》的产生。

在审判伍德福德一案中,正是因为大陪审团的坚持才使被告被判无罪,因而该案一结束,曼斯菲尔德爵士便发布训令,确定在煽动诽谤罪一类案件的审理中,陪审团无权参与是否有罪的司法判决。为此,艾斯肯勋爵和政府首席法官凯姆顿勋爵与他发生了激烈的争论。双方争论的焦点是:陪审团到底有无司法判决权?"故意犯罪"是否是构成煽动诽谤罪的重要因素?在此类案件中事实的真伪能否作为辩护的理由?艾斯肯勋爵等人认为,具有动机上的"故意犯罪"是诽谤罪能否成立的重要因素,而是否有罪应由大陪审团根据案件的具体案情进行裁定,确认是否为"故意犯罪";曼斯菲尔德爵士则认为,"故意犯罪"并非触犯诽谤罪名的必要与充分的前提,所以是否为煽动诽谤罪应由法官根据既成事实,依照现行法律判决即可,没必要请大陪审团介入。艾斯肯勋爵认为,由于陪审团对一般的犯罪案件审理均有裁定与判决权,煽动诽谤罪为犯罪形式之一,因而陪审团亦应享有裁定与判决权力;但曼斯菲尔爵士坚持认为,煽动诽谤罪是一类危害极大的特殊案件,不应等同于一般的案件,故陪审团没有权力介入其中。双方论战的最后结果是产生了 1792 年通过的《福克斯诽谤法案》(FOXS LIBEL),它是凯姆顿、艾斯肯、曼斯菲尔德三人意见的妥协产物,内容要点如下:陪审团对一切诽谤案件有总体判决权;在诽谤案件中,法官得以将自己的判断斟酌提供给陪审团参考。陪审团认为必要时,可对诽谤案件给予特别裁决。被告逮捕后,经一位陪审团员认可,即可提请审判。

《福克斯诽谤法案》的通过,在英国新闻传播事业新体系的确立历史上有着重大意义。它认可了审理煽动诽谤罪行必须依据严格的法律条款和程序来进行,不再像以往那样单凭国王及大臣们的好恶即可逮捕报人,还认可了陪审团对此类案件的"总体判决权",使得司法当局单方面决定审判结果的局面不复存在,出现了有利于新闻传播者的双权制衡审理机制。

4. 报道国会新闻禁令

在漫长的英国历史上,国会的权力是由弱到强,逐渐增大的,因而国会享有许多种特权,其中之一,便是国会消息不许随意报道。

早在1641年时,托马斯曾发行了第一本报道国会动态的新闻书及报纸。这是英国资产阶级革命以来新闻界对国会消息进行报道的最早尝试。对国会的报道招致了议员们的不满,遂导致了1660年国会正式下令严禁报道国会消息,并于1697年和1738年数次重申这一禁令。

在18世纪时国会认为:凡属①诽谤议员;②一般非难国会的报道;③非难政府、包括国王、大臣;④一切猥亵不敬的言论,均系侵犯国会的特权,对于此类信息的报道与出版,国会有权控诉并予以严厉处罚。

国会这一封锁新闻消息的禁令和惯例,直到18世纪末叶经过约翰·威克斯案件后方被打破。

约翰·威克斯是一位传奇式的人物,他家庭富有、学识渊博、交流广泛,同英国的自由派领袖人物过从甚密。1762年6月5日,威克斯创办了《北不列颠人报》(NORTH BRITON),强烈鼓吹新闻自由,他在创刊号中写道:"新闻自由是一切自由坚强的堡垒,……批评政府乃是各位报人的天职”。

在该报第45期中，威克斯撰写长篇文章攻击国王乔治三世。秉承国王旨意的司法大臣以“总逮捕状”权力把作者、印刷者、发行人及销售者一齐逮捕。但数日后威克斯以议员身份而被赦免释放，他乘胜控诉政府非法逮捕，其他被捕的48人也联名上诉。首席法官凯姆顿勋爵宣判“总逮捕状”为非法，政府赔偿10万英镑，从此，总逮捕状制度宣告废止。

1764年，威克斯因重印《北不列颠人报》合订本和撰写《论女人》一文而被下议院剥夺议员资格，驱逐出境。

1768年，从法国流亡地回来的威克斯又被热烈欢迎他的民众重选为国会下议院议员，但遭到下院拒绝并以旧案判罪。威克斯的拥护者们创办《米德赛新闻》为其呐喊申诉。

1771年，下院鉴于民众的抗议活动，被迫承认了威克斯的议员资格，但再度重申禁令，不以任何形式报道国会消息。《米德赛新闻》发行人惠尔、《公报》发行人汤姆逊因违反禁令被捕，但恰巧由伦敦代理市长威克斯负责审理，结果二人无罪开释。此后，威克斯为解除国会此项禁令同国会展开了激烈的长期的斗争，许多报刊纷纷刊载文章予以支持，伦敦市民也走上街头游行示威。

在强大舆论压力下，国会最终被迫解除了“禁止报道国会消息”的法令，英国新闻界获得了公开报道国会辩论的权力，威克斯的斗争终于取得了最后的全面胜利。

从1803年起，国会准许新闻记者至议会后排旁听；1831年，在国会中正式设置记者席位；1868年，议会通过法案，承认记者报道国会消息及批评国会不属于诽谤罪。至此，以法律的形式正式确立了新闻界报道国会消息的自由。

就这样，英国资产阶级和人民在近200年的漫长岁月里，经过艰苦卓绝的不懈斗争，终于跨越了新闻自由道路上的一个个障碍，以法律或惯例形式逐步确立了英国自由资本主义传播事业的新体系。

第三节　分析与思考

一、英国资产阶级革命的特点与新闻传播新体制的关系

英国新的新闻传播事业体制的确立可以从这样几个历史性的发展标志中得到展示：1641 年“皇家出版法庭”（又称“星法庭”，The Court of Sart Chamber）被废止；1694 年皇家出版特许制度完全失效；1712 年第一个印花税法案的颁布；1792 年《福克斯诽谤法案》的制定；1853 ~ 1861 年间一系列出版税金制度（即“知识税”，taxes on knowledge）的撤销；1868 年新闻界国会报道禁令的失效。从中我们似乎已经看到了英国资产阶级革命——这一导致新传播体制确立的社会革命运动的特点。

第一，时间跨度漫长。从以上简略的背景回顾与历史进程的叙述中即可得知，英国资产阶级新闻传播新体制的建立过程与其他国家相比是非常漫长的——从 1640 年革命爆发到 1868 年新闻界国会报道权力的最终确立，整整经历了 228 个年头。虽然法国、美国和日本的资产阶级新闻传播事业的建立也并非一朝一夕，但像英国这样经历如此漫长的时间还很少见。显然，一个国家新的社会传播事业的建立过程与这个国家的新社会制度建立过程是基本同步的。正因为英国资产阶级革命的特殊性——旧的东西与新的东西总是纠缠在一起，内容与形式经常不统一，导致了资本元素缓慢地在社会生活中逐渐占据主导地位，封建的保守势力逐渐地退出历史的舞台。

第二，和平渐进方式。新体制建立的第二个重要特征是：这一历史的进程是以一种改良渐进的和平方式逐渐完成的。与资产阶级政治革命的改良渐进方式相一致，英国资产阶级新传播体制的建立也是通过和平渐进的方式完成的。由于“光荣革命”，英国形成了较为成熟的资产阶级君主立宪政治体制和议会内阁负责制，使得新旧两种势力的较量与斗争能够在一个稳定的框架里以和平的方式进行，新生的革命力量通过量的积累，以渐进的改革方式，一步步地向前推

进。在这个进步的过程中,只有量变的缓慢积累,没有质变的暴烈革命,英国资产阶级革命阶段性的质变是在不知不觉的量变中完成的。在新闻传播事业领域中也是如此,资产阶级通过不断的斗争,一步步地突破了封建的、保守的、集权的势力的封锁,跨越了从封建特许独占到"知识税"、秘密津贴、司法煽动诽谤罪和禁止报道国会新闻的惯例等藩篱,逐渐地建立起一个新的资产阶级新闻传播体制。

第三,成果持久稳定。正因为英国资产阶级新闻传播新体制的建立是通过改良渐进的和平方式完成的,因而新体制所取得的每一个成果虽费时甚长、获得缓慢,但却持久稳定。反动势力在每一次的革命要求前都曾拼命抵抗、千方百计加以阻挠,而革命的势力则通过一次又一次的力量积累,不断地向保守与落后的势力进攻。在这一"拉锯"式的反复较量过程中,反动势力总是在最后的关头"聪明地"向后撤退一步,而革命的力量也总是坚定地向前推进,以合法的手段积累和释放着自己的巨大能量,对反动势力施以强大的威慑,并且不排除以暴力手段相威胁。这种英国政治斗争的独特方式使得双方最终总能够达成某种妥协,避免玉石俱焚,把国家推向一个新的历史阶段,也使得革命的意义能够最为广泛地为民众所接受,形成为一种大众的共识和稳定持久的成果,这些成果又为后续的革命行动提供了继续前进的坚实基地。由于在反复的较量中人民大众亲身体会到了取缔反动专制出版制度的必要性,所以当英国资产阶级在1692年终于彻底地废止了封建的出版特许独占制度时,这一制度的重新恢复就变得很难了;当人们对"知识税"深恶痛绝时,统治者最为明智的方法只能是换用司法的、行政惯例的或其他秘密的方法来加以替代,却不敢把通过法律形式废止的旧有管制方式再恢复起来了。于是,英国资产阶级和其他进步阶层通过不断的斗争进取,逐步冲破了封建集权和保守政府设置的一个个关隘,稳步地积累着改革的成果,以量变的方式逐渐取得了质变的实质内容,最后成功地建立起了一个具有英国特色的资产阶级新闻传播新体制。

二、新闻传播事业与国民性格

1. 客观性与主观性——决定传播事业的两种力量

从英国资产阶级新闻传播事业发展的轨迹中，我们似乎可以看到两种历史的力量在推动其前进。一种是表现为客观规律性的社会变革因素；一种则是表现为人民主观能动性的国民性格、群体性传统行为。这两种力量相互交叉、互为作用，共同为英国资产阶级新生的新闻传播事业新体制的建立作出了贡献。

表现为客观规律性的社会变革力量很好理解，由生产力的革命所带来的生产关系的变化，必然地从经济基础反映到上层建筑领域里，并在特定的阶级集团中以这样或那样的方式表现出来。事实上，正是这种力量促成了英国资产阶级革命的爆发，英国新的传播体制的诞生也是因为这一客观性的力量所促成的。然而，同样是这种客观性的历史力量，在法国人那里表现为轰轰烈烈的暴力化的大革命；在美国人那里表现为民族的独立战争；在日本人那里表现为自上而下的维新变法；在英国人手中则表现为一种自觉的、渐进的改革方式。显然，社会的客观性变革力量总是通过特定的人群来实施的，在这个实施的过程中，人们的群体性举动作为一种国民性格常常起到了某种关键性的作用。这种国民性格作为一种历史性的积淀常表现为一个民族的集体性行为和意识，并以主观能动的形式对特定社会中的历史进程施加巨大影响。

2. 国民性格对特定社会中传播事业的重大影响

表现为人的主观能动性的国民性格和少数先进分子对特定社会中传播事业的重大影响是毋庸置疑的。正是约翰·弥尔顿这位资产阶级政论家和诗人，为了抗议国会恢复全面检查出版物的法令，发表了他名垂千载的《论出版自由》，为近代资产阶级新闻传播事业奠定了最初的理论基石。为了支持共和政体、捍卫基本人权，他不辞辛劳，奋笔写出了《偶像破坏者》、《为英国人民声辩》等小册子，为之双目失明亦在所不惜。当反动复辟封建王朝对他实施逮捕、财产没收等残酷打击时，这位疾病缠身、双目失明、穷困潦倒的伟大斗士却以惊人的毅力创作了著名的史诗《失乐园》、《复乐园》和《力士参孙》，以文学的形式表现了他对资产阶级革命理想的坚定追求和对封建专制主义的无比仇恨。

威廉·科贝特(William Cobbett)也是一位献身于进步事业的政治家和报人。他于1802年创办了《每周政治纪事报》，猛烈抨击当权者的腐败行为，列举人民的疾苦，利用手中的报刊为劳工大众鼓与呼。1816年起，他把自己的报纸以两便士的低费廉价发行，使工人和市民能够接触报刊读物。1831年，他又创办《穷人政治月刊》，专门为劳工大众服务。科贝特的所作所为招致了统治者对他的残酷迫害，他数次被逮捕入狱，或被判处苦役，其财产被没收、其报纸被封闭，但科贝特并不屈服，继续斗争不已。

理查德·卡里尔(Richard Carlile)是伦敦的一位普通书店老板，他创办的一份名叫《共和》的杂志被当局视为眼中钉、肉中刺，必欲除之而后快。当局数度封闭他的书店和杂志，对他罚以重金，最后干脆将卡里尔投入监狱。但卡里尔通过他妻子的帮助，在狱中继续编辑出版这份杂志。当当局又把卡里尔的妻子投入监狱时，他的妹妹珍妮坚定地接过了她哥哥和嫂子的事业，继续编辑出版《共和》杂志。最后，卡里尔的亲人们都入狱了，他的朋友们又组成了一个卡里尔后援会，募捐筹款，继续出版伟大的《共和》杂志。在英国人民这种“不自由、毋宁死”和前赴后继的大无畏精神面前，当局只得不了了之，把卡里尔释放出狱，准许杂志继续出版。

值得我们注意的是，并不是只有这些少数精英们在奋起反抗暴政，事实上在每一个自由斗士的背后，都站立着无数普通的人民大众。最典型的例子是“威克斯案件”。1762年，下院议员约翰·威克斯在他所办的《北不列颠人报》上公开批评专制国王乔治三世和反动的托利党魁布特，愤怒的国王大人下令逮捕威克斯，下院也通过决议剥夺了他的议员资格。但是，人民不仅帮助威克斯逃到法国，还于1768年缺席选举威克斯为中塞克斯郡的国会议员。当下院秉承国王旨意，拒绝承认威克斯的议员资格时，人民又针锋相对地两次选举他为议员，并在许多城市中举行群众集会，攻击国会的腐败，声援威克斯。1771 年，下院迫于国内的抗议浪潮，不得不承认威克斯的议员资格。伦敦市民更索性把威克斯选为市长。而威克斯也不负众望，在人民的支持下向反动的煽动诽谤法和禁止国会报道令发起攻击，为这一禁令在英国的最终废止作出了自己的贡献。

正是由于英国人民普遍的自觉行动、共同的坚定信仰、勇敢无畏的精神，才使得少数精英分子没有成为白白牺牲的殉道者，才使得统治者的专制企图不能得逞，才迫使反动势力一次次地被迫后退，向人民做出无可奈何的让步。显然，没有英国人民的这种一致性的主观能动性和历史创造精神，没有英国人民对民主自由精神的高度领悟和无畏的追求，英国资产阶级新的传播事业是不会建立起来的。英国人民当以他们那闻名世界的“生而自由的不列颠人”精神而自豪。

英国人民的这种历史创造能力不禁使人想到了德国——这个曾经出现过无数伟大哲人、音乐家、诗人和科学家的国度，却正是因为缺乏英国人民的这种坚定的民主观念和奋勇的自我牺牲精神而在二战时堕入了法西斯体制的深渊。事情是怎样发生的呢？生活在希特勒法西斯德国时期的一位受迫害的新教牧师的话似乎能解释这一切：起初，他们抓共产党员，我不说话，因为我不是工会会员；后来，他们抓犹太人，我不说话，因为我是亚利安人；后来他们抓天主教徒，我不说话，因为我是新教徒……最后他们来抓我时，已经没有人能替我说话了。

一位伟大的作家曾在一部作品中意味深长地告诉世人，我们所有的人是一个不可分割的整体，别人的不幸就是你的不幸，为别人付出正是为了你自己。所以，不要以为丧钟是为他人而鸣，它就是为你、为我、为我们而鸣——如果我们不去制止丧钟被敲响的话！

【练习题】

名词解释：

1. 约翰·威克斯
2. "知识税"
3. 《福克斯诽谤法案》
4. "朱尼尤斯信件案"
5. 秘密津贴制度

简答题：

1. 简要分析评价英国新闻史上的"知识税"的产生背景、作用与影响。
2. 简要陈述英国近代报业领域中压制与反压制新闻自由的斗争历史。
3. 简要分析英国资产阶级革命对英国新闻传播新体制的影响。

论述题：

1. 试分析英国近代新闻传播事业转型的特殊模式。

第五章

起伏的曲折之路

法国资本主义传播事业新体系的确立历史
(1789—1881)

第一节 背景之回顾

正像每个国家都有着自身的成长背景,每个社会文明都有着独特的气质一样,法国近代资产阶级新闻传播事业体系的建立也与同一历史时代的英国、美国、德国、日本等有着迥然不同的模式。毫无疑问,这些国家的近代资产阶级新闻传播事业都有着一整套共性化的运作机制和基本理念及原则,但是它们达成这些原则的历史之路是很不相同的。正是由于这些差异,使得各国资产阶级新闻传播事业既有共性、更有个性,这些个性化的特质对各国近代新闻传播事业的未来发展产生了极大的影响,以至于我们必须把探讨这些个性化特质的工作放到一个相当重要的位置之上。对我们具有中国社会主义特色的新闻传播事业的理解和认识,正是来源于我们对近代西方资产阶级各国新型社会传播事业建立进程中所展现出来的个性特征的规律性把握。

一、法国启蒙思想运动与传播新观念的产生

我们研讨近代法国资产阶级新型社会传播体系的确立历史,必须对世界近代史上极负盛名的法国启蒙思想运动予以高度的重视。

因为,全部法国资产阶级新闻传播观念的形成和扩散都与这场伟大的思想运动紧密相关,甚至可以说,欧洲乃至于近代世界新闻传播事业的基本思想原则之形成也同这场启蒙运动是分不开的。

专制但又统一稳定的法国波旁王朝统治,为法国资产阶级政治、经济、文化的发展创造了一个良好的社会环境。由于强大王权穷兵黩武的需要,庞大的"王家手工工场"建立起来了,对海外殖民的重商主义政策开始实行了,以巴黎为中心的宫廷文化繁荣了,法国的工商业在18世纪有了长足的发展,法国成为当时除英国以外欧洲工商业最为发达的国家,也是欧洲大陆上最强大的军事大国,这一切为法国18世纪启蒙运动的诞生创造了必要的条件。

法国18世纪启蒙思想运动是经济上、文化上势力日趋壮大与巩固的资产阶级与日益反动的封建专制王朝之间的矛盾在文化思想上的反映,是一批法国先进的资产阶级思想家对封建专制制度进行批判、宣传其资产阶级社会革新思想的产物。伏尔泰、孟德斯鸠、卢梭等人就是这个伟大的思想运动中的代表人物。

伏尔泰是一位对当时整个欧洲都有极大影响的思想巨匠。他居住在一个便于逃离封建专制势力迫害的边境小城,著书立说、评论时事,成为法国启蒙思想学派中最为重要的一位代表。伏尔泰的著作激烈攻击专制反动的封建制度,反对封建的贡赋和等级特权,提倡实行"开明君主制",要求公民拥有宗教信仰、言论和出版的自由。伏尔泰关于言论自由的一句名言在今天听来仍独具睿智:我坚决反对您所说出的每一个字,但我誓死捍卫您说出这些字的自由权力。

孟德斯鸠则是一位在政治学上颇有贡献的伟人,他在其重要的代表性著作《波斯人信札》和《论法的精神》中对封建君主专制制度进行了深刻的分析与批判。他所提出的立法、行政、司法三权必须分立才能相互制衡、才能避免君主和统治者滥用职权、实现公民政治自由的学说,对后续发生的各国资产阶级革命和近代宪政制度有着很大的影响。特别是他的"权力制衡"原则,导致了近代西方资本主义国家中新闻传播事业"第四等级"地位的确立,导致了一种社会化的普遍认同观念：新闻事业有必要作为一种独立的社会舆论力量，对社会的其他权力——立法权、行政权、司法权实施一种有效的舆论监督。

卢梭对启蒙思想运动的重要贡献是提出了人民的“天赋人权”说、“社会契约”论和“主权在民”的思想。卢梭认为人是生而平等的，为了维护社会的运作和人们的自由与平等权利，统治者与被统治者之间订立了一些大家都应共同遵守的社会契约，如果受人民推举产生的统治者变成了专制暴君，人民就有权废止对他的服从契约，有权用各种方式——包括用武力方式来推翻暴君的统治。因为立法的权力属于人民，行政的权力属于全体人民的大会，而每一个公民的意志则从属于全体人民总意志的凝聚体——各种法律，因而法律就是人民的意志，就是人民的主权体现。卢梭的这些学说和思想对后来的法国大革命及文明世界产生了巨大的、不可估量的影响，并对“言论自由”乃无可争议地属于人民不可剥夺的一种“天赋人权”学说奠定了理论基础。

学者们对法国近代思想启蒙运动给予了很高的评价，认为“启蒙运动反映了 18 世纪法国资产阶级反对封建专制主义的斗争日益尖锐，为法国资产阶级革命做了思想上的准备。启蒙学者所提出的学说给予封建道德、权威和信条以严厉的批判，尤其专制王权和天主教会等反动势力受到有力的抨击。启蒙思想是资产阶级反对封建制度的锐利的思想武器，在动员革命群众和推动资产阶级民主运动发展方面起了巨大的作用。”①同样，启蒙思想运动不仅在精神上、思想上为未来的法国资产阶级新闻传播事业新体系的建立做好了准备，而且为新体系的建立营造好了一个广泛认同的社会舆论氛围。

二、法国大革命与传播新体系之关系

如果说，法国启蒙思想运动带给法国资产阶级新型新闻传播事

---

① 吴于廑、周一良主编：《世界通史》近代部分上册，人民出版社 1972 年版，第 57～58 页。

业的是思想和灵魂的话，法国大革命就是这一新体系的暴力“催产婆”，简捷地说：

大革命打碎了封建的出版特许和检查制度，废除了新闻出版行业的封建专制机构与法律，埋葬了存在数百年之久的法国封建传播旧体系。

大革命提高了法国不同社会阶层的公众对新闻传播事业的兴趣，提高了资产阶级新闻传播事业在国家社会生活中的重大地位，刺激了新闻事业的发展，并为政论性报刊在法国后续的悠久传统奠定了强大的基础。

大革命横扫了法国境外欧洲大陆的各封建王朝，促成了西欧、北美各国新阶级、新思想、新型传播事业的萌生和发展。

大革命为法国外省报刊的崛起创造了必要的条件，为了报道巴黎和其他地区的革命消息，法国各省的地方新闻事业在大革命的浪潮中诞生了。

大革命为人类奉献了伟大的《人权宣言》，该宣言第 11 条款以清晰明确的表述和严谨的法律形式首次确立了资本主义自由竞争时代社会传播新体系的崇高目标、基本原则和灵魂思想。从此，全球的新闻自由事业都在它的引导鼓舞下斗争、前进。

我们认为，《人权宣言》也许是人类历史上最为伟大、最能为人类长久铭记与珍视的历史性文献之一。

众所周知，法国既不是第一个提倡、更不是第一个实施新闻自由的国家，革命前的封建专制王权空前强大，怎么会在这一国度里产生出《人权宣言》这样一份不朽文献呢？

著名的法国启蒙思想运动是产生宣言全部思想的源泉，同时，世界其他范围的资产阶级革命运动也给法国《人权宣言》的诞生贡献了自己的力量。1776 年美国独立战争中所公布的《独立宣言》中的某些条文与理念，美国革命获得成功后某些州法律中所制订的有关新闻自由的具体条款，则对《人权宣言》的形成有着直接的影响。普遍的看法是，法国的《人权宣言》为 17、18 世纪资产阶级政治思想的发展全过程做了一个杰出的总结。在这一文件中,资产阶级的政治、经济、文化思想的基本结论,被以国家大法、庄严法规的形式固定下来了,其中第 11 条款给新闻自由这一资产阶级传播新体系中的灵魂赋予了鲜明的革命色彩和严谨的法律意义上的界定。

第二节　历史的进程

从以上的论述中我们可以发现,法国资产阶级传播新体系的确立过程同英国相比有两个显著的特点:其一是出版自由的理论和实践在法国大革命的洪流中较快地成熟起来,不同于英国漫长的斗争历史;其二是在随后大革命的政局震荡、党派林立的历史进程中,传播新体系的成长大起大落,忽进忽退,起伏不定。

如前所述,封建时代的法国新闻传播事业,在强大专制王权的控制下,通过三大官方资助的报刊,组成了一个严密的社会信息传播控制体系,有效地为波旁王朝的君主们服务。但是,当 1789 年大革命爆发,封建王权一被打倒,整个官方的旧有出版管制体系立即趋于全面崩溃瓦解,这就给新的社会传播事业体系的重建工作打下了一个良好的基础。然而,成熟的资产阶级启蒙思想体系,疾风暴雨般彻底的资产阶级政治革命,欧洲地区最为先进的社会生产力水平,这一切要素的存在,并不代表着一个完美的自由资本主义新型社会传播事业体系就会顺利地诞生。事实上,由于革命后的法国政局始终处于资产阶级和封建复辟势力反复较量、此起彼伏的动荡之中,新的社会传播事业所需要的稳定秩序——特别是稳定的政治上层建筑体系一直不存在,这种状况导致了法国新生的资产阶级新闻传播事业忽进忽退、起伏不定。这正是法国近代资产阶级新闻传播事业确立的特殊模式,也是我们在这一章中所致力于研究的重要课题。

一、大革命的爆发与新型传播事业的迅猛发展(1789～1794)

法国资产阶级新型传播事业的诞生是同封建旧传播体制的崩溃

联系在一起的。简而言之，封建的波旁王朝传播旧体系的崩溃过程是这样的：1788 年 7 月，屡遭国王和封建权贵压抑的全国三级会议在人民的压力下被迫召开，资产阶级和开明贵族立即利用这一机会，开始了新闻自由的斗争历程，巴黎出现了多种抨击政府的小册子和小报盛极一时的局面。12 月，改为制宪机关的三级会议——国民议会宣称报刊应享有更多的自由权利，开明贵族代表米拉波伯爵在议会上宣称：法律应给予报刊永久的自由权、最不可侵犯的自由权和最不受限制的自由权。

1789 年初，国民议会的多数代表赞成报刊自由应予保障，对出版特许和事先检查制度及各种封建集权专制手段表示谴责。

同年 5 月，在人民大众的革命威胁下，国王路易十六被迫向国民议会宣誓效忠宪法，做出全面让步。短短几个星期内，伴随着封建上层建筑政治系统的瘫痪，控制报刊的集权体系旧制度随着王权的突然削弱而迅速地土崩瓦解了。

8 月 24 日，国民议会庄严地通过了伟大的《人权宣言》，其第 11 条宣称："思想与意见的自由交换，为人类最珍贵的权利，因此，每位公民享有言论、著作、出版自由。但是在法律的限制内，应担负滥用此项自由的责任"。这一条款在法律上彻底否定了一切封建的新闻检查措施和任何形式的事先出版许可制度。《人权宣言》第 11 条款不仅在当时是最先进、最准确的关于新闻自由的规定，就是在今天看来，也是对人类新闻传播自由权力最先进、最准确的法律阐述。

由于《人权宣言》和 1791 年 7 月新宪法的颁布正式保证了言论自由、出版自由，而以往的出版特许、预防性事先检查制度一律废止，加之当时对可能滥用新闻出版自由权利而制定的限制性法令很晚才出现，所以，在 1789 至 1792 年 10 月近三年时间里，法国——主要是巴黎的报刊业自由开放、空前繁荣。据统计，整个大革命期间共有 1350 多种报刊出版，而仅在 1789 年就出版了 250 多种，它们几乎全部是当时各党派的政论报刊。

在这些政论性报刊中，革命派的代表性报刊以布里索的《法国爱国者》报，马拉的《人民之友》报，阿贝尔的《杜歇老爹》报等最为著名。反革命的代表性报刊则有罗儒教士的《国王之友》报及迪罗祖瓦的《巴黎公社》报、《使徒行传》报和《小哥迪尔》报等。中立派的代表性报刊有《辩论报》和庞库克的《箴言报》。各报激烈竞争、相互论战，法国新闻传播事业一时非常热闹。

在随后的吉伦特党人和雅各宾党人执政期间，法国的新闻出版事业进入了一个新的阶段。1792 年 8 月 10 日到 1794 年的"热月政变"之间，新闻自由已不再是全民族的所有物了，"红色恐怖"年代里的出版传播事业很快成为一种强有力的专政工具，一个新的问题现实地摆在了人们面前——在革命时期，出版自由与专政权力能否并行不悖？

1792 年 8 月 12 日，吉伦特党人的巴黎市政府发布了如下公告："市议会决议：凡为舆论之毒素，如一切反革命党人之报纸、编辑人，须即逮捕，而所有印刷机、铅字等设备，一律分给革命报人"，显然，这是新闻传播界的革命专政铁律。

1793 年，法兰西第一共和国宪法公布了，其中有一些关于新闻自由的具体条文，但在革命的非常时期，这些条款显然难以实现。事实上，巴黎当时只有当权的吉伦特党人和雅各宾党人的几家执政者的报刊存在着。

1793 年 6 日，雅各宾党人上台执政后，实施更为严酷的红色专政，在其统治后期，只有雅各宾派公安委员会资助的《公安报》和其他几家官方报刊存在，其余的反对派报刊则都被强行镇压封闭了。

二、督政府和拿破仑时期的法国新闻事业(1794～1814)

督政府和拿破仑执政时期，法国的新闻传播界依然在新的专制权力下苟延残喘，最自由的国家迎来了最为专制的拿破仑独裁时代。整个法国的传播事业完全被拿破仑所制服，他对报刊界实行了一套行之有效的整肃与控制的强有力措施。

拿破仑以强大的军事力量为独裁后盾，对新闻出版界发布两项原则加以严格管制，其一是重建出版许可制度，严格控制报刊，取缔所有反对派言论；其二是发行或资助出版官方或半官方报刊，供其操纵全国舆论。在拿破仑的压制下，1811 年巴黎只剩下了四家官方或半官方报刊，整个巴黎新闻界一片沉寂。

三、封建王朝复辟期间的新闻传播事业（1814 ~ 1848）

这一时期的法国传播事业主要生存在两个复辟王朝的历史之中，其一是波旁王朝复辟时期（1814 ~ 1830）；其二是奥尔良王朝时期（1830 ~ 1848）。这个时期的总特点是：专制王权的复辟导致了旧有的封建新闻传播控制手段的全面复活，在反抗这种复辟时，资产阶级的新闻自由观念虽然受到了重重阻碍和残酷打击，但仍在缓慢地稳步地发展。封建复辟的政治现实，使大革命中就已存在的多党林立、复杂多变的局面正式形成。比如，仅保皇党人在法国就可分为正统派保皇党人（波旁家族）、奥尔良派保皇党人和新保皇党人（波拿巴派）；资产阶级本身也随着法国大革命的历史进程逐渐分化为左、中、右三翼；还有不同的宗教团体势力和一些外国势力在法国的政治代表，它们都力图以各种形式来影响法国的历史。政局的动荡不安和舆论的激烈多变也就可想而知了，这一历史发展的特点严重地影响了法国传播新体系的确立进程。

1. 波旁王朝复辟时期的新闻传播事业（1814 ~ 1830）

1814 年莱比锡会战之后，波旁王朝在法国复辟，路易十八重返巴黎登基。同年 5 月，路易十八通过发表《圣・瓦恩宣言》和新宪章，允诺尊重新闻自由，但在 10 月 21 日的法令中却实际上取缔了人民的新闻自由权力。

1819 年，资产阶级通过当时的司法部长塞尔制定了一项新闻自由法案，废除了路易十八在 1814 年 10 月法令中所颁布的新闻出版预先审批检查制度。但仅过了一年，在著名铁杆王党分子维莱尔主持下，又在法国恢复了封建专制性的新闻控制政策。

1824 年，反动国王查理十世即位，他是个君主专制主义死硬派。

1829年,他任命反动王党分子波里雅克组阁。1830年7月25日,波里雅克颁布了经查理十世签字生效的《波里雅克法令》,强行规定:取消报刊所享有的一切宽容待遇;恢复对报刊的全面审查制度;废除一切报刊的自由发行权;封闭反对派报刊、仅允许极端保皇党人的报纸发行。

《波里雅克法令》的出台和反动国王查理十世的倒行逆施引起了资产阶级分子、广大巴黎民众——特别是巴黎新闻出版界的强烈不满。1830年7月,在资产阶级自由派喉舌《国民报》记者梯也尔和阿尔芒·卡雷尔等人的推动号召下,巴黎爆发了著名的1830年革命,波旁王朝再次被推翻,波旁家族的远亲奥尔良公爵继承王位,法国新闻界第一次作为一种强大的现实力量显示了自身的存在价值。

2. 奥尔良王朝时期的新闻传播事业(1830~1848)

奥尔良王朝又称"七月王朝",历史学家们称其为"三色旗的君主政体"。"七月王朝"是在资产阶级自由派的拥戴帮助下取得政权的,是一个代表法国金融大资产阶级利益的君主立宪制政权。借助新闻界和民众的帮助上台的奥尔良大公上任伊始,便不得不郑重宣布取消对新闻界的一切检查,减轻印花税及出版保证金,给予陪审团以裁决新闻案件的权力。

然而不久,在正统的波旁保皇党人和资产阶级民主激进分子报刊双面夹击下的"七月王朝",即开始着手打击不听话的新闻界了。1835年9月,以"菲埃斯基谋杀案"为借口,梯也尔内阁敦促议会通过一项法令,规定加强法庭诉讼,将办报的保证金增加一倍,建立对报刊漫画的预审制度。但是,资产阶级共和派、新老保皇党人都没有放弃对"七月王朝"的打击,终于,在1848年巴黎的"二月革命"中,奥尔良王朝又被高喊着"共和万岁"的巴黎起义群众推翻,法兰西第二共和国成立了。

四、第二共和国与第二帝国时期的新闻传播事业(1848~1870)

人民起义埋葬了封建的"七月王朝",以拉马丁为首的资产阶级

《国民报》派和以赖德律—洛兰为首的《改革报》派进行合作,成立了以资产阶级共和派为首的“临时政府”,随后在巴黎工人阶级的压力下宣布成立法兰西第二共和国。“二月革命”后法国新闻界迎来了一个繁荣时期,1848 年 3 月颁布的政府法令规定:新闻界享有绝对自由,废除印花税与保证金制,恢复陪审团制等。在这个法令鼓舞下,短短几个月内,巴黎和外省的报刊如雨后春笋般发展了起来。然而好景不长,1848 年 6 月工人起义后,胆战心惊的资产阶级又开始了对新闻自由的多种限制,在 11 月通过的法兰西第二共和国宪法中规定:人身、出版、言论、结社、集会、教育、信仰等自由权利都必须受国家监督,不得影响“社会的公共安全”。

1851 年 12 月 2 日,在举行共和国总统的选举中,因镇压工人阶级和民主运动而威信扫地的资产阶级共和派遭到了失败,老拿破仑的侄子路易·波拿巴当选,成为新的独裁者。1852 年,小拿破仑发动反动政变,建立了法兰西第二帝国,路易·波拿巴即皇帝之位,称拿破仑三世。第二帝国一经成立,拿破仑三世立即开始着手打击巴黎新闻出版界。他首先恢复了报纸发行特许制度和保证金制度,借以严格管制报业;又规定报刊特许发行及印刷出版检查工作由警察机关办理。该命令一经公布,本来有 40 多家报刊的巴黎报界仅允许 11 家存在。

1852 年 2 月 23 日,路易·波拿巴又颁布了一项法令,建立警告制度。依据这项法令,政府有权向任何报刊发出警告。如果第一次警告无效,第二次该报就要受到停刊的惩罚,第三次就被勒令注销,因此,每家报刊在政府的警告制度压力下都不得不对稿件进行严格的自我检查。

然而,小拿破仑的专制难以恢复到其叔父的水平。经过几十年的革命与自由的熏陶,民主共和、平等自由的观念已深入人心,在日益强大的反对势力面前,小拿破仑对新闻界的控制日趋力不从心,并逐渐松弛让步了。1868 年 5 月 11 日的法案规定:废除新闻预审制度,允许创办新报。大批涌现的新报刊以强大的舆论力量使政府威信扫地，人们把1868—1870年间新闻界对政府的不断攻击称之为一场蔑视当局的革命。

1870年，巴黎发生了一起新闻工作者惨案。查理·波拿巴亲王发表了一篇诬蔑《复仇日报》的文章，当该报编辑维克多·努瓦尔等人前往王府，要求亲王赔礼道歉时，这位亲王悍然掏枪打死了维克多·努瓦尔。整个巴黎为之大哗，努瓦尔的葬礼演变成为一场声势浩大的反对帝制的群众大游行。就在这一年，为摆脱国内政治、经济危机，拿破仑第三冒险发动了普法战争，并在色当一役中失败被俘、宣布投降。9月，愤怒的巴黎民众推翻了第二帝国，先是"国防政府"、后是法兰西第三共和国相继成立，新闻自由得以部分恢复，当局允许报刊不经事先审查出版发行。

五、法国新闻传播新体制的最终确立——1881年新闻法

1870年9月建立的资产阶级新政权，这就是我们很熟悉的"国防政府"，正是这个政府残酷地镇压了后来的巴黎公社。由于对人民的恐惧，在巴黎公社失败后，这个政府依然对新闻界实施严格管制，封闭了许多家报刊。然而，随着法国工业化和民主进程的发展，随着共和思想与制度的深入人心，法国新闻传播业自1789年以来所进行的新闻自由的斗争，至此已汇成一股不可阻挡的强大力量了。在这一时期，两个使法国资产阶级新闻传播新体系最终确立的重要因素已经成熟了，这就是工业化的完成和共和国制度的巩固。

1877年5月，法国发生了最后一次共和国的政治危机。保皇派政府——布罗格利内阁为在选举中获胜，采取了一系列专横措施压制舆论，使共和派报刊的处境异常困难。在法国新闻传播史上，这次危机成为政府企图控制新闻界的最后一次尝试，然而遭到彻底失败。这表明，法国政府再也不能随心所欲地把新闻事业置于自己的控制之下了。布罗格利政府的失败还表明，一直在法国历史上兴风作浪的保皇派势力已不能再给共和国带来真正的现实危险了，共和派也急于结束政府与报刊之间持续了近百年的敌对状态。共和党人清楚,报刊业对利润的追求和竞争使它分裂并日益商品化,因而传统的政论报纸对公众舆论的影响已大大削弱了,新闻自由所造成的政治风险已微不足道,政客们完全可能同新闻界达成妥协,而无须求助于以往名誉不佳的粗暴干涉方式了。正是在这一背景下,从 1878 年开始,一个专门成立的法律委员会着手精心制订有关新闻事业的法律草案。经过议会的激烈辩论,1881 年 7 月 29 日,法国国会通过了一项全新的新闻法律,这就是 1881 年的新闻法。

1881 年新闻法是一部涉及印刷业、报刊业、报刊销售业、广告业等新闻传播事业,内容全面、详细、民主的新闻法典,它取代了过去不同年代中先后颁布的 42 项相关法令和 300 多个条款。法国资产阶级自 1789 年《人权宣言》中所宣布的新闻自由的伟大思想,经过 90 多年的漫长岁月,至此才得到了真正法律意义上和现实社会力量的正式确认。

1881 年新闻法有两个显著的特点:其一是摒弃了任何预防性的事先资格法律条文,以往的新闻审查、事先领取许可证、保证金制、印花税交纳等等一切限制性措施都被此项法律所取消;其二是建立了不包括舆论罪的"事后追惩"原则。这项法律赋予法国新闻业一个世界上最为自由化的体制,依据该法,法国资产阶级传播事业的新体系正式确立建成。

第三节 分析与思考

一、法国资产阶级传播新体系建立进程特点分析

法国资产阶级新闻传播新体制的建立历史与英国资产阶级传播新体系的建立过程相比较有很大的不同,这些不同大致而言有以下几点。

第一,法国资产阶级新闻传播新体系的基本原则和灵魂与思想在政治革命这一"催产婆"到来之前就已在伟大的思想启蒙运动中确立并成熟了,而英国新传播体系却没有像法国这样"思想先行"。

于是，在法国，早于大革命爆发之前，资产阶级新闻自由观念便已深入人心，因而革命伊始，便出现了欧洲乃至世界上最为先进彻底的新闻出版法规条文。这些法规条文为世界范围的资产阶级新闻传播体制树立了理想的典范，成为鼓舞世界人民争取人类新闻自由的伟大口号和神圣目标。

第二，这一新体系的建立是在疾风暴雨般的资产阶级暴力革命的进程中完成的。在大革命的不同发展阶段，一个又一个的政治派别以暴力、阴谋、政变等手段为武器，不断地把他人打倒推翻。残酷的阶级斗争使法国的政局一直动荡不安，保皇与革命交替，共和与复辟轮换，每一个新的政治当权者都毫无例外地把新闻自由留给了自己，而对敌人的新闻传媒实施了严酷的压制与打击。最先进的资产阶级新闻法律条文与最严酷的新闻专制控制现实出现了矛盾，却又并行不悖。宏观来看，法国资产阶级革命时期的整个社会发展进程并没有为新生的资产阶级传播新体系的发展创造一个稳定良好的社会环境，每一次的新闻出版自由权利的获得，总是为后来的政治反对派所推翻，因而无法平稳地积累新闻出版自由的胜利果实，稳固地建立一个替代封建新闻传播制度的新型社会传播体制。相形之下，一个世纪之前就开始了的英国资产阶级革命却在一个较为和平渐进、稳定理性的社会环境中继续进行，资产阶级新闻传播新体制的建立是通过英国式的渐进改良方式得以逐渐完成的。

第三，在法国资产阶级革命的各种政治派别中，缺少工业资本家的势力，这是因为法国的工业革命和资本主义市场经济的发展水平与英国相比较为薄弱，没有形成一个强大的工业资本家集团并在政治上有所作为。这就使得资产阶级左派——富于理想的、也是较为激进的共和派与资产阶级右派——金融与商业资本家集团的力量占据了法国革命的主导地位，再加上一时代表反动势力、一时代表资产阶级利益的波旁党人、奥尔良党人、拿破仑党人等一干新、旧保皇党人的介入，使得法国革命的进程表现出暴烈的左右极端性，无法把资产阶级新闻传播事业已取得的胜利成果保存积累下来。以上大概就是法国资产阶级新闻传播事业虽然在理论上取得了世界瞩目的成就,但在实践中却落后于英、美两国的主要原因。

二、政论性报刊——法国资产阶级新闻传播的特殊标志

同近邻英国不一样,法国资产阶级新型传播事业的标志性传媒是活跃异常、而且生命力极强的政论性报刊。政论性报刊始终占据法国资产阶级新闻传播事业的主角,是法国近代传播史的一个突出的特点,这与其较为特殊的国情紧密相连。

第一个必须予以注意的因素是法国传播事业的历史继承背景。与借助于印刷出版行业公会形式的"皇家出版特许公司"来对王国内的新闻出版事业进行有效控制的英国封建专制王权不同,法国在封建时代的官方新闻传播系统是通过国王和首相的正面积极支持而发展起来的。英国王室的做法是鼓励和支持特许印刷商们的经济利益,并以此为驱动力来达成封建王室的政治目的。这在客观上保护和鼓励了印刷商们的经济行为,使特许印刷商们为自己的经济利益而卖力地维护王室的政治利益,从而奠定了英国社会传播事业的商业色彩和牟利的动机。这种传统一直延续到了资产阶级革命的时代,使得新闻传播界首要关心的问题总是与经济利益紧紧相连,而政治的利益常常从属与经济的利益。这一传统的形成对整个英国新闻传播事业的发展构成了影响巨大的历史背景。相形之下,法国新闻传播事业的官方色彩和政治功利性第一的倾向,也逐渐形成了法国新闻传播事业的历史传统。这一传统亦形成了一种强大的惯性力量,对后来的新闻传播进程施加了有力的影响,从而形成了法国新闻事业偏重于政治性的传统。

第二个必须考虑的因素当然应该是法国资产阶级革命的特殊方式:理论先行、疾风暴雨、大起大落、政党林立、血腥专政、阶级斗争、四面受敌、内外战争。这种革命的运作方式当然需要有力鲜明的阶级舆论工具来进行宣传鼓动、大造声势、讨伐敌人、统一舆论,当然需要建立自己的舆论宣传工具,并对敌对势力的政治宣传活动予以驳

斥和封闭。所以，政治斗争的现实需要使得政论性政党报刊一直在法国革命的各个发展阶段扮演着传播主角的角色，从而使法国的政论性报刊层出不穷、发展势头强劲。

第三个导致法国近代史上政治性报刊传媒盛行的因素是法国读者的特殊偏好。受过革命前伟大的启蒙思想运动熏陶，在疾风暴雨式的革命进程中积极参与斗争进程，为各自的政治势力、党派集团的每一次胜利欢呼、每一次失败沮丧的法国公众——特别是巴黎的公众，对自己的政党集团报刊表现了令人惊叹的忠诚和拥护，形成了法国读者群体特殊的政治阅读偏好。有大量读者需要各种各样的政论性报刊，当然也就导致了这些报刊的长期存在和兴旺发达，这是法国政论性报刊之所以长盛不衰，一直在法国近现代大众传播事业中唱主角的根本性原因。

法国政论性报刊能够长期占据传播事业主导地位的事实告诉我们，每一个国家的大众传播事业都可能因为这样那样的特殊原因产生一种不同于其他国家发展的特殊模式。历史的传统不仅仅是一种传统，它更是一种现实的力量，是一种同经济、科技、政治和其他社会小系统相同的历史发展动力或阻力。正是这些社会小系统结构间不同的组合方式、不同的组合时间和系统间不同的动力性质，导致了各国新闻事业发展的不同风貌。我们绝对不能简单地、标签式地理解和使用马克思主义的历史唯物论，仅仅用经济的单一因素（简单化的所谓“经济基础决定论”）来封杀内涵极为丰富的历史发展进程，这，大概是法国近代新闻传播事业给予我们的一点启示吧。

【练习题】

名词解释：

1. 伏尔泰
2. 孟德斯鸠
3. 卢梭
4. 1881 年新闻法

5.《人权宣言》

6.《人民之友报》

简答题：

1. 法国大革命与法国传播新体系之关系。

2. 思想启蒙运动对法国新闻传播新体系的影响。

论述题：

1. 试论述法国近代新闻事业转型的特殊道路与发展模式。

第六章

突进的平坦之路

美国资本主义传播事业新体系的确立历史

(1765~1833)

第一节　背景之回顾

北美独立战争既是一场资产阶级革命又是一场民族独立的伟大战争。史学家们一般认为,英国宗主国对北美十三洲的殖民压迫是导致这场战争的直接的、深刻的原因。而从新闻传播史的角度来看,导致这场战争爆发的最直接原因可能是殖民地活跃非凡的报刊反英宣传鼓动活动。没有殖民地传播业的这些活动,也许这场战争根本打不起来。人们认为,殖民地人民与英国宗主国之间的诸种矛盾仅仅是干柴,而传播领域里的那些革命鼓动宣传家们则是战争的点火人。正是在这场战争中,北美十三州殖民地的新闻传播事业获得了最大限度的成长,迈开了跨向美利坚合众国资产阶级传播新体系的历史脚步。

北美十三州殖民地在18世纪中叶发展很快,出现了统一的市场雏形。经过近百年的发展,连通十三州的交通系统有了很大的改善,邮政制度也建立起来,共同的经济生活联系加强了,英语逐渐成为各殖民地人民所使用的公用语言,构成近代美利坚民族的各种因素逐渐具备了。与此同时,随着北美十三州殖民地间联系的加强,殖民地与英国宗主国之间的矛盾成为殖民地政治生活中的主要矛盾。

从1607年英国人首先在今天的美国弗吉尼亚的詹姆士河口建立了它在北美的第一块殖民据点以来，到1733年时，英国已占领了东起大西洋沿岸西至阿巴拉契亚山脉的整个狭长的地带，建立了十三个殖民地。北部的殖民地（马萨诸塞、罗德埃兰、新罕布什尔、康涅狄克）又叫新英格兰地区，工商业和造船业都十分发达，渔业和酿酒业、铁器制造、面粉、锯木等手工工场也占有重要地位，波士顿城是北部工商业的中心。中部的殖民地（宾夕法尼亚、纽约、新泽西、特拉华）土地肥沃，谷物生产和畜牧业非常发达，素有“面包殖民地”之称，最大城市是费城，纽约也是重要的城市之一。南部殖民地（弗吉尼亚、马里兰、北卡罗莱纳、南卡罗莱纳、佐治亚）以种植园奴隶制经济为主，主要农作物是烟草和蓝靛，同英国的商品往来最多。

英国的殖民统治者从一开始就企图把殖民地变成它的原料供应地和国内商品销售市场，这使得十三州殖民地自身的社会经济发展进程受到了英国殖民统治的严重压制。比如英国政府为了自身利益，竭力禁止殖民地人民向阿巴拉契亚山以西地区移民；为了保护国内资产阶级的利益，又多次颁布禁令，禁止殖民地生产工业制造品和与其他国家直接通商；1750年的法令还禁止殖民地建立和扩建熔铁炉以及制造加工类的企业。英法七年战争后，英国战胜法国，夺得了在北美地区的霸主地位，更变本加厉地对北美十三州进行殖民压迫，这迅速地导致了殖民地与宗主国的矛盾尖锐化，形成了广泛的人民抗议运动并最终导致了独立战争的爆发。

另外一些促使殖民地资产阶级传播新体系在北美产生和发展壮大的背景原因也值得我们注意，这就是北美大陆从来没有过封建专制制度存在的历史；移民们独立的精神及热爱自由的传统；肥沃辽阔的土地和无数个体经济单位所奠定的资本主义体系基础——当然这也是传播新体系建立的基础，这些背景要素也对殖民地传播事业新体系的产生与成长提供了良好的条件。

18世纪独立战争前夕，北美十三州的文化知识气氛亦有利于新体系的萌芽和成长。移民们的母国——英国资产阶级革命理论家们的“天赋人权”说、“社会契约”论和欧洲法国启蒙思想运动的“自由、平等、博爱”等最新的资产阶级思想理论武装了殖民地的知识阶层，并由他们通过各种传播媒介传递到酷爱自由的人民大众心中。

从英国殖民当局的所作所为来看，一系列的政治、经济压迫——尤其是1765年的“印花税法案”使北美十三州全体民众对英国殖民统治者的仇视和反抗情绪日益高涨，为革命的宣传家们准备了攻击的目标。

初期的斗争是从反对1765年11月1日正式生效的“印花税法案”开始的。由于这个法案规定所有殖民地的报刊、法律证件、商业单据和各种印刷品都必须缴纳印花税，这就首先得罪了殖民地的两个重要阶层——律师和新闻出版界人士。于是，这两部分擅长于进行舆论工作的群体开始不断地用笔和口来宣传鼓动殖民地人民起来革命。1766年3月，在殖民地强大的抗议浪潮中，英国当局被迫宣布在北美十三州停止执行“印花税法案”，大获胜利的新闻出版界威信陡增，以更大的热情投入到未来的革命运动之中。

在随后的反对“唐森税法”和1770年波士顿流血事件中，新闻界都作出了自己的贡献。特别是1773年的波士顿“倾茶事件”、1774年第一届殖民地大陆会议和1775年莱克星顿战斗前后，北美十三州的新闻工作者们在团结民众、鼓动反英浪潮、形成一致的独立舆论方面做了很多工作，并最终“点燃”了独立战争的正义之火。

第二节　历史的进程

一、革命时代的传播事业(1765～1783)

北美十三州革命时代的资产阶级新闻传播事业是在革命的浪潮中起步腾飞的。在革命的进程里，北美十三州逐步形成了三个主要的政治势力集团，他们都有着自己出色的宣传鼓动家和代表人物，这就是殖民地民主激进派的塞缪尔·亚当斯；殖民地温和派(辉格派)的约翰·迪金森和殖民地保皇派(托利派)的詹姆斯·利文斯顿。

1. 塞缪尔·亚当斯

塞缪尔·亚当斯于1772年出生于波士顿的一个新兴资产阶级家庭,哈佛毕业生,是殖民地当时少有的高级知识分子之一。亚当斯自身的经历和家庭变故使他极端痛恨英国殖民当局的重商主义政策,因为正是殖民当局的一系列政治、经济压迫使他和同一阶层的许多人破产衰落,于是他开始献身于政治斗争,成为波士顿乃至整个殖民地民主激进派的领袖人物。

亚当斯对美国革命的贡献首先来自于他奠定了这场伟大的独立运动的理论基础。正是亚当斯依据洛克的"社会契约"论和卢梭的"天赋人权"说论证了殖民者对北美十三州统治的不合理性和殖民地脱离英国的必要性,从这个意义上而言,亚当斯可谓美国"独立运动之父"。

亚当斯的另一贡献就是把他的这些革命的独立观点,通过不懈持久的努力灌输到民众中去,点燃了革命之火。其中,从事新闻宣传活动是亚当斯和他的亲密战友们的主要工作方式。

亚当斯的这一工作最早是同《波士顿公报》紧密相连的。1755年,亚当斯的两位思想挚友本杰明·埃德和约翰·吉尔共同买下了这家原名为《波士顿公报与乡村新闻》的报纸。几乎是同时,这家报纸便成为亚当斯激进的政治团体——乃至整个北美十三州激进团体的神经中枢和喉舌刊物,报纸的销量迅速达到2000份之多,这在那个时代是一个很了不起的数字。

在这家报纸周围聚集的民主激进分子们迫切希望在北美十三州爆发一场社会革命。亚当斯明白,要想达到这一目的,他们非得设法争取整个殖民地大多数民众的支持不可。为此,必须加强出色的宣传鼓动工作,在北美十三州建立一个相互支持、压倒敌对势力声音的宣传体系。

亚当斯团结各地民主激进团体传媒的构思是通过"自由之子"这一组织来完成的。这个团体是各殖民地在1765年反印花税法的浪潮中纷纷建立起来的,亚当斯立即通过它把各州的反英激进分子们和传播媒介联系在一起。随后，以各地的“自由之子”社为依托，亚当斯建立了一个遍布各殖民地的、一呼百应的宣传网络系统——“通讯委员会”。

这个宣传网络的“龙头”就是《波士顿公报》，各地的激进派报刊则是这个宣传网络在当地的舆论中坚，其中著名的报刊和发行人有：《马萨诸塞侦探报》的艾赛亚·托马斯；《纽约新闻报》的约翰·霍尔特；《查尔斯顿南卡罗莱纳公报》的彼得·蒂莫西；《费城宾夕法尼亚纪事报》和巴尔的摩《马里兰新闻报》的威廉·戈达德；《新港信使报》的所罗门·索思威克。费城的威廉·布雷德福也是这个团体中的一员干将。

这些报刊相互间快速地传递各类信息，刊载、转载各地的反英新闻消息及相关评论；广泛发动群众、灌输反英思想、力促全体民众投入到这场伟大的革命中去。正是这些激进的革命报纸，正是这些不倦的民主激进分子们在独立战争前夜为革命摇旗呐喊，为殖民地人民革命做好了充分的舆论准备工作。

很难设想，如果在北美十三州没有这样一个摇旗呐喊、宣传鼓动的民主激进势力集团；如果没有塞缪尔·亚当斯等人不倦的写作、讲演、鼓动，美国的独立战争是否会爆发。正是亚当斯等人的努力，使殖民地保皇分子名誉扫地；使犹豫不决的温和派辉格党人们终于拿起了革命的武器；使一般民众破除了传统的王权思想、乡土观念，勇敢地投身于这场伟大的独立战争之中。也正是亚当斯等人对英国殖民当局不懈的揭露、抨击——这在亚当斯看来完全是必要的——致使英国殖民当局暴跳如雷，接二连三地施展出高压手段，最终挑起了战火。

从某种意义上说，整个北美十三州的殖民地独立运动的历史进程是在亚当斯等人的鼓动和操纵下展开的，英国殖民当局因此刻薄地称亚当斯等人为“木偶背后的提线人”。塞缪尔·亚当斯虽然不是革命运动中仅有的宣传家，却确实是这场革命运动里所有宣传家中最伟大的一个。为了达到既定的目标，亚当斯想尽一切办法，先后使用了不少于25个笔名写作、发表革命宣传文章。每当波士顿民众在沉沉夜色中看见亚当斯窗口那似乎总不熄灭的灯光时，他们就知道亲爱的老萨姆又在为他们呐喊出力了。1775年4月19日清晨，莱克星顿的枪声终于鸣响，整个北美十三州的人民拿起了武器，为塞缪尔·亚当斯日夜期盼、出力策划的最后胜利而战斗了。

2. 约翰·迪金森

与总是从社会革命的角度来进行宣传鼓动的亚当斯等激进派不同，约翰·迪金森——这位精明冷静、讲求实际、很受殖民地有产阶层推崇的著名律师，更多的是从财产与经济利益的角度出发来考虑革命、独立、战争等重大问题的。迪金森对塞缪尔·亚当斯的那一套改革社会的“天赋人权”说和“社会契约”论等理论并不感兴趣，但他却刻意强调必须有力地保护殖民地有产者的利益，不能容忍有人未经允许而掏这些有产者的腰包。对于一切“非法”的敛财行为，殖民地有产者应该有秩序、有理智地反抗英国当局的一切“非法行为”。

然而，1767年发生的两件事使温和保守的迪金森大为震惊，思想观念有所触动。其一是英国当局颁布《唐森条例》，开了从殖民地直接抽取高额税收的先河；其二是由于未向总督按期缴纳额外的税金，纽约州议会被英国政府强行中止活动。迪金森认为，英国政府竟置约定的法律于不顾，一句话就可以停止殖民地议会的活动，征收税金的法律也不经过殖民地议会讨论通过就可以由殖民当局直接征收，如此下去，殖民地有产者非破产不可，为此，迪金森拿起了笔，开始站出来说话了，这就是1767～1768年间迪金森在激进的《宾夕法尼亚纪事报》上连续发表的12篇题为“宾夕法尼亚——农人来信”的系列政论文章。

在系列文章“农人来信”中，迪金森有力地传播了他的政治、经济观点，论证了英国政府的一系列征税侵犯了殖民地人民的正当权利。他激情洋溢地写道：让这些思想深深印入我们的脑海，即我们没有自由就不能快乐；如果他人不得到我们的同意即有权随意夺取我们的财产，我们的财产就无安全可言；国会向我们所征的各种税收，即是以这种方式来夺取我们的财产。由于迪金森的“农人来信”写得既精彩又富有说服力,因而到处流传,影响深远。在整个北美十三州除三家报纸外,所有的殖民地报刊都刊载了这位“宾夕法尼亚农人”的全部作品。

除了“农人来信”系列政论文章以外,迪金森还在其他报刊上撰写文章反复宣传他的观点和意见。迪金森的贡献是明显的,虽然他厌恶革命,但他的言行却有力地促成了这场革命。由于他的文章深入浅出、清晰明确、严谨有力地阐述了那些北美十三州殖民地有产阶级感到必须捍卫的基本原则,他就为革命准备了充分的舆论。迪金森那些代表辉格党人利益的文章影响和促成这个集团走上了同殖民地母国决裂的道路。历史学家们认为,在为革命制造舆论方面,除了塞缪尔·亚当斯外,迪金森起的作用比谁都大,人们因此称誉他为“革命的笔杆子”。

但是,当革命必须拿起武器来保卫的时候,辉格党人们便面临着两种选择:或者忠于英王乔治三世,或者忠于造反的殖民地政府,前者带给了他们所珍视的法律和秩序,而后者则代表着他们早已垂涎三尺的自由企业制度和赚钱发财的希望。迪金森也面临着这种痛苦的抉择,他清楚要保护自己这一阶层的利益不受损害,只有进行独立战争,但他又不忍脱离可爱的祖国而彻底独立,于是他拒绝在伟大的《独立宣言》上签字,然而,他却拿起了来复枪保卫自己的家园。

3. 詹姆斯·利文斯顿

利文斯顿是北美大陆上公认的保皇派——即那个希望继续凭借门第、财产、地位及传统进行殖民统治的集团的代表。他那宗教气氛浓厚的英国宗教书籍出版商家庭一方面给了他国王、宗教神圣不可侵犯的观念,另一方面也给予他喜爱出版行当的嗜好及出色的手艺。

利文斯顿是在1762年移民美洲的,1773年各殖民地造反前夕,他创办了一份报纸,名叫《利文斯顿纽约公报又名康涅狄格、新泽西、赫德森河与魁北克广告周刊》,报名虽长得有点烦人,但却印刷精美、内容丰富、广告众多、影响颇大、行销殖民地各地甚至国外,

1774 年其发行量达到 3600 份之多，当时的殖民地报无出其右者。

利文斯顿是一个很有政治头脑的编辑，他思想保守、反对革命，但在十三州殖民地民众强大的反英浪潮中他不敢明言保皇，便采取了一种得当的编辑方针，高举客观、公正的旗帜，声称他办报纸是一个社会公职，任何人都有权利求助于他，他的印刷所也向任何党派的出版物开放。在讨论革命与独立等重大问题时，利文斯顿总是从正反两个方面来进行客观分析和论辩，但奇怪的是，利文斯顿的最后结论却总是独立要不得，革命无道理。

利文斯顿的做法理所当然地引起了革命激进团体的愤恨和迫害欲望，纽约"自由之子"社组织群众冲入利文斯顿的印刷所，捣毁了所有的铅字，当街烧掉了利文斯顿的模拟像，并抓住他令其在一个侮辱性的悔过文件上签字画押，公开承认错误。

莱克星顿事件的第三天，即 1775 年 4 月 21 日，利文斯顿不再客观公正了，同他的爱国派对手一样，他也公开成了一个有党派性的报人。利文斯顿把他的报纸更名为《保皇公报》，其中充斥着对革命领袖们凭空捏造的攻击与污蔑，载满了反对革命的新闻和言论。在被暴力驱逐回英国后，1777 年利文斯顿又作为英王的特许印刷商跟随英军重返纽约，并继续经营那份习惯于捏造革命派内部分裂的消息、杜撰革命必将失败的故事、乐于刊登英国必胜言论的《保皇公报》——它被殖民地人民公认为是"利文斯顿的说谎公报"。1783 年新年除夕，胜利了的纽约市独立派政府封闭了《保皇公报》，同其他被迫离开美国的保皇党人不同，利文斯顿继续留在纽约经营一家书店，直到 1802 年默默病逝。

4. 激进派作家——托马斯 · 潘恩

在殖民地众多的革命宣传鼓动家中，托马斯 · 潘恩非常值得一提。这位出身贫贱的英国移民于 1774 年手持本杰明 · 富兰克林的一封介绍信来到美洲，立即在为《宾夕法尼亚杂志》撰稿过程中确立了他是一位激动人心的评论家的盛誉，他最早的一篇出色的鼓动文章就是 1776 年 1 月出版发行的宣传小册子——《常识》。

《常识》发表的背景是这样的：虽然经过亚当斯等革命宣传家的不倦鼓动，北美十三州独立战争终于爆发，但在整个殖民地，保皇分子的喧嚣和以迪金森为首的有产阶级的犹豫不决却使革命有难以为继的危险。保守势力的强大影响在殖民地上层集团和下层民众中都广泛存在。就是大陆军总司令乔治·华盛顿一开始也把他的队伍称作"英王陛下的部队"，表明只反对英国国会，而不反对英王。大陆军的士兵们每天早晨先在军营里为英王乔治三世做祷告，然后才出发去同英军作战。这些不利的现实和咄咄怪事，说明此时此刻革命的舆论是多么重要。为了动员殖民地人民坚决果断地参加这场伟大革命，抛弃掉一切陈腐的封建传统观念，潘恩奋笔疾书，写出了他那本虽不满 50 页、却名扬青史的小册子《常识》。

在《常识》中，潘恩猛烈地抨击了英国政府的暴政，控诉了英国暴虐的殖民压迫，严厉批判了英国封建君主专制政体的腐朽凶残，坚决主张北美十三州殖民地同英国分离独立、建立共和政体，号召人民为此拿起武器，因为"辩论的时期已经结束，应该用武器这最后的手段来解决争议"了。

潘恩的这种激进的资产阶级民主主义思想，招致了少数保皇分子的巨大恐惧。1776 年初，费城神学院院长威廉·史密斯牧师以"加图"笔名在《宾夕尼亚公报》上撰文攻击《常识》。潘恩立即于四五月间在《宾夕法尼亚邮报》上连续发表了四封反击"加图"的政论书信，这就是《林中居民的信札》，给予保皇分子以迎头痛击。尽管有少数人的反对，然而在短短的三个月里，《常识》一书卖出了 12 万册——差不多每个稍能识字的殖民地人都传阅了这本激动人心的小册子。《常识》传到了新英格兰的每个农场，纽约市的各个商号办公室，传到了弗吉尼亚的各个种植园，从海岸的北部到南部，人们纷纷议论着潘恩大胆的独立呼声。突然之间，"独立"这个在两三个月之前还被认为是无法无天的过激之词的字眼，现在却变成了每一个人的口头禅了。在随之而来的斗争中，独立的浪潮终于汇成滚滚洪流不可阻挡，保皇分子、温和派微弱的声音完全被独立的号角所淹没了。1776 年 7 月 4 日,第二届大陆会议通过的《独立宣言》向全世界庄严宣告:北美十三个联合起来的殖民地,从此成为“地球上的国家之一,自然法和上帝认为他们应该享受的独立的和平的国家”——美利坚合众国。

《危机》是托马斯·潘恩写出的另一本著名的系列文章小册子。1776 年底时,独立部队大陆军一连串的军事失败使军心民意涣散,人民情绪低落。值此革命危机关头,潘恩又拿起了笔,在低矮昏暗的军营帐篷中写出了他的第一篇《危机》文章,这篇文章刊登于 1776 年 12 月 19 日《宾夕法尼亚周报》上。它的开篇卷首便用以下词句深深地吸引了阅读者,潘恩用炽热的激情写道:“此时此刻,正是考验人们的灵魂的时候,在夏天的季节来当兵,在阳光明媚的时候才爱国的人,在这场危机中固然会把为国效忠视为畏途;但是现在面对危机,挺身而出的人,却值得我们男女同胞的敬爱和感激。暴政,像地狱一样,是不会轻易地被征服的,然而我们有一点可以使自己感到欣慰:战斗愈是艰苦,胜利愈是辉煌。我们得来太便宜的东西,我们就会等闲视之——任何事物惟其昂贵才有价值,只有上苍知道怎样给它的商品标定一个适当的价格;所以,假如自由这样一件如此神圣的东西竟不会被定以高价,那才奇怪了。”

《危机》立即被各殖民地爱国报刊纷纷转载并马上在广大的民众中广泛流传开来,以至于幼稚学童都能背诵上述开首篇章。潘恩的文章刚刚脱手,善于运用报纸鼓舞军心的华盛顿将军立即下令把文章念给他那些已冻得麻木、萎靡不振的士兵们,而这一正义磅礴、极富鼓动性的文章果然马上使沮丧的战士们振作了起来。华盛顿将军不失时机地立即带领士兵们在特伦特和普林斯顿打了两个大胜仗,战争的不利局面被扭转过来了。

此后,一直到战争结束,每每在关键时刻,潘恩便撰写出《危机》续篇——他先后共写了 13 篇。这些文章有鼓舞士气的,有抨击英国派遣议和来使的,有揭露保皇派反革命阴谋的,它们成为美国报刊史上著名的政论文章。托马斯·潘恩用自己的头脑、笔杆和勇气,为美国独立战争作出了非常伟大的贡献。

在1765~1783年这一整个革命时代，北美十三州殖民地的传播事业无论在规模上、声誉上都有了惊人的发展。资产阶级新闻传播事业已成为新建立的美国社会中一支举足轻重的力量并开始逐渐兴旺发达起来。这一切是同报刊业在革命中的出色表现分不开的。在革命的各个重要关头——1766年"印花税法案"的废止；1770年波士顿"大屠杀案"；1775年莱克星顿枪声；1776年《独立宣言》的发表；1776~1783年间重大的战役中，报刊业都发挥了自己的出色作用，受到了人民大众的普遍欢迎和尊敬，新生的北美新闻传播界从战争中脱颖而出，并在新的历史进程中扮演了更为重要的历史角色。

二、政党报刊时期及资产阶级传播新体系的确立(1784~1833)

1. 政党报刊——"党派谩骂"时期

独立战争胜利之后，美国的政治家们在组织联邦政府及处理外交等问题上产生分歧，形成两大政治派别集团；其一是以亚历山大·汉密尔顿为首的联邦派；其二是以托马斯·杰斐逊为首的反联邦派。两派在联邦宪法的采用、关税和州债负担、法国问题、对英缔结和约这四个主要问题和许多细节上矛盾尖锐、互不相让，这些争执当然马上反映到该时期的新闻传播事业中来了。于是，战争时期论战的硝烟尚未散尽，新的论战又已开启，美国新闻史进入了一个政党所支持的政论—政党报刊相互攻讦的新时期，它所显现的突出特征是：报刊相互间的党派谩骂。

联邦派和反联邦派都有着自己的宣传媒体和著名的笔杆子。联邦派著名的报纸有1789年4月在纽约问世的《合众国公报》，约翰·劳诺主编；1784年创办于波士顿的《哥伦比亚前哨报》，主编与发行人是拉塞尔少校；1797年3月创刊于费城的《箭猪公报》，威廉·科贝特主编；1801创刊于纽约的《纽约晚邮报》，科尔曼主编。反联邦派的报刊则有1791年创办于费城的《国民公报》，菲力浦·弗伦诺主编；1790年创办于费城的《曙光女神报》，贝奇主编——后由杜安接手。

在美国新闻史上政党报刊的含义是:报刊公开标榜为政治服务,自觉成为党派政治斗争的工具,接受政党津贴资助;报刊论战时以我划线,以宣传本党的政治主张为主,常常夸大其词,甚至无中生有、捏造罪名、诽谤对方;报刊的内容主要为政治哲学文章,长篇大论、内容深奥、文字艰涩,读者多为本党成员、少数政客及知识分子阶层。

这一时期报刊党派谩骂的含义则是:报刊论战激烈,言词文字粗野,不择手段地诽谤污蔑乃至人身攻击,不讲求什么客观公正原则,有时办报人之间甚至大打出手,棍棒相见。

威廉·科贝特可谓这一时期党派谩骂的一个典型标本。在《箭猪公报》创刊号上他直言不讳地、也是厚颜无耻地宣称:“我将不作公正不偏的陈述,那将毫无用处,而且毫无意义”。他用这样的文字来刻毒地描绘他的对手——费城《曙光女神报》主编本杰明·贝奇,“这个穷凶极恶的无耻小人(无愧是老本杰明的子孙)懂得,凡是有点常识的人都对他嗤之以鼻,把他看作一个信口雌黄的说谎者、一个工具、一个被人收买的走狗……他是一个面目狰狞的魔鬼,他的目光从未逾过你的膝盖,他一脸菜色,双颊凹陷,双目呆滞,他给予人的总印象是:恰如在示众架上吊了一个星期或十天的那么一个家伙!”

这是一场极不体面、极不文明却又动静很大的报刊小型战争。争吵、谩骂、诽谤、中伤、大喊大叫、尖刻粗鄙,外加街头相斗、大掴耳光、棍棒交手、刀枪决斗,煞是热闹。这场指黑为白、造谣污蔑、相互攻讦、党派谩骂的丑剧一直延续到1833年前后才被大众逐步抛弃。

2.《人权法案》的制订——传播新体系的正式确立

世界历史上最伟大的文献之一、美国第一批宪法修正案(十项条款,又称《人权法案》)是在这样的背景下产生的。从远因来看,独立战争中深入民心的“天赋人权”、“社会契约”等资产阶级民主观念在美国已形成了强大的政治思想力量,这种自由思想成为《人权法案》的直接源头,而《人权法案》则是这些思想法律形式的表现。从近因来看,由于汉密尔顿领导的费城秘密制宪会议起草的新宪法既未提及新闻自由,也未提及人民的诸种自由权利,与1776年的《独立宣言》相比大大倒退,因而遭到全国民众和进步政治团体的激烈反对。为了尽快争取十三州中至少九个州的批准,使新宪法能够生效,汉密尔顿的联邦党人被迫向人民让步,允诺成立一个专门的委员会来制定一批宪法修正条文,这就是宪法第一批修正案——《人权法案》的制订。

《人权法案》的起草工作是由杰斐逊的挚友和学生麦迪逊领导的一个委员会负责的。《人权法案》的具体条文——特别是新闻出版自由方面的条文并非凭空提出,乃是麦迪逊民主思想和当时许多州宪法中相关具体法律条文的混合产物。事实上,在1787年,美利坚十三州中已有九个州提供了新闻自由的相关法律保护。麦迪逊的第一稿这样写道:"任何一州都不得侵犯言论自由或良心平等权利……",审议委员会增改为"或新闻出版自由的平等权利",最后,经参、众两院修订后,该条款作为宪法第一修正案于1791年批准生效。

美国宪法第一修正案的内容是:"国会不得通过建立尊奉某一宗教,或禁止宗教自由的法律;不得废止言论与出版自由;或限制人民集会、请愿、诉告的自由。"

宪法第一修正案的进步意义自不待言。其一,《人权法案》第一条款是世界上第一个新闻自由成文法规。在英国,当时的新闻自由正在种种专制压力下呻吟。在法国,虽有1789年《人权宣言》第11条款,但它仅仅是一个精神原则,并未形成切实的法律条文。而在欧洲乃至于世界大部分地区,封建专制制度还占据着统治地位。在这种时刻,美国《人权法案》第一条款的制订,无疑具有极大的历史进步意义。其二,从法律的意义上来看,《人权法案》第一条款以宪法——这一国家根本大法的成文形式,规定给予民众很大的(也许在某种程度上是形式的)民主权利和新闻自由。由于它属于国家根本大法,又界定分明——国会不得"废止言论自由与出版自由",这就使得无论总统还是国会,要想不受高等法院的抵制而企图通过某种手段剥夺人民的新闻出版自由将变得极其困难了。事实上,《人权法案》第一条款被看做美国历史上第一个也是最重要的一个新闻法规，这一法规一直延续至今，并有效地起着保障新闻出版自由的巨大作用。其三，《人权法案》第一条款从法律上保证了美国资产阶级民主权利和言论、新闻出版自由，它标志着美国资产阶级新闻传播新体系的正式确立，并作为这一体系的灵魂中坚，保护和扶持着新体系的健康成长。

3."言论四法"的制订及取消——传播新体系的巩固

1797年，约翰·亚当斯宣誓就任合众国第二任总统时，美法战争一触即发，党派斗争更为激烈，这种混乱局面及强烈的敌对情绪，促使亚当斯总统伙同联邦党人所控制的国会，于该年夏天通过了违反宪法中有关新闻自由条款的四项"言论法案"。

这四项言论法案又称"言论四法"，总称是《外国人及煽动叛乱法案》(又称《处置外侨法案》)，它包括：《外国人归化法案》、《外国人法案》、《敌方法案》、《惩罚犯罪法案》等多项法规。

这四项法案又常常被人称为"侨民法"，因为它们所针对的对象大都是当时的外来侨民，它是当局为打击那些富有民主激进思想倾向和支持杰斐逊反联邦派的外国侨民而特意制订的。此法将外侨获得美国国籍的年限由原来规定的五年延长至十四年，并授权总统将他认为是"颠覆分子"的任何人驱逐出境。

与此同时，国会又制定颁布了"镇压暴乱法"——即著名的《煽动叛乱法案》，它是当局专门用来打击、迫害敌对派别的报刊编辑和发行人的。该法规定：凡发表文章或用言论恶意中伤政府、国会或总统、"意欲诽谤、污辱或损害其名誉"者，一律要受到罚款或坐牢的惩罚。

《煽动叛乱法案》实际上是美国新闻传播史上的第一个诽谤法，从历史的角度来看，该法的某些条文还是有一定进步意义的。比如该法提供了两项保障被告权利的措施：其一，被告可以提出真情与事实作为辩护理由；其二，陪审团对法律和事实两个方面都有权作出裁决。这是1735年安德鲁·汉密尔顿在"曾格案件"中提出的两个相互关联的重要原则，至此首次被正式载入美国法律之中。

但是，问题的另一面是：在一般情况下，每一个被告往往很难确定他所报道的事情没有丝毫的差错，而联邦派执掌审判权力的法官们在这类案件中特别强调"一旦诉之法律，反驳者必须证明每项指责均属事实，他必须彻底予以证明"，这当然是非常困难的。这种事实必须全部真实，如果事实难以达到百分之百的准确就有着潜在的被起诉的危险，就使"煽动法"自然地起到了某种威胁记者、控制舆论、堵塞言路的作用，成为联邦政府官员们用以整肃舆论、镇压报刊自由的合法依据。不公平的是，许多反联邦派党人们纷纷在"谋叛"、"煽动"的罪名下横遭迫害，而肆意辱骂杰斐逊及反联邦派党人的一些外来侨民或联邦党人的报刊作者却逍遥法外、从不被起诉，这更加暴露了政府制订与实施"言论四法"的党派私利。正是在这一时期，美国新闻史上出现了一段控制新闻出版自由的"黑暗时代"。

"言论四法"的实施很快遭到广大民众的强烈抗议。1798 年冬天，在民主共和党人（即后来的民主党）占优势的弗吉尼亚州和肯塔基州的州议会分别通过了两项决议案，抗议"言论四法"和"煽动法案"，并肯定了各州对联邦政府的不合法行为拥有废除权。在 1800 年举行的总统大选中，人民的意志得到了强烈的体现——杰斐逊以压倒优势的票数当选为美国第三任总统。1801 年 2 月，众议院以 53 比 49 的多数票挫败了联邦党人欲将《煽动法》等项法案有效期延长两年的议案。1801 年 3 月 3 日，《煽动法案》等项法令到期自动废止，杰斐逊总统即刻赦免了所有因"言论四法"而被捕入狱的囚犯，并将尚待审理的此类案件一律撤销，把以前此类案件中的罚款加付利息偿还给被告人——"言论四法"及"煽动法"遂告寿终正寝。

这一时期美国人民为新闻自由所作出的斗争和努力使它深入民心，美国资产阶级新闻传播事业的大厦已趋稳固，随之而来的一个历史现象更保证了新体系的成长，这就是在整个 19 世纪前半叶（1801—1841），除第六任总统约翰·昆西·亚当斯（第二任总统约翰·亚当斯的儿子）属辉格党人（即后来的共和党）以外，其余五任总统全部由民主党人担当。特别是杰斐逊(两任)、麦迪逊(两任)、门罗(麦迪逊的学生,两任)和杰克逊(著名平民总统,两任)这几位总统任内,民主思想和新闻自由原则一直受到政府的鼓励和支持。经过近40年的平稳过渡,美国资产阶级新闻传播的新体系完全稳定巩固了。

第三节 分析与思考

一、北美十三州传播新体系的确立之路

北美十三州传播新体系的建立标志着美利坚合众国一种新的社会大众传播体系的确立。与和平渐进发展的英国新型传播事业,大起大落忽进忽退的法国新型传播事业和日本德国走形变样的新型传播事业相比,新生的美国资产阶级新闻传播事业的确立之路要顺利得多,究其原因,美国资产阶级革命的彻底性是新的社会大众传播体系得以确立和发展的第一个重要前提。

美国资产阶级革命的彻底性表现为理论准备的充分和革命宣传的深入;表现为资产阶级革命与民族独立战争两者的结合和最终彻底、全面胜利的获得;表现为《独立宣言》和《人权法案》等一系列革命先进思想的诞生;表现为革命后专制统治企图的失败和民主党人近40年的顺利执政过程,这一切为美国新的资产阶级性质的新闻传播社会新体系的建立提供了良好的社会、体制、思想、经济等各方面的发展空间和支撑力量。

虽然跟法国大革命一样,美国资产阶级革命的进程也充满了"铁与火",表现为以暴烈的战争方式来解决两个阵营的矛盾,但是,美国资产阶级革命所具有的民族独立性质使它的统一战线阵营要比英国殖民统治者和少数保皇党人强大得多,从而形成了阶级对垒鲜明、民族矛盾突出、殖民统治与反殖民统治的敌我双方斗争。于是,胜利的一方能够以敌人彻底失败为前提,较为自由顺利地建设自己的传播新体系。相形之下,法国大革命触及了多个社会阶层的利益,

把革命的左中右和保皇的新旧各派势力都牵连进来了,这导致了不同的阶级和政治集团势力在不同时期的力量组合的多样变化,使得革命忽进忽退、大起大落,从而削弱了资产阶级革命的正面势力,也使其传播事业的新体系建立过程充满了曲折起伏的特征。

美国的新闻传播事业也与法国有一些共性。比如,政论性报刊一直是主角;革命进程中的每一次关键进程都伴随着不同集团派别的报刊论战和舆论争吵。这一方面确实促进了民众对新闻事业的重视,使得新闻传播自由等一系列思想和概念逐渐深入人心,另一方面也使得当权者——从英国的殖民地统治者到独立后的美国联邦党人对新闻传播活动实施专制控制的企图变得越来越多了。令人庆幸的是,美国《独立宣言》和新的宪法为共和国的政治活动制定了较为科学明智的框架和运作程序,使得美国人民的集体意志——要民主不要专制、要新闻自由不要新闻控制能够鲜明地、决定性地展现出来,那就是他们通过选举,坚定地选择了更能代表人民意志和要求的民主党人为执政者,确立了民主党人在建国初期近 40 年的统治地位,从而为美国资产阶级新的大众传播社会体系的确立和发展提供了有力的政治保护。当新的社会传播事业经历过了易被扼杀和统制的"幼年期",成长为强大的独立社会力量时,它就不仅仅只是政治系统的一个简单附庸,而成长嬗变为一种能够对政治、经济、文化和其他社会生活施加重大影响的有力因素。建国初期民主党人的执政经历为美国新的社会大众传播事业的茁壮成长提供了一个关键性的支持,这是美国新的社会大众传播体系得以顺利确立的第二个重要原因。

二、从《人权宣言》到《人权法案》

从法国大革命与新的社会传播事业确立的互动关系来看,大革命促生了当时最为先进科学的新闻传播思想,新的传播体系的实践过程又为大革命的不断深入提供了广泛的舆论与宣传支持。然而,革命与新闻自由等思想观念并不总是相互支持、共同发展的,政治斗争的历史显示了一条基本规律：无论哪一种政党集团，它们成为统治者后都自觉或不自觉地呈现出某种一致性的思想观念和行为方式——不管这些思想观念和行为方式是被冠之以民族的旗帜还是插着资产阶级或无产阶级的标签。从政治学的一般规律来看，作为一个统治者（无论它来自哪个党派集团）都需要稳定的社会秩序和被统治者对当权者的服从。这就使他们天然地对于本质上是对其统治实施舆论监督和权力分享的新闻自由思想及观念很不舒服，两者间总是天然地处于一种对立的态势。所以，既使如雅各宾派这样彻底的法国资产阶级革命集团，上台以后也对新闻自由予以有利于自己的解释，并在实践中实施了可怕的“红色”恐怖，使得巴黎的新闻传播事业下滑到了革命爆发以来的最低点，新闻自由观念完全被肢解和抛弃。同样，英国的封建都铎王朝君主们钳制新闻出版事业的方法和精神也完全被革命后的新统治者们——“长期国会”和历届的托利党人、辉格党人政府承继了下来，并在新的形势下“发扬光大”。美国革命前殖民统治者的所作所为与革命后联邦党人政府的“言论四法”在压制异己舆论、巩固自己的统治方面其功能是完全一样的。这些状况有力地反映出新闻传播事业既受阶级这一社会集合体的重大影响，也受民族、殖民与被殖民、统治与被统治各种社会态势、地位的影响。我们还可以更进一步地指出，它还受宗教、文化传统、性别、地理、外来势力等等多重因素的影响。同时，这些状况也说明了在政治斗争中确实存在着一些超越单纯阶级性的其他科学运作规律——比如统治阶层与被统治阶层对待新闻传播事业的不同认识和态度。

从另外一个角度来看，新闻传播事业本身也存在着一些超越单纯阶级性的科学规律。由于新闻传播事业总体上来说属于上层建筑，即政治系统之中的一个部分，它当然也同政治学一样具有某些科学的、不以人们的意志为转移的客观规律性，其中，最为主要的部分便是人类实现新闻传播自由的法律形式。

就像人类文明的成果是通过各民族人民的努力，在各个不同历史阶段所创作积累起来的一样，18、19 世纪的世界范围内的资产阶级新闻传播事业新体系的确立也为全人类的信息更加自由的传播——新闻自由目标作出了不可磨灭的贡献，这主要体现在法国的《人权宣言》第11条款、“曾格案件”几个重要原则及美国宪法修正案——《人权法案》的制定上。

法国大革命中的《人权宣言》第11条款第一次从全人类的角度（尽管法国资产阶级是以全人类的名义来达到自己本阶级的目的），清晰、准确、严谨、透彻地宣告了人类与生俱来的一项基本权利：思想与意见传播的自由，并提出了人们同时必须承担“滥用此项自由的责任”，这就从人类文明的高度奉献了一个伟大的法律与思想，并最终使之形成为近现代社会中人类的一项基本人权。“曾格案件”里所提出的“事实可以作为司法审判的辩护理由”、由普通大众所组成的司法陪审团有权对言论案件的性质（有罪或无罪）作出决定性的判断这两项原则，都从制度上成功抵制了统治者（不管是何种性质的统治者）对被统治者肆意进行言论自由传播权力压制的企图。而美国第一宪法修正案（《人权法案》）更是针对统治阶层钳制在野力量、治下民众新闻自由的企图，一劳永逸地宣告政府不得以任何理由制定旨在剥夺人民言论、出版、传播自由的法律。

由于资本主义本身具有的历史局限性，它所创造的一系列文明制度和思想在其社会现实中并不能得到较好的实现。由于资本的私有性质，资产阶级在法律上所赋予人民的新闻自由权力经过现实社会中资本——钱的约束和限制，使得人民实现新闻自由的能力被悄悄地阉割了。然而，与封建集权主义相比较，人民毕竟在制度上、法律上、思想观念上获得了前所未有的权力，毕竟在这些权力的基础上或多或少地获得了言论出版传播的自由，并为人民未来扩大、发展这些基本人权提供了一个坚实的文明基础。

更为重要的是：这些用以实现人类的新闻传播自由或者抵制统治者压制人民使用新闻传播自由权力的制度化文明成果是一些能为全人类所共有共享的文明成果，它绝不因为是资产阶级首先提出或在资本主义国度中日益成为虚伪的民主自由的“遮羞布”而丧失其伟大的价值。作为一种制度文明的成果,它具有客观规律性的科学性质,是一些完全能够用于各种社会制度中的政治与传播的科学规律。作为科学,这些制度性的文明成果是没有阶级性的,是可以为人类所共用的,这,就是整个资产阶级革命时代留给后世最伟大的一笔文明宝藏。

【练习题】

名词解释:

1. 塞缪尔·亚当斯
2. 约翰·迪金森
3. 詹姆斯·利文斯顿
4. 托马斯·潘恩

简答题:

1. 简述政论—政党报刊的特点。
2. 试分析美国《人权法案》的制订对新闻传播事业的意义。
3. 简要分析和评价杰斐逊的新闻思想与影响。

论述题:

1. 试分析美国新型新闻传播事业体制形成的特殊模式。

第七章

“二元化”的变通之路

日本近代新闻传播新体系的确立历史

第一节 背景之回顾

日本和德国是近代资本主义体系中两个很有特色的国家。虽然它们一东一西,相隔万里,然而两国的历史却有着很多惊人的相似之处。比如,这两个国家都可以算是后起的资本主义国家,1864 年日本的“明治维新”运动,揭开了该国近代资本主义发展的历史,而 1871 年普鲁士公国以“铁血政策”统一了德意志,资本主义发展的一页才正式掀开;这两个近代国家都不约而同地保留了以皇权为中心的封建旧势力并发展出一种混合型的政治结构;两国近代新闻传播事业的建立与发展也都是在上层统治者的严密管理控制下,作为一种追随统治者实现其各项国策的社会工具而展开的;更加耐人寻味的是,这两个国家的新闻传播事业均在后期“癌变”成为典型的法西斯新闻传播事业,给世界人民——当然也包括德国与日本人民——造成了极大的伤害。求本溯源,这两个国家近代历史发展的特殊道路——两国进入近代化社会形态的过渡方式,即从封建社会形态通过“自上而下”的改革向资本主义社会形态过渡的步骤都是十分相似的。然而,在对这两个国家的社会发展结构进行深入的分析后,我们便可看出,两国近代新闻事业发展历史的极大相似,是因为日本与德国近代社会结构中的“二元”结构及“二元”因素的存在,这种二元化现象的存在导致了世界新闻传播史上甚为独特的一种新闻事业体制——二元化新闻传播体制的出现。

什么是"二元"结构及"二元"因素呢？最为简略的概括是:传统因素与现代因素对立和并存的社会结构。具体到这两个国家中,就是以往的封建因素和近代的资本因素在这两个国家近代历史中长期并存与对立的现象。

从外部来看,明治维新后的日本和1871年统一后的德国都似乎是很典型的资本主义近代国家了。近代西方社会中所常见的民主政治形式、市场经济法则、工业化文明与价值及近代社会生活的潮流观念等等至少在表面上都已占据了社会的主导地位。但事实上,旧的封建因素、等级特权势力从未根本消失过,反而十分强大地继续存在着,并有效地制约和改造着社会表层化的资本文明。

然而,从另一方面看,资本的元素也确实被允许、被鼓励在这两个国家中存在和发展着,因为它们可以为统治者们带来强大的经济基础和国家军事力量,不过,资本的元素被严格地限制在经济与科技领域之中,但先天就软弱无能的两国资本家们并不十分抱怨,因为天皇和"容克"军事贵族们用武力所统一的国内市场和不断的对外侵略掠夺,保证了他们的资本原始积累过程的顺利进行。同封建时期的英国都铎王朝和法国波旁王朝治下的市民阶层一样,近代日本和德国的资本家们发现,只要他们不在政治上对统治者构成现实的威胁,他们就大可在雄心勃勃、强悍好战、专制集权的统治者们的庇护下放手挣钱,发展自己的私人企业。日本与德国的专制文化传统和强大的现实统治力量使得资本家们能够忍受专制带给企业发展的小小不便,却乐意在追随神圣天皇和第二帝国皇帝雄才伟略的历史进程中,在国家军国主义强权的保护下,通过对外掠夺和对内压榨广大普通民众来获取更多更大的资本利润。于是,经济、科技领域中的资本化与政治、文化领域中的封建专制化就被"完美"地强行捆绑在一起了,"二元"化的现象也就出现、定型并长期存在下去了。

这一二元并存特征的形成根源如前所述——在于这两个国家迈

入近代门槛之际的独特历史文化背景和有别于其他西方资本主义国家近代化的特殊道路。

从日本和德国近代化过程的开端来看,日本的资产阶级革命——明治维新运动是一场由于统治者内部的矛盾和西方列强的外来压力所促成的自上而下的“革命”。领导这场“革命”的并不是近代资产阶级的主体力量——市民阶层,而是一些封建藩阀、开明武士和天皇陛下等部分封建集团势力。这种“革命”力量的怪异组合使得日本的近代化进程一开始就抹上了浓郁的封建色彩,并具有了不同于西方自下而上式的资产阶级革命特点,而成为一种由以往上层集团中的某些政治派别事先确立方向,然后整合了全社会的力量,自上而下进行的改良。

德国的情况也很相似。德国的民族统一国家的建立,为资本主义制度的确立和发展创造了条件,而在这一进程中,由于德国资产阶级先天性的软弱无能,根本不可能肩负起在德意志完成建立近代资本主义民族国家的重任,因而这一历史性目标的实现是通过封建君主国家——普鲁士公国的王朝战争,即其宰相俾斯麦的“铁血政策”来完成的。这个历史性的现实存在就使得普鲁士公国和这个国家中最主要的社会基础——封建军事“容克”贵族集团在统一后的国家中占据了举足轻重的地位,帝国的封建色彩可想而知。

可见,正是由于这两个国家迈进资产主义的进程是由封建集团中自觉或不自觉感受到时代需求的人物所领导完成的;正是由于在这一社会转型过程中明治天皇和威廉皇帝们先天具有了把握转型的方向、速度、程度的权力;正是由于在后续的社会发展中,这两个国家的社会基础结构是由社会中的封建因素与资本因素相互妥协、相互融合、相互摩擦共存所形成的,因而最终在日本和德国历史上产生了一种新的资本主义“二元”化的近代国家类型。

我们再来对给予两国近代新闻传播事业极大影响的日本和德国的政治系统做一个简单的特色分析。

日本和德国的“二元”社会特征,相应地导致了两国政治制度史上“二元”君主立宪政体形态的出现——即日本国的近代天皇制和德意志帝国的君主立宪制。从实质上来看,“二元”君主立宪政体是一种介于封建集权政体与资产阶级民主政体之间的“杂交”体,是资产阶级和封建贵族阶层相互妥协、分享权力的产物。猛地一看,“二元”君主立宪政体的外表同西方诸国的民主制政体一模一样,但其实质却大相径庭。

“二元”君主立宪政制的重要特征之一是:君主的权力不受议会和宪法的限制,国家政体中虽有完备的立宪机构,但国家的实权并不掌握在民选的议会手中,而是掌握在君主及君主亲近的少数人手上。明治维新后的日本议会表面上也同欧美一样是由两院构成的,但其参议院的人员全部由以往的贵族——“华族”所组成,他们几乎全部是世袭或由天皇任命的。众议院虽由普选产生(有财产限制),但权力很小,只有审议、预设、咨询和追认内阁决议等形式上的权限,议会的召开、休会和解散完全由天皇决定,因为宪法明确规定:天皇“以帝国议会之协赞,行立法权”。

“二元”君主立宪政体的另一个重要特征是:政府内阁是君主行使行政权力的中枢组织机构,内阁实质上是根据君主的意志组成的,首相由君主任命,内阁不是对议会负责,而是对君主本人负责,内阁的去留完全取决于君主的决定,在这一过程中,民众的意志和影响只占据极小的地位。

日本和德国的这种二元社会结构——特别是二元君主立宪政体,对两国近代新闻传播事业根本性质、基本职能的确立及发展的未来方向起到了决定性的制约作用,并使得两国的新闻传播事业体系也深深地打上了“二元”结构及“二元”因素的特征烙印,从而成长为不同于正统欧美诸国的另一种近代新闻传播事业类型。

第二节　历史的进程

在这一节中,我们将重点研讨日本近代传播事业发展进程中的

“二元”因素及它的表现方式,这一目标促使我们首先把研究的重心放在日本新旧社会转型过程中的新闻传播事业上,即重点探讨日本既不同于以往纯粹封建化的、但也不同于西方诸国较为纯粹资本主义性质的“二元”化传播事业产生、定型和发展的历史进程。

一、日本近代传播事业的萌芽和新体系的初步确立（德川幕府末期~1872）

日本近代传播事业的产生背景和萌芽过程都同近邻中国有些相似。其一,中日两国的近代传播事业,可以说都来自西方列强的外来输入,在以往它们各自的国度里并没有近代传播的渊源和继承对象;中国古代无论是官方的邸报、朝报,还是民间的“小报”、京报,都同近代意义上的传媒没有直接的联系。日本也是这样,德川幕府中期,日本曾经有过一种原始的新闻印刷物——“读卖瓦版”,最早见于大阪(1615 年大阪安部合战之图)。它是一种不定期发行、单页出版的印刷品,用一种黏土烧制成版,印刷成页,其内容以社会新闻、市井消息居多,因沿街叫卖,故被人们称为“读卖瓦版”。“读卖瓦版”出自民间,制作和印刷者都隐姓埋名,显然,它是一种非官方的非法发行出版物。同中国许多种古代印刷品一样,日本的这种“读卖瓦版”也不是近代意义上的新闻媒介,而只能说是一种类似于报纸的读物,它同日本后来出现的近代报刊传媒没有什么明显的直接联系。其二,同中国一样,日本近代新闻传播事业的产生与西方列强的殖民入侵有着直接的关联。从历史上来看,日本德川幕府为了抗拒外来天主教的影响,曾同清王朝一样,于 1623 年颁布了著名的“锁国令”,在 200 多年的历史里一直奉行“闭关锁国”政策。1853 年,美国的佩里舰队“黑船来航”,驶入东京湾,用大炮迫使日本打开了门户。与此同时,受外来危机的刺激,日本国内的“尊王攘夷”,“王政复古”思想勃兴,倒幕浪潮风起云涌,德川幕府政权为之崩溃。正是在这样一种政治上新、旧势力刀枪相向,文化上东西文明冲撞交融的复杂背景下,日本的近代新闻传播事业起步了。

由于在这一时期日本近代传播事业的主要媒介是报纸，故我们把历史考察的重点放在日本近代报业的产生与演变进程上。

在明治维新运动前后，日本出现的近代报刊大致有以下五种类型。

1. 早期德川幕府出版发行的官版新闻书和近代报纸

在日本封建的德川幕府时期，社会信息传播系统主要是由上层统治集团使用的“御沙汰书”，“封回状”等用来进行统治集团内部水平式信息交流的纸质媒介，及以公告牌、告示等用来告知普通民众的垂直单向式信息交流媒介所组成，它们共同构成了当时社会中“T”型结构信息传播的体系。另外，在下层民众中，也存在着一些弱小的民间信息传播媒介——如“瓦版”、歌谣，特别许可的书店和印刷铺等，但它们均受到统治者的严密控制。随着近代潮流的影响，在幕府末期，出现了两种带有强烈近代传媒色彩的官方信息传播工具，这就是《荷兰传闻书》和《官版·巴达维亚新闻》。

在日本整个“锁国时代”，德川幕府同外部的唯一来往国就是荷兰。当时，日本唯一的对外出海口——长崎“出岛”上的荷兰商馆，应幕府的要求每年一次向幕府提供世界各国情况报告书，这份报告书由幕府官办的外事翻译机构“洋书调所”译成日文，名为《荷兰传闻书》。它是当时封建幕府了解外部世界的唯一信息来源，仅供最高层的大将军及重臣阅览，是政府绝密级文件，也是日本境内第一份具有近代色彩的、非公开的官方新闻媒介。

后来，随着幕府政府逐渐增加与各国的交往——特别是佩里舰队“黑船来航”以后，荷兰商馆遵命直接向幕府呈送荷兰东印度总督府（设在印尼的巴达维亚——今雅加达）的机关报《爪哇新闻书》（Javascho Couravt，1853 年创办，周刊）。这份报纸仍由“洋书调所”译成日文。自 1862 年起，幕府准以《巴达维亚新闻》的名义公开出版发行。因是官办，故被人们冠以“官版”字样，全称《官版·巴达维亚新闻》。

《官版·巴达维亚新闻》是日本最早公开发行的官办近代报纸，

它使用木版活字印刷，线装书版式，分卷出版，不定期发行，数量很少。严格而论，《官版·巴达维亚新闻》是新闻书而不是什么报纸，但由于该报公开发行，报道的内容又是当时鲜为人知的海外世界的消息，加之它的读者对象主要是各地的诸侯大名、上层武士、国家官吏等，因而它当时的影响是巨大的。虽然《官版·巴达维亚新闻》较为原始，但因公开发行，报道时事，所以同以往的封建信息传播媒介有很大不同，人们认为它是日本近代报业的先驱，它应该是当之无愧的。

继《官版·巴达维亚新闻》之后，德川幕府还责成“洋书调所”依据香港等地发行的中文报刊，陆续出版发行了《官版·海外新闻》、《官版·中外新闻》等一系列翻译报纸，它们都是为幕府严格控制创办的官方新闻出版物。

2. 外人报刊

自1853年美国佩里舰队用武力打开了日本的门户，强迫签订了《日美和好条约》(1854年)、《安政条约》、《五口通商章程》(1858年)等一系列不平等条约之后，外国人在日本逐渐增多了起来。由于外人在日享有“治外法权”等特殊权益，他们便在日本外国人居住区陆续发行了一批外文报刊和日文报刊，这类报刊主要集中于外国人居住的两个港口城市——长崎和横滨。

日本最早的外文报纸是英国人A. W. Hawsard(汉莎德)于1861年6月22日创刊的《长崎航讯》，同年11月该报迁往横滨，改名为《日本信使》。另外，在横滨还陆续出现了《日本快邮》，《日本商业广告新闻》，《日本时报》等为外国人服务的外文报刊。

第一家由个人创办的日文报纸，是由一位日裔美籍人——滨田彦藏创办的。滨田彦藏本来是一位日本人，因为在海上遇难被美船捞救，后赴美并获得美国国籍，英文名字叫Joseph. Heco。他回国后于1865年创办了第一家非官办的日文报纸——《海外新闻》，对日本近代新闻事业的发展产生了很大的影响。

此外，英国传教士贝里也曾于1867年在横滨创办日文的《万国新闻纸》。由于日本本土上从未有过真正的近代新闻传播媒体，因而外国人在日本创办的近代报刊遂成为模仿的对象，它们对日本近代新闻传播事业的发展产生了直接的强烈影响。

3. 手抄译报

手抄译报是幕府所辖的"洋书调所"里的一批学者们，翻译横滨出版的外文报纸后手抄复印的一种新闻书，学者柳河春三组织的"会译社"是当时从事这种手抄译报的中坚同人组织。这类译报虽不是正式出版的印刷物，数量也不多，但因直接翻译在日外报的文章，信息量大，很受读者欢迎，因而影响甚大。此类手抄译报有《日本贸易新闻》和《日本新闻》等，主要供幕府当局和"洋书调所"内的学者们传阅，并不对外销售，在统治集团和中上层社会精英分子中有着广泛影响。

4. 早期的政论报纸——"幕府派"与"尊王派"报纸

随着政局的发展与变化，在 1867 ~ 1868 年间日本进入了一个动乱时期，幕府派和尊王派两大敌对政治集团形成了。他们不仅在政治、军事上刀剑相向、残酷拼杀，也利用最新的近代媒介，在传播领域内摇旗呐喊、笔墨交锋，从而形成了日本最早的政论报纸。

"幕府派"的根据地在江户（东京）和横滨，因而该派的政论报刊主要就在这两地创办。"幕府派"报刊的创办者大多是幕府"洋书调所"的学者们和幕府的官吏旧臣，主要有：柳河春三的《中外新闻》（1868 年 2 月 24 日创刊）；福地源一郎的《江湖新闻》（江户）；过里之助的《远近新闻》（横滨）。这些报刊积极报道"戊辰战争"（明治战争），同情与赞助幕府军队，倡言尊王必败，对明治天皇为首的新政府横加抨击，在舆论上为幕府大将军摇旗鼓吹，呐喊助威。

"尊王派"报刊的根据地主要在新政府所在地京都和大阪两地。主要的报纸有新政府官办的《太政官日志》（1868 年 3 月）；民间人士创办的《都鄙新闻》；大阪则有《内外新闻》、《各国新闻纸》等。"尊王派"报纸一致拥护明治新政，猛烈抨击"幕府派"的所有政见，倡言尊王必胜、拥幕必败，两派报刊唇枪舌剑，打得不亦乐乎。

显然，这些早期的政论报纸同以前的《荷兰传闻书》、《官版·巴达维亚新闻》和手抄译报相比更加接近近代报刊样式了。比较来看，较早的官办新闻纸等只是单纯地报道政府上层集团感兴趣的海外消息，而这批早期的政论政党报刊已作为一种言论的表达媒介而活跃在日本的政治、社会生活之中了。无论从印刷编排及其所发挥的社会影响力来看，它们都比以往的传媒更为先进，更富有近代传播媒介的色彩了。

5. 明治政府初步建立、支持的系列“御用报刊”

1868 年 4 月，明治新政府军队胜利地进入江户（东京），推翻了德川幕府政权，取得了全面的胜利。新政府建立伊始，立即取缔了所有的原“幕府派”报刊，这些报刊的许多发行人和编辑被捕入狱，敌对的新闻传播媒介被一扫而空。在此基础上，明治政府马上开始着手建立自己的“御用报刊”体系，日本近代报刊媒介发展的一个新的历史时期来到了。

在这一过程中，明治政府大体上是通过三个步骤来逐步建立起自己所信任的“御用报刊”体系的。

第一步，新政府于 1868 年 4 月 28 日公布了一个太政官公告，规定今后的任何出版活动都必须事先得到政府的许可。通过这一纸命令，明治政府就把掌握新闻宣传媒介的大权牢牢地控制在自己的手中。

第二步，明治政府于 1868 年 6 月 8 日又公布了一个太政官公告，声称对任何未经特别许可而出版发行的报刊，都将予以严厉的处罚。在这个公告宣布之后，各地以往拥护旧幕府的所有传媒统统被加以取缔，反对派报刊都销声匿迹了。

第三步，1869 年 2 月 8 日，作为第三项具体政策，新政府又公布了日本新闻史上第一个正式的新闻法规——“报纸印行条例”（八条）和附录（五条）。在条例的第二条款中，以法令的形式明文宣布：报纸发行采取许可制度并将其具体条文化。条例中的第五、七、八条款对各种报刊的刊载内容做出了原则性的规定，其中最为重要的一项限制性条款是第五条中“不许妄加批评政法”的内容，显然，使用譬如“妄加”一类内涵不确切的词语，就在实际上等于禁止了报刊随意批评政治和法律。就这样，通过报纸登记许可发行制度，及只允许报刊在无关紧要的领域中报道，明治政府就在实质上掌握了社会传播媒介的大权，并在实际上基本否定了报刊的言论自由权力。

“报纸印行条例”公布不久，旧江户系统报纸纷纷复刊，新的报纸也大批地相继创刊。当然，这些新出版的报刊都已站在新政府的立场上，以满腔的热情大量刊载维新变法的一系列措施，介绍欧美各国的科技文化，宣传新政的方针要略，歌颂新政府的丰功伟绩。明治政府与报刊传媒进入了一个甜蜜的“蜜月期”。

在这个时期内创刊的报纸很多，奇怪的是，这些报纸几乎都同政府保持着良好的关系，同一些重要的政府官员大吏交情匪浅，可以说，每个重要报刊的后面都有相当硬的后台。比如，1871 年 1 月，日本最早的日报——《横滨每日新闻》是在神奈川县县令井关盛良的大力支持下，由子安峻、岛田丰宽创办的；1871 年政府参议员木户孝允协助他人创办了《新闻杂志》。1872 年 3 月，条野傅平、落合芳儿创办了东京第一家日报——《东京日日新闻》，其后台是政府高级官员、参议员大隈重信和当时的司法大臣江藤新平。不但如此，这些报纸创刊伊始，还立即受到了当时大藏省（财政部）的特别关照。该省发文要求各府县官吏们把按期购买《东京日日新闻》、《横滨每日新闻》和《新闻杂志》作为一项义务来加以执行。

同样，1872 年 7 月，在当时日本首任邮政长官前岛密的授意下，著名的东京《邮便报知新闻》也创刊了，并很快利用其特殊身份和便利条件而蒸蒸日上。1872 年 4 月，英国人布拉克创办了日本“左院”的机关报《日新真事志》，更是在新闻来源和财政上得到政府无微不至的关照。在这一时期，明治政府是满怀热情地把近代报刊传播媒介作为实施文明开化的有力工具而加以全面扶持的。

二、“二元”因素并存局面的形成——新传播体制的建构和发展（1873～1918）

从以上叙述可知，日本的近代二元化新闻传播事业是在传统和近代双重因素磨合的背景之下，在明治政府的指导、监督下逐渐创立的。明治政府建立伊始，天皇即颁布诏书“明定国是”，昭告天下，推行“殖产兴业、文明开化、富国强兵”的“三大国策”，广泛吸收外来文化，全力发展近代资本主义经济。明治政府的这一激进改革姿态，打开了日本国民以往狭隘的头脑，促进日本对外开放，致使近代英、美、德、法等国的西方自由民主思想、宪政主义、自由贸易政策、国家主义等各种思潮流派纷纷涌入，成为影响日本国民的外来文化主流。英美派的福泽谕吉，法国派的中江兆民，德国派的加藤宏之、津田真道等启蒙学者、思想家们接二连三地把西方诸如斯宾塞的社会学、达尔文的进化论、亚当·斯密和边沁的古典经济学、孟德斯鸠和卢梭的自由民权思想、斯坦因·波特曼的国家主义等思想流派都介绍到日本来了。这些西方新思潮的传入，加上日益发展起来的日本市场经济，逐渐造成了日本新兴的新闻传播事业体系中资本元素的增强。具体到新闻界的表现，就是日本近代传播媒介开始沿着自身的发展逻辑，走上了一条同明治政府从新婚蜜月到逐渐决裂之路，这就是日本近代新一轮的政论—政党报刊的兴盛。然而，在如梦方醒的明治政府的强力整合与打压下，日本的近代新闻传播事业经过三次起伏，终于从政治领域逐渐退缩，走上了配合政府、全力经营新闻市场的另一条道路，最终形成了世界新闻传播史上独特的二元化新闻传播体制。

1. 第一次起伏——新一轮的政论—政党报刊

由于日本近代新闻传播事业乃诞生于内忧外患、战乱频繁的明治维新前后，诞生伊始便同政治的斗争紧密相连，因而较强的政论色彩便成为日本近代新闻媒介的一大特点。明治新政权建立之后，日本近代报刊得到政府的大力扶持，如雨后春笋般快速发展起来。然而，一旦新闻传播媒介得以壮大，在外来文化和西方新闻传播事业的刺激下,便自然地要求报刊走上自由发展的逻辑轨道,必然与明治政府一厢情愿的国家工具要求有所冲突。19 世纪 70 年代,以日本朝野关于"征韩"问题所引发的分歧和随之兴起的自由民权运动为开端,新一轮的日本近代政论—政党报刊兴起,并走上了批评政府,要求新闻自由,谋求同西方一样的新闻传播事业社会独立地位的道路。

进入 19 世纪 70 年代的明治政府,因政府高官大吏们在征服韩国(朝鲜)的时间、方式等方面的分歧,引发了一系列的政治斗争和军事斗争。"征韩"分歧所引发的政治斗争对日本近代报刊业的发展产生了重大影响。明治初期在政府统一扶持、鼓励下向着富国强兵、文明开化等共同目标发展的报业,随着政府要员们的分裂,也追随着各自的后台而演化为"征韩""急进派"和"渐进派"两大宣传阵营。两派报刊相互辩论、攻击,新闻传播事业又一次成为政治斗争的舆论工具,在这一次的大论战中得到了很大的发展并获得了广泛的社会影响,新时期的日本政论报刊出现了。

1874 年 1 月 17 日,因"征韩"争议而下野的官僚江藤新平、板桓退助、后藤象二郎等人向"左院"提出了创设"民选议院建议书",要求在日本实行立宪政府,开设国会。第二天,"左院"御用报纸《日新真事志》不顾当局的反对,独家刊载了这份"建议书",立即引起社会的轰动。2 月 3 日,加藤弘之在该报著文,抨击民选议院提案建议为时过早,不适合日本国情,从而引发了社会大争论。在"征韩"问题上早已对立的两派报刊,先是随着"急进派"官员的下野发展成为与"渐进派"报刊对垒的"反政府派"报刊,又随着自由民权运动的发展成为与"官权派"报刊对立的"民权派"报刊。新闻传播媒介的大对垒、大争论,使得一个政论报刊大发展的时代来临了。

至此,明治政府同新闻传播业的"蜜月期"结束了,日本的报刊媒介迅速地发展分化为以言论为主的政论"大报"和以娱乐为主的通俗"小报",其中,"官权派"与"民权派"两大阵营的政论"大报"成为这一时期占主导社会地位的新闻传媒。

1874 年,从前为官方邮政局所御用的《邮便报知新闻》和《朝野新闻》因为分别启用了民权派人物粟本锄云和成岛柳北而很快转变为民权派报纸。以前官方的《日新真事志》也脱离了“左院”的控制而展开了独立的新闻报道活动,成为民权派报刊中的一员。新的激进民权派报刊纷纷创立,加入论战。而以福地源一郎为代表的《东京日日新闻》则声称坚决为“太政官”(国务机构)报道服务,以官方的新闻信息来吸引读者,拥护官方对自由民权运动的观点,从而成为了“官权派”报刊的喉舌。

民权派和官权派两大报刊阵营的激烈论战,从客观上吸引了日本大众对新闻事业的关注,扩大了报刊传播媒介在社会上的影响。由于这场在“征韩”和自由民权运动上的大论战,大批的中下层民众被吸引到国家的政治生活之中,而报刊传媒也以自身的努力推动了自由民权运动的深入发展,民权派报刊作为自由民权运动的鼓吹者和旗帜,可以说在这一时期里出尽了风头。

由于风头正健的日本民权派报刊把自身发展要求的“言论自由”主张作为自由民权运动的一个重要部分;由于民权派报刊的许多著名发行人、著名编辑和记者都是民权运动的骨干分子,因而民权派报刊与明治政府不可避免地发生了尖锐的矛盾冲突。明治政府对自己亲手扶植的报刊的反叛行为痛心疾首,政府一改以往对传播事业一概保护的政策,从全部扶植到180度地转变为有选择地保护,并对反对派报刊的言论实施严厉的镇压。

1873年10月9日,明治政府重新颁布了“报纸发行条目”,其中增加了许多严厉限制的条款,旨在抑制“征韩”急进派报刊势力的发展势头。1875年6月20日和28日,明治政府又接连颁布了“新闻纸条例”和“谗谤律”。前者大大扩大了禁止报刊刊载内容的范围,并规定了对违反者的严厉惩罚措施;后者更详尽地规定了有关报纸发行、印刷、撰稿、报道等方面的一系列细则,对违反者轻的予以罚款、停售的处置;重者予以停刊、监禁。同时,政府还特别设置了“皇族不敬罪”和“官吏侮辱罪”等法律罪名,对相关报刊报人予以打击。1876年7月政府公布的“太政官第98号布告”声称:“凡妨害国家治安者,内务省将禁止或停止其(报刊)的发行”。

在这一段时间里,日本新闻传播界遭到了可怕的打击。仅在1873~1875年短短两三年内,全国就有300多名记者和报人先后受到罚款、拘捕、监禁等严厉惩处。1875年8月20日,《东京曙光新闻》的主笔末广铁肠因在该报刊登了一篇批评报纸新的发行条例的读者来信而被捕下狱;同年8月28日,《朝野新闻》的主笔小松英太郎等人也因触犯条例而先后被拘捕入狱。在这一时期,仅仅因为触犯了“新闻纸条例”而被捕的新闻工作者几达200多人。著名的民权派报刊报人们如末广铁肠、粟本锄云、成岛柳北等人均遭到了政府的迫害,一度活跃非常的日本政论报刊在这突如其来的强权打击面前束手无策,很快便失去了生气,民权派报刊的宣传运动跌入了低潮,日本新闻史上“黑暗恐怖”时代(特指19世纪70~80年代这一时期)到来了。

然而,自由民权运动和民权派报刊的宣传活动也给日本的社会进程施加了一定的影响。由于自由民权运动深入广泛地发展,由于众多社会阶层的介入,由于不同政治党派对政府所施加的压力,迫使日本政府在打击反对派别的同时,不得不作出一些有限的让步。1881年,日本政府颁布了“天皇诏书”,许诺将在1890年开设国会,实行宪政。这一政府宣告立即促成了以往的各种政治势力分化组合为不同的政党集团,以便扩大社会影响,在未来的国会选举中获胜组阁。这样,日本历史上出现了一个近代政党派别活动频繁的时期,主要的政党如“自由党”、“立宪改进党”和“立宪帝政党”等纷纷成立,以往的政论报刊也适应形势的发展,迅速分化组合为各个政党的机关报刊了。为了加强宣传,在未来的竞选中占有一席之地,各党精英纷纷聚集在报刊周围,报纸与杂志作为各个政党发表宣言、相互论战的舆论阵地再度空前活跃起来,日本近代新闻传播事业进入了“政党报刊”宣传时代。

这一时期,日本各政党主要代表性的报刊如下:

自由党报刊系统——《朝野新闻》(末广铁肠主编)、《自由新闻》(1882 年创刊于东京,马场辰猪主笔)、《立宪政党新闻》(1882 年创刊于大阪,古泽滋主笔)。

立宪改进党报刊系统——《邮便报知新闻》(矢野文雄、犬养毅主笔)、《东京横滨每日新闻》(沼间守一、岛田三郎主笔)、《大阪日报》(1876 年创刊于大阪)。

立宪帝政党报刊系统——《东京日日新闻》(福地源一郎主笔)、《大东日报》(1882 年创刊于大阪)。

中立派报刊系统——《时事新报》(1882 年创刊于东京,福泽谕吉主笔)、《朝日新闻》(1879 年创刊于大阪)。

除了这些中央级别的各政党报刊以外,在地方上,各个政党的基层组织也纷纷利用政党的经费,创刊自己的报刊,与敌对党派的报刊展开了激烈的论战。

由于日本政府对异己报刊的残酷打击,由于追求政党一己之私利,这一时期的日本政党报刊业已逐渐堕落为各个党派争权夺利的小集团工具,不复有自由民权运动时“政论报刊”的先进批评意识和锐气了。与美国独立战争后出现的“政党报刊”相似,日本该时期的各政党报刊相互之间也热衷于攻讦谩骂、指黑道白、自我吹捧、诋毁他人。日本政党报刊的堕落行为遭到了广大民众的普遍反感,读者对报刊间无休止的党派谩骂幕幕丑剧感到愤怒,加之政府趁机施加压力对其进行分化瓦解,和自由民权运动的衰落,政党报刊繁荣未久,即迅速地衰败了下去。1884 年,自由党首先宣布解散,其麾下的报刊再次重新组合。随着 1890 年“帝国宪政”的颁布和日本式的立宪制度的确立,政党报刊也又一次分化组合,有的报刊随政党瓦解而停刊,有的则逐步独立,转向中立性的报刊,兴盛一时的政党报刊此时逐渐烟消云散、荡然无存了。

2. 第二次起伏——从商业化廉价报纸到产业化经营报纸

日本“政论报刊”遭到政府的严厉打击,被迫在“政党报刊”系列中重新寻找自己的位置,然而,“政党报刊”也好运不长,这昭示着在日本“二元”化的社会体制里发展政治性报刊的艰难性。来自统治者的上层压力和来自社会下层商业因素的逐渐吸引,使日本的新闻传播事业开始走上了从商业化到产业化资本经营的发展道路。

早在19世纪70年代,日本近代报刊事业便在多种因素的作用之下开始分化发展为“大报”与“小报”两大类型。“大报”通常指“政论—政党报刊”,而“小报”则是代表着日本近代新闻传播事业中另一个发展方向——资本因素的报刊发展类型,即以赢利性为主要目的的商业化通俗报刊类型。

“小报”的出现肇始于19世纪的70年代,其产生的原因主要有两个:其一,以社会精英为读者对象的“大报”一贯注重政论,无暇涉及“低俗”的新闻消息及轻松娱乐的版面内容;况且“大报”都是用正规的汉字写作印刷,版面庄重严肃,以深奥高雅的语言论述政治时局和哲学义理,长篇大论、售价昂贵,一般的中下层民众无力接触,这样,“大报”就无法适应逐渐增多的社会中下层读者的通俗阅读习惯和需求。其二,政府对“政论—政党报刊”的残酷迫害,对后来的一些报人产生了引导性的启示,既然政府强力打击政论报刊,在政治报道领域风高浪险、处境维艰,于是,创办没有政治风险的“小报”似乎是唯一可行的方向了。正是这两个社会因素导致了19世纪70、80年代“小报”的一时盛行,开始了日本新闻史上意义重大的报刊类型转化的历程,日本“二元”化新闻传播事业体制逐渐成形了。

最早的“小报”是1873年初创办的《东京假名书新闻》和《每日平假名新闻》,这两家报纸首创采用日文拼音字母平假名和片假名文字写作、编辑、排版和印刷的先例,成为新型报纸“小报”的创立先锋。大多数较为成功的“小报”都是在1874～1879年间先后问世的,最富有代表性的“小报”是1874年11月2日创刊于东京的《读卖新闻》(子安峻创办)和1879年1月25日创刊于大阪的《朝日新闻》。由于“小报”主要面向中下层社会读者,所以具有一些共同的基本特征,比如“小报”一般没有社论和政论文章,只是客观地报道和刊载大量的新闻;“小报”经常以章回小说的形式连载侦探、文艺性小说和纪实文章;“小报”的版面形式较“大报”活跃得多,经常刊印各类插图，以吸引读者关注；“小报”的售价低廉，通常都是通过街头叫卖出售；“小报”的编辑和记者们多为幕府末期民间戏剧文学作者，比较接近和了解下层民众的心理嗜好和阅读口味，因而“小报”的文章语言通俗易懂，符合大众的阅读水平和兴趣；“小报”的刊印文字使用汉字很少，大部分文章是用片、平假名标记注音；特别是，“小报”几乎都不大涉及当时的政治斗争，努力超脱于各个政党派系争论之外。正是因为“小报”的以上特征，它诞生伊始，便受到了广大中下层读者的欢迎，没有受到政府的限制，因而得以顺利发展了起来。

我们谨以《读卖新闻》为例，简单地看一看“小报”的上述特征。《读卖新闻》是子安峻于 1874 年创办于东京的一份“小报”，其编辑方针就是“通俗浅谈”四个字。该报刊登的文章所有汉字都附有假名注音，文章内容通俗浅易。为标示出该报的平民色彩，其报名也取之于江户幕府时期的民间印刷品“读卖瓦版”中的“读卖”两字，意为内容吸引人，报童可边读边卖。《读卖新闻》的版面文章主要为政令性的布告和市井新闻、漫谈、小说连载等，内容不外乎孝子贞妇、市井流谈、民间俗语警句、社会斗殴流血事件、通俗连载小说等内容。主要面向不关心政治的知识分子和广大的中下层社会读者。该报创刊时才发行 200 份左右，但第二年即上升为 10000 多份，到了 1878 年前后，《读卖新闻》的日销售量已达到了 3.3 万份之多，居全国报纸发行量首位。

除了“小报”以外，受政府严厉打击、分化瓦解的政党报刊也随着形势的变化而开始了新的嬗变，这就是以独立性为标志、以通俗性为手段、以赢利性为目的的“中报”的出现。

由于报刊发展趋势的变化和政府的强制性矫正，在政党报刊逐渐衰落之时，日本近代新闻传播事业发生了一些引人注意的变动。在这一时期，中立派系统的政治性“大报”《时事新报》和“小报”中的《朝日新闻》等报刊开始以独立的姿态向前发展，逐渐形成了一种新的报刊类型——“中报”。首先是启蒙学者福泽谕吉主办的《时事新报》打出了“不偏不党”的旗号，高唱“官民调和”的论调，从而避免了政府的镇压，得以顺利地发展。1889年新创立的《日本新闻》（陆羯南创办）更是鲜明地倡导“独立”的编辑方针，从而揭开了日本商业性报刊发展的序幕。这样，分化瓦解、日益衰落的一些“大报”出现了向标榜客观独立的“中报”（以不偏不党的态度立论、以通俗大众的编辑为宗旨）靠拢的现象，而通俗低级的“小报”也开始出现了一股向“中报”靠拢的趋势，据此，在19世纪后半叶，日本近代传播事业开始了向现代传播事业阶段的迈进，以赢利为目标的日本现代商业性大众化报刊时代来临了。

19世纪末至20世纪初，是日本新闻传播事业从以往的政治性“大报”和猎奇性的社会“小报”向赢利性的企业化经营报刊——“中报”转变、确立的时期。这一衍生变化的历史背景和过程可以概括为：在日本社会中资本主义工商业的逐步发展提供了必要的物质条件的背景下，在经历了政论一政党报刊的衰落和民间“小报”的兴起的衍变过程中，在日本集权政府严厉监督、限制其发展方向和势力的矫正性“指导”下逐步完全的。

3. 第三次起伏——“大政时代”的新闻自由浪潮

由于明治维新以来“殖产兴业、文明开化、富国强兵”三大国策的推行逐渐收到了实效，日本资本主义经济在20世纪初得到了很大的发展，资本经营的社会化市场框架已初具规模，与新闻传播事业相关联的社会生产力达到了较高的水平。特别是现代化的电报、电话等通讯设施在全国主要大型城市的使用和以蒸汽为动力的高速马里诺尼轮转印刷机的引进，标志着新闻竞争时代的开始。这样，在确立现代化的商业性大众报刊的过程中，日本新闻传播事业出现了一些不同以往的新特点。

（1）新闻的速报

进入20世纪，嬗变为商业性大众化的日本新闻界已开始把“新闻本位”作为报刊得以生存的基本原则加以奉行，因而各报在新世纪所展现的第一个动作便是新闻的全面竞争，在这一竞争过程中，特大新闻的速报逐渐成为各报社的一项基本竞争内容。

1881年10月12日，日本政府发布了天皇开设国会的诏书，远在大阪的《朝日新闻》利用电报快速传递天皇的敕令，第一个全文发表了诏书的内容，一举压倒东京和大阪的各家报刊，引起了举国震动。以此为开端，日本传播业展开了新闻消息速报的全面竞争，同以往注重政论的政党报刊和一味迎合老百姓街谈巷议的“小报”很不一样。1889年2月11日，日本天皇颁布“帝国宪法”，日本各家报纸纷纷派出强大阵容，准备以最快的速度抢先报道。这一次又是大阪的《朝日新闻》依赖其雄厚的资本势力和官方的照顾，击败了所有竞争者，顺利地第一个把“帝国宪法”全文用专线电报发往大阪，抢先印出特大“号外”出售。这种激烈快速的新闻竞争和大街上报童大声叫卖“号外”的喊声，宣告了日本新闻报道时代的序幕被拉开，这正是现代新闻传播事业的一大特点。

(2)企业化经营

在这一时期，同社会生活中日益增长的资本主义经济一起，日本报刊业的经营方式也由以往手工作坊式转变为企业化的经营方式，新闻事业作为一种新型的赢利性企业，逐步被纳入整个资本主义经济结构之中，以完全赢利为首要目的的报社企业化经营模式形成了。

1880年，著名记者矢野文雄从海外归来，他效仿西方资本主义商业性报刊经营模式，开始对著名大报《邮便报知新闻》实行重大改革。1886年，《邮便报知新闻》宣布进行改版，采取了缩小文章篇幅；报道内容通俗化；全面降低报纸售价；编辑部实行重大改组，聘请有教养、有水平的人士出任报社的编辑和记者；完善报纸的发行系统；使用标音平、片假名，限制汉字的刊载数量。矢野文雄的这一系列旨在促进报社赢利能力的改革使该报马上从原有的四五千名固定读者猛增至2.5万多人。

《邮便报知新闻》的改革震动很大，特别是它的降低报价措施，很快得到了其他报社的回应。在1886年一年之内，《东京日日新闻》、《时事新报》、《朝野新闻》、《东京横滨每日新闻》等著名报纸都纷纷降低售价，相互间展开了一场争夺读者的凶猛竞争，这也可以算是日本报刊从近代政论工具向现代赢利工具时代转变的一个标志。

(3)重视刊登广告

除了加强各种新闻经营以外，这一时期的日本报刊业已开始看重广告的刊载。这一方面是适应日本社会中资本主义商品经济发展的需求，另一方面也是新闻界自身发展的必然之路。资本主义商品经济和现代化新闻传播事业相互利用，促进了两者的共同发展，这集中表现在广告发展上，作为报刊业主要的生财之道，广告的刊登逐渐成为各报社首要的大事。

最早看到刊登广告好处的报人是著名启蒙思想家、学者福泽谕吉。他在1883年10月《时事新报》的一篇社论中就指出，对于报纸的买卖来说，广告犹如士兵的武器一样重要。1883年福泽谕吉主持的《时事新报》，广告费已占该报总收入的23%，逐年继续增长。福泽谕吉在报社内配备了广告募集者，专门收集社会各界欲刊登的各类广告。1886年日本第一家广告代理商行“三成社”就是福泽谕吉在日本广告界前辈的建议下成立的。福泽谕吉的做法很快为众多报刊所效仿，得到大量广告支撑的日本传播事业更加迅速地成长起来了。

(4)评论中立化

商业性“中报”的最大特征之一便是政治上的中立。如前所述，这一时期的报刊言论已不再像以往的政论—政党报刊那样注重党派色彩，而是积极倡导“不偏不党”的中立态度。报刊此时对时局和社会事件的评论大多是出于商业性经营角度考虑，从自命为“国民立场”的温和口气，客观中立地评述有关社会问题，这形成了该时期大多数报刊的言论特征，这种普遍的言论中立的表现也可以看做是日本现代商业性大众化报刊时代来临的一个标志。

(5)激情主义的报道风格

为了与对手进行新闻竞争，报刊不可避免地会走上激情主义的“黄色新闻”之路，这一进程在日本也出现了，这就是以《万朝报》和

《二六新闻》为代表的一批黄色报刊的出现和盛行。这批报刊为了赢利的目的和获取个人的社会影响力，发起了日本新闻史上的揭露丑闻运动和黄色新闻报道风潮，对催熟日本商业性大众化新闻事业体制起到了很大的作用，因为后面有关章节将涉及这部分内容，故不在此赘述。

就这样，日本近代报刊事业在多种社会因素的诱导推动下，在向现代报刊事业的转化过程中，逐步确立了商业经营性传播体制，这一转化的过程得到了数次对外侵略战争的刺激和濡养，终于在第一次世界大战前后完成了。

就这一时期，日本新闻传播事业显示出一些发展的新特点。第一次世界大战前后的日本新闻传播界随着经营规模的日益扩大和不断积累成长起来的巨大社会影响力，逐渐成为日本社会中举足轻重的一股大众舆论势力，并开始对社会时局产生一定的作用。借助于资本的力量逐渐成长壮大起来的日本新闻传播界已不甘心以往俯首称臣、埋头赚钱的附庸地位，又一次试图在新的水平上向当权者争取新闻传播事业的社会重要角色地位。这一时期日本传播事业的一个重要特征是：尽管政府当局通过种种法律和行政手段强化了对传播事业的控制，但是，一旦新闻传播界确立了自己的社会大众传播工具的地位，一旦新闻事业进入了以商业经营为宗旨的新阶段并从中获得了强大的经济后盾，它就必然会为了争取新闻报道的言论自由、新闻出版物发行自由和自身事业经营发展的需求而进行一定的政治斗争，强烈要求获得与其社会经济实力相称的社会政治文化地位。这一资本主义近、现代新闻事业发展的历史逻辑也在这一阶段的日本传播事业中呈现出来了，这就是20世纪初表现为“大正时代”（1912~1925）日本传播事业为重新定位自己的社会地位，为争取新闻自由而掀起的一个个社会化鼓动运动。

20世纪初“大正时代”的日本新闻传播界挟商业经营所获得的活力，接二连三地掀起了旨在提高新闻界社会地位与威望的大规模社会化群众运动，其中最大的一场社会运动是著名的“护宪运动”。

由于几次成功的对外侵略战争，日本社会中的封建军国主义势力大大增强。在“大正时代”，日本军国主义势力不断膨胀，并逐渐溢出了单纯的军事领域，开始对社会其他领域发挥重要影响。日本“军部”势力向政治领域的扩张频频引发政府的危机，特别是1912年12月，大军阀的代表人物桂太郎第三次在军队的支持下组阁，军部势力大大增强，从而引起了新闻传播界和社会各阶层民众及资产阶级自由派分子的强烈不满。日本新闻界一马当先，率先发起了“倒桂运动”，并进而将其发展为目标是保护“宪法政治”、打倒阻碍宪政和社会舆论的藩阀、元老和军部封建集权势力的“护宪运动”。显然，这是日本新闻传播界在新的形势下对政治领域的又一次新的冲击。

在“护宪运动”的初期，日本新闻传播界取得了很大的胜利。1913年2月11日，在全国人民一致的声讨下，桂太郎内阁被迫辞职垮台。1914年，新闻界又揭露出一起震惊国内外的高级官吏贪污巨案——“西门子事件”，从而引发了大规模的群众抗议活动，并最终迫使执政仅仅才一年的山本内阁也辞职解散了。日本新闻界在这些胜利中大大地提高了自己的社会声誉。

但是，就在取得这一系列胜利之时，日本新闻界自身的许多先天性的不足也暴露出来了。首先是新闻界自身不能团结一致，经常“内讧”；其二是浮躁虚夸，仅仅取得了一点小小的“胜利”便得意忘形、沾沾自喜；其三是实现新闻自由的社会基础薄弱，新闻界满足于率领民众进行一个又一个风风光光的“讨伐”运动，却鲜见系统的思想启蒙；其四是政治运动中总是混杂着各家报社赢利的一己私利，并导致了行动的分散。在所谓的非凡“胜利”面前，日本新闻界日益变得忘乎所以，不断地发动一些越来越没有意义的喧嚣“运动”，殊不知早已被新闻界弄得恼火透顶的藩阀、军部和其他极右势力正伺机而动，准备以强力给予新闻界毁灭性的打击。

1916年10月，陆军元帅寺内正毅出任首相，组成寺内内阁，开始蓄意对新闻界实施非难和打击。不甘示弱的新闻界立即予以回击,终于在1918年8月发生了著名的“白虹贯日”笔祸事件,日本新闻界从此一蹶不振。日本新闻传播事业的“二元”化体制在政府的数次强力矫正下终于成形了。

一战之后,俄国革命成功,引起了帝国主义列强的仇视。1917年11月,日本趁苏俄遭受西方列强干预,出兵侵占西伯利亚。在此期间,以《东洋经济新闻》和大阪《朝日新闻》为首的新闻界宣称“日本出兵西伯利亚没有明确理由”,反对寺内内阁的出兵行为。为此,先后有50家报刊受到了寺内内阁政府的惩处。与此同时,寺内政府还严厉禁止报刊报道国内各地关于“米骚动”的任何消息,从而引发了日本报刊界的强烈不满。1918年8月25日,全国84家报刊的记者代表云集大阪市,召开了“关西记者大会”,一致作出决议,要求寺内正毅内阁立即总辞职,要求切实保障新闻报道自由,拥护确立宪政体制。

积极报道大会消息的大阪《朝日新闻》在8月26日的晚刊中刊登了该报记者大西利夫的一篇消息。文章写道:“以金瓯无缺为骄傲的我大日本帝国,现在不是逼近了可怕的最后裁判的日子了吗?白虹贯日,古人说的这一不祥之兆正默默地像雷电一样在挥动肉叉的人们头上闪亮。”

由于使用了日语中代表灾难之兆的“白虹贯日”一语,大阪《朝日新闻》遂被寺内政府以“这一消息是暗示革命”为理由而受到司法起诉。审判的结果是刊登这一消息的当天报纸被禁止发售,已售报纸全部收回予以销毁,作者大西利夫和编辑山口信雄被判刑两个月,社长村山龙平被迫辞职,总编辑鸟居素川和大山郁夫及许多编辑人员都被迫退出该报,甚至有人因此事而被迫发表了“辨明悔过书”。同年12月1日,大阪《朝日新闻》向社会发表公开声明,声称:“反省我报近年的言论,颇不稳健,失于片面,这样的倾向,实际是违反我社信条的……我社已自知其过,今后当树忠厚之风”。这样,一贯站在主张言论自由前列的大阪《朝日新闻》自此元气大伤,在政治上彻底丧失了斗志,埋首于商业经营活动,再也不敢倡言自由主义的言论自由论调了。

“白虹贯日”事件是日本新闻史上最大的一次笔祸，由于日本普通民众对于帝国对外侵略战争的狂热支持和对苏俄“赤色革命”的恐惧，反动的寺内政府以“反对生存战争”和“暗示革命”这两条理由，终于将日本新闻传播界的自由派浪潮给镇压了下去。这从另一个角度显示出，日本现代传播事业要求走上自身新闻出版自由规律之路的企图是如何在日本这样一个特殊的社会环境中、如何在日本的“二元”化社会结构里被扭曲和荡平的，这也显示出日本近现代传播事业在反对封建集权和军国主义势力、表达民主自由思想和要求方面的脆弱性。到了20世纪的20年代末和30年代初，日本最后终于确立军国主义体制时，其新闻传播界立即快速地被整合、纳入法西斯新闻传播体制之中，就很容易被人们所理解了。

第三节　分析与思考

一、日本近代传播事业的“二元”之路

在这一节中，我们将重点探讨一个问题，即日本近代新闻传播事业的“二元”化体制形态逐步确立的进程和基本特征。从前述的史实中我们已经了解到，日本近代传播事业的发展经历了三个重要的时期，这就是近代化社会传播新体系的初步确立；政论—政党报刊发展时期和近现代商业经营性大众报刊的出现。下面，我们将对这三个阶段的一些重要环节加以简略分析，以期加深理解和切实掌握日本新闻传播事业独特的“二元”化特征。

我们的分析基于这样一个基本观点，即：各国新闻传播事业的形成和发展在遵循普遍相似的基本原因前提下，又强烈地为自身所处的历史背景、现实环境等因素所制约，这一制约力量是造成各国新闻传播事业不同类型的主要原因。我们想了解日本近代新闻传播事业的特殊之点——“二元”化特征，就不能不对这个传播事业体系的早期萌芽、初步确立、再现和发展等关键时期的社会背景、特殊因素进

行精细的考察与分析。

从宏观的角度来看，日本近代历史开端的特点在于：日本是在西方资本主义各国业已兴起、发展了一两百年后的19世纪60年代，在列强大炮轰门的外来压力下，在民族危亡的紧急关头，被迫从闭关锁国的东方式封建社会开始向西方式的资本主义社会转型的。这一转变的过程又是在日本封建上层力量之一的天皇明治政府的指导与督领下，通过自上而下的改良维新运动完成的。

从日本近代新闻传播事业的早期萌芽就可看出这种特殊的社会转型痕迹。在江户幕府时代，封建统治者理所当然地掌握着整个社会的信息传播系统。封建政权通过发行“御沙汰书”、“封回状”等官方传播媒介，在统治阶层内部和统治者与被统治者之间进行着信息的“水平式”或“T”式的传播交流活动。稍后，在幕府大将军的支持下又出现了更近代化的“荷兰传闻书”和《官版·巴达维亚新闻》，当然它们也都是一种高度机密、主要为上层统治者服务的信息传媒。

随着江户幕府的崩溃，旧有的封建信息传播系统也陷入了全面的崩溃之中。但是，当这一崩溃过程还未深入进行之时，封建集团内部的明治政府便很快地制止了这一过程，通过政府的三个步骤，有序地把旧政府的传播体系改造成为带有浓郁封建色彩的明治政府“御用型传播新体系”了。这个新体系的特征几乎同旧体系一样——信息的流向自上而下；控制的指令来源依然是上方；读者对象还是中上层的藩阀、官吏和上层武士阶层分子。可以说，在这一个所谓的新体系之中，封建的、传统的社会力量仍占据着主导性的地位——尽管它是日本近代资产阶级改良运动的一个产物。

显然，日本近代新闻传播事业的这一转变、确立的历史同欧洲各国近代资产阶级新闻传播事业的产生过程是完全不一样的。欧洲各国资产阶级新闻传播体系产生的一般过程是：在封建社会后期，社会的生产力不断发展，商品经济产生并日益活跃，市民阶层对社会信息的需求量逐渐扩大，新兴的资产阶级一面不断地与封建集权传播体制进行斗争，要求信息的自由流通，一面不断地发展着自己的新型传媒和传播事业体系。这一历史的进程最后是通过自下而上的、由经济要求到政治革命的过程来完成的。资产阶级革命在新闻传播领域的反映便是“出版自由”与“新闻自由”口号的提出。其革命的结局便是以往封建社会的“倒金字塔”型和“T”型社会信息流动模式转化为“正金字塔”型和全社会的“水平式”信息流动模式了。但是,这一进程在近代的日本和德国都是不存在的,因为在这两个国家,资产阶级革命并不是自下而上的,恰恰相反,这两个国家的资产阶级革命和改良运动都是在封建势力的领导下,通过自上而下的方式完成的。日本和德国软弱无能的资产阶级或者根本没有、或者只能跟在封建军事“容克”贵族集团后边擂擂边鼓、唱唱战歌而已。这一特殊的历史状况使得近代日本和德国的资产阶级近代新闻传播事业体制确立伊始就存在着严重的先天不足,只能发展成为一种“另类”的资产阶级近代新闻传播事业体系。

在日本,随着明治政府大力推行“三大国策”,大力扶植发展资本主义经济,大力倡导学习西方、文明开化,明治维新以后的日本社会中资本主义的因素与成分迅速地增加了。相应地,西方资产阶级的各种意识形态、各种思想潮流也涌入日本,并产生了一定的社会影响,这一历史发展的新背景促使日本近代新闻传播事业开始了自身的历史发展之路,出现了资产阶级性质的政论—政党报刊类型和近现代商业性大众化报刊的萌芽——廉价“小报”。这是社会上的资本经济力量逐渐派生出政治上的一定主张与要求,并通过近代新闻传播媒介对社会产生反馈性影响。但是,由于日本社会中“二元”结构结局依然顽强存在,潜在的社会统治结构并没有发生什么根本性的改动,也由于日本(也包括德国)资产阶级集团的先天性软弱不足,以1889年天皇颁布的“帝国宪法”为标志,日本正式建立了以德国式的君主立宪政体为楷模的天皇君主立宪制(完全与英国式的君主立宪政体形同质异)。这一政治格局的确立,促成了政党报刊的整体性衰败和传播业向赢利性大众化传播体制转化的历史进程,并深深地影响了日本现代新闻传播事业在“大正时代”种种社会冲突中的基本发展方向，最终导致其向统治集团的臣服。

“大正时代”的日本，一方面自维新改良以来国力日盛、经济高速发展，为新闻传播界的现代化提供了物质的基础和精神的氛围；另一方面，日本新闻传播事业也借助于经济和国力的提升，完成了从近代向现代转变的过程，并进而又一次在新的基础、新的高度、新的历史起点上，从自身与营利性事业发展的宗旨出发，开始了一场更大规模的要求新闻言论自由的社会斗争，顽强地试图按照资本主义新闻传播事业的一般历史轨迹走下去。

这一历史要求的外显过程，就是包括东京“日比谷火烧事件”的政治斗争；积极鼓动民众、掀起广泛社会反响的“护宪运动”浪潮；同官方管制尖锐对抗、致力于确定其监督政府职能的现代化大众传播工具地位的“大正风潮”。但是，在日益强大的军国主义、法西斯主义势力面前，在日益反动的天皇权威恫吓下，在一战后白色恐怖的气氛中，日本新闻传播事业最后一次、也是最大一次要求完善新闻传播社会体制的企图归于失败了。以 1918 年 8 月大阪《朝日新闻》“白虹贯日”笔祸事件为标志，日本新闻传播界在政治上心灰意冷，屈从于现实的社会统治格局，默默地向当权者完全臣服了。至此，来自日本社会内部的一切改革“二元”化新闻传播体制的企图都失败了，只有在第二次世界大战后，在美军的强迫压制与指导下，日本的“二元”化传播体制结构才被外力彻底粉碎，并随同新生的国家一起走上了新生的彼岸。

如前所述，日本和德国的近代新闻传播事业“二元”体制实际上是一种介乎封建集权与资本主义市场体制之间的半集权、半市场自由化的新闻传播体制，其中，集权的因素以政治系统的形式占据着主导性的支配地位。它的特殊的质、特殊的点就在于这种体制所包含的“二元”结构、因素及其一系列的历史化外显。

这种对应于“二元”化社会体制的新闻传播事业首先展现为一种矛盾的割裂——政治集权化与经济市场化的对应——新闻传媒的政治上“一个声音”和经营上的自由放任，而这种割裂又被强制性地包容在一个奇怪的体制内。从资本的元素来看,它来自于社会现实生活中日益强大的资本主义经济基础,是这个基础在新闻传播领域里的历史化外现;由于这个强大的经济基础,传播界也对来自西方“正宗”的资产阶级新闻传播理论顶礼膜拜、强烈要求在日本也实行这些理论,以实现新闻传播媒介的独立地位和经营需求。这些资本元素在传播事业领域的存在,必然要求传媒在这一领域中逐步实现自己的资本特性,这就是资本的自由竞争和“第四等级”政治地位的确定。这种要求的外在表现集中体现在“新闻自由”的追求和传播媒介营利观的确定,为确定自身的营利观,又必然地派生出新闻传播媒介独立的要求和对传媒自身社会职能、作用、地位等一系列问题的思考。这表现为传播媒介不愿意作为国家的一种工具,而强烈要求它独立于国家政权系统之外,作为一种社会的中介和舆论监督机构,向民众提供一个广泛的“公众论坛”,强烈要求传播界有充分的自由来制造和销售新闻商品,以满足社会公众对信息的需求和自身赢利目标的实现。为此,传播界又必然地要求新闻传播的各项自由——采访的自由、写作的自由、制作传播的自由、收看购买的自由,必然强烈地反对政府的任何对传播界的控制行为和集权主义传播理论的一系列基本原则。

从封建元素来看,它的存在也来自于深厚的历史传统和社会现实的存在。天皇权威、封建等级、藩阀财团、官僚元老、武士阶层、军部势力等,这一系列日本社会中的封建集权因素反映到新闻传播事业领域之中,必然构成了一种残缺但却又有力的集权主义强控机制。从历史上,天皇等封建因素本应是资产阶级革命的对象,但日本和德国这两个国家的这一“革命”却阴差阳错地在天皇们的领导下冲向了江户幕府和千百个分裂的德意志封建小邦国。日本和德国不是通过一般的资产阶级市民革命,而是通过维新改良和“王朝战争”完成了两国向资本主义转化的历史进程,因此,资本因素是统治者们人为培植、后续引进的,当然需要将它们控制在统治者所能容忍的范围之内。具体地说,资本的生殖、经济的繁荣、国力的强盛是统治集团所强烈需要的，而市场经济随之派生的资本的自由、资本的社会本位却是统治者所极力压抑、打击、控制的。这就是日本和德国近代统治者始终抓住超经济的国家统治权力和专政工具不放，对社会体制内新闻传播事业的自由主义倾向实施严酷打击、限制矫正政策的根本原因，也是这两个国家产生“二元”化传播体制的根本原因所在。一方面，统治者允许甚至鼓励新闻传播媒介在不伤害国家根本体制、保持社会稳定秩序的前提下去赚钱赢利、搞“黄色新闻”、确定新闻本位和先进的企业经营方式；另一方面，又通过一系列严厉的法规、强大的国家机器来防止传播界“越轨犯规”，并强烈要求传播事业为国家和社会提供“有益的贡献”。

就这样，处于“二元”因素夹缝中的日本、德国近代传播事业最终形成了一种既有较为隐蔽的集权主义原则和控制方式，又能容纳资本主义市场元素某些内容的独特的新闻传播事业体制，这就是一种残缺的、隐蔽的、但又强大的封建集权主义和虚假的、歪曲的、片面的自由主义的奇特组合——“二元”化结构、“二元”化元素并存的新闻传播事业体制。

二、对日本与德国早期新闻传播事业的比较分析

日本与德国是两个有着非常相似历史的近代国家，相似的最大点就是存在于两国近代社会结构中的“二元化”因素，这一“二元化”因素直接导致了两国新闻传播事业特殊体制的形成和最后向法西斯新闻传播体制的恶性演变。然而，正如世界上连一片相同的树叶都难以寻求一样，近代日本和德国的新闻传播事业之发展进程还是有着一些差异的，分析这些不同，将对我们更好地了解这个国家的新闻事业有重要作用。

1. 德日两国近代新闻传播事业产生的不同驱动力

如果我们着眼于德国与日本最初产生近代化新闻传播体系的那段历史的话，我们就能轻易地发现这两个国家的近代化新闻传播事业是在两种方向迥异的力量操纵下萌芽成型的。德国因地理环境的

因素和资本主义早期商品经济萌芽的滋养,在16、17世纪便逐渐出现了商品化的近代不定期与定期传媒,并进而最早在欧洲产生了第一张不定期与定期报刊,甚至伟大的谷登堡的近代印刷术都是德意志商品经济刺激的产物,可以说,德意志的近代传播事业是在资本主义性质的商品经济基础滋养下自下而上地建立起来的。相形之下,日本的初期近代化传播事业则完全是在江户幕府和后来的明治天皇政治系统的倾力支持与督导下自上而下地建立起来的,这是日本和德国近代传播事业源头的根本性差异。

2. 政治系统在日德两国近代新闻传播体系建立过程中的作用

如果我们再仔细考察一下,又可以发现,自德意志三十年战争以后,政治的上层建筑系统逐渐成为了制约德国近代新闻传播事业的最主要因素,但政治系统对日本新闻传播事业却起到了一种强力正面推动作用,这当然是同日本的一统化天皇制度与德意志的封建分裂诸侯政治局面是分不开的。然而,不管是促进作用还是阻碍作用,这两个国家的近代新闻传播体系强烈地被国家的政治系统力量所管制与统控是完全一致的。在特征日益明显的"二元化"社会结构之中,两国政治系统对新闻传播事业的要求越来越趋于相同,于是,相近的新闻传播体制便在两国不约而同地产生与发展起来了。

3. 一个启示:近代中国的政治系统与新闻传播事业

现在,我们把分析的目光转向近代中国。我们一直认为,清朝政府对中国近代新闻传播事业的冷漠、压制、打击和这一近代新闻传播事业最终演变成为一种政府的对抗力量乃是中国近代新闻事业成长进程中的两个重要特征,也是近代中国新闻传播事业萎靡不振,未能对整个国家与民族的近代化事业作出较大贡献的一个基本原因。这一方面是因为帝国主义出于瓜分中国的目的,不愿意和不允许中国在各方面自强,不允许中国的近代民族资本主义元素的生长与发达。但更重要的原因则是腐朽的中国封建清王朝的统治者们没有能力、气魄和眼光来从事新型近代新闻传播事业的主动建设。这同我们古老的封建儒家传统文明之重负有关,同帝国主义对中国民族资本主义的打压有关，同当时的统治者碌碌无为、丧失了数次社会自我改造与转型的良好时机有关（如“戊戌变法”运动等）。当既得不到清政府政治、文化系统的支持，又得不到国内商品化资本主义市场经济滋养的近代中国新闻事业逐渐在失望与怨愤中成长为一股反社会主流的力量的时候，中国近代化的进程就变得益发艰难缓慢了，中国近代新闻传播事业的西方化转型之路变得遥遥无期了。“十月革命一声炮响，给我们送来了马克思列宁主义”，中国现代新闻传播事业从此走向了新的道路，产生了新的模式。

【练习题】

名词解释：

1.《荷兰传闻书》

2.《官版·巴达维亚新闻》

3.“白虹贯日”事件

4.《读卖新闻》

5.《朝日新闻》

简答题：

1. 什么是“二元化”新闻传播体制？

2. 简述日本“二元化”新闻传播体制的形成。

论述题：

1. 分析日本早期新闻传播事业与德意志早期新闻传播事业的异同。

2. 论述与分析日德两国近代新闻传播事业的“二元化”成型模式。

第八章

外部强力植入的模式
日本和德国传播事业新体系的确立历史

第一节　共同之背景

一、二战与军事占领

1945年8月15日，日本法西斯军国主义在世界人民特别是中国人民的沉重打击下战败投降，被迫彻底低下了它傲视亚洲各国人民近半个世纪的头颅。战败前的日本不仅在太平洋战区遭到了美军的沉重打击，损失了几乎全部的帝国海空军作战部队，它的百万精锐陆军部队"关东军"也在我国的东北地区被苏联红军打了个落花流水。八年抗战，中国人民消耗了日本军国主义的极大国力，而在投降之前，叫嚣"本土决战"、全部"玉碎"的日本更遭到了美国威力惊人的两颗原子弹的轰炸，广岛、长崎几十万生灵因军国主义分子的死硬而灰飞烟灭。战败的日本国力消耗殆尽、人民贫困潦倒，台湾被中国人民重新夺回，朝鲜半岛完全独立，北方四岛被苏联强行割占，东京战犯审判，日本的民族自信心几乎全部丧失。在这样的背景下，日本迎来了它开国以来的第一批外族占领者——以美国麦克阿瑟将军为总司令、以美军为主体的联合国占领军。

德国的情况大同小异，英、法、俄、美四国联军占领了整个德国，并通过纽伦堡战犯审判，对法西斯势力进行了严正的法律惩罚。战败后的德国因西方与苏联的对抗而变成了东、西德两个国家。由英法美三国占领区合并成立的德意志联邦共和国同日本一样，在外来军事力量的强制下进行了一系列“切除与植入手术”。以往深深根植于德国传统中的军国主义、反民主势力被根除殆尽。西方英美模式的一整套社会政治经济制度被照本宣科全部“移植”了进来，形成了西德乃至今天统一后的德国的社会生活运行基本机制。

二、“切除与植入”政策的制定

对于宿敌日本，深怀珍珠港之恨的美国人一开始是倾向于全面占领、进行殖民统治的。但是，为了配合二战后迅速展开的冷战需求，美国需要在亚洲地区扶持一个自己的忠实属国。另外，从文化的特性等方面考虑，美军也决定保持日本的“天皇”制度，但同时从整个国家制度上对日本进行全面的强行改造，以彻底消除未来的敌对隐患。为达成这一目的，美国人采取了军事占领体制下的“切除与植入”政策，对日本社会中与民主自由原则和资产阶级“三权分立”制衡原则相抵触的旧有思想和制度进行了彻底的“切除”，又从西方全盘“植入”了系列配套的政治与经济、文化体制，以强力的、不容商量的、不考虑接受心理的“速成”方式完成了日本资本主义“西式”制度的移植。日本战后新闻传播体制的改革过程就是在这一系列背景下展开的。西德战后的新闻事业改革运动也是在“切除与植入”的双向过程中得以完成的。

第二节　历史的进程

一、日本传播事业新体系的建立进程

真正富有资本主义自由竞争特色的日本新的大众传播事业体系是“二战”结束后，在美国人的强大占领压力和明确的政策指导下快速确立的。由于战前日本社会的二元结构，日本以往的新闻传播事业构成了一种独特的类型，无力自我转化为以自由传播竞争、新闻事业独立为特点的欧美式的传播事业类型，因而在二战后同其社会

"母体"一样,受到了强制性的割除,并在新的指导原则下,按照新的方式开始了新的体制建设工作。

1945年8月15日,日本广播协会的电台(N H K)播送了天皇亲自宣读的接受《波茨坦宣言》的诏令(御音广播),宣告了日本的投降,战败国日本从此被置于联合国军(即美军)的占领之下。9月2日,正式签订投降书的仪式在东京湾的美海军"密苏里号"战舰上举行,这标志着日本军国主义法西斯势力的彻底战败与投降。9月15日,以美军麦克阿瑟元帅为总司令的联合国军总司令部(GHQ)搬迁到东京,正式开始了日本历史上的"占领时期"。

1. 占领初期的新闻政策

为了从根本上改造日本的国家整体性质,消除未来的敌对隐患,美占领军开始了对日本社会的整体改造工作。对于新闻事业,盟军总部也遵循着西方式的民主化原则,强迫指导日本的新闻机构开始向美国式的传播事业体系靠拢。

占领初期,盟军总部的新闻政策之一是把日本的新闻事业机构从政府手中解放出来,把以往的政府舆论工具变为独立的社会舆论工具。依据《波茨坦宣言》第十项有关内容——"日本政府应排除一切障碍在日本国民之间恢复、加强民主主义的倾向。应确立言论、宗教、思想的自由以及对基本人权的尊重。"——盟军总部有关部门对日本政府连续发出一系列指示,开始指导日本新闻体制的改造工作。

1945年9月24日,盟军总部颁布了"关于报纸同政府分离的备忘录",提出了报纸和通讯社脱离政府控制,获得独立自主权力的改进意见。9月27日,GHQ(盟军总部)又颁布"关于报纸和言论自由的追加措施"的备忘录,要求日本政府自该日起停止并禁止其对报纸、广播、出版、电影等大众传媒的检查和其他一切管束。该文件的第七项还特意提出了"废止"以往日本政府所颁布的旨在进行言论管制的一切法律条文——包括二战前和二战中"新闻纸法"、"国家总动员令"和"新闻刊载限制令"等总共13个与新闻管制有关的国家法令从此一律失效。10月4日,GHQ又紧锣密鼓地发出了"关于废除对政治自由、公民自由和宗教自由的限制”的备忘录，要求日本政府检查废止一切妨碍人民政治、宗教、集会和言论自由的法令、条令和相关法规。与之有关的政府管制机构——包括原内务省的警保局、特高组织和政府情报局等都在强行撤销之列。

10月16日，GHQ继续发出“废除日本政府对电影界的控制”的备忘录，停止了政府对电影事业的管制。1946年6月22日，GHQ又发出了关于“禁书及其他被禁出版物”的备忘录，指示日本政府允许所有战时和战前的被禁出版物重见天日。

GHQ一方面把日本的新闻机构强行从政府手中解放出来，另一方面又对其进行严厉的新闻审查，以建设新的新闻体制，适应美国人的利益。1945年9月19日GHQ颁布了指导性的“新闻守则”（全称为“关于日本的报纸准则”的备忘录），其要点是：其一，报道须绝对真实；其二，充分解释盟军占领的目的；其三，不得刊登损害盟军利益的批评及不利于盟军的新闻。显然，GHQ是以武力为后盾，强行指导日本的新闻界学习新的运作原则并维护盟军利益。

1945年9月22日，GHQ发出“关于日本广播准则”的备忘录，连同“新闻守则”，这两个文件构成了对当时占领状态下的日本报纸、广播及所有出版、印刷传播媒介等大众传媒的审查标准。

GHQ的新闻审查采取半军事化的“事先审查制”，主要的把关内容涉及两个方面：其一，确保日本大众传媒对占领军和联合国有关言论及报道的正确性；其二，确保日本的民主化进程正常推进——相应地，媒体凡对军国主义思想和超国家主义行为的肯定或具有封建集权色彩、非民主主义的言论报道均在被审查排斥之列。

GHQ的审查是相当严格的，如果大众传媒违反了上述两个方面和有关条例的规定，当事者将受到严厉的军事审判，这一强力措施对于促使日本各新闻机构积极执行GHQ的新闻政策产生了很大的威慑作用。

比如，解散之前的日本同盟社就曾因报道盟军的19件暴行而被勒令停止发稿19个小时以示惩戒。1948年5月，日本的《体育》杂志由于刊登《美国的裸体展示》一文,被认为有意丑化美国形象,杂志主编被军事法庭判处重体力劳动一年,缓期执行,并罚款15万日元,整个日本新闻界为之震动。深恐触犯美国占领军当局的新闻界从此谨言慎行,不敢越“雷池”一步。

除此之外,占领当局还采取了更为制度化的其他措施来惩罚战争期间军国主义的宣传帮凶,这些措施包括:

第一,解散同盟社,建立新的国家级通讯社。1945年9月24日,战争中曾为推行军部的战争政策而取得很大“功绩”的国家通讯社同盟社,在得知GHQ即将发布严厉指责它的文件之前便主动通知盟军总司令部,提前自动解散了同盟社。GHQ迅即指导设立了另外两个独立的通讯法人机构——共同通讯社和时事通讯社以代替同盟社的角色。与以往的同盟社之国家通讯社性质不同,这两个新的通讯社都通过法律获得了对政府的一定独立性,它们开始作为一种独立采集国内外新闻,独立为全国的报刊、电台服务的专业新闻信息服务机构而运作了起来。

第二,实行西方式的新闻行业自律。1946年7月23日,根据GHQ的指导,日本新闻界成立了新的全国性新闻团体——日本新闻协会。该协会在GHQ“民间情报教育局”的具体指导下制订了日本新闻界的第一个《新闻伦理纲领》。这个充满了西方新闻职业道德内容的文件马上作为新闻业内部道德自律的准则而在全国新闻从业人员中全力推广。

第三,对战时新闻机构领导者的整肃和驱逐。对那些战争期间积极从事军国主义战争宣传工作的新闻单位领导者进行甄别和整肃也是GHQ占领初期新闻政策的一个重要方面。1946年3月,GHQ公布了第一批战犯嫌疑者的名单,其中包括《读卖新闻》社社长正粟松太朗等4名新闻界著名人士。其实,早在1946年1月4日,根据GHQ的指令,日本各个新闻单位就已自行开始“整肃”工作,战争中曾担任社长、总编及重要编辑记者要职者均在整肃之列。2月份,GHQ正式公布了一项“公职开除令”,其中的G项包括应被驱逐的大众媒介新闻机构领导人共351人(在职者共75人),这些人一律无条件地马上脱离新闻界。这项甄别与整肃措施使战后日本新闻机构的领导层面目为之一新,民主改革势力处于领导地位。

显然,GHQ初期的新闻政策,旨在用强力割除旧有的日本法西斯大众传播体制“毒瘤”,全力促成日本新闻界内外部民主化制度的形成,彻底改造日本的新闻事业体系,以根除法西斯军国主义和封建主义势力及影响。1946年11月3日,日本国新的宪法颁布,其中第二十一条明确规定:“保障(公民)集会、结社、出版和言论及其他一切表达的自由,不得对之进行审查”。这一条款第一次以宪法这种国家大法的形式明确了对人民新闻言论表达自由的法律保障。显然,这与旧帝国宪法第二十九条:“在法律许可范围内”才有表达自由的规定相比较,是性质完全不同的新的自由。从这个意义上来看,日本战后的新闻事业新体系的确立,绝非战前所谓“新闻自由”的恢复,而是资本主义性质的新闻自由的真正开始。显然,美国人所实施的一系列社会改革旨在对日本传统的社会结构进行一场大规模的“外科手术式”的旧基因摘除和新基因植入,以期未来的日本社会完全符合美国人的理想模式,彻底消除日本在亚太地区对自己的敌对隐患。从客观效果上来看,GHQ的一系列新闻改革方针与条令确实强迫日本人完成了自身所难以完成的历史性改革任务,较为彻底地改造了日本社会的新闻传播事业体制,促使它把政府与大众的关系从以往“自上而下”的集中指导工具模式变为“自下而上”的自主经营发展监督模式,整个新闻传播事业体制被第一次摆放到了与西方欧美自由主义传播事业相同的社会位置上来了。

2. GHQ后期新闻政策的改变

GHQ初期的新闻政策在打击法西斯封建军国主义传统势力的同时,在客观上促成了战后日本人民民主革命运动的空前高涨。1945年10月,依据有关法律,以日本共产党为主的政治犯均获释放,日共、社会民主党等进步党派团体都陆续恢复或成立,并可进行公开的社会政治活动。同年10月20日,日共机关报《赤旗》公开复刊发行,新闻界中左派势力和民主浪潮日益加强。

对于日本民主革命运动浪潮的高涨,GHQ 感到惊慌不安,“切除与植入”改革所引发的左派激进主义势力——特别是共产党人势力的增强是美国人所始料不及、极不愿意看到的。随着国际上苏美冷战的激化,东西方两大阵营间“铁幕”的落下及美国本土的反共政策的实施,多种因素对占领工作和后续的改革运动产生了很大的影响。从 1946 年五六月份开始,GHQ 的新闻政策顺应整个盟军总司令部的旨意开始发生了大幅度的转变,最主要的变化就是加进了反共的内容,对日本左翼进步势力进行压制。

1946 年 5 月,GHQ 解除了同情左倾势力的“民间情报教育局”局长戴克准将和新闻科长巴可夫的职务,随后,GHQ 对富有民主激进色彩、受日共影响较大的《读卖新闻》社首先发难。盟总的“民间情报教育局”报纸出版科长英勃顿少校宣称该报违反了盟总所颁布的《新闻守则》,致力于宣传一党一派的利益,要求报社在限期内改组编辑部,结果迫使该社以编辑局长铃本东明为代表的一批民主进步分子退出该报社。

《北海道新闻》在民主改革中呼吁呐喊,也引起了 GHQ 的不满,英勃顿少校亲临北海道发表演说,对该报加以严厉指责,限令其做全面彻底的改革,并威胁否则将采取断然措施。为此,该报的 25 名日本共产党员被迫退出。

对于《朝日新闻》,《西日本新闻》等报社的民主化倾向,GHQ 也进行了直接干预,借口报社有严重的“赤化”现象,迫使这些报社先后将共产党员和进步人士排挤出去。1948 年 3 月 3 日,GHQ 鉴于日本新闻事业单位一系列工潮运动所涉及的编辑权利问题发表声明(通称“三 · 三”编辑权声明),明确宣布新闻媒介编辑权归于媒体经营者,工会不得侵犯、压迫业主的编辑权力,同编辑权有关的事项不属于团体交涉范围。这一声明支持了新闻媒体单位资本所有者的经营管理权和媒体编辑权,对系列罢工运动和民主浪潮产生了消极影响。3 月 16 日,日本新闻协会理事长也就日共领导的新闻界大罢工一事发表声明，再次回应盟军总部的表态，明确表示媒体编辑权属于经营、编辑管理者所有。

朝鲜战争爆发后，GHQ 的反共反人民政策更加露骨，整个社会改革进程发生了巨大的变化，民主激进的改革措施基本上都停顿下来了，而反共反人民的防范措施却纷纷出台。朝鲜战争爆发的第二天，GHQ 即以“假报导”为借口，强令日共机关报《赤旗》停刊 30 天。停刊期限未到，7 月 18 日，GHQ 又对《赤旗》和共产党系统的其他报刊采取了无限期停止发行的强硬措施。7 月 24 日，GHQ 又命令整个新闻界再次进行“整肃”运动，不过，这次整肃的目标已从军国主义右翼分子转向为左翼的进步记者和共产党人。结果，总计有 704 名共产党人和具有进步民主倾向的记者或从业人员被革除公职，近千种进步刊物也遭取缔，造成了新闻界人人自危的恐怖局面。日共新闻干部更成为这次“整肃”的主要对象，受整个社会反动势力的压迫，恢复公开身份不久的日共又被迫转入地下。

GHQ 的反共政策表明，美国人战后在日本所进行的这场大规模的社会改革运动是有着清晰的目的性和上、下限的。改革运动的阶级性在后期 GHQ 对左翼进步民主势力的打击迫害中暴露无遗。世界上没有无缘无故的爱，也没有无缘无故的恨，美国占领军对日本新闻传播事业的改革运动方向性的指导、鼓励与强力调整，明确无误地显示了它的阶级局限性，这不能不对后来的日本新闻传播事业产生深远的影响。

二、《旧金山和约》后的日本新闻传播业

1951 年 9 月 8 日，战后联合国对日和约——《旧金山和约》终于签署，以此为标志，盟军占领阶段临近结束。1952 年 4 月 28 日，《旧金山和约》和《日美安全保障条约》同时生效，从而正式结束了联合国军在日本的占领时代。

4 月 28 日两项条约正式生效之后，盟军总司令麦克阿瑟元帅将行政权完全归还给日本的吉田茂内阁政府，GHQ 相应的一系列新闻

管制条例包括报刊条例、广播条例及无限期禁止日共机关报《赤旗》发行等备忘录和措施也因之全部废止失效，日本重新成为一个独立自由的国家。日本新生的新闻界摆脱了开国近100年以来集权主义和军国主义的传统管制，在遵行GHQ旨意所进行的民主改革运动中，第一次真正获得了西方资本主义式的新闻自由体系，并立即追随新闻界资本运作的商业规律，展开了全国性的新闻竞争，沿着资本主义企业化商品报纸、广播的发展规律迅速前进。

早在占领初期，伴随GHQ新闻政策的落实和日本经济的逐步恢复及好转，日本新闻界便展开了自由的商业竞争，这一竞争是以“晚刊旋风”为标志来进行的。

1946年11月3日，《神户新闻》首先发售以普通市民为读者对象的晚报，引发了各报创办晚刊的浪潮。12月1日，最大的日本报纸《朝日新闻》和《每日新闻》的晚报也相继出版发行。12月20日，《读卖新闻》不甘落后，也推出了自己的晚报。这样，全国性的三大报纸以各自独立的城市晚报为开端，拉开了战后报业商业自由大竞争的序幕。

东京地区“晚刊旋风”的竞争影响首先波及其他城市的独立晚报，特别是日本各地的地方报纸。在这次自由竞争中，由于受到了全国三大报刊强有力的冲击和残酷的竞争压力，所有参与竞争的晚刊均以色情性、轰动性的新闻报道为“重磅炸弹”招揽读者。各报的社会部急剧扩大，编采人员迅速增加，而这种黄色新闻的竞争，虽然受到了社会的非议，却常常证明是各报招徕读者的有效手段而被放肆地加以使用，这一时期的日本晚报就像欧美国家“廉价报刊”时期那样，进入了一个疯狂的利润追求阶段。

在来自全国三大报纸——《朝日》、《每日》、《读卖》晚刊的强有力竞争下，许多大城市的新兴晚报首先面临难关，许多晚报读者被拉走，报社被迫倒闭或合并，地方报业也强烈地感受到了来自全国性三大报刊的竞争威胁。日本境内的全国性新闻市场逐渐形成了，资本主义企业化的商业新闻运行机制完全建立起来了，并迅速成为主导性的新闻传播样式。

在“晚刊旋风”的同时，各报社开始了全面的竞争和发展。《朝日》、《每日》两大报社整顿了东京、大阪和西部总分社，并于1952年2月分别打入名古屋等城市，设立了中部总分社。专业报刊的竞争更早于晚报，1950年3月，大阪的《产业经济新闻》进入东京，东京的《日本经济新闻》也不甘示弱，于1951年1月打入大阪，1951年10月《读卖新闻》也把自己的触角伸入大阪，各报在东京以外的大城市中也展开了激烈的商业竞争。

1951年7月，《产业经济新闻》率先组织了该报的“专售网络”，加强了报社的竞争力，这被称为是战后日本新闻传播界自由竞争的一大标志。其他各报也纷纷采取有力措施，相继设立自己的连锁贩卖店和专售网络。至此，各新闻单位彻底打破了1941年战时所形成的“共同贩卖体制”，各报通过自己的专售网络展开了真正意义上的、残酷的商业自由竞争。

随着日本经济情况的进一步好转，1951年5月1日，新闻纸分配制度和对新闻用纸的管制全面废止，报刊业的企业竞争犹如决堤的洪水，更加猛烈地展开了。特别是在朝鲜战争中，日本作为美军的军火生产基地，大发横财，国民经济恢复迅速，民众生活也日趋安定富裕，在此社会背景下，报刊的发行量日趋增大。二战后的日本报刊发行总量为1418万份，而仅在1952年底，就已猛增到历史上最高的3200万份了。

在报刊业激烈竞争、全面发展的同时，日本的民营广播和电视也蓬勃兴起。1950年5月2日，日本国会分别通过了《广播法》、《电波法》和《电波监督管制委员会设置法》(即所谓的“电波三法”)，加快了日本广播与电视的建设步伐。根据《广播法》，日本NHK作为具有特殊地位的法人资格社团，得到了国家的特殊关照，获得了垄断性的竞争地位，迈开了新的前进步伐。与此同时，《广播法》等法规也为民营电台、电视事业的发展开辟了道路。1951年，名古屋的中部“日本广播”和大阪的“新日本广播”(即现在的《每日》广播)问世，以此为开端,新的民营电台、电视台不断涌现,形成了日本广播电视事业两条腿走路的广播电视新体制。

至此,在《旧金山和约》签署后不久,日本新闻传播新体系在盟军的强力督导、扶持和规范下正式确立了,至此,日本的新闻传播事业可以说才真正获得了与以资本自由竞争为特征的西方资本主义各国传播体制相近的地位、职能和规模。

但是,传统的因素和影响并不会一下子就消失。由于日本政府害怕盟军的撤离会造成“权力真空”,便抛出“治安立法”以继承GHQ管制下的监督职能,这一立法具体化为《破坏活动防止法案》,其中就包含着制约新闻自由的一些危险条款,这一法案于1952年7月不顾新闻界的强烈反对获得了通过。另外,在《日美安保条约》中也含有类似的条款,根据这类条款,日本政府又分别通过了《刑事特别法案》和《秘密保护法案》,并先后于1952年6月7日、9日公布。虽然这类法案并未在现实生活中发生过重大影响,但这些法案中管制新闻自由相关法令的存在,不能不给日本新的传播事业体系抹上一层阴影。

三、联邦德国传播事业新体系的确立

希特勒统治德国时期,建立了完整严密的法西斯新闻传播事业体系,对世界各国人民和德国大众造成了难以估计的伤害。法西斯当政之时,德国境内的所有报刊、电台、电影、书籍等大众传媒,都毫无例外地成为了纳粹法西斯政权的造谣宣传工具。

1945年希特勒的“第三帝国”崩溃以后,摧毁纳粹法西斯新闻传播体制,在德国建立民主型的大众传播新体制便成为盟军的一项重要任务。1944年11月24日,即将进驻德国的联合国派遣军总司令部(SHAEF)就已制定了禁止德国境内一切旧有的报刊及情报信息传播活动的战后既定方针。1945年5月7日德国正式投降,SHAEF便开始实施既定的严厉政策,彻底废除了德国法西斯传播体制。德国纳粹新闻事业随着“第三帝国”的垮台而瓦解,整个德国被分置于

英、法、美、苏四国占领之下，于是，它们在各自占领区域内开始其各自的新闻事业整顿与重建工作。

1945年5月8日，盟军首先颁布了已内定的《新闻条例》。该条例规定，无论何人必须在得到盟军当局的许可执照后，才能印刷发行出版物。据此，以前德国所有大众传播媒介的活动一律停止。依据此项条例的有关条款，凡与纳粹政权、纳粹政党有过政治关系的人必须退出大众出版机构，不许发行新的出版物。为了弥补新闻传播活动的真空状态，盟军当局首先发行了一种《德意志简报》，在占领区报道新闻、免费分发。

在美国占领区，以往的法西斯报刊统统被封闭，新的报刊全须经美军当局的批准方可出版发行。这种审查着重将纳粹党员、参加过纳粹国家社会团体的人员，或者虽没入党却有过积极为“第三帝国”宣传报道工作经历的编辑和记者排除在外。美军的政治审查极为严格，如果被认为是西方民主意识的反对者，即使是反法西斯人员也不会得到批准，其意识形态的色彩十分浓厚。

美军颁发执照的政策主要着眼于扶持“独立性”的商业化大众报刊，而对于政党集团机关报性质的政治刊物则予以严格的控制。在美军占领区，很快出现了一批像《法兰克福展望报》、《法兰克福全德日报》和《法兰克福新闻报》等商业性报刊，它们都是无党派的报刊，被认为是独立的、纯商业性的大众化新闻传媒。

英军占领区的情况则有所不同。英国当局曾在1946年4月在汉堡创办一份《世界报》(Die welt)，该报最高销售量曾达到30万份，它的言论方针政策制定权归属英军当局，而其他一切编辑管理事务则由被挑选的德国人负责。1952年，该报公开出售，结果为后来的西德报业大王斯普林格所收买。

英军占领当局颁布报刊执照的政策同美军正相反，重点在于扶持政党集团报刊——当然是非纳粹的。凡是正式开展活动的政党报刊都顺利地被予以批准，结果，在英军占领区内一下子产生了46家政党报刊。

法军占领当局颁发执照的政策是两者兼顾——既准许无党派的自由人士组合起来创立报刊,也准许政党报刊的发行。相形之下,在法军占领区域的报刊的恢复比较快。

苏军占领区的新闻传播事业则走上了社会主义的道路。在苏占区内,东德社会统一工党创办了自己的一系列报刊,建立起迥然不同于英、法、美占领区的社会主义新闻传播事业体系。

后来,英、法、美三区统一,建立了后来的联邦德国,三区的资本主义新闻传播体系也正式汇合并开始了自身的新闻事业发展历程。

第三节　分析与思考

一、"外科手术"式的新体系之建立模式

如果说,世界范围的资本主义传播事业体制的建立有着多种模式的话,二战后德、日资本主义大众新闻传播事业体制就是在外来武力胁迫下所进行的重新塑造和定型。这种方式形成了资本主义传播体制的另一种模式,我们称之为"外科手术"式的切除与植入模式。

这种模式的实施有几个前提:其一,模式实施之前的社会大众传播体制本身已丧失了从内部进行自我改造的任何可能性;其二,旧体制不仅丧失了自我改革的可能性,而且对外部其他国家与人民构成了巨大的现实与紧迫的威胁;其三,这种模式通常都是在旧模式被彻底砸碎,其支撑的社会后援体系被外来武力所征服并瓦解后开始实施的;其四,这种模式是完全按照征服者的意愿和计划来实施的,被征服者没有任何的"发言权"。

可以看出,这种模式的实施对接受者来说是很痛苦的,常常伴随着巨大的民族屈辱和权益的丧失。由于新体制是完全在军事强权压力下"全盘植入"的,也存在着与本国传统文化和政治经济理念不相适应之处。

然而,这种"切除与植入"模式也有它的长处,比如使用这种模式能够较好地贯彻占领者的意图,不太受旧的传统势力的干涉与影

响，能较为彻底地与旧有社会模式“决裂”，因而在旧体制、旧模式已经完全不可救药的时候，不失为一剂外来的“苦口”良药，日本、西德新的大众传播体制建立以后的历史已证明了这一点。

二、近、现代各国新闻传播事业体制建设的不同路径

从本书的第五编开始，我们就把论述的重点放到了对各国近现代大众传播体制建立的不同模式上，在这里，我们略为做一个总结。

通过前面的相关论述，我们可以清晰地看到，世界各国跨入近现代大众传播事业的道路是相当不同的。既有英国式的和平渐进、逐步改良，也有法国大革命式的大起大落；既有美国式的狂飙突进、一帆风顺，也有德、日自上而下的“二元化”路径和法西斯传播体制的恶性变种；当然，还有本章所论述的这种“外科手术”式的外部强力植入模式。这些历史现象有力地证明了这样一条历史规律：每一个国家的近现代大众传播事业都是各个国家特定历史背景、特定历史任务下的客观产物，都具有与其社会内在结构的一致性。它们的共同任务是帮助民族国家完成从农业文明范式向工业文明范式的历史性过渡，而这种过渡的社会领导阶层在欧美国家是新兴的资产阶级，在德、日两国则是具有资本主义开明倾向的封建贵族集团，不同的政治结构和政治领导力量最终导致了各国对不同大众传播模式的选择。就近代大众传播事业的历史使命——帮助民族国家完成从农业文明向工业文明范式的过渡而言，各个国家的不同大众传播事业体制都基本上完成了自己的这一目标，因此，从道德的角度来评价它们的优劣就会显得不合时宜。然而，确实存在着一种大众传播体制的科学规律，并能为我们进行各个传播体制的比较分析提供一个参照的体系。

首先，我们用反推的方法来分析德、日两国的近代“二元化”大众传播事业体制和现代法西斯大众传播体制（后者详见第十五章第三节）。毫无疑问，这两种传播体制对帮助自己的国家完成近、现代化的历史进程都起到了很大的作用，但是其体制的“二元”性质导致

了它本身在发展的进程中逐步滑向了丑恶专制的法西斯传播事业体制,给本国人民和世界人民带来了巨大的痛苦。这说明“二元化”体制既有历史进步的一面,也有历史落后的一面。在日本和德国跨入近代国家的历程中,“二元”社会和“二元”传播体制的选择是一种历史的必然——因为当时再也没有第二种力量能够代替日本天皇和德国“容克”贵族集团的使命,肩负起统一国家、保国保种、发展近代资本主义经济的重任。然而,当此种体制业已完成了自己的历史使命,但却没有随世界大势而变革的时候,它就不可避免地转向了历史前进的反面,成为危害本民族及世界人民的邪恶势力。这也说明,此种体制具有先天的某种缺陷性,或者说某些部位具有“癌变”的可能性。一旦当某种条件具备的时候,这种“癌症”基因就会迅速扩散,从而整个改变社会肌体的性质。当人们错过了改革的良机,致使此种传播体制进入“癌症”的晚期之时,人们最后治理这种“病态”社会肌体的唯一方法可能就只剩下使用暴力,进行武装征服,实施大面积、长时间的“外科”切除“手术”及健康基因植入法了,这是很痛苦的。

那么,“二元化”传播体制到底存不存在改革的可能性呢?仔细分析起来,“二元”传播体制并非只有法西斯传播体制一条路可走,实际上它一诞生,就具有四种变化的方向与可能:

第一,一直维系这种体制的“二元”特性,保持政治言论上的“集权”与“一体化”模式,同时,有力的维护建筑在资本市场基础上的“自由”势力,并在两者之间保持一种相互克制的制衡机制,以确保国家能够最大可能地获取集权与自由两种传播体制的长处并克服其短处。

第二,积极扶植资本的力量,在市场经济的自由流通规律支持下逐渐增大民主自由力量的分量,通过英国式的渐进改革,建立起自下而上的、代表广泛民意的民主传播力量,并进而对整体社会结构进行一种和平改造。

第三,强化“二元”传播体制中的集权主义实力,整合全体社会大众的能量,在能够自由发挥其个人或集团意志的领导阶层(或领袖)引领下,向着预定的目标前进。这种情况又可能有两个变种:其一,“二元”传播体制受到某种制衡力量制约下的开明谨慎、英明有力的领导集团或个人明智地使用大众传播事业的“一体化”体制力量来达到其治理国家的目标;其二,完全不受任何力量制衡的领导集团与高度“一体化”集权的大众传播事业体系的结合,为所欲为地推行自己的治国方略。

第四,在内部的改革力量完全被铲除和制服以后,已经没有对立面和制衡机制的法西斯大众传播事业体制出现了,这时候只有一种可能才能制止法西斯传播制度对民族、国家和人类社会所造成的灾难——军事力量的强力介入,外来民族的殖民占领与改造,而这是需要国家与民族付出巨大代价的。

当然,在“二元化”的体制与德、日两国现代法西斯传播体制两者之间确实存在着一种内在的历史继承性,但这却不能作为二者之间具有必然性的例证。事实上,由于自上而下的“二元”体制、甚至法西斯传播体制都强烈地受到了其所处的社会政治系统及集权代表人物的掌控,因而它们确实存在着跟随其上层政治乃至集权领导者个人的意志向多个方向转化的可能性。同为专制社会,20世纪30年代的德、日走向了反动的法西斯大众传播体制,而80年代的韩国却受到世界范围民主空气的影响,在专制领导人下台后选择了民主的大众传播体制。如果我们再联想到前苏联无产阶级专政传播事业在戈尔巴乔夫手里的变化,联想到东欧一系列社会主义制度的大众传播事业受外来因素影响而产生的巨变,就不难理解集权型(在这里没有任何的褒贬意思)大众传播事业体制在历史的进程中稳固与骤变之间的变量关系及多种发展演变可能性的存在了。

【练习题】

名词解释:

1.“事先审查制”

2.“晚刊旋风”

3.“电波三法”

4.日本“三大报纸”

论述题:

1.结合具体史实分析与评价德、日两国战后“外科手术”式的切除与植入模式。

2.试分析德日两国出现外部植入式新闻传播体制的历史原因。

3.试论述西方近代资产阶级传播新体制建立的五种主要模式。

第九章

市场的竞争

西方廉价报刊的崛起

何为廉价报刊(Penny press)? 从字面上来理解,似乎就是售价低廉报刊。但在西方新闻史上,廉价报刊的含义并非这么简单。人们一般的理解是:廉价报刊是19世纪30年代前后产生于西方资本主义国家中的一种报刊类型,其基本特征是大众化、商品化和机器化,一些新闻史学家们为此把它称为之"机器的、群众的"报刊样式。

在美国,从19世纪30年代起,新闻传播媒介已开始了一种全面的转型。报纸和杂志或多或少——至少隐约意识到了"普通大众"对媒介生存所具有的重要作用。社会中下层的普通读者们作为一个群体第一次登上了新闻传播活动的历史舞台,开始对新闻媒介产生全面的影响。新闻市场逐渐形成了,以往自上而下的指令性传播模式逐渐发生根本性的倒置,自下而上、来自普通大众的"指令"——购买行为——成为新闻媒介必须加以倾听的声音。从这个时期开始,传统单向的传播模式:信息源——信道——受众,很快演变为一种新的双向模式:信息源 = 信道 = 受众。对媒介产生推动的作用力也从单向变为了双向,受众得到了媒介的尊重,媒介也日益演化成为大众化的媒介了。这是人类新闻史上了不起的变化。因为以往的社会信息传播媒介发生了一种根本性的变动,从而在传媒的各个方面都展示了与以前媒介的不同。大众传媒开始把眼光投向广大的下层民众,充分相信公众的鉴别能力,认定普通民众是他们的"衣食父母”,因而全力——甚至不择手段地运用各种方式、各种新闻(真假新闻;黄色新闻;政论新闻;探险新闻等等),来极力满足公众求知、猎奇、娱乐、争论等各个方面的需求。尽管这种做法有时带来了巨大的负面效果,但“尊重受众”这一根本原则的产生,“读者至上”这一观念的形成,“为公众服务”这一信条的确立,至少是值得肯定、并具有巨大历史进步意义的。

廉价报刊的产生和繁荣过程在西方新闻传播事业史上占有重要的地位。说其重要,一是因为廉价报刊是第一种真正建筑于资本主义市场体制之上的近代报刊;二是因为廉价报刊是资本主义现代商业化大众报刊的雏形,它奠定了当代西方新闻传播事业的许多原则和基础。研究这一段历史能帮助我们深刻理解和把握西方自由主义时代传播事业的性质、地位、作用、特点等诸多要素,是我们了解市场经济与新闻传播事业互动关系的一段不可或缺的史实。

第一节　共同之背景

从西方诸国总体背景来看(主要指英、法、美三国),产生廉价报刊的基本原因几乎是相同的,最直接、最深刻、最基本的动力因素就是工业革命的爆发和近代资产阶级民主化的进程。

西方民主化进程的历史,概而言之,不外乎现代民主代议制政体制度的确立;公民选举权范围的扩大;自由民主思想概念的普及;教育文化事业的发展等等。民主化进程在传播事业中的反映,则是各国社会新闻传播新体系中民主平等、新闻自由观念的普及。

无论从哪方面来看,工业革命都是各国廉价报刊产生的最直接、最持久的影响因素,有必要进行细致全面的分析。

随着英、法、美等国封建制度的被推翻和资产阶级政权新秩序的确立,18 世纪末叶至 19 世纪中期,在这几个西方国家相继出现了人类发展史上的奇迹——工业革命,由这场革命所导致的一系列社会变化构成了各国廉价报刊诞生和发展的基本背景。

工业革命首先带来了飞速发展的生产力和日益成熟、规模巨大的商品经济体系，导致了同传播事业相关联的许多社会行业的一系列剧变，表现为运输业的革命、大都市的形成、邮政通讯业的发达、造纸及印刷技术手段的提高等等。这一切为廉价报刊的产生提供了必不可少的物质条件。

其次，工业革命导致了社会阶层新的分化，产生了资本主义商品经济社会中两大新的对立阶级——资产阶级和受雇于它的新阶层、新集团——劳工阶级。工业革命破坏了农村的自然经济结构，迫使大批破产农民涌入城市、移民美洲，形成了一个新的市民、劳工阶层。都市化的兴起，民主化的发展和生活条件在一定程度上的改善，使这个阶层和一大批中、小城镇的民众们能够粗通文墨、对外界的各种信息产生了浓厚兴趣。这个新兴的、日益发展庞大的社会群体与同样关心社会信息、不断进行生产投资的资本家们和城镇中的其他市民阶层便构成了廉价报刊的主要消费者——大众化读者群体。

从报刊自身的发展角度来看，廉价报刊的出现也是必然之事。早期资产阶级同封建君主、贵族们的激烈斗争，造就了各国的政论—政党报刊。作为各个阶级、集团的组织者和舆论喉舌，政论—政党报刊致力于政治鼓动、理论宣传，与敌对集团报刊进行激烈论战，它是资产阶级向封建专制国家作斗争的有力武器和自身各派利益的吹鼓手。随着资本主义政治制度的全面确立和日益稳定，随着激烈的、流血的政治、军事斗争让位于经济领域中资本的自由竞争，政论—政党报刊便慢慢地失去了存在的现实意义。从另一方面看，政论—政党报刊在后期常常屈服于党派集团的一己私利，在争权夺利中指黑道白、歪曲事实、党派谩骂、造谣攻击，日益显示出党派偏见、报格低下等弊端。政论—政党报刊的政论文章冗长深奥、文字艰涩、版面呆板、枯燥无味，其读者对象狭隘、报刊售价过高等弱点也使其声誉扫地，逐渐变得不合时宜了。新的现实社会、新的读者群体、新的技术条件都在呼唤着新的报刊类型的产生，于是，廉价报刊的时代来临了。

让我们再用简短的文字来探讨一下报刊印刷技术的工业化进程，及新闻报道技术的革命和其他因素所导致的大规模新闻市场的形成。

报刊印刷所需要的油墨生产技术于1816年由洛里厄发明，在19世纪中期，木浆纸张取代了以往的破布纸张，从而为报刊传播业提供了大批量的、廉价的、高质量的新闻用纸和基本印刷材料。

19世纪，铅版浇铸法发明，从而实现了排版的机械化，大大提高了报刊的生产能力和速度。以往用人工排字，有多少记者，就要配备多少排字工人，这种状况随着板状纸型进行整页排版的技术而宣告结束。

直到18世纪末，印刷业所采用的谷登堡活版印刷技术还没有什么实际的改进。也是在19世纪初，以铅为重要成分的金属活字出现了，印刷的质量得到了进一步的保证。

1811年，英国《泰晤士报》用柯尼格发明的辊筒印刷机印制报纸，1814年，《泰晤士报》又使用上了蒸汽机驱动的辊筒印刷机。几十年内，印刷机械日益更新，把印刷报刊的速度从每小时十几张提高到每小时几万张。

在印刷行业的其他领域，也产生了先进的插图、照相、铸字等技术，这一切使报刊印刷的流水线大批量生产成为可能，报刊已有能力面向千百万普通大众，为他们提供快捷、廉价、高质量的印刷成品——精美的报纸了。

新闻报道技术领域的革命也随着工业革命的进程而呈现惊人的发展势头。19世纪以前，报道和传递新闻的手段尚局限于中世纪式的驿马传递、专业信使、旗语、旅游者携带、书信邮寄等方式，手段简陋、效果低下。19世纪上半期，新闻的采集和快速传递技术有了重大改进——这同交通运输业的一系列革命是分不开的。电报的发明是这个时代新闻通讯革命中最激动人心的事件，而1845年欧、美大西洋海底电缆的建成，使美洲和欧洲连成了一片。铁路、轮船、打字机、电话的发明也为新闻采集工作带来了巨大的影响。

就这样，政治的、经济的、文化的因素逐渐汇集，形成了新的整合力量，新闻市场的形成便是这个时代所有相关因素汇总的结果：忙忙碌碌的资本家工商业集团要求进行大规模的信息自由流动；自由竞争的商品经济使人们对新闻信息的需求量超过了任何时代；潜在的巨大读者群体为这个市场准备了合适的消费者；技术的进步则为这个市场生产大批量的新闻产品提供了可靠的条件；政治的民主化为这个市场的顺利发展提供了制度保证；自由的市场竞争机制、追求商业利润的时代狂潮最终催熟了这个市场，于是，新闻商品化了，对象大众化了，传播事业社会化了，廉价报刊的新时代来临了！

第二节　历史的进程

一、美国廉价报刊发展史

19 世纪 20 年代，在美国东北部的大城市中——特别是在波士顿、费城和纽约等大都市就已出现了廉价报刊的萌芽。1830 年，康韦尔博士在费城创办了一份便士报（一分钱报），但不久就夭折了。1833 年 1 月，霍勒斯·格里利和牙医谢泼德大夫出版了一份真正意义上的便士报——《纽约晨邮报》。由于天公不作美，出版发行的头几天，纽约风雪大作，报纸无法卖出，也夭折了。尽管如此，仍有许多人投身于这个既冒险又有前程的行当里来，这说明，廉价报刊在美国的出现已条件成熟、指日可待。

1. 本杰明·戴伊和《纽约太阳报》(The Sun of New York)

世界上第一份成功的便士报是 1833 年 9 月 3 日在纽约市出版的《纽约太阳报》，它的创办者是本杰明·戴伊(Benjamin. H. Day)，这份新颖小报的问世，标志着廉价报刊的正式诞生，开创了新闻传播史上的一个新纪元。

本杰明·戴伊是一个出身下层的印刷学徒工、个体出版商，也是一个有心机、能闯荡、一心想赚钱发财的穷小子。他敏锐地感觉到新报业即将来临的大好时机，果断投身于廉价报刊之中，开创了一代新的报刊事业。

创刊初期的《纽约太阳报》是一份4页小报，戴伊采取了截然不同于其他传统政论—政党报刊的办报方针，仅仅在六个月内，便把该报的销售量扩大到8000份左右，几乎两倍于他当时最强大的竞争者的发行量。

戴伊与他的同行所采取的第一个不同点是公开标榜报纸的独立性，宣称要摆脱以往报纸依靠政府、政党津贴的附庸地位。他在《太阳报》上宣称其办报方针："我们决定创办一个独立的报纸……我们采取独立的方针……真理是我们的格言"；在报纸内容上，戴伊摒弃了以往政党报刊常见的大块头政治、哲学文章，大量刊登轻松幽默的社会新闻、当地消息和色情、暴力消息，以吸引识字不多的广大下层读者；在文章的写作上，该报注重文字通俗、情节夸张、富有戏剧性，讲究写作有趣、幽默、机智；在版面形式上，戴伊的报纸突破了以往报刊呆板的陈旧样式，突出大字标题，进行煽情性的版面处理；在发行方面，《太阳报》以街头零售为主，不再依靠传统的预先订阅方法。最为重要的是该报售价低廉，一分钱一份，从而吸引了大批的工人、小市民、小职员等大众读者——即戴伊所说的"普通人"。

由于使用了一系列不同于其他报刊的方法和手段——特别是低廉报价和刺激性的新闻，宣称"为人人发光"的《纽约太阳报》大获成功。1834年，创刊不到一年的报纸销售量即增至一万份。请想想看，《太阳报》以前的美国报纸发行量最多能有1000多份就很了不起了，而《太阳报》却使报刊的读者人数大大增加了。由于发行量大，《太阳报》逐渐引起了广告商们的注意，巨大的发行量诱使他们纷纷在该报上刊登广告，使《太阳报》很快成为美国第一家不需要依靠政党、集团财政补贴而能获取高额利润、保持经济独立和办报自由的私人报刊企业。

下面，让我们通过一些实例来领略一下《纽约太阳报》的风格。

以小说笔法来撰写新闻，注重消息的"人情味"是《太阳报》写作的一大特色。有一篇文章是这样开头的："大约三年前，一位年轻的绅士,英国高贵的从男爵的长子,学业期满后返回故里,探望双亲,并与他(她)们一起分享社交界的乐趣"。随后,这篇占据整个头版的文章详尽描述了这位漂亮的青年如何爱上了他父亲收养的一个女孩子,这对恋人又如何因为被禁止结婚而双双出逃私奔。愤怒的从男爵大人剥夺了这位长子的财产和爵位继承权,但当从男爵去世时,又写下了遗嘱宣布这位儿子可以继承爵位,可是他那觊觎财产和爵位的亲弟弟又控告其兄乱伦并企图夺取爵位遗产。文章最后写道"……当我们的主人公正如痴如醉地依偎在新娘柔软的胸脯上的时候,为兄弟之仇所驱使的另一只兄弟之手正以自相残杀的不可遏止的凶残,在他头上举起,要将他毁灭!"通篇报道未用姓名,继承人的结局也未交代,时间、地点更没点明,真说不上是一篇新闻还是纯属虚构的小说,可是关心这对"恋人"命运的读者们却看得津津有味、爱不释手。

戏剧化、琐碎无聊的社会新闻也是《太阳报》喜欢奉献给读者的上好佳肴。在同一期报纸第二版一篇题为《惊人事故》的文章中,《太阳报》的记者细致叙述了新罕布什尔州一位即将在一个星期以后结婚的小伙子因矿井塌方而被活埋的可怖消息,文字矫情粗俗,情节曲折夸张,用以赚取读者的一掬同情之泪。在一个名为"警察局——昨日"的栏目下面,有一则消息报道了值夜狱警被紧急集合叫去挫败一起越狱活动,荷枪实弹、如临大敌的警察们最后发现那可疑的声响原来是一只关在笼子里的小松鼠所发出的。该报的另一则消息则报道了一位黑人妇女由于对"起诉"和"妓女"两词分辨不清,因而在治安推事人员面前脱口说了一句粗话而被拘捕。

编造耸人听闻的假新闻也是《太阳报》的拿手好戏,为了招徕读者,它不惜牺牲事实和科学。最为著名的事例是1835年该报连续刊载的"月球飞人"骗局。这篇文章记叙了一位天文学家在好望角透过一个巨大的望远镜观测到了所谓"月球世界"里发生的各种事情,由记者理查德·亚当斯·洛克编写成文,从1835年8月25日开始连载于《太阳报》上。事实上根本没有观测月球这回事,洛克依据丰富的想象力，先描述了世界上最大的望远镜的构造，再叙述了人们通过这架望远镜所观察到的月球世界上形形色色的“人”或动物的生活，这些月球人状似蝙蝠，身有双翼，轻盈飞走。读者们被洛克的科学术语、详尽叙述和生动的笔触所迷惑吸引了，无人怀疑其真实性，就连新闻界和科学界也为这一伟大发现而欢呼，《太阳报》的销量因此猛增。

2. 詹姆斯·戈登·贝内特和《纽约先驱报》(New York Herald)

由于本杰明·戴伊生财有道，其效仿者也接踵而来。1835 年，另一份伟大的便士报出现了，这就是苏格兰人詹姆斯·戈登·贝内特的《纽约先驱报》。

贝内特是一位新闻史上的传奇人物，他大胆、能干、野心勃勃、富于进取精神，在奠定廉价报刊的整体风貌上，无人出乎其右。他不同于以往的报刊业主，而是一个专业记者出身的编辑发行人，当他年已 40 岁时，仅凭 500 美元的资本，在华尔街的一间地下室里，单枪匹马于 1835 年 5 月 6 日创办了《纽约先驱报》。

创刊伊始的《纽约先驱报》在许多方面全力模仿业已成功的《纽约太阳报》。它报价一分，街头零售，注重刊登社会性的色情、凶杀、暴力新闻，并且不久即在报道的内容和质量上超过了《纽约太阳报》，大获成功。创刊后的第二年，该报便拥有了 2000 多名读者，并吸引了一些广告商们的注意。詹姆斯·贝内特在许多方面奠定了美国廉价报刊的面貌，同《纽约太阳报》的戴伊相比，人们有理由相信贝内特是廉价报刊这种新式新闻事业的集大成者。

坚持报纸的独立编辑方针是贝内特孜孜追求的首要目标。在《纽约先驱报》创刊号上，他用比戴伊更明确的语言宣称：“我们将不支持任何政党，不做任何政治派别的喉舌，不倾向任何选举，也不吹捧上至竞选总统，下至补缺警长的任何候选人，我们要致力记录关系及公众的事实”。凭借勤奋和进取精神，贝内特成功地吸引了大量读者，并通过源源不断的广告获得了财政上的完全独立，以至于当波尔克政府的财政部长罗伯特. 沃克以通常对待报界的恩赐姿态给

《纽约先驱报》送去一些获利丰厚的广告时,却遭到了贝内特的断然拒绝。贝内特在一篇社论中声称:“我们不但现在而且永远公开宣布,我们将不和来自政府各部门的出版物或广告发生任何联系”。这一切使《纽约先驱报》成为那个时代最具个人特色、最具独立性质的报纸,这一传统迄今仍被美国许多报刊所继承。

《纽约先驱报》的另一个特色是顽强的专业进取精神。它逐年逐步向新闻报道的其他领域迅速扩展,为读者提供更为丰富、更有价值的新闻消息。贝内特首创商业“金融版”专栏,报道华尔街新闻,吸引商业阶层的大批读者。由于他懂经济,曾教授过政治经济学,贝内特的“金融版”办得十分出色。

也是贝内特,早在别的报刊编辑们认识到体育新闻的吸引力之前,便已在《纽约先驱报》上提供体育新闻了。虽然贝内特对宗教不感兴趣,但他的报纸最早对宗教领域的信息进行全面的报道,从而获得了大批新读者和社会的好评。贝内特促进了评论栏目和社交新闻的发展,最早在《纽约先驱报》上开辟了“读者来信”专栏,发表各地读者的来信,《纽约先驱报》同时还是美国报刊中最早使用插图的报纸之一。贝内特充沛的精力、勃勃的野心、追求利润和声誉的狂热促使他推动着《纽约先驱报》不断革新、全速发展。

《纽约先驱报》吸引读者的最大招数,就是拼命追猎各方面的新闻报道之先——独家新闻并为此不惜一切代价。早在1836年,为了保持领先地位,贝内特把大部分利润投入报社进行再生产,购买了最新式的印刷机器;雇佣最出色的人才;利用一切可以利用的技术发明和新型传播工具来挖掘、报道、快速传递、印刷发售各种“独家新闻”,以确保打败任何对手,在竞争中永葆第一。

在更新新闻采集手段和拓展新闻报道领域方面,贝内特不仅表现了勇于进取的精神,而且以精益求精、不做到最好决不罢休的冲动而闻名。当个体新闻户丹尼尔·克雷格开始利用信鸽进行远距离新闻传递时,首先是贝内特以500美元的高价定购他的海外新闻;当蒸汽轮船、铁路火车和电报相继取代帆船、快马和信鸽时,贝内特总是第一批采用新的通讯工具的人。1846 年 5 月波尔克总统要求国会对墨西哥宣战的咨文，就是贝内特用电报传递而在纽约首家刊出的，贝内特因此而名扬天下。在这个时期，《纽约先驱报》已成为全美国报道面最广、报道速度最快、发行量最大的著名报纸了。

但是，贝内特也有缺陷。他为人狂妄自尊，在新闻竞争中厚颜无耻，他所掀起的“煽情报道”风暴使人触目心惊，常常引起社会各界的强烈反对，遭到了许多有识之士的鄙夷和唾弃，故有人把贝内特称为后来西方黄色新闻的鼻祖。

让我们用一些实例对此加以佐证。

1836 年 6 月 4 日，《纽约先驱报》头版关于妓女埃伦·朱厄特一案的耸人听闻的报道充分展现了贝内特取舍和处理新闻的风格。他的记者们用长长的篇幅叙述了妓女朱厄特遭到暗杀，而一位爱慕她的阔佬鲁滨逊因此被捕受审的全部经过及种种内幕新闻。当法庭宣称被告无罪时，文章这样描述了法庭骚动的情景：“市长——法警，全部出动恢复秩序——结果却全无济于事。室外暴雨如注——室内暴民逞凶，法官和其他官员当即离庭，鲁滨逊也被带下法庭。这期号外付印之时，当局正试图清除法庭上的暴民，然则为何不召集警卫呢？我们将进一步提供最后一刻信息……这场血淋淋的戏剧的神秘性仍在增加——增加——增加……”

1840 年，贝内特同一位爱尔兰女音乐教师结婚，结果他别出心裁，用“终于束手就擒”为标题，在他的报纸上公布这一决定并加以虚浮的详尽报道。还有一则传闻说，在一个沉闷的日子里，当《纽约先驱报》的编辑们为第二天的报纸缺少一条带“血腥味”的头版头条消息而犯愁时，急躁愤怒的贝内特在办公室里竟咆哮着喊道：“派人去杀死一个家伙，我们非有新闻不可！”

贝内特的狂妄自负也达到了可笑的地步。1837 年，在他向读者宣布《纽约先驱报》资产已达到 10 万美元时宣称：“成功显然来自我对日报的改革。以前报纸只是这样一架机器——堆砌着枯燥的叙述、乏味的事实、无聊的政治、个人的争论、沉闷的船期消息、贫乏的市场报道，我改变了这一切，我给报纸注入了生命、才智、哲学趣味、感情、幽默——莎士比亚是戏剧的天才，司格特是小说的天才，密尔顿和拜伦是诗的天才，我要做日报的天才！"

贝内特的狂妄与煽情引起了纽约报界的普遍反感。1861 年的《纽约时报》上曾刊登了这样一幅漫画，上边画着一个身穿褶裙的苏格兰人，他头上长着两只角，吹着一支风笛，角上贴着"先驱"商标；漫画的说明文字是"贝内特兄弟大量发行举世闻名的、第一流的、头号夸夸其谈的《先驱报》。"

3. 霍勒斯·格里利与《纽约论坛报》

美国廉价报刊崛起的初期情况可以《纽约太阳报》和《纽约先驱报》为典型，但是，廉价报刊的模式并不是单一的。戴伊和贝内特那种耸人听闻的"煽情主义"报道的风格，写作中刻意追求的"人情味"和戏剧化手法，灵活方便的街头零售新式卖报方式，独立的办报方针等，确实奠定了西方廉价报刊——便士报的最初风貌，但也遭到了相当一部分公众激烈的批评——这主要是针对便士报中华而不实的报道、庸俗刺激的新闻处理手法和明显的挂羊头卖狗肉的无耻行径。纽约市的几大报纸曾联合起来，发起抵制贝内特《纽约先驱报》的"道德战"就是个证明。牧师、正派人士和道德观严谨的人家对这些"下流的报纸"不屑一顾，这种情况促使另外一些有识之士也投身于这场"新闻革命"中，他们为便士报奠定了新的风貌，增添了新的内容。

1841 年 4 月 10 日，在纽约街头又出现了一份廉价报纸，这就是由霍勒斯·格里利创办的《纽约论坛报》(New York Tribune)。

这位格里利就是我们前面曾提到过的，同牙医谢泼德大夫创办那份夭折了的《纽约晨邮报》的人。同戴伊一样，格里利也出身贫寒，是一位印刷学徒，20 岁时他怀揣十美元流浪到纽约来撞大运。在这里，他为这个城市、为美国的新闻事业作出了巨大的贡献。

同几乎没有什么固定的政治观点、信奉商业胜利为第一人生要义的许多廉价报刊业主们不同，格里利为人端正、严肃拘谨、富有理想,在政治观点上倾向于共和党(那时叫自由党)。1834 年,他创办了一份成功的新闻周报——《纽约人》,还同时为《自由党宪政报》撰写社论。1836 年,格里利主持自由党人在奥尔巴尼出版的《杰斐逊报》,并在 1840 年总统选举中编辑出版了《圆木小屋》,帮助自由党人哈里森登上了总统宝座。所有这一切,使格里利作为一个成熟的新闻记者和富有政论色彩的人物活跃在纽约市新闻界中,这也为他于 1841 年 4 月 10 日创办的《纽约论坛报》带来了某些崭新的特点。

格里利认为便士报是争取大众读者关注社会的良好媒介,由于《太阳报》和《先驱报》在政治观念上倾向于民主党人,创办一份自由党人的廉价报就变得非常必要了。格里利还看到,尽管《太阳报》和《先驱报》大获成功,但两报的煽情主义也导致了不少人的反感,其中也包括许多中下层的读者民众。他认为,此时创办一份"正派的便士报",肯定会受到大众的欢迎。

事实证明格里利的判断是正确的。1841 年创刊的这份廉价报纸,编辑完善、印刷精美、售价低廉,出版后仅三周自称销数已达到 5500 份,七周后达到 1.1 万份,虽然还比不上《太阳报》和《先驱报》,却可以说是完全成功了。

尽管在很长一段时间里《论坛报》的销量不及《太阳报》的四分之一,但格里利确实给便士报这一行当增添了不少新内容。格里利在该报创刊号上明确地宣布了自己的独特立场:"报纸不应当是党派的奴仆,也不应当伪装中立……而应当公开地支持它所信任的一个政党,但是保持独立的立场。它对于某些问题,包括候选人的问题,保持采取不同态度的独立权力。"这一方面表明,格里利的报刊确实不同于以往的政党报刊,它是面向大众的;另一方面也表明了《论坛报》不同于其他便士报,并不掩饰自己应该采取的政治立场。格里利为人诚实,并对普通大众的知识水平充满信心,不屑于用庸俗低级的琐碎消息来侮辱读者的人格。一个显著的事实是,《论坛报》创刊号上的全部内容都是严肃的问题探讨和正派的新闻报道,而不诉求于对读者感官的单纯刺激。如果格里利像他的新报业同行那样热衷于耸人听闻的消息,《论坛报》的销路是会看好的,但格里利不愿意这样,他厌恶贝内特之流为商业赢利目的而采取的哗众取宠之举,更反对戴伊们的虚假新闻。他认为,对于普通大众读者,你既可以用热烈渲染情感刺激的方式来吸引他们、毒害他们;也可以用冷静地摆事实、讲道理的方式来吸引他们,而且这种吸引所带来的成功更加持久、辉煌。

格里利的这些报业思想同他本人的政治理想是吻合的,作为美国历史上著名的资产阶级改良家,格里利幻想着建立一个能兼顾劳资双方利益的"有益的、合理的资本主义"。他真诚地为广大民众着想,在他看来,改善贫穷、失业及关心那些堕落的下层人民的命运是他神圣的使命,为此他大力推行旨在使劳工阶级免于无知、贫苦境界的社会改革运动,倡导建立一个大家共同富裕的"美国社会"。创立《纽约论坛报》就是以廉价报刊的运作方式来贯彻他的这些抱负与理想的一个途径,所以,格里利是怀抱着一种崇高的理想来办报的。格里利把《论坛报》的股份、红利让与全体职工分享,他有限的财产就是他的薪水。同成为百万富翁的戴伊、贝内特们不同,格里利从来没靠办报来发横财——尽管《纽约论坛报》的收益并不错。

格里利个人高贵的品质、崇高的威望和出色的新闻领导能力使《纽约论坛报》的业务蒸蒸日上。由于该报注重全面的新闻报道,重视文学艺术,拒绝刊登不道德的或虚假、坠落的广告与色情、凶杀等犯罪新闻,它获得了"伟大的道德机关报"之尊称。

《纽约论坛报》成功的另一标志是它发行的《论坛周报》的成功,这份周报创办于 1841 年 9 月 2 日,每年定价两元。由于采用了适当的推销办法,特别是其翔实的内容、公正不阿的评论、崇高的道德文章,使该刊在美国西部广大农村受到了热烈欢迎,农民们以"仅次于《圣经》那样的虔诚和兴趣来读他们称之为讲坛"的这份周报。1860 年,该周报的发行量达到了 20 万份,霍勒斯大叔的名字开始在美国家喻户晓,以至于演说家比奇尔在格里利的葬礼上用这样的言词来赞誉他:"今天,在两大洋之间,没有一个文明人或儿童,未受过格里利的影响”。

的确，霍勒斯·格里利以他的真诚思想和表率言行为美国新闻史作出了自己独特的贡献，他为那个时代的廉价报刊大合唱增添了一些有益的和声，他培养了诸如查尔斯·达纳，亨利·雷蒙德，玛格丽特·富勒等一大批卓越的记者、编辑、报刊发行人及作家，以至于被美国新闻界誉为“报业之父”。他创办《纽约论坛报》的时期亦被后人誉为“人格新闻学”时代，人们有充分的理由尊崇霍勒斯·格里利是世界新闻传播史上的一位伟大人物。

二、英国廉价报刊发展史

作为近代新闻事业发展最早、最快，影响也最大的国家之一，英国的新闻出版事业曾对世界各国近代新闻传播事业的发展产生过巨大的影响，廉价报刊的发展进程也离不开来自英国的影响。不过，英国廉价报刊诞生和发展的历史，给我们提供了一个特殊国情影响传播事业发展的典型分析样本。探索英国廉价报刊的萌芽和发展过程，既可以探究一个国家的政治文化传统是如何反作用于新闻传播事业之上的，还可以观察到近代各国之间报刊业相互影响的痕迹，这是非常有意义的。

英国廉价报刊的历史明显地以1855年废止报纸印花税法为界，分为萌芽和发展两个时期。

1. 廉价报刊的萌芽时期

由于英国是西方资本主义国家中最早确立资本主义制度、最早开始工业革命的国家，所以廉价报纸产生的许多前提条件——劳工阶级、印刷技术、商品经济、工业城市的兴起等都最先在英国出现。然而，英国历届统治者——不管是否带有资产阶级性质的，都毫无例外地倾向于维护和加强对新闻出版事业的高压严控，其最主要的手段便是对报刊出版物征收高额的印花税。劳工阶级的崛起和人口集中的工业中心城市的出现产生了对新闻信息的新的需求，为了服务于这个新崛起的劳工阶层，使他们能够享受以往专为高贵的人们所享用的、价格昂贵的报刊，在19世纪初期的英国产生了最早的廉价报刊的萌芽——早期工人报刊。

英国早期工人报刊的先驱者之一，是曾在美国政党报刊史上名噪一时的"箭猪"——威廉·科贝特。他于1800年回到英国，于1802年创办了一份《政治纪录报》，售价一先令零一便士；1816年，科贝特以普通劳工为对象，增刊发行了《政治纪录报》的大众版，把价格下降为二便士，此举受到劳工阶层的热烈欢迎，使《政治纪录报》的销售量增至4万份，行销全国，大获成功。1830年，这位关心下层劳工利益的自由斗士又创办了《穷人政治》月刊，每份售价也是两便士，专以劳工阶层为对象，宣传他的政治主张。

也在1830年，空想社会主义者赫查·李顿创办了一份著名小报——《Penny Papers For The People》(《便士报》，据说这种一分钱的报纸——廉价报纸的称谓即来自此报)，该报的特点是售价两便士，没有交印花税，属于所谓"非法"报刊。1831年，赫查·李顿又发行了一份周报——《Poor man's Guardian》(《穷人监护者报》)，它也是一份无印花税、未纳税、售价低廉、面向劳工的新型报纸。

自威廉·科贝特和赫查·李顿之后，在英国，以劳工大众为对象的无印花税的两便士周报纷纷出现，数目达30余种之多。这些报刊文字通俗、内容浅显、贴近劳工生活。它们或呼吁劳工神圣、团结自助，或刊载劳工喜闻乐见的新闻消息、政治评论。因为是"非法"的无印花报刊，其发行便不能相同于其他报刊的预定方式，而是采用了一种雇用劳工儿童，分散街头零售，便于摆脱警察抓捕的"伦敦售报"方式。

对于早期工人报刊的出现，当时的英国统治当局深恶痛绝。政府为防范劳工阶层受此类报刊小册子的启发影响，干预政治，乃采取严厉措施，一方面加重印花税而提高报价，使劳工大众无力接近正规的报刊；另一方面实施各种行政、法律措施对工人廉价报刊予以取缔和严酷打击。

早在1816年，当科贝特的廉价报刊《政治纪录报》大众版行销全国、备受劳工欢迎时即引起当局的不安。政府宣布，对贩卖《政治记录报》者加重罚款，各地保安官对该报街头零售贩卖者可以直接逮捕审讯，报刊发行人科贝特也屡遭逮捕迫害。

1831 年，科贝特又因发行《穷人政治》月刊而遭拘捕，被送上法庭。科贝特在法庭上悲愤地发问："我究竟犯了什么残忍的罪行？我只是要求政府废除那些苛待劳工的法律，因为那些法律已使劳工陷入悲惨之境……让他们有休息娱乐的时间，难道是可怕的事情吗？"但法官置之不理，照样把他投入监狱。

赫查·李顿的命运也很悲惨。1830 年和 1831 年，他数次因发行刊印无印花报刊而遭逮捕和罚款，1834～1835 年，他又因此罪在高等法院接受审判，在他的一生中，坐牢、体罚、罚款已成家常便饭。

由于英国政府的严厉打击，随着工业革命而陆续出现的工人廉价报刊都先后遭到了政府的强力镇压。伦敦的 800 多名卖报儿童有 500 多名被体罚和罚款，当局对工人报刊的镇压不遗余力。很明显，英国的政治格局、当局的防范态度、高额沉重的印花税金，这一切毁掉了英国廉价报刊的萌芽——早期工人报刊。

英国政府的这种强力压制政策，在相当长的时间内是有效的，它延缓了廉价报刊在英国出现的历史进程。仅 1808～1811 年三年间，英国政府对报业的起诉案件竟达 42 次之多。1821 年时，伦敦报刊发行量达 3000 份的报纸仅有三家，在地方上则一家也没有。1830 年前后，美国宾夕法尼亚州每 4 人就拥有一份报纸，而英国却是 36 人才拥有一份报纸。文化程度与报刊普及成反比，全系国内政治上的黑暗专制所致，在 1819 年英国颁布的六种法律中专门制定报刊发行法规，限制报费在 6 便士以上，还以违法为由处分擅自降价的其他报刊发行人。威廉·科贝内、赫查·李顿更因发行创办"无印花税"的工人廉价报刊而多次下狱，饱受折磨。

就在早期工人报刊和其他一些在野的反对派报刊与政府的强力压迫相争斗之时，另一类英国廉价报纸开始萌芽了，这就是 19 世纪初期所出现的一批接近平民大众的报纸。它们在报刊的刊载内容和写作形式等方面对英国乃至世界廉价报纸都作出了自己的贡献。伦敦的《先驱晨报》便是其中具有代表性的一份报刊。

在英国报刊写作传统上，幽默机智的随笔、轻松愉快的评论，历来是吸引大众的有效方法。幽默小品文在英格兰报刊史上曾大放异彩，艾迪生、斯蒂尔、约翰逊博士的幽默小品随笔，曾征服过大西洋两岸无数读者。而《先驱晨报》的一个特色就是运用这些手法来报导伦敦“苏格兰场”（警察总局）的犯罪新闻。

对犯罪新闻的采访报道工作是有先例的。伦敦《晨纪事报》（Morning Chronicie）就曾大量刊登过“布街警察局”——“苏格兰场”的犯罪新闻，但因其写作常采用客观冷静的处理手法，多从伦理、道德方面进行说教，故未能引起公众的注意和兴趣，只是在《先驱晨报》将幽默文章笔法与犯罪新闻情节结合起来后，这类新闻才引起轰动和大众关切。

《先驱晨报》撰写此类新闻的一位高手是在布街采访的记者约翰.怀特。怀特常用富有魅力的独特笔调，将任何凶残的犯罪事件，撰写成有趣而神奇的故事，从而受到了大众的热烈欢迎，《先驱晨报》的读者因之日益增加，许多地方的报刊也竞相转载怀特的文章。读者们如此喜欢阅读该报，以至于为减轻报纸高价的沉重负担，读者们往往自愿组织起来，共同订购、阅览《先驱晨报》。据记载，有不少伦敦的酒馆特意张贴本店备有《先驱晨报》供客阅读的告示来招徕顾客，《先驱晨报》受人欢迎的程度，由此可见一斑。

《先驱晨报》的订购数在 1820 年时仅为 1500 份，1828 年时已增加五倍为 7500 份，超过了当时发行量最大的《泰晤士报》。

1824 年，《先驱晨报》在继续刊登幽默犯罪新闻的同时，又增加了一流画家的讽刺插图，改为一册发行，并刊发续编。这些登载了《先驱晨报》精华新闻报道故事的书刊多次再版，还传入美国，对纽约廉价报纸创始者们的影响也不小。

约翰·怀特的文章显示了一种吸引大众的新方法、新路子，向人们展示了一类能支撑大众廉价报刊得以成功的新闻写作类型，这种写作格式、风范对廉价报刊——特别是美国的廉价报刊的新闻写作影响是巨大而又直接的。戴伊的《纽约太阳报》创办伊始，便重金聘用英国采访布街新闻的一流高手乔治.威斯纳。没有威斯纳大受欢迎的犯罪稿件，《纽约太阳报》是难以成功的。《纽约太阳报》的英国布街犯罪新闻写作风格如此突出，以至于1834年《纽约太阳报》的一位读者投书询问“何以贵报的司法记者，具有典型的John Bull（约翰牛，英国人俚称）的浓厚色彩？”戴伊在《纽约太阳报》上坦率直言：本报司法记者有10~12名，但美国人仅有二三名而已。英国布街犯罪新闻的影响，可谓不小。

2. 第一张成功的便士报——《每日电讯报》

英国统治者实施的“知识税”措施严重地阻碍和打击了英国廉价报刊的发展，而1855年“报纸印花税”法案的废止又使英国新闻传播事业获得了极好的发展时机，开始了其大众廉价报刊的新纪元。《每月电讯报》作为这一新纪元的标志，作出了自己的贡献。

英国《每日电讯报》的诞生与“知识税”的废除密切相关。1855年6月29日，亚瑟·巴勒斯·斯莱上校创办了这份原名《每日电讯邮报》的报纸，第二天英国下议院就正式通过了废止“报纸印花税”法案的议案。由于斯莱上校不善经营，《每日电讯邮报》不久易主，新报主约瑟夫·利维将该报定价减半，从而使《每日电讯邮报》成为英国首批“便士报”之一。

但使《每日电讯报》真正崭露头角、成为第一张成功的便士报的人，却是利维之子，爱德华·利维·劳森。劳森是这家著名便士报的真正缔造者，也是英国新型廉价报业真正的先驱人物之一。

劳森在掌管《每日电讯报》后，逐步依照廉价报刊的原则，开始对报社进行全面改革。在报纸版面编排方面，劳森为打破报刊编辑思想的陈规旧习，率先学习采用美国廉价报纸的版面编辑技巧，将重要的消息用多行大字标题标出，而不像以往英国报刊那样，任何新闻报道文章，不分主次轻重一律冠以一行题，甚至许多消息只以国名地名做标题而已。1870年普法战争，法军在色当大败，法皇路易·拿破仑成为阶下囚。消息传来,劳森的《每日电讯报》立即用十行的标题加以突出登载,这十行标题几乎占据了整个版面的四分之一,随后英国报纸群起效仿,整个伦敦报刊面目为之大变。

在新闻的报道方面,劳森也把勇于进取的精神贯注其中,致力于全面迅速地如实反映世界的真实面目。由于过分强调具体地、"原原本本"地报道公众感兴趣的所有新闻,劳森的报纸经常被人指责为"煽情主义"报纸。比如《每日电讯报》曾过分详细地揭露了伦敦丑恶的卖淫活动,但劳森的这套手法却吸引了大量的普通读者。

对于国外新闻的重视,狂热地追求轰动性的报道浪潮也是《每日电讯报》的拿手好戏,最著名的事例是该报同美国《纽约先驱报》合资派遣著名记者 H. M. 斯坦利前往非洲探险采访,寻找失踪多年的英国著名传教士、非洲地理探险家利文斯顿。斯坦利的非洲探险经历、栩栩如生的通讯报道、曲折生动的旅行故事吸引了大西洋两岸无数的读者,造成了国际轰动效果,致使在英国独家刊登斯坦利报道文章的《每日电讯报》身价倍增。

为了加强报纸工作,劳森到处网罗人才,充实编辑部,这是他办报成功的另一条重要经验。在评论方面,他聘请了埃德温·阿诺德爵士做评论部主笔。著名戏剧评论家克莱门特·司格特和著名评论家亨特之子桑恩·亨特也为其效力。在采访部,两名干练的战地记者贝内特·伯利和约翰·梅里·莱萨奇为该报的国际新闻增色不少。前者几乎采访过 19 世纪后半叶所有的重要国际战争,后者则在《每日电讯报》工作了近 60 年。《每日电讯报》的著名全能记者埃米尔·约翰夫·狄龙博士更是一位闻名遐迩的大牌记者。他精通多种语言,能用五种文字写作,多次采访重大国际新闻,与各国的政治家、外交家过往甚密,常能为《每日电讯报》采访到不少重要的甚至属于机密的消息。新报业领袖人物之一的斯蒂德曾这样赞誉过这位西半球传奇式人物:"据我所知,狄龙是超出一切的,最干练、最富有冒险精神、最渊博的一位报人,他具有不同寻常的综合能力和新闻记者的素质。他是调和的艺术家,杰出的学者及哲学家,而且还是一位雄心万丈的政治家，这位声调温和、学者风度的记者知道所有的显要人物，到过所有重要地方，是一位勇敢而富有进取心的记者。”

正是由于拥有这类优秀的人才，正是由于劳森致力于报纸新的内容开拓与编辑技术的改进，加上售价低廉、定位准确、经营得当，《每日电讯报》理所当然地受到大众的青睐，业务蒸蒸日上，威望日益隆高。1871 年，该报发行量跃升 20 万份，远远超过著名的《泰晤士报》。1888 年该报又增至 30 万份，成为当时世界上发行量最大的报纸之一。由于劳森对新报业的开拓性贡献，他被封为贵族，1914 年他的 80 岁诞辰时人们公开地称他为“报业之父”，全世界 250 位著名报人联名向他致敬，这是一项难得的殊荣。1916 年劳森勋爵去世，享年 82 岁。

3. 新报人和新报业

劳森的《每日电讯报》之崛起标志着英国新报业的成功。到 19 世纪 80 年代，英国新报纸、新报人辈出，如主办《帕尔马公报》的斯蒂德，创办《明星晚报》的奥廉纳，发行《点滴杂志》的乔治·纽恩斯，以及主持《每日邮报》的哈姆斯沃斯（北岩勋爵）等等，英国新闻传播事业进入了一个新的天地。

大众化廉价便士报出现以前的英国报刊业，其内容几乎完全是枯燥无味的政治报道，缺少轻松娱乐的社会新闻消息，不注重大众阅读兴趣，行文古典艰涩、华丽虚浮；在编辑上标题呆板、不分行数、没有小标题；文章段落冗长，整个版面枯燥无味、死气沉沉。新兴的廉价报刊则在内容与形式上力求改革，特别注重新闻消息的可读性和趣味性，主张报纸内容是人类生活的全部反映。新型报纸在排版上大力借鉴美国便士报和新型报业的技巧方法，这些革新措施曾受到保守派的严厉批评和冷嘲热讽，但新报业以其新颖火爆的排版、清新的印刷、丰富生动的内容、低廉的售价面向社会大众并取得了极大成功，成为一股不可阻挡的报业新潮流。

（1）斯蒂德与《帕尔马公报》

《帕尔马公报》是 1865 年由乔治·史密斯创办的，由当时的著名报人格林伍德担任主笔。该报的口号是:“我们的报纸是由高尚人执笔,为高尚人阅读的”。1880年,斯蒂德来到伦敦,三年后接任该报主笔,逐改变了《帕尔马公报》的办报方针和风格。

斯蒂德是那个时代英国最出色的报人之一,他对《帕尔马公报》实行了一系列重大改革,使其成为当时英国重要的一份廉价报纸。在报纸编排上,该报率先刊用图片并在文章中使用小标题以方便读者;在新闻写作上,人物访问记是《帕尔马公报》上常见的一种新颖别致的写作方式。斯蒂德本人文笔生动、观念新颖,现代新闻中的导语,就是由他在英国首先倡导使用的。他那超人的精力、无比的热情以及为正义和真理而斗争的坚强品格,都使他进入了英国当时声誉隆高的著名报人之列。

《帕尔马公报》在斯蒂德手下的这种改革转向,从1885年7月6日的一组报道中可见一斑,这一天该报刊登了一组在当时看来极为惊人的社会新闻报道——《少女对现代罪恶城市的贡献》,这组文章揭露了伦敦城中那些不幸少妓的悲惨命运。在第一篇报道中斯蒂德写道:“今天我们内幕犯罪新闻的报道将轰动整个世界,读者将以惊悸、恐惧的心理来读它。”在维多利亚时代较为保守的新闻界和一些读者看来,这是惊人的煽情新闻,不少报刊予以强烈攻击,谴责的信件如潮水般涌向《帕尔马公报》编辑部,一位代理分销处老板甚至拒绝从此代销该报。斯蒂德并未恐惧,他在报上继续论战,展开了有力反击,并到各地巡回演说,宣讲其观点。正是在他的影响下,英国下议院通过了刑法修正案,《帕尔马公报》的销售量也在刊出那组报道文章后有了惊人的飞升。

1890年,斯蒂德离开《帕尔马公报》,创办了一份新颖的杂志《评论的评论》。1912年,斯蒂德在著名的“泰坦尼克号”海难事件中死去,世界许多报人为之惋惜不已。

(2)纽恩斯与《点滴》周刊

乔治·纽恩斯也是一位新报业的统帅人物,但他的主要贡献在于开辟了大众化杂志的广大市场,并以惊人的成功向世人们展示了廉价报刊的巨大威力。纽恩斯不是一位报人，而是从商业行当中半路出家转过来的，所以，他所从事和开创的大众杂志带有浓厚的商业气息。

纽恩斯同《帕尔马公报》的斯蒂德是同班同学，斯蒂德的成功给了他很大的刺激。他30岁时在曼彻斯特一家杂货公司任职。一天，纽恩斯在一家晚报上看到一段有趣的故事，引起了他的兴趣，萌发了创办一份廉价杂志的念头。他把这段故事念给夫人听，并告诉夫人他想筹划创办一份专门刊登此类有趣机智的短小故事的大众化杂志。为了达成他的理想，纽恩斯开始筹集资金，全身心地投入到新报业的行当之中。

1881年10月底，纽恩斯的《点滴》周刊正式问世，全名为《世界趣味书刊点滴精华》，类似我们今天的《读者》。创刊号共计10页，售价仅一个便士，内容完全是文笔轻松幽默、内容趣味横生的短小故事。

《点滴》周刊创刊不久即告成功。1884年，纽恩斯将《点滴》迁往新报业的中心伦敦，并创办了纽恩斯公司，经营好几种同一风格的期刊，但仍以《点滴》最为成功。为了吸引读者，扩大发行，招徕广告，纽恩斯充分施展了他那商人的推销才华和技巧，通过免费办理读者铁路安全保险、挖宝运动、猜题重奖等形式吸引了无数读者，使《点滴》的发行量几达100万份，超越了当时所有大众化报刊的销数。纽恩斯的推销术引起了整个英国报刊界的极大震动，为数众多的报刊纷纷效仿，并在此基础上花样翻新、怪招迭出，一时间，整个英国报业竞争异常激烈，新报业的经营理念、编排手法和通俗化内容逐渐为公众普遍接受了。

(3)奥康纳与《明星晚报》

奥康纳是一位机敏的爱尔兰人，幼年家境贫寒，被迫到伦敦寻找工作。他曾经在著名的《每日电讯报》和《帕尔马公报》工作过，锻炼成为一位出色的记者，并受到了一整套新型报业办报观念的熏陶。

1887年6月，受自由党人的资助，奥康纳筹划已久的廉价报纸

《明星晚报》正式创刊。

《明星晚报》创刊之时伦敦已有9家晚报，但奥康纳看透了这些墨守成规、总是刊登冗长政论文章的晚报不会有什么前途，对自己的晚报充满信心。他努力在排版技巧和新闻内容及报纸言论上打破常规，新颖激进，全面实施新报业的一系列理念和手法。奥康纳在创刊号上宣称："《明星晚报》将完全废除过去报纸的陈腐形式，并对冗长累赘的论题不再供给篇幅"。为打开销路，扩大市场，奥康纳不惜以半便士一份的低价销售报纸。果然，创刊伊始，这份内容丰富、文笔轻松、售价低廉的晚报便受到了伦敦市民的热烈欢迎。《明星晚报》创刊第二天即在头版位置骄傲地刊出了下列三行标题：

新闻事业开创新纪元
本报销数破世界纪录
创刊号销出142600份

就创刊号而言，《明星晚报》的销数确实破了当时的世界纪录。

奥康纳深受美国著名报人普利策的影响，宣称《明星晚报》是平民的报纸。他曾说"富人、特权阶级与成功的人们，他们不需要保护，也不需要辩护，只有那些穷人、弱者和失败的人们，他们才真正需要我们每位男女的关怀和支持。至于帝国，自治领在欧洲的影响，像这些问题，对于我们仅仅是一种厌烦的空虚。提高人民的地位，更多人就业，更高的工资，更好的食物，人性的尊严，人民的欢乐，情爱的仁慈，这些问题——也只有这些问题才能代表我们的前进、光荣和国家的强大。"为此，奥康纳注重社会新闻，注重小人物的命运。他要求晚报一定要有不同于早报的风格，应特别注重轻松、活泼和趣味性、人情味。

同新报业所有获得成功的报刊一样，奥康纳成功的一大秘诀也是网罗一流人才。《明星晚报》的各个编辑室里，汇聚着许多当时伦敦新闻界的风云人物。《明星晚报》的社论、文学、戏剧、音乐、评论等专栏对知识分子很有吸引力，当然，最主要的新闻栏目仍然面向普通大众，以至于许多人认为该报像是一份属于劳工阶层的报纸。一代优秀的新闻人才都曾为该报效过力或在该报成长起来，日后在其他报刊里担任了重要的职务。

1892 年，因为办报方针见解不同，奥康纳与自由党人发生了争执，一怒之下拂袖而去，但他也得到了 31.7 万英镑的补偿。然而日后奥康纳后悔不已，声称将《明星晚报》出售是其终身最大的错误，他后来又创办了《太阳晚报》，却反映平平、不甚成功。

三、法国廉价报刊发展史

法国出现廉价报刊的社会背景及发展进程同英、美两国很相似。法国大革命的完成，选举范围的扩大，教育的普及，特别是 19 世纪 30 年代开始起步的工业革命，构成了廉价报刊时代来临的基本原因和重要社会背景。

法国廉价报刊发展的进程比英、美两国迟缓一些。据 1835 年法国邮政部的统计，在当时，法国民众每 500 人中仅有一份报纸，其最大原因在于报费过高。当时，法国所有的报纸仍主要采取预定制度，由于须缴纳发行报刊保证金、出版印花税及繁重的邮政税等，造成了报价居高不下，致使一般民众无力订阅，而习惯于在咖啡馆等公众场所阅读报刊。当时的报纸一年定价为 80 法郎，这个数目高于巴黎工人平均月薪或为乡村教师年薪的十分之一。然而，随着印花税被废除，邮政税逐渐减轻，廉价报刊产生的前提条件开始成熟。国会议员埃米尔·德·吉拉尔丹于 1836 年推出了法国第一份廉价报纸——《新闻报》，从而成为法国廉价报刊事业的创始人。

吉拉尔丹生于 1806 年。他精明强干、聪慧敏捷、生财有道，且娴于写作。1828 年，他创办了新闻周刊《贼》，1829 年又创办了《时尚》杂志，这些报刊已初步展示了某些廉价报刊的色彩。1831 年他创办周刊《有益知识报》，该刊完全不刊登政治问题的文章，仅以生活必需的知识为内容，每年发行 35 期，每份售价一个苏（约合半个便士或一美分),销路颇佳,大获成功,其发行量达到了13万份之多,轰动了整个巴黎。

《有益知识报》的成功大大增强了吉拉尔丹创办廉价报纸的信心。1836年,他正式推出了法国历史上第一份廉价报纸——《新闻报》。

《新闻报》也采取预订制度,但其年预订费仅为40法郎,而不是当时各报的80法郎,中产阶级有财力购买报纸,普通大众也可以用余钱买报读报了。这是法国报刊史上的一次革命。由于《新闻报》的竞争,巴黎各家报刊不得不纷纷降价,结果报刊读者人数由1835年的7万多人很快增加到20万人以上,而且呈继续快速发展之势。

吉拉尔丹降低报价是为了扩大报纸销路,吸引广告商的注意,再凭借刊登广告,来补偿发行亏损,维持低廉报价,从而再扩大发行量,吸引和获得更多的广告收入。这是一种典型的企业化经营办报方式,从这个意义上来看,吉拉尔丹不仅是法国廉价报刊的创始者,还是一位在法国率先运用企业化经营机制来办报的先驱。

法国——特别是巴黎,各报降价后在内容上已不同于以往的政论报纸了——这不仅包括像吉拉尔丹等人所创立的典型性廉价小报,也包括那些在时代浪潮推动下快速廉价化的政论报刊。为了实现扩大发行量以增加广告收入的目的,各报所刊登的主要文章逐渐为非政治性的社会新闻和惊险、趣味的连载小说,艺术评论以及各种文学作品所取代,借以吸引巴黎公众。其中最突出的一个特点,就是各报竞相刊载长篇连载小说,这一招为法国廉价报刊的发展立下了汗马功劳。

在这一时期,利用刊载长篇小说而大获成功的报刊是杜塔克经营的《世纪报》。这是一份廉价化了的政论报纸。当1838年巴尔扎克在该报上发表长篇小说《保尔船长》时,《世纪报》的发行量因此增加了5000份。1842年欧·仁苏在同类性质的《论争报》上发表了《巴黎的秘密》,轰动巴黎,经久不衰。一时间模仿者蜂起,《柏林的秘密》、《慕尼黑的秘密》等在国外纷纷出现,《论争报》也因此销量大增、一炮走红。1844 年欧·仁苏的《流浪的犹太人》又在濒临倒闭的《立宪党人》报上连载刊登，为该报重新赢得了 1.5 万个订户，使该报得以继续生存。同年，作家大仲马在《世纪报》上发表了著名的长篇小说《三剑客》，稍后，又在《论争报》上连载其巨著《基度山伯爵》，顿时，该报出现了一种难以想象的盛况，巴黎民众对大仲马的小说如痴如狂，两报销数飙升，廉价报刊由此深入人心。

由于法国特殊的国情，法国的廉价报刊发展具有不同于英、美等国的一些特点。虽然法国的廉价报刊售价低，并以固定的广告收入增补空缺，开拓了企业办报的新路，但由于法国工业革命不甚彻底，自由竞争的商业市场也不如英美两国那样活跃，这就造成了广告来源不稳、收入不足的窘境，往往使得廉价报业无力达成经济上的完全独立，导致了新兴的廉价报刊的夭折或转向接受政府、政党集团津贴，丧失独立地位的现象。

从内容上看，法国的廉价报刊多侧重于文学、艺术题材的文章，这同廉价报刊集中于“花花之都”巴黎和法国民众特殊的阅读口味紧密关联，这一传统在封建时代即已出现，而今仍然强大地存在着，并制约着法国廉价报刊的发展风貌。

由于法国政党林立、政局动荡，普通大众热心政治、关心时局，故法国的廉价报刊仍常常为各政治派系所掌控，或者各政党报刊表面上“廉价化”了，但仍然保留了其针砭时弊、论争激烈、干预政治的明显倾向。这与美国的廉价报刊仅仅以获取高额商业利润为唯一的目的，并因此而保持了财政独立、政治中立，新闻本位等特征有着很大的不同。

比如 1854 年创刊的法国《费加罗报》，它是由商人出身的亨利·德·威尔梅桑创办的，初为周刊，每年订费 16 法郎，1866 年改为日报发行。我们以该报为例来看看法国廉价报刊的上述特点。

威尔梅桑作为一个商人出身的办报人，非常重视报纸的利润问题。他以优惠的报酬物色第一流的工作人员，谁不能取悦于大众，即强令其辞职。为了方便读者，威尔梅桑最早提出分类编排新闻的主张,认为只有把新闻消息处理成为像百货商店货架上陈列有序的“商品”那样,才能便于顾客“选购”,扩大销路。从招徕顾客(读者)的角度出发,他力主多登刺激性新闻及地方新闻。他的办报格言是:“每天要把一块巨石扔入巴黎这块池塘”。为了刊登那些与巴黎读者有较大相关性的地方新闻,他甚至声称“一人溺毙于巴黎,远较遥远之另一世界崩溃更有意义”。威尔梅桑重视文学、艺术,聘请了许多著名作家为该报撰文。为了加强同读者的联系,该报还从1866年起开辟了“读者来信”专栏,威尔梅桑常常亲自回答读者问题。

就这样,在威尔梅桑主持下的《费加罗报》声誉日隆,但在1870年,该报却不得不适应时局和大众的口味,逐渐加强了政治性报道,演变成为巴黎的一家具有“廉价化”形式的政论报纸,其政治倾向也趋于右倾保守了。在“德雷福斯案件”风潮中,在第一次大战和二战后,《费加罗报》逐渐从以往一家较为纯粹的商业报纸而转变成为一家右翼保守势力集团的言论喉舌了——尽管它的文学、戏剧、艺术稿件的质量依然很高、影响依然很大。如果该报没有鲜明的政治倾向、没有特定的势力集团和读者群体的支持的话,它将不会如此长久昌盛、延续至今。

第三节　分析与思考

一、政党—廉价报刊的比较

犹如资本主义社会的传播事业和封建社会的传播事业迥然不同一样,资产阶级廉价报刊同以往的资产阶级报刊——主要是曾在人类报刊史上很长时间里占主导地位的政论—政党报刊之间,也有着一条界限明晰的分水岭。这一分水岭的存在,昭示着廉价报刊的革命意义和与现代传播事业的近亲血缘关系,我们在此仅从几个角度来简单分析一下这条历史的“分水岭”。

内容　政论—政党报刊的主要内容并不是普通的新闻消息,“主角”是政论文章——也即言论,新闻信息对于政党报刊而言仅仅是供其发表言论、提供宣传自己政治主张的一堆资料而已。廉价报刊的主要内容则是新闻——普通的、活生生的、为众多读者所喜爱阅读的新闻,"新闻本位"几乎是所有的廉价报刊的共同特征——尽管这种新闻很片面、肤浅,常常是富有刺激性的和粗俗的,但在廉价报刊上言论退居为次要角色了。

读者 政论—政党报刊经常刊登长篇大论的政治、哲学文章,读者对象主要是上层的"智者"阶层。廉价报刊的读者则主要是居住在城市里的中下层民众,由于这些民众是新型廉价报刊赖以生存的"衣食父母",故廉价报刊业主们不惜一切代价讨好读者。为了将阅报的习惯推广到大众中去,这些报刊业主们用新颖刺激的新闻内容把千百万粗通文墨或不通文墨的中下层男女们都纳入自己的读者队伍之中。

发行方式和报价 政党报刊的发行方式是预订销售,每年的预订费用相当可观,一般下层民众根本不敢问津,故而发行数量很小,一份报纸能达到1000多份的销量就非常不错了。廉价报刊的标准发行方式则是"伦敦售报方式"——由报童沿街大声叫卖,而且售价低廉,每份一便士(或略高一点),因而发行数量巨大。贝内特的《纽约先驱报》在19世纪50年代达到7万多份,是当时世界上发行量最大的报纸之一,这个数字是从前的政论—政党报刊想都不敢想的。

印刷手段 政论—政党报刊时期,印刷技术还很落后,报刊印刷主要靠手摇印刷机,一天能出两三百份就不错了。廉价报刊则依赖工业革命所提供的科学技术,使用了以蒸汽为动力的印刷机器,每小时可印刷、装订、打包几千份乃至几万份报纸,大大提高了报纸的生产效率。

办报主体 政论—政党报刊的发行人往往是一些政客或接受政党、集团控制的印刷商,而廉价报刊的经营者主要是独立的新闻专业人员:编辑、记者或职业发行人——特别是在贝内特以后,廉价报刊的主编人员大都是精通本行的专业人士,这导致了报刊编辑与经营水平和专业人员社会地位的上升。

财政经营 政党报刊的主要财政来源是政党和利益集团的津贴，报刊以做政党喉舌为己任，不以营利为主，实施手工式管理，经济效益几乎没有。廉价报刊的资金和利润全部来源于售报和广告收入，不接受外来津贴，保持财政独立，并以此为基础支持报刊的言论和写作“独立”地位。为了获取市场回报，廉价报刊的老板们都对报刊实施企业化的经营管理，营利成为其从事报刊事业的主要目标。

写作风格和版面编辑：政党报刊的服务职能、读者对象使它的文章写作总是长篇大论、深奥艰涩、枯燥无味，其版面样式也单一僵化、严肃呆板；而廉价报刊由于追求赢利目的，面向广大中下层读者，因而必须取悦、适应读者的阅读情趣和文化水平，针对读者厌烦的政党报刊弊病，提倡写作“人情味”、戏剧化、短小幽默、机智风趣。版面形式活泼醒目，开始使用大字标题和新颖排版方法，以期吸引读者，击败竞争对手。

二、廉价报刊持续发展和繁荣的原因

廉价报刊产生的背景、原因，我们已在第一节中谈过，不外乎社会使其拥有读者，经济使其有利可图，技术使其能够产生，政治使其畅通无阻。但是，如果问廉价报刊为何能够如此迅速地发展起来，这些单一元素的列举就意义不大了。显然，我们必须找到一个能更加贴近其发展实际原因的根本机制。

我们认为，导致廉价报刊迅速、持久繁荣的根本原因是：成熟的市场机制的形成。

成熟的市场机制是指资本主义的商品市场体系在当时业已配套成龙、相互适应并相互支持，市场的运行原则、经济法规秩序、商品价值观念和系列市场行为、机制都全部确立，并为大众社会所承认。这个机制最重要的外在表现和基本功能就是通过市场上自由激烈的竞争，以获取高额的利润价值。

正是成熟的市场机制把政治、社会、经济、技术诸项元素有机地组合在一块，形成了一种新闻市场发展的内在规律，并给予冒险的新闻商品开发商、投机家和投资者们以持久的诱惑和源源不断的动力，驱使廉价报刊事业的持续竞争和迅速繁荣。

简单地说，新闻市场的形成使诸如戴伊、贝内特一类的敏锐人物看到了通过制造、推销新闻这种大众化商品而发财致富、出人头地的诱人前景，看到了有利的时代条件所造成的广大的新闻买方市场。在追求商业利润的动力驱使下，他们冒险进入了这个新的业务领域，以有限的资金开始了他们新报业的创造性工作。

在市场机制的驱动和制约下，这批先行者们遵循市场的生存经营规则，把报刊转向广大的潜在读者群。为了获得成功，他们不得不对大众感兴趣；为了争取大众，他们不得不迎合大众的实际文化水平及阅读情趣，供给识字不多的读者们大量的、刺激性的、粗浅易懂的新闻消息；为了方便大众，他们不得不改进发行方式，降低价格，把报刊编排得醒目悦人，以便在激烈的竞争中立于不败之地。显然，这才是引发这场新闻革命的直接原因和根本动力。

与此同时，也受着成熟的市场机制所制约的另一类商人对廉价大众报刊发生了浓厚的特殊兴趣，这就是被这种新型传播媒介的惊人销售量所打动的广告商。于是，新报刊的发行者们得到了他们梦寐以求的东西——大量的广告，大批的金钱。

丰厚的广告费和报刊销售利润并没有被发行人们全部揣入私人腰包。市场的残酷竞争和对更大利润、更高名誉的向往，使贝内特们把大部分的收入再次投入到扩大新闻采集范围和实验新的新闻采集手段上；投入到新的印刷机械、运输工具，新的车间、编辑大楼的购买建造上；投入到招聘更多的优秀记者编辑身上。他们这样做的根本原因就是为了提高报刊的竞争力，吸引更多的读者，获取更大的利润，否则就会在激烈竞争中破产倒闭。

这样，廉价报刊事业便形成了一个“良性发展循环圈”：投资办报——吸引读者——广告来源——利润；扩大新闻再生产——再次扩大读者人数——吸引更多的广告——赚取更大的利润；再扩大再生产……这就是促使廉价报刊持续发展和繁荣的新闻市场竞争与赢利机制。

三、廉价报刊在新闻业务上的贡献

廉价报刊对后代新闻传播事业的影响很大，我们仅仅从新闻观念、业务演变的角度叙述一二。

1. 新闻本位现象的确立

“新闻本位”原则的确立是廉价报刊对后世新闻传播事业的一大贡献，这一观念对现代新闻事业影响巨大深远，综观当今的全球新闻业，已几乎没有不把新闻放在第一位的了。步政论—政党报刊后尘而崛起的廉价报刊为争取读者，就必须“大众化”，而及时的、多方面的、耸人听闻的新闻在当时最合大多数读者的口味。马克·吐温的一段话很具有代表性：“我们的责任是让所有的人透彻地了解谋杀、殴斗、舞会、戏剧、驿车、教会、讲演、学校、城市、军事、公路、拦劫、圣经会、运干草的马车等许许多多的事情”。能够适应各种不同背景、不同政治观点的信息只有新闻，因此，新闻本位观念的确立便是自然的了。

在金钱的魔力驱使下，新闻报道的各个领域都被富有进取心的报人们逐步占领了，越来越多的新闻占据了大多数的版面，满足着社会大众的信息交流需求，新闻已毫无疑义地取代了以往报刊的主角——言论而成为报纸版面上的“第一小提琴手”。

2. 时效观念的重视

以往的传播手段受科技水平的限制，与农业社会中人们悠闲懒散的生活节奏相适应，并不重视新闻信息的时效性。美国早期新闻工作者坎贝尔就经常在他的《波士顿信札》上刊载过时的甚至是一两年前发生的事情，堪称“历史”的纪录者。在工业革命的19世纪，情况发生了很大变化。科学技术带来了新闻采集、传递、印刷、销售领域的一场革命，人们的生活节奏加快了。庞大的商业社会系统要求信息的准确和迅速，因为“时间就是金钱”，而同业的激烈竞争——这一切都导致了新闻时效观念的根本改变。谁能“速报”，谁能不断地发布“独家新闻”——哪怕只比对手快一分钟，谁就能取得巨大声誉，保持竞争的优胜地位。这一观念一直延续到今天，成为当代新闻传播事业的一个重要新闻理念。

3. 客观报道手法的形成

客观报道手法是廉价报刊“独立”原则在新闻业务上的体现。廉价报刊所信奉的“独立新闻学”之不党不私、不偏不倚的原则延伸到写作领域中，就有了“客观报道”口号的提出。

客观报道手法反对个人的偏见，提倡写作的客观、公正、冷静、平和，主张在客观事实与主观意见之间划清界限，认为在记者不偏不倚、准确无误地提供了原始、真实的材料后，读者能够自己作出比较与衡量，得出理智的结论。这一切正是对“政党报刊”时期党派谩骂、指黑道白、狭隘偏见的报道作风和手法的反动和纠正。这也是在适应时代、适应读者要求的基础上所提出和实施的新一代写作原则。

这一原则确立的历史同廉价报刊的逐渐成熟的历史同步。19世纪50年代美国《纽约时报》的雷蒙德，《斯普林菲尔德共和报》的塞缪尔·鲍尔斯第三是客观报道写作原则的最早奠基者，而日后报刊业的发展，通讯社的产生，更增强了这一写作原则的发展趋势。至19世纪末叶，客观报道手法终于作为西方新闻传播事业普遍遵循、公认的写作原则确立下来了。

客观报道手法及原则的确立意义重大。没有客观报道观念的提出，新闻就始终难以同政论分开、与宣传相异。新闻媒介传递新闻消息的职能如果得不到充分发挥和体现，它就永远不能形成有别于一般宣传品的特殊个性和风貌，新闻事业就难以在当代社会生活中占据特别重要的地位，难以完成沟通信息、反映舆论，行使社会公众信息、观念交换论坛等基本职能。在当今世界，复杂的生活、过量的信息对客观报道原则的某些方面提出了挑战，但是，不仅这一原则在当时的历史进步意义应予以肯定，它还将以自身的积极影响和有益贡献获得继续生存的充足理由。

【练习题】

名词解释：

1. 廉价报刊

2.《纽约先驱报》

3.《纽约太阳报》

4.《纽约论坛报》

5.《点滴》周刊

6.《每日电讯报》

简答题：

1. 简述“纽约三大便士报”。

2. 简要叙述廉价报刊的基本特征。

论述题：

1. 试比较分析政党报刊和廉价报刊的不同之处。

2. 简略论述西方廉价报刊崛起的历史原因。

第十章

市场的竞争

西方黄色新闻的泛滥

第一节 背景之回顾

如果说,19 世纪 30 年代廉价报刊的出现是西方资本主义各国工业革命和民主化进程的产物,那么,经过半个多世纪量的积累,在 19 世纪末 20 世纪初,西方的新闻传播事业开始产生某种质的变化。这种社会经济、文化、政治因素整体的发展推进,在新闻传播领域中的主要反映和体现便是初期传媒垄断现象的出现及资本主义现代新闻事业的发展,"黄色新闻"现象正是在这一总体背景下出现的,并迅速演变成为西方资产阶级现代报刊业务上的一种主流新闻样式。

19 世纪末西方资本主义社会发展的显著特征便是自由资本主义制度的成熟。18 世纪所确立的自由资本主义社会体系,在 19 世纪得到了长足的发展——特别是 1871 年巴黎公社后,西方诸国在长达 30 余年的和平环境里致力于社会生产的发展提高。于是,在 19 世纪的末叶,自由竞争的资本主义制度达到了顶峰,并彻底熟化了,这一熟化的标志之一便是自由竞争市场机制在社会生活中已完全占据了主导性的统治地位。

市场机制的成熟在物质方面呈现为生产力空前发展和社会产品的极大丰富。以美国为例,从 1868 年内战结束到 1900 年间,工业总产量增加了七倍,从事非农业生产的人口从 1860 年 41% 发展到

1900年的62%。城市兴起,工厂林立,国民财富总产值得到了惊人的提高。经济方面成熟的另一个特征是市场竞争与兼并十分激烈,以至于在铁路、金融、石油、钢铁,汽车等领域出现了托拉斯垄断组织的出现。没有自由竞争的成熟,是不会产生这些垄断现象和工业金融垄断寡头的。

市场机制的成熟在文化、政治领域中的呈现则是自由主义、个人主义、社会达尔文主义等思想流派蔓延于社会,并占据了主导地位。特别是在美国,强调个人生存竞争、物竞天择的学说和实用主义哲学非常流行。自由主义学派宣称,个人能够在公平的竞争中提供促进工业发展、增加社会财富和国家力量的进取精神,而政府的职能,仅仅在于提供一个有秩序的社会,使个人在完成他的使命时能得到有效的保护。

与新闻传播相关密切的领域也得到了惊人的发展。交通运输业不仅把各国的内部连成一片,也把世界各地联成网络。教育的普及化比19世纪前半期更深入、更广泛了。虽然各国的普通大众还未能享受较高程度的教育,但却切切实实地享受到了初等教育。大都市在兴起,人口在增加,爱迪生的发明使美国、西欧诸国率先进入“电气时代”。显然,社会的各方面都在发生剧变,资本魔棍所变幻出来的巨大生产力改变着各国的历史旧貌。

但是,与这种工业化相伴而来的,并不全是令人鼓舞的情景。一方面,资本主义工业革命和社会大发展使生产力飞速提高,另一方面却是生产过剩和劳动阶层的贫困。贫富尖锐分化成为那个时代最普遍的现象,资本主义国家中的很大一部分人并不感到称心如意,下层民众对上层统治者的怨恨情绪强烈,从而形成了这个时代各种社会改良浪潮的巨大的社会基础,在后面,我们可以看到“黄色新闻”是用何种形式参与了这个运动的。

社会生产在传播领域的表现除了新闻的采集传递运输等环节以外,在制作印刷方面表现突出的高速印刷机、图片印刷术的改进以及最终出现的照片印刷术都有了惊人的突破。作为19世纪末叶产业革命一部分的印刷技术——排铸机、速印技术、铸版术、彩色印刷、纸型改进、电动铸字机,照相排版术等陆续出现了。

排铸机的发明使报刊的排版技术发生了一次真正的变革。1884年美国人奥特马·默根特勒发明了行型铸字机,它可以在短时间内铸造整行铅字供报刊使用,大大缩短了报刊制作周期。尽管遭到排印工人和铅字铸造商的抵制,但这一发明很快在欧、美各国推广普及。

公众对报纸的需求导致了发行量的激增,这刺激了高速印刷机的发展和完善;新型铸版技术的采用不仅可使图片、标题、广告不再受报纸分栏的限制,还加快了每小时印刷的速度。卷筒新闻纸、双面印刷、自动翻页技术的发明对印刷速度的提高也起到了很大的作用。

图片的制版和印刷技术亦是这个时代印刷技术革命最重要的内容之一。照相术诞生于19世纪上半叶,可手绘插图和照片的制版印刷技术却很晚才问世。1882年和1886年,德国人乔治·迈森巴切和美国人夫斯分别发明了新的照相制版技术,利用这项新技术,照片底版被分解成无数大小不等的点,采用这一技术,印刷工人们就可以把图片直接复制在专用轮转印刷机的滚筒上印刷了。

德国人发明的福德林尼埃造纸工艺,能够用木质纸浆加碎布制造出价格便宜的新闻纸,这也是促成全球报刊业大发展的一个基本因素。1867年美国人从德国引进了这项工艺,在此之前,只有少数几家工厂使用手工方法制造以破布为原料的纸张,代价昂贵。可到了1899年,借助于技术的革新,美国新闻纸的价格迅速下跌到42美元一吨的价格了。

很明显,这是一个革命的时代,新闻传播事业又面临着一场全球范围变革的挑战,许许多多的男女们投身于这个时代的新闻行业之中,对社会变革潮流做出了各自的反应,这些反应既有像《纽约时报》和杂志界"揭露丑闻运动"这样令人敬慕的崇高工作,也有像赫斯特等人所发起并泛滥的"黄色新闻"浪潮。

第二节 历史的进程

一、美国的“黄色新闻”现象

要想了解美国“黄色新闻”的历史,最简捷的方法便是重点了解美国新闻传播史上“黄色新闻”的两员先锋大将——普利策与赫斯特的生平经历和办报活动,因为这两个人都曾对美国“黄色新闻”的兴起和发展产生过重大的影响。

1. 普利策与《纽约世界报》

约瑟夫·普利策是一位来自匈牙利的移民,他于1864年在匈牙利加入外籍军团前往美国参加南北战争。内战结束后,普利策一文不名,流浪到了中部密苏里州的首府圣路易斯城,先后从事过各种下层行业的工作。他通过在该城公共图书馆里的刻苦自学,获得了大量知识,后转入报业,成为圣路易斯城最大的德语报纸《西方邮报》的一名出色记者。1878年,普利策买下了《圣路易斯电讯报》,后又买下了《圣路易斯邮报》,并把这两家报纸合并成《圣路易斯邮报—电讯报》(简称《圣路易斯邮讯报》),就这样,圣路易斯城中最大的一家报纸诞生了。普利策通过创办这份报纸,取得了许多办报经验,逐渐形成了自己的新的办报思路和新式报业的系列哲学思想,其中就包括一整套“黄色新闻”的办报原则和技巧手段。

创业初始,普利策便在《邮讯报》上发表了一篇关于办报方针之声明,用以阐明他的新闻哲学思想和《邮讯报》的目标,声明这样写道:

> 《邮讯报》不为党派服务,而为人民服务;不是共和党人的喉舌而是真理的喉舌;不追随任何主张,只遵循自己的结论;不支持“行政当局”而是批评它;反对一切骗局,不管发生于何处、也不管它是何种性质;提倡道德原则和思想,不提倡偏见和党派性。

显然,普利策是在遵循第一代廉价报刊前辈们的独立办报原则,并在新的形势下加以发挥利用。

为扩大《邮讯报》销路,迅速占领市场,普利策以过人的精力和智慧投身于工作之中。他网罗了一大批有才华的新闻工作者为其服务,其中最为重要的助手便是1880年担任《邮讯报》编辑主任的约翰·柯克里尔,此人工作努力,精于办报。柯克里尔帮助普利策创造性地发展了廉价报刊的许多报道和版面技巧,正是这些技巧后来逐渐成为美国泛滥的"黄色新闻"一系列手法的先声。

柯克里尔喜欢采用关于谋杀、犯罪和两性关系的"火爆"消息,并热衷于用耸人听闻的大字标题来处理和描述殴打、私刑、绞架、暴动、灾难等此类社会新闻;他还善于大胆策划版面编排,主张报纸采用大幅图片以吸引读者的注意。普利策认为这一类的新闻消息和处理方式符合他那新闻"要容易引起人们讨论"的定义,便鼓励柯克里尔和记者们放手大干。于是,在《邮讯报》的版面上读者们经常可以看到诸如"奸夫淫妇"、"牧师图德先生酿酒吗?""始乱终弃"和"丹佛花魁女"此类夸张的标题及耸人听闻的社会新闻、粗俗的笑话和夸大其词、半真半假的消息。

但在另一方面,为了提高报纸的名誉,也为了自身的理想,普利策又要求《邮讯报》大胆地揭露丑闻、抨击时弊,为普通大众的利益而大力鼓吹社会改革运动,争当"人民的斗士"。《邮讯报》无情地把无耻政客、有钱的偷税者、受警察保护的赌博集团和营私舞弊的公用事业单位作为批评对象,连篇累牍地鼓动社会改革活动,掀起了一个又一个戏剧性的新闻报道浪潮,在普通民众中成功树立起"民众代言人"的崇高形象,并相应地获得了大批中下层读者的欢迎。普利策极其重视新闻报道中的揭露丑闻题材,坚决要求他的手下"在一件事情的真相被彻底弄清之前,决不放过它,连续报道!连续报道!直到问题真正被弄清。"正如一本美国新闻史所评价的那样:"普利策的报纸每天必有一篇不同一般的东西,不是一条声讨谁,一条为公众谋福利的新闻,就是一条独家的头号新闻,否则,他就算白过了一天”。

普利策在圣路易斯城的办报经历对他的成长是十分重要的。在1878～1883年这五年之间，普利策通过《圣路易斯邮讯报》学习和掌握了各方面的办报知识及经验，成为美国新式新闻事业的领军人物。不久之后，他把这些经验成功地运用于《纽约世界报》上，由此确立了某一代新式报业霸主的地位。正如《纽约世界报》1890年的一篇文章所说：《纽约世界报》的基础是在圣路易斯奠定的……新闻学方面的新思想和新理论的战斗是在《邮讯报》的旗帜下进行的。

1883年，过度的操劳使普利策身体欠佳，而《邮讯报》所批评的一位当地的著名人物因发生争执被总编辑柯克里尔在办公室里开枪击毙所引起的风波也使普利策心烦意乱，他准备去欧洲休养。当他路过纽约时，却听说1860年创刊的《纽约世界报》正打算低价出卖。普利策当机立断，取消了他的欧洲之行，并于1883年5月9日买下了这家报纸，将自己的事业移到了他觊觎已久的纽约这座大都市。

当时的《纽约世界报》每份8页，售价两分，发行量仅为15000份，在小贝内特的《纽约先驱报》、达纳的《纽约太阳报》、怀特罗的《纽约论坛报》和乔治·琼斯的《纽约时报》等诸多报纸的竞争夹攻下奄奄一息。

普利策接手《纽约世界报》后，立即宣称在人事、办报方针、办报策略、风格原则各方面进行彻底改革。他向大众保证，新的《纽约世界报》将是一份编辑精良、价格便宜、内容丰富、篇幅扩大而且真正民主的报纸。该报将以最大的热忱为人民的利益而奋斗，打击罪恶和不公，暴露一切虚伪及丑闻。普利策迅速改革了编辑部，开始按照他的新型报业学说、方法和思路来指导《纽约世界报》。

1883年5月11日，新的《纽约世界报》出版了第一期，头版头条消息是关于新泽西州造成百万美元损失的大风暴，其他版面消息则包括对一名判处死刑的杀人凶犯的独家访问记，华尔街一名跳楼自杀者和匹兹堡的一次绞刑，发生在海地的暴动以及一名被冤屈的女仆悲惨境况的报道。显然，普利策把《邮讯报》的“新式新闻”手法理念全盘运用到新的《纽约世界报》上来了，第二天，新出版的《纽约世界报》成了纽约市民的热门话题。

经过普利策和其同仁的不懈努力，《纽约世界报》的销量直线上升。1884年，该报日刊已达6万多份；同年9月2日，《纽约世界报》创办的星期日版就已突破10万大关，每位报社职员为此都得到了一顶丝质礼帽的奖赏，普利策还特意在市政厅及麦迪逊公园鸣炮以示庆贺。1887年，该报在普利策主持下销量已达25万份，他又铸造了银质奖章颁发给有功人员来祝贺这一美国最大的报纸发行量。1884年《纽约世界报》广告收入即已超越《纽约先驱报》，报纸页数也增扩至12~14页，星期刊更厚至36~44页。1887年该报发行晚刊。到1897年时，《纽约世界报》早、晚、星期日刊的总发行量超过了70万份，成为当时美国境内发行量最大的一份报纸，普利策改造《纽约世界报》的工作获得了巨大的成功。

《纽约世界报》所取得的惊人成就引起了过去和现在许多人的注意和研究，人们认为普利策成功的原因主要有以下几点：

第一，普利策在前人的基础上大大发展了“廉价报刊”时期的“煽情主义”手法，尽力用耸人听闻的“黄色新闻”版面来满足广大中下层读者的阅读情趣。同时，他的报纸也注意用生动的方式对重大的各类新闻做翔实而全面的报道。普利策对麾下编辑与记者的要求是：对各种新闻消息都要以生动的文笔描述，活泼的版面刊出。

对数目众多的中下层大众读者的重视反映出普利策是一个有着敏锐时代眼光的发行人和精明的企业家。在19世纪80年代，纽约市人口增加了百分之五十，绝大多数都是外来移民。他们文化水平低，以前从来不曾引人注意、不曾阅读过任何报刊，是普利策等人用通俗的、黄色的、刺激感官的版面内容把他们吸引到报刊读者圈来。作为一个深刻了解时代社会发展趋势的人，普利策知道他的读者的潜在特性，知道他们既希望在繁重的工余能得到娱乐，也希望有一个反映他们政治呼声的报纸能给予他们明智的指导。

《纽约世界报》总编辑柯克里尔完美地执行了普利策的新闻报

道意图。他发挥其一向善于渲染人情味消息的特长,经常在《纽约世界报》上刊出他拿手的两性、殴打、犯罪等消息,追求“血腥的头版”。他还刊用妇女和体育消息,以求吸引更多的读者。柯克里尔和他的编辑们经常在《纽约世界报》上刊印这样的大字标题:“暴风过后死人无数”、“叫饶命”、“水洛塔的情人”、“血的洗礼”、“孩子们是怎样被烤死的”。普利策也鼓励属下毫无顾忌地掀起一个又一个的“报道热潮”,追求轰动性的新闻报道效果。

第二,经常性地发动社会改革运动,“讨伐”时弊的不公,以期不断制造高潮,招徕读者,树立威望。比如1884年《纽约世界报》曾发起大规模的募捐运动,为法国政府赠与美国人民的自由女神像买地建造台座——因为纽约市政府竟然因为缺少资金表示不能接受法国人民的这份厚礼。普利策在自己的报纸上这样写道:“法国给了我们这样的厚礼,而我们却连一个建造的基地都不能提供,这将是不可挽回的耻辱……不论多少,请捐献一点吧……”。12万美国男女公众响应《纽约世界报》的建议,纷纷慷慨解囊。1886年10月28日,自由女神终于高举火炬矗立于贝德卢斯岛上(现名自由岛)。《纽约世界报》还发起过反对美孚石油公司,贝尔电话公司的专利垄断,赎买白奴、彩票舞弊、一个警官胁迫少女、纽约州长贪污犯罪、市议员受贿等“讨伐”事件。《纽约世界报》还曾为纽约贫民免费提供水和煤,夏季旅行与圣诞晚餐,还曾专门聘请35位医生为纽约贫民义诊。1891年,该报在麦迪逊广场公园为一万名儿童举行草莓节。这一切都在纽约市民中引起轰动,提升了报社的美誉度。

第三,玩弄令人惊异的花样和各种推销噱头也是《纽约世界报》增加报纸销量的特长。在这方面的活跃人物是《纽约世界报》著名女记者伊丽莎白·科克兰(笔名内利·布莱),她是一个令人难以想象的人物。她曾招引男性无赖,然后写文章加以揭露;或假扮成精神病患者混入纽约布拉克威尔岛疯人院,后又逃出并撰写系列文章,揭露该院的种种黑暗、残忍的罪行。这些报道引起轰动,极大地丰富了《纽约世界报》的版面。布莱小姐最大胆的一次冒险活动是1889年只身周游世界,看能否以少于著名科幻小说家儒勒·凡尔纳《八十天环游地球》的时间进行一次环球旅行。当内利·布莱乘船、骑马、坐火车、步行日夜兼程时,《纽约世界报》不仅每日刊登她的旅行路线和沿途报道,还举办了读者猜谜有奖比赛,赢者可免费旅行欧洲。大约 100 万人参加了这场比赛。纽约市民们在报纸的轰炸下人人关心布莱小姐能否按期归来。最后,内利·布莱以 72 天 6 小时 11 分——少于 80 天的时间,胜利完成了这次周游世界的轰动性冒险旅行。一列彩旗飘扬,吹吹打打的专列火车穿越整个北美大陆,把她从西海岸的旧金山接到了东海岸的纽约市,引发了万民空巷迎接的盛大场面,《纽约世界报》名声大噪。

第四,广泛运用各类新闻图片、突出的大字标题——有时甚至是套红的大字标题、大幅的犯罪与色情照片、各种插图,这也是《纽约世界报》的拿手好戏。《纽约世界报》是纽约各报大量运用图片最早的报社之一,而且种类繁多,如政治漫画、犯罪新闻现场图解、火灾及其他灾难的素描、人物画像、各种插图等等。

第五,创办独立编辑出版的星期日刊,借以吸引休闲时光中众多读者们的眼球。美国最早出版星期日刊的报纸是贝内特的《纽约先驱报》,而普利策则是一位使星期日刊成为一种有利可图的新闻和娱乐化大众休闲型刊物,并充分显示其巨大商业潜在价值的第一人。《纽约世界报》星期刊创办于 1884 年,除了日常的新闻部分外,众多的娱乐性专栏是它的特点,供妇女、青年、体育迷、文学爱好者阅读的特稿文章都刊登在这些专栏里。最受大众欢迎的是连载的滑稽连环画专栏。1895 年《纽约世界报》的星期天刊又率先使用彩色印刷机印刷连环画。最成功的连环画家是理查德·奥特考尔特,他的《霍根小巷》描绘了纽约东区贫民窟内的各种生活场景,每张画的中心人物都是一个穿着肥大的睡衣,没有牙齿,咧嘴傻笑的儿童。这个漫画中的幼童到处乱窜乱跑,把不识一字的读者们带到各种滑稽有趣的场景情节之中,观看他们所熟识的人和事,以博一笑。《纽约世界报》的印刷工人为这个孩子的衣服涂上黄颜色,这就是"黄色幼童"。

后来，这个黄色幼童作为普利策和赫斯特报刊所喜用的那种耸人听闻的流行新闻的象征而成为"黄色新闻"一词的来源。由于不懈的努力，《纽约世界报》的星期刊十分成功，在出色的主编阿瑟·布里斯班任期内，该刊曾达到过 60 万份的高发行量。

第六，报纸售价低廉、页码数多。作为一种面向大众的报纸，《纽约世界报》的售价一直是低廉的，初期的《纽约世界报》在其报头的一边曾刊印一行字，夸称该报是"唯一只售两分钱的 11 页报纸"，以后，当报纸增至 12～16 页时，其售价仍为两美分。1896 年该报在同赫斯特激烈竞争时还曾降价为一分钱一份。

第七，一个具有良好声誉的社论版。出色的社论版是普利策《纽约世界报》的一大优势，普利策极为重视社论，认为社论是报纸的心脏，也是报纸存在的理由。普利策认为："一份报纸，应不断向公众的浪费、罪恶作争斗，揭发黑暗、暴露诈伪，并应以虔诚的态度，服务人民，造福人民。"他还说："《纽约世界报》将努力追求最高的理想，它是每天的学校与每天的裁判所，它是人民的导师，也是人民利益的监护者，它是正义的武器，邪恶的克星，教育的辅助者。"普利策的这些思想主要是通过社论版来体现的。凡是《纽约世界报》新闻栏中所倡导的社会改革运动，都有着强有力的社论加以支持，用以干预生活，指导舆论。《纽约世界报》的社论持自由主义观点，在许多方面同情和支持下层民众的利益，从该报社论版中曾刊登的"简明十点纲领"中，可以看出该报强烈的民主自由倾向。这十点纲领是："征收奢侈品税；征收遗产税；征收巨额收入税；征收垄断企业税；向特权公司征税；为国家规定税则；改革文官制度；惩办贪官污吏；惩办买卖选票者；惩办在选举中压制雇员的雇主"。为此，《纽约世界报》的社论经常受到移民，穷人和劳工阶级的欢迎及生财有道的人的敌视。

第八，普利策特别注重网罗一流人才，物色与培养能干的帮手，把众多才华出众的人物集合在《纽约世界报》旗帜下——当然，这也是所有成功报刊的经验之一。

1889年,过度的劳累击倒了普利策。在这一年,《纽约世界报》日、晚、星期三刊金碧辉煌的办公大楼落成剪彩,而普利策也完全双目失明,病势加重了。1890年10月,他终于放弃了对《纽约世界报》和《圣路易斯邮讯报》的直接管理,乘坐隔音良好、与世远离的“自由号”快艇,漫游于茫茫大海之中,但他对《纽约世界报》和《邮讯报》始终保持控制权力。1911年,久病的普利策与世长辞。

2. 威廉·赫斯特与《纽约新闻报》

19世纪80年代中,正当普利策在纽约新闻界大显身手的时候,有一个人正在密切地注视着他,这就是对美国“黄色新闻”的泛滥比任何人都起了更大作用的威廉·伦道夫·赫斯特(Wiccam. Randolph Hearst)

(1)赫斯特个人简介

威廉·赫斯特出生于加利福尼亚旧金山的富豪之家,早年曾在他父亲的一家报纸——《旧金山考察家报》工作,1883年进入哈佛大学,2年级时因各种劣行而被学校勒令开除。

虽然大学没有读完,但东部的生活还是给赫斯特留下了影响,这不仅来自他在哈佛校刊的出色主编工作经历,更重要的来自《波士顿环球报》和《纽约世界报》。对新式报业极感兴趣的赫斯特仔细研究了东部地区——特别是纽约市各家报刊的办报技巧,参观了使用新式机械的印刷厂,还曾在《纽约世界报》干过一段见习记者。带着这些经验和一番雄心壮志,赫斯特回到了旧金山市。

1887年,24岁的赫斯特担任了《旧金山考察家报》的主编。他立即应用从东部学到的经验,大量聘请一流人才,把《考察家报》办成旧金山最出色的报纸。在这一时期,赫斯特和他的报纸已显示出“黄色新闻”的萌芽。他所雇请的著名记者、编辑阿瑟·麦克尤恩(Arthar Mc Ewen)给《考察家报》上所刊登的新闻下了一个定义,他说凡是读者看了发出“哎呀”(Gee Wniz)一声惊叹的事事物物就是新闻。他还说:“我们追求的是‘哎呀’式的激动,我们办报,就是要使读者打开报纸后惊呼‘哎呀’!”所以,后世人们又把“黄色新闻”称做“哎呀”式新闻。

《旧金山考察家报》在赫斯特的锐意经营下，一年内销数从2万份增至4万份，1893年达到6万份，成为旧金山市最大的报纸。1905年时，该报增至10万份。在获得了充分的经验和充足的经费后，1895年，赫斯特重返东部地区，闯入美国报刊业中心纽约市，开始了与普利策的激烈竞争——“黄色新闻大战”。

(2)赫斯特与普利策的“黄色新闻大战”

1895年秋天，赫斯特通过购买普利策弟弟亚伯特创办的《新闻晨报》——并易名《纽约新闻报》而打入纽约报界。有备而来的赫斯特极力模仿普利策的《纽约世界报》，并在许多方面向《纽约世界报》发起了第一次攻击——“黄色大战”。

赫斯特的第一个措施是用高价收买最优秀的报刊人才。早在他进入纽约报界之前，赫斯特的《旧金山考察家报》曾一直租用《纽约世界报》的世界大厦作为其驻纽约的办事处。1896年1月，赫斯特与《纽约世界报》星期版的全体工作人员达成秘密协定，用高价把他们全体收买。在一天之内，《纽约世界报》星期版的编辑、记者及全体人员一起搬到了《纽约新闻报》办公室，恼羞成怒的普利策立刻将出租的房间收回，把赫斯特的成员全部赶出了世界大厦。

除了向普利策的编辑部发动突然袭击外，赫斯特还请来了他旧金山最好的编辑人员，《考察家报》的张伯伦被调到《纽约新闻报》担任总编辑。麦克尤恩、达文伯特、安妮·劳利也被请至纽约，许多有才华的记者、编辑和美术家们也都被赫斯特用重金雇佣。

赫斯特发起的第二次攻击则是在黄色新闻报道上同《纽约世界报》展开全面的竞争。《纽约新闻报》特别注重犯罪新闻、灾祸报道及各种虚假的富有人情味的特写文章；大量应用图片新闻，用大字标题突出版面，在追求耸人听闻的激情主义新闻方面比《纽约世界报》有过之而无不及。结果《纽约新闻报》的销量不久赶上了《纽约世界报》。仅仅在1896年的一个月内该报就曾经猛增12.5万份。

《纽约新闻报》版面上经常出现的标题是这样的：“亨利·詹姆

斯新作：描写无耻犯罪行为，大作家投身于黄色小说！”这是《纽约新闻报》为《金屋藏娇》一书的出版所写的标题。另外像“杀死小贝西的神秘凶手——狂风使儿童丧命”、“年轻姑娘为何自杀”、“为了爱情女人怪事何多”等都是轰动性的耸人听闻的新闻标题。在《纽约新闻报》上，一条关于考古队发现古代化石的严肃消息会被标上“货真价实的美国巨兽和大龙”这样不负责任的标题。对于医药科学新的发明创造的新闻报道，《纽约新闻报》的编辑们也常使用“请看新鲜的施药法；将药瓶靠近昏迷的病人即奏奇效”这类哗众取宠的标题。

赫斯特采取的第三次攻击，方法是在采访工作上投入大量金钱，力图通过独家新闻击垮《纽约世界报》。1896 年赫斯特从伦敦获得了一份关于委内瑞拉疆界纠纷未经公开的仲裁条约，刊登以后使《纽约新闻报》声誉大振。1897 年 4 月购买《广告晨报》，取得了美联社会员资格，从而使《纽约新闻报》的国内外新闻大为充实。另外像赫斯特派马克·吐温去英国采访维多利亚女王登基 60 周年庆典活动；派鲁尔夫与斯蒂芬·克兰采访希（腊）俄（国）战争，都曾引起轰动。当美国阿拉斯加的克朗代尔发现金矿时，又是赫斯特组织并装备了两个探险队前往勘探，探险队带回的矿石标本被证明极富含金量的轰动性新闻报道引发了全国乃至全世界的人们前往阿拉斯加的淘金热。《纽约新闻报》最轰动一时的采访报道是“格登索普神秘谋杀案”。格登索普被人谋杀后，其尸体被人从纽约东河中捞起，最初只有用油布包裹的躯干，后来被肢解的头及四肢陆续在纽约东区不同的地点被发现了。这一神秘谋杀案引起了纽约及全国民众的极大关心。赫斯特的《纽约新闻报》把油布的形式、质地以及色彩印出，并派出 30 名记者投入此案的调查工作。报纸连篇累牍报道调查得到的各种信息。最后不是警察而是《纽约新闻报》的记者们查出了真正的凶手是格登索普的旧情人。当《纽约新闻报》公布这项结果时，它的声誉直线上升，销路看好。事后赫斯特十分得意地说，他的记者侦探队至少可与任何城市的刑警队相媲美。

赫斯特发起的第四次攻击是展开同《纽约世界报》星期刊的激烈竞争。1896 年 1 月,他收买了《纽约世界报》星期刊的全体人员后,立即开办了《纽约新闻报》星期刊,《纽约世界报》星期刊原主编戈达德成为《纽约新闻报》星期刊的主编。戈达德把《纽约世界报》星期刊的旧有做法原封不动地运用于《纽约新闻报》星期刊上。他继续雇用漫画家理查德 · 奥特考尔特在《纽约新闻报》星期刊上刊登"黄色幼童"的连环画。普利策也马上雇用《纽约太阳报》的著名编辑阿瑟 · 布理斯班为《纽约世界报》星期刊的新任主编。布理斯班雇用著名画家乔治 · 卢克斯也在《纽约世界报》星期刊上继续刊出"黄色幼童"滑稽连环画。布理斯班的才干使《纽约世界报》星期刊的发行量增加到了 60 万份。赫斯特的办法是于 1897 年又用高价把布理斯班收买为《纽约新闻报》晚刊的主编,卢克斯也转到赫斯特这边来了。由于套印彩色的副刊很受读者欢迎,1889 年《纽约世界报》出版的定期连环画副刊最早使用了彩色印刷。赫斯特则立即加以模仿,还将其副刊改为 8 页。至 1898 年时,赫斯特的 8 页副刊全部彩色印刷,并命名为"美国的幽默家",由阿瑟 · 布理斯班任主编。另外,赫斯特又发行了两种副刊:一种为 16 页的《美国周刊》,另一种为 8 页的《妇女家庭》,这些刊物大量应用插图与图片,很受读者欢迎。1897 年时,赫斯特的星期刊有时页码达到 80 页,销量超过 60 万份。

热衷社会改革运动的报道也是《纽约新闻报》学习《纽约世界报》并向其发动反击的招数之一。因为赫斯特发现鼓吹和干预社会的改革运动往往能引起大众的注意力并获得普遍的声誉,从而扩大报纸的销路。正是基于此,大资本家赫斯特的《纽约新闻报》比纽约其他的报刊更关心普通大众的社会改革运动。《纽约新闻报》曾发起了反对煤气公司特权的运动,迫使法院下达禁令,使一家煤气公司得不到在纽约开业的许可证。《纽约新闻报》还曾先后发起过针对电车公司与电力公司特权的抗议运动,获得了公众的好评。这家报纸还常常对所谓政府官员滥用职权的行为采取"讨伐式"的曝光报道，博取公众的注意和欢心。为此《纽约新闻报》上还专门刊登了吹嘘自己的标题："别的报纸空谈，而《纽约新闻报》实干"、"实干的新闻——各行各业的行动家衷心支持《纽约新闻报》代表人民所作的斗争"、"《纽约新闻报》最早应用的新思想即将成为美国报纸的公认职能"等等，不遗余力地自我吹嘘。当然，赫斯特的这一系列"人民斗士"的表演，完全是推销报纸的花招而已，也是缓和纽约社会各界攻击其粗俗的黄色新闻的手段之一。就这样，赫斯特的《纽约新闻报》很快成为该时期美国影响最大、发行量惊人的报刊之一。到1896年末，《纽约新闻报》的日发行量竟然达到最高43.7万份，一年后该报星期刊的发行量达到了60万份，赶上了《纽约世界报》的星期刊发行量。在决定麦金莱和布赖德恩两人竞选总统结果的那一天（1896年），《纽约世界报》和《纽约新闻报》各出售了150万份，创下了空前的记录。而赫斯特的《纽约新闻报》与普利策的《纽约世界报》相互间的激烈竞争和新闻报道大战也给这一时期的美国新闻事业蒙上了黄色新闻的污垢。

（3）赫斯特与美西战争

1898年美国和西班牙的战争在美国黄色新闻史上有着重要的地位。史学家们经常称这场战争为"赫斯特的战争"，这并非没有道理。尽管不能说美西战争的爆发是赫斯特、普利策们鼓动的结果，但战争的最终爆发事实上的确跟美国黄色报纸的大肆渲染有着密切的关系。

美国和西班牙的矛盾在19世纪末因古巴问题而尖锐了起来。1896年西班牙派巴莱里亚诺·威勒将军担任古巴最高指挥官，此人有"屠夫"的绰号。当时美国的《纽约世界报》、《纽约新闻报》、《纽约先驱报》与《纽约太阳报》均在古巴派驻有记者。他们将威勒将军残杀、虐待古巴人民及西班牙人集中营的残暴情景，刻意地用夸大的标题、刺激的描述加以报道。虽然这些报道资料多系道听途说，毫无根据，但国内的报社编辑们却热衷于把这些新闻报道用大字的标题加以突出，并刊登大幅的图片和撰写煽动性的社论来进行轰动性的处理。对此,恼怒的威勒将军处决了一名美国记者并搜捕了《纽约世界报》与《纽约新闻报》驻古巴记者站,这一行径引起了美国公众舆论对这些报纸的同情及对西班牙暴行的不满和抗议,提高了这些黄色新闻报纸的声誉,扩大了它们的销路。

刊登西班牙人在古巴的暴行,起先《纽约世界报》占有优势,但是赫斯特的《纽约新闻报》很快后来居上。该报通过报道和捏造许多新闻使自己的版面天天充斥着古巴的消息。1897 年,赫斯特将著名小说家戴维斯与画家雷明顿送往古巴,挖掘新的新闻资料。雷明顿抵达古巴后看到这里一切平静,希望回来,据传赫斯特立即回电说:"哈瓦那、雷明顿,请留古巴,你提供图片,我将提供战争"。事后赫斯特否认"我将提供战争"这句话,但他努力鼓吹战争并最终使全美国陷入了战争的歇斯底里状况则是不可否认的事实。

《纽约新闻报》轰动一时的对古巴的报道事件,是利用海丽娜·西斯内罗小姐的消息大造舆论。海丽娜·西斯内罗小姐是当时古巴革命政府总统的侄女,当其叔父被西班牙人逮捕并押送到松岛军事监狱时,西斯内罗小姐自愿陪伴叔父前往。后来因西斯内罗小姐反抗监狱当局的虐待而被带回哈瓦那受审。赫斯特认为这条消息极有价值,于是派记者详加刺探并连篇累牍地在《纽约新闻报》上加以报道。《纽约新闻报》刻意把松岛监狱中的一名典狱长(西班牙人)描述成一个好色的恶棍,在文章中详尽叙述了这位典狱长如何企图对西斯内罗小姐非礼,她如何喊叫反抗方得以避免受其污辱的情节;文章描写了这位古巴最漂亮的美女遭受西班牙人严刑拷打,被关押在哈瓦那 18 所监狱中最恶劣的黑人监狱里,不久即将被判处 20 年的苦役,而此种苦役实际上只一年就会使西斯内罗小姐致命等消息。《纽约新闻报》为此呼吁美国妇女向罗马教皇与西班牙女皇控诉,结果有很多读者照办了。这件事使美国整个社会震动不小,几乎所有的报纸都火爆异常地报道了这条消息。更令人瞠目结舌的是,赫斯特派出《纽约新闻报》的记者德克尔前往哈瓦那营救这位少女而且竟然成功!德克尔将西斯内罗小姐女扮男装救出监狱,并双双逃出哈瓦那回到纽约，还参加了赫斯特为他们在纽约联合广场举办的盛大欢迎会，会后又特意将西斯内罗小姐送往华盛顿与麦金莱总统见面，这件轰动数月之久的新闻系列报道是赫斯特自称最为得意的杰作。

赫斯特的《纽约新闻报》另外一份关于古巴的独家新闻是1898年2月9日在该报刊登的一封书信。这是一封由西班牙驻美国大使杜皮依·德·洛美写给正在哈瓦那访问的一名西班牙报纸编辑的私人信件，该信说美国总统麦金莱是一个"软弱的、迎合暴民的、卑劣的政客"。此信由一名古巴革命政府成员偷来送给了赫斯特。《纽约新闻报》将这封信在显要版面刊发，引起美国舆论的大哗。而六天之后美舰"缅因号"在哈瓦那港口爆炸，更使美西外交危机达到了极点。终于，在以赫斯特的《纽约新闻报》、普利策的《纽约世界报》为首的美国新闻界的鼓噪之下，美西战争爆发了。

1898年2月15日夜，美国一艘军舰"缅因号"在哈瓦那港口爆炸而沉没，266名美国士兵丧失了生命。赫斯特的报纸立刻以特大通栏标题及图片报道了这一消息，并悬赏5万元查明是何人将"缅因号"炸沉的，《纽约世界报》也曾准备雇用一艘轮船和潜水员，前往古巴调查军舰是否是被西班牙人的水雷炸沉的。在查明真相之前，美国报纸的报道就给人们这样一种印象：西班牙对此负有直接或间接的责任。《纽约新闻报》为此发起了献舰运动，并成立专门委员会负责筹款。3天以后，这家报纸用通栏大字刊出"全国战争狂热"的大幅标题，鼓动发动战争。普利策也在《纽约世界报》上刊发了一篇署名社论，要求对西班牙发起一次迅猛的速决战。在报刊掀起的全国战争狂热的压力下，美国国会4月18日迅速通过了关于战争的决议，原先无意于战争的麦金莱总统宣布对西班牙开战。

战争的爆发使赫斯特兴奋不已，他自愿以自己的财力装备一个团的志愿兵参加战争。在被麦金莱总统拒绝后，他乘坐自己的快艇"海盗"号，率领20多名记者、画家与摄影师亲往古巴进行战地采访。赫斯特的庞大的船队上安装了先进的电报机和印刷设备，可以随时在船上刊印《纽约新闻报》。当西班牙的海军被美国的海军击败后，赫斯特亲自奔赴战场，挥舞左轮手枪，将 26 名西班牙海军俘虏，《纽约新闻报》对此当然大大加以宣扬。该报一位记者回忆赫斯特在战场上的"风采"时，描述了头戴系有缎带的草帽、腰间佩带手枪的赫斯特从一个挂了彩的记者手里接过稿子，跃上马背向《纽约新闻报》报船奔驰而去的情景。

战争的狂热和对美西战争的报道，使《纽约新闻报》和《纽约世界报》都发了大财。战争期间，两报的销量都超出了 100 万份。《纽约新闻报》最高时达到了 150 万份，《纽约世界报》也接近这个数字。尽管由于战地采访耗费了大量的钱财，但赫斯特的《纽约新闻报》乐此不疲。战争停止后，赫斯特的报纸销数量超出 100 万份达数月之久。至此，美西战争和赫斯特、普利策的黄色新闻大战把美国的黄色新闻推上了最高峰。当时在美国 21 个报纸集中的城市里，约有一半的报纸是不折不扣的黄色报纸。波士顿、圣·路易斯城与旧金山、纽约是黄色新闻的中心。

除了赫斯特的《纽约新闻报》外，中西部地区的《丹佛邮报》作为最黄的一家报纸而臭名昭著，《波士顿邮报》则是该市黄色报纸的典型，而《费城问询报》则以滥用大字标题闻名。

在这一时期，黄色新闻泛滥成灾。

1901 年后，黄色新闻逐渐式微。这首先因为《纽约世界报》和《纽约新闻报》之间的争斗渐趋缓和。普利策对这种斗争感到厌倦，进而将《纽约世界报》最受人攻击的黄色新闻部分逐渐取消了。其次是因为严肃主流报纸如《纽约时报》等的崛起。而对赫斯特《纽约新闻报》打击最大的则是麦金莱总统被刺事件。

从 1896 年 7 月麦金莱担任总统以来，他一直是赫斯特攻击的主要目标。1901 年 2 月，肯塔基州长戈贝尔被刺身亡，《纽约新闻报》在 2 月 4 日刊出了署名皮尔斯的四行赞美诗，鼓动对麦金莱总统采取行动，该诗写道：

贯穿戈贝尔胸膛的子弹，
不能在西部地方找到，
正是好理由迅速采取行动，
把麦金莱装入棺木。

同年4月10日，《纽约新闻报》晚刊社论宣称："假如要除掉坏人和废除不良政府只用暗杀一法的话，那么现在是应该采取行动的时候了。"这种煽动性的言论使很多读者大为震惊。同年9月，一名暴徒果然刺杀了麦金莱总统。从暴徒口袋中搜出了一份攻击麦金莱总统的《纽约新闻报》，这引起了广大读者对赫斯特及其报纸的愤慨，许多读者和商业机构、社会团体拒绝订阅《纽约新闻报》，众多的图书馆和俱乐部也采取同样措施。赫斯特的模拟像被人们吊在绞架上示众，西奥多·罗斯福总统更出面指责暗杀麦金莱总统的刺客是被黄色新闻的报纸煽动的。这样，自麦金莱遇刺事件后，赫斯特的《纽约新闻报》成为社会所唾弃的报纸，并不得不将其改名为《美国人报》。赫斯特的嚣张气焰也遭到重创，元气大伤，至此黄色新闻浪潮在美国日趋衰落了。

3.20世纪20年代的小型黄色报刊

第一次世界大战后，在美国——主要是在纽约市又出现了一个以耸人听闻的"黄色新闻"为特征的浪潮，并持续了十年之久，这就是20年代的美国小型黄色报刊的出现与泛滥。

小型报刊在美国的出现和发展起源于英国同类报刊的影响。英国"黄色新闻"始祖哈姆斯沃斯在学习美国的"黄色新闻"中，于1904年成功地发行了一种"半便士插图"小报——《每日镜报》(*Daily Mirror*)，他的工作引起了包括普利策在内很多美国报人的关注。有一位年轻的美国军官——约瑟夫·梅迪尔·帕特森上尉在欧洲会晤过哈姆斯沃斯，并向他讨教了小型报刊在纽约——乃至美国的发展前景及获利方式。这位受到哈姆斯沃斯很大启示的年轻军官是美国报业世家《芝加哥论坛报》业主约瑟夫·梅迪尔的外孙，他决意在战后去纽约创办一份类似于英国《每日镜报》式的大众化小型报刊。

1919年6月26日,帕特森上尉创办的《插图每日新闻》(后改名为《纽约每日新闻》)在纽约市正式出版。这份形式独特的小报与众不同,运用耸人听闻的编辑手法,偏重消遣性娱乐新闻和大量使用图片是该报的主要特征。它的创刊号头版上刊登着一张威尔士亲王的大幅照片(英国王子,后为温莎公爵),同时还宣布在纽约市举行美女竞选。为了招徕读者,该报不惜在《纽约时报》上刊登整版宣传广告,用以下标题大肆渲染;"每天早晨在《插图每日新闻》上刊登着纽约最漂亮的姑娘"。1924年该报销量即升达75万份,1929年又上升到了132万份,成为全美销量最大的一份报纸。

按照美国新闻史专家埃默里教授的说法:"20世纪20年代对于小型报纸运用极端耸人听闻的新闻手法并把它低级的新闻特色扩张到其他报纸上去,是一个非常合适的时期。"事实的确如此,这是一个荒唐、怪诞、疯狂、喧闹的年代。一战结束后,发了横财的美国大亨和一般民众、退役军人们都想忘却噩梦般的战时艰难时光,轻松一下自己,并返回到正常的生活秩序中去。在政治上,1917年伟大的改革运动已销声匿迹,威尔逊总统希望美国在世界事务中起领导作用的理想,也在国内"恐赤病"和孤立主义及国际外交不利的夹击下破灭了。在商业界,到处流行着保守主义和自由放任主义,人人都在追求金钱。在这种背景下,美国全国上下进入了一个醉生梦死、极度欢乐、自我麻醉的氛围之中。"迷惘的一代"的文艺作品如先锋派、野兽派的绘画;强烈的"爵士音乐";好莱坞的"浪漫电影"、"喜剧电影"等一时间风靡全国,弥漫北美。"禁酒法"把私酒贩子、地下酒店、流氓阿飞带到众人注视的中心舞台上。风流浪漫的电影明星、体育英雄、社会名流的表演与行为引人注目。各级官员不断发生舞弊丑闻,贪污事件时有发生……这一切都成为战后这一时期小型报刊上好的刊登材料。美国的小型报刊适应和反应了那个时代的风貌,热衷于色情凶杀、暴力新闻,为许多文化低下的外来移民和心灵空虚、寻求刺激的读者们提供了一个逃避现实的避难所,因而受到热烈欢迎。

《纽约每日新闻》的成功立即招引来强烈的竞争。1924年,老牌黄色新闻大王赫斯特不甘示弱,出版了一份《每日镜报》同帕特森竞争。紧接着,著名的百万富翁出版商伯纳德·麦克洪登也于同年发行了臭名昭著的《每日写真报》,加入了这场庸俗、污秽的"低等街头报纸之战"。在黄色新闻的炒作下,该报很快成为业界名声最臭、市场销量却直线上升的一份黄色小报。

小报时代的黄色新闻泛滥现象与1833年、1883年和1897年间的美国数次黄色新闻浪潮相比可谓有过之而无不及。小报的编辑记者们乐于刊登官方大人物的逸事和丑闻——比如哈定总统的无能和他的政府内阁的种种丑闻;纽约市长吉米·沃尔克的马虎;还乐于刊登各种怪异的爱情纠纷——50多岁的"傻瓜老爷"布朗宁和他15岁的新娘"水蜜桃"的畸形"爱情"故事;并善于把惨不忍睹的凶杀案件渲染成轰动全国的"重大消息",就像霍尔—米尔斯案件、露丝·斯奈德案件那样。在各个小报版面上经常充斥着小报记者用第一人称自述的方法写好后让当事人签名的各种消息。编辑们则给这些消息加上"他打我——我爱他"、"我在另一个女人的爱情生活中度过了36小时"等诸如此类刺激、煽情的大字标题。当有识之士对此提出强烈批评时,小报发行人们却理直气壮地宣称:"大家要看火热的消息"。

一个最为典型的小报时代的"火热的消息"是露丝·斯奈德案件。当与情人共同谋杀了亲夫的斯奈德夫人被判处电刑时,兴奋不已的《每日写真报》向它的读者大肆渲染地宣布:

> 不要错过明天的《每日写真报》。惊心动魄、刺穿人心!揭开露丝·斯奈德夫人在人世最后的想法,使人读后脉搏加快。请想一想,就在她被带到烙干烧焦的刑具之前,一个女人的最后想法,她在最后时刻说的话,明天《每日写真报》的独家新闻。

可是，当《每日写真报》上刊登出斯奈德夫人的长篇“忏悔录”时（这当然是小报记者代替斯奈德夫人杜撰的），《纽约每日新闻》的编辑却通过一张可怕的照片把读者们带进了死刑室。在执行电刑的死刑室内是禁止拍照的，但是该报摄影记者汤姆·霍华德却经过试验，想方设法把一架小型照相机绑在自己的脚脖子上带进了死刑室，并正好在斯奈德夫人发出临死尖叫的瞬间拍下了一张模糊不清的照片。正是凭着《纽约每日新闻》头版上刊出的这张偷拍来的了不起的独家照片，该报总共卖出去了25万张号外，并把头版加印了75万份，全部销罄。整整几天内，全美国人都在谈论着这则“火热的消息”和这张“新闻史上议论最多的奇迹”的照片。

20世纪20年代末至30年代初，美国发生了经济大萧条。工厂倒闭、百业凋零，人民温饱不足、惶恐不安。在此等严峻形势下，小报醉生梦死、低级庸俗的风格遭到了社会大众普遍的反对、厌恶和抵制，“小报时代”逐渐衰落。但是，作为西方自由竞争的新闻市场“痼疾”的黄色新闻从来未曾全部退出过美国新闻事业的历史舞台。至今，《纽约每日新闻》仍是一张发行量很大的报纸，而专门刊载好莱坞明星们风流趣闻和秘史的超级市场小型周报《国民问询报》与《明星报》的发行量都在百万份以上。可以说，黄色新闻这一腐朽的资本主义文化现象将与资本主义社会同生死、共存亡。

二、英国的黄色新闻现象

“黄色新闻”是一种国际化的新闻现象，因此在英国也曾出现“黄色新闻”现象的泛滥，它的代表性人物就是英国新闻史上著名的“黄色新闻大王”哈姆斯沃斯（北岩爵士）。

1.哈姆斯沃斯简介

1865年7月15日，艾尔弗雷德·哈姆斯沃斯出生于爱尔兰首都都柏林的一个律师大家庭中。青少年时的哈姆斯沃斯就表现出对新闻事业的强烈兴趣和写作才华，并常向他喜爱的杂志如乔治·纽恩斯的《点滴》杂志投稿。《点滴》杂志上短小的文章、诱人的标题、逗人的评论、简单明了的语言、各种商业推广竞赛以及许多耸人听闻、幽默滑稽的趣闻消息都给哈姆斯沃斯留下了深刻的印象。他立志于投身新闻界，于是只身来到伦敦打天下。

1888年，哈姆斯沃斯与弟弟哈罗德一起创办了一份同《点滴》杂志相类似的竞争刊物——《回答》，其创刊号就发行了12000份。一年后，哈姆斯沃斯在《回答》上开辟了一个广受读者欢迎的有奖猜谜比赛，从而打开了刊物销路。哈姆斯沃斯宣称，凡是该刊读者都可以参加这项猜宝活动，获胜者可以终身每月得到1个英镑。当时的英国工资很低，没有退休养老福利制度，每月1英镑的奖金足可维持一人很充裕的生活水准，所以这一猜谜活动引起了社会极大轰动。《回答》的销量也因为这项推销活动增加到了10万份，获得了极大成功。

1894年，哈姆斯沃斯买下了《新闻晚报》，也获得了相当大的成功。1896年5月4日，哈姆斯沃斯投身于日报业行当，终于创办了一份他向往已久的全国性日报——《每日邮报》(*Daily Mail*)。

2.《每日邮报》的编辑方针

1896年5月初，哈姆斯沃斯的《新闻晚报》持续数日登出大幅广告，宣称“惊人的《每日邮报》将于5月4日创刊——这是一份忙人的报纸、是一份穷人的报纸”。广告还特别注明，《每日邮报》将是一份只售半便士的廉价报纸。在5月4日该报创刊号上哈姆斯沃斯声称：读者只需花费半个便士就可以读到他们想读到的所有的消息。

该报创刊号宣称，《每日邮报》定价低廉，文字简洁，基本上是忙人的报纸。由于报纸的排版、印刷、折叠、打捆都是应用英美最新的机器，所以只售一般报纸的半价。并为此向读者大声疾呼：“它是一个金矿”。

精编易读、标题生动、文字简洁确实是《每日邮报》的一大特色，也是哈姆斯沃斯达到其为“忙人”和“穷人”办报而采取的编辑方针。他刻意利用该报实现所谓的新式新闻学——就是从以往创办的《回答》杂志和从美国报坛学来的扩大销路提高利润的种种经验，包括丰富多变、吸引读者的报道主题；大量详尽的社会新闻；美国式的版面编辑形式技巧、利用各类大幅图片；黄色新闻题材的种种艳遇、秘史、丑闻、色情、凶杀、探险、飞行等刺激性消息；外加妇女专版，体育专栏、小说连载和五花八门、各种各样的竞赛、推销有奖活动。

哈姆斯沃斯的这一系列措施获得了巨大成功。《每日邮报》创刊号发行39.7万份，这是任何报刊从未有过的记录。到了1901年时，该报销数竟然达到了100万份。为此，这位英国黄色新闻代表人物同著名的英国第一张便士报《每日电讯报》的业主劳森一起被誉为"英国现代新报业"的领袖人物。

尽管有人对哈姆斯沃斯的黄色手法持批评态度，尽管哈姆斯沃斯的所作所为引起了以《泰晤士报》业主阿瑟·沃尔特为代表的高贵报刊的蔑视——有人嘲弄《每日邮报》是一张"工友办给工友看的报纸"，但哈姆斯沃斯毫不在乎，他再接再厉，于1908年11月2日推出另一份更黄色的小型报纸——《每日镜报》(*Daily Mirror*)。

《每日镜报》最初是一份小型报纸，售价一便士，1904年1月调价为半便士一份的廉价小报后大获成功。这份报纸的特点是插图和照片多得惊人，主要内容完全是耸人听闻的趣味性、刺激性社会新闻，桃色消息和犯罪新闻刊登数量最多。1909年，这份黄色的半便士插图小报的销量也达到每天100万份，成为当时世界上销售量最大的报纸(1950年时，该报还曾达到过日销500万份的惊人数字)。美国著名黄色新闻大王普利策对在英国获得巨大成功的哈姆斯沃斯也极为钦佩，曾特邀其到纽约，委托他把1901年1月1日出版的《纽约世界报》办成一份象征着20世纪未来发展方向的小型报纸。哈姆斯沃斯作为英国黄色新闻的始祖、新报业的领袖、现代小型报纸的创始者、早期英国垄断报业寡头之一而载入新闻传播事业的史册。

三、法国和日本的黄色新闻现象

1. 法国的黄色新闻

法国新闻传播业中的黄色新闻主要出现在19世纪末20世纪初

大众化报刊之中。这一时期法国资本主义经济、政治制度的成熟成为法国黄色新闻现象产生的根本因素，而来自美国、英国廉价报刊的巨大影响和其耸人听闻的报道手法的启示，也是促成法国黄色新闻泛滥的重要原因之一。下面，我们拟通过这一时期法国最有名的黄色报纸《小新闻报》和《巴黎人报》来加以说明。

《小新闻报》(*Petit Journal*)是由穆瓦兹·米洛于1863年2月1日创办的，这是一份售价一个苏(五生丁，相当于半便士)的廉价报纸。创刊初始，《小新闻报》在内容上便尽量减少一般法国报刊上刊载的政治性消息和争论性文章，而大量刊登短小而有趣的各类新闻消息——特别是大量刊载富有刺激性的社会新闻和惊险生动、使人爱不释手的通俗传奇连载小说。到19世纪末，该报受美国黄色新闻风潮的影响，充分迎合大众读者的猎奇心理和阅读趣味，经常刊登法庭诉讼、杀人越货、天然灾害、爱情纠葛等社会新闻，销量很快达到100万份，成为法国当时发行量最大的一家报纸。

《小巴黎人报》是法国成功的第二份大众报纸，亦是《小新闻报》强有力的竞争对手。它于1876年创刊，1888年转入让·狄普之手后发展迅速。该报在内容上完全模仿《小新闻报》的编辑信条和报道风格与手法，不注重政治性言论，而注重吸引读者的富于刺激性的社会新闻和轻松文章、连载小说。该报政治上严守中立，不参加任何重要的政治争论，而是同《小新闻报》展开一轮又一轮的激烈竞争。1889年该报销售量达到77.7万份之多。由于《小新闻报》在1894～1898年间政治影响巨大的法国"德雷福斯案件"中卷入太深，同时还由于该报不断煽动反犹情绪、对抗社会进步势力，因而威信大降，销数惨跌。《小巴黎人报》却由于在此案中保守中立，很快便在销量上超过了对手，1914年一战前夕，该报销量已高达185万份，成为整个欧洲乃至全世界最大的报纸之一。

《小巴黎人报》受美国新闻界影响至深。早在1907年，让·狄普和儿子保罗·狄普(该报总编辑)就曾访问美国，并对美国两位黄色新闻"领军人物"普利策和赫斯特的办报方式留下了极为深刻的印象。回国后，这对父子悉心借鉴、模仿美国黄色新闻的办报方式。一战后，保罗作为该报发行人再次率领大批编采人员赴美取经，学习新式报业技术、技巧，在《小巴黎人报》上全面实施美式版面编排风格及黄色新闻报道手法。该报甚至采用了赫斯特报系的鹰翅报徽，在巴黎报界掀起了一股学习美国报业的热潮。许多巴黎报刊争相仿效美式报纸和《小巴黎人报》的办报技巧，如通栏大字标题，轰动性新闻消息、明星生活轶闻、社会名人丑闻、人情味的特写文章，刊登使用多种图片，用套红黑字印刷方式来吸引读者等等。一时间，美式风格的巴黎黄色报纸比比皆是。

另一家带有黄色新闻面孔的法国报纸是1883年由美国人爱德华在巴黎创办发行的《晨报》，该报的特点是将美国报业技巧全盘输入。虽然《小新闻报》和《小巴黎人报》已经多方面地采取了美式办报方法，可相形之下，《晨报》则是一份彻头彻尾"美化"了的法文报纸，在版面编排、标题写作等格式上都全力模仿纽约报界，在黄色新闻手法上更是亦步亦趋。它追求所谓的办报独立方针，宣称为所有人服务，报纸的社论委员会刻意由左、右两派观点的两个人担任，轮流执笔，以示公正平衡。到1914年时，在新的报纸老板莫里斯·比诺·瓦利亚的主持下，该报亦达到90万份的销售量。

一战前夕，巴黎报业总销量达600万份，而上述三报就占了400多万份，黄色大众化报刊之势力可见一斑。法国黄色新闻的恶波浊浪虽不及英、美两国，亦颇为可观了。

2. 日本的黄色新闻

日本黄色报纸的出现过程同美国颇为相似。在经历了"政论—政党报刊"的喧嚣之后，在日本开始出现了不关心政治，注重趣味消息的"中报"，产生了一批以营利为主旨，标榜"不偏不党"的商业性大众报刊。这类报刊的报道重心从政论转向新闻，社会新闻版和经济金融消息得到扩充，各报纷纷展开销售和广告之争。可以说，从1884年的中日甲午战争到第一次世界大战期间，是日本的政论新闻事业日趋没落，营利新闻事业逐渐形成时期。正是在这一时期里，出现了以《万朝报》和《二六新闻》为代表的商业性廉价“小报”,这两份报纸的宗旨是不关心政论新闻和国家大事,而只关心如何用通俗的新闻消息将广大的下层民众拉进自己的读者队伍,争取更多的读者,获得更多的利润。

《万朝报》为黑岩周六(泪香)于1882年11月创办,《二六新闻》则创刊于1893年。由于这两家报纸都是小报,没有《朝日新闻》、《读卖新闻》、《邮便报知新闻》和《东京日日新闻》等大报雄厚的资本力量,便转而争取下层民众,期冀开拓一直没有读报习惯的城市工友、市民阶层为读者对象,使原本不足的资金迅速生利,获取巨额盈利。为达成这一目的,两报认为所能采取的最好方法便是以激情主义的风格来报道新闻,并大力开展报纸“揭露丑闻运动”来吸引读者。

按照黑岩周六的说法,《万朝报》的发刊宗旨“无非是让普通的多数百姓得到一眼便获知时势的便利”。其办报方针具体表现为:“一简单,二明了,三痛快”的编辑方针;一份报纸一分钱的便宜价格;配有大量图画的连载小说;通过连续报道某个单一、明白的事实以唤起多数人关心的轰动性报道。利用这样的办报手段,不断吸引和增加该报的读者,并养成民众读报的习惯。

《万朝报》揭露丑闻的典型事例有:攻击莲让教会,名人蓄妾调查、相马事件、农商务次官大石正已的通奸案件等。例如该报的“名人蓄妾调查”,在题为《弊端一斑,蓄妾实例》的连续报道中,揭露了共约500余个蓄妾的名人。《万朝报》自1898年7月7日起连载50多次,对此加以大肆报道,引起了轰动,《万朝报》从此名声大振。

与此同时,《二六新闻》也在不断地展开类似的新闻报道活动。如提倡妓女自由歇业,攻击三井财阀,攻击著名日本烟草大王岩谷松平退治事件,以期震动社会,获取名声,吸引读者。

我们可以岩谷松平退治事件为例来看一下《二六新闻》的新闻报道风格。该报从1901年10月26日起连续刊载“衣冠禽兽岩谷松平玩弄女佣”(一个侍奉父母的孝女)的罪行。该报道几经周折,最后以岩谷松平退治低头屈服，在《二六新闻》上刊登谢罪广告告终。这位在《二六新闻》狂风暴雨般的报道压力下俯首认罪的烟草大王还特意拜访了该报秋山定辅社长，双方握手言和，《二六新闻》详尽报道了这次会面的情况，高奏凯歌，鸣金收兵。

另外，旬岛田三郎的《每日新闻》对东京市政的黑幕后台星亨发动的攻击，引发了该报的一位忠实读者暗杀星亨的事件，也引起了社会各界的极大震动。

就这样，以《万朝报》和《二六新闻》为代表的日本黄色新闻报刊的激情主义报道方针获得了众多读者的欢心，其发行量也相继递增。尽管两报的报道风格受到了日本上层社会的厌弃和痛恨——比如黑岩周六就曾被人恶毒地称为“蝮蛇周六”，但两报的经营策略却大获成功。1898 年《万朝报》的发行量达到 9.5 万多份，占东京各报第一位；不久该报发行量又跃升为 12 万份，占据全国之首。

第三节　分析与思考

1. 何谓黄色新闻

黄色新闻作为一种蔓延西方新闻界的普遍现象，至今仍是西方新闻界的不治之症。对于这一现象，简单的否定，尖刻的谩骂，都无助于我们认识问题，因为这一问题一直客观存在着，那就是：历史悠久的黄色新闻手法为何总是对读者有一定的吸引力？黄色新闻为何总存在于西方传播事业之中？黄色新闻的具体内涵和突出特征是什么？我们应该怎样看待新闻传播中的黄色新闻现象？

首先要搞清楚的一个基本问题是，什么是黄色新闻？埃默里教授在《美国新闻史》中就此写道：“黄色新闻从最坏情况来讲，是一种没有灵魂的新式新闻。黄色新闻记者在标榜关心人民的同时，却用耸人听闻的、华而不实的、刺激人心和满不在乎的那种新闻塞满了普通人赖以获得消息和新闻的渠道，把人生的重大问题变成了廉价的闹剧，把新闻变成最适合报童大声叫卖的东西。最糟的是，他们不仅不起社会领袖的作用,反而为犯罪和暴行开脱。”

这是从一般意义上给黄色新闻下的较为准确的定义之一。更准确的说法应该是:黄色新闻是一种大量运用煽情主义的浅层次感官刺激手法,集中渲染、夸大报道耸人听闻的色情、暴力、犯罪、天灾人祸等新闻事件,旨在赚取高额利润的新闻样式。

从具体的版面形式上来看,黄色新闻具有以下几个特征,从而显著地不同于其他的新闻样式:

一是运用强烈刺激读者感官的手法,夸大和重点报道犯罪新闻、灾难新闻、色情新闻和体育新闻。

二是版面上常使用充满刺激的煽动性大字标题、套红标题,经常用特大字号,甚至人工刻字,战栗读者。

三是滥用各类图片,大量刊登犯罪现场图解、色情凶杀照片、漫画、连环画、秘闻照片等以吸引读者。

四是常常使用各种欺骗手段和种种花哨的噱头。如用捏造新闻、虚伪访问、冒充科学、夸谈学术、探险猜宝等手法来诱惑读者。

五是重视出版星期日刊,并通过刊登连续彩色画报和各种浮浅而又充满刺激的特写文章取悦社会不良阅读情趣。

六是对下层民众表示虚假同情,自诩为“人民的斗士”,经常倡导发起一些所谓的社会改革运动,以期造成轰动性、戏剧性的广告效果,来增加报刊销量。

2. 黄色新闻现象存在的根本原因

黄色新闻现象得以存在的原因很复杂。美国著名报人奥斯瓦德·维拉德·戈德金曾说:“这类报纸制造谎言,是因为谎言有利可图。换句话说,使他们愚蠢、可悲和臭名昭著的原因,也就在于此,他们投了一部分道德败坏的人的所好。”然而,戈德金把黄色新闻现象归咎于一部分道德败坏的读者之所好起码是片面的、浮浅的。

我们认为,黄色新闻现象产生和延续的根本原因,乃在于资本主义市场化竞争的追求高额利润原则日益成为新闻媒体的最高准则,以及西方新闻市场上不受任何限制的恶性竞争。

由于自由竞争的经济原则和市场机制因素，西方社会的显著特征之一便是商品化现象的泛滥——所有的东西都成为了商品，新闻当然也不例外。同别的商品一样，最能适合大多数人需求的商品常常能带来高额的利润，谁能推销出自己的商品，谁便能发财致富。这一不以人们意志为转移的市场经济法则有力地制约着西方新闻事业的整体风貌。正是在这一社会竞争机制基础之上产生了连绵不断的黄色新闻现象，这是西方资本主义诸国普遍存在黄色新闻的共同基本原因。

另外一些因素对黄色新闻现象在各国产生的规模范畴、表现形式也给予了一定的影响，这主要是指各国的一些特殊国情。这一个抽象要领可以具体化解为以下几个元素——读者大众情况（文化普及程度、文化背景、生活水平、所处地域、普遍的阅读兴趣）、传播技术水平（收集、传播、印刷、制作手段），社会文化背景、传统价值观念、宗教团体力量、占据社会主导地位的意识形态、政府权力的介入，各国具体资本市场成熟的程度（交通、企业、法律、市场交流）、各国间的相互影响能力（民族、距离、历史渊源）等等。

下面让我们尝试着把这些元素串联起来分析一下美国的黄色新闻现象。

首先，在19世纪末20世纪初，美国的工业经济获得巨大发展，企业和市场机制的成熟达到了这种地步——产生了卡内基的钢铁、洛克菲勒的石油、摩根的金融、希尔的铁路等初期垄断托拉斯组织，产生了一大批工业界和金融界的“大亨”与“巨头”。

在社会文化的元素中，自由主义观念达到极点，以至于政府的角色仅仅被局限于为工商业的发展创造必要的条件和竞争秩序。美国文学中产生了一大批现实主义的伟大作品，普通人成为文学作品中的主人公。美国的大众教育事业获得了普遍的成果——但必须承认，一般人的文化水平还很低，甚至到1900年时，普通美国人一生中也大多仅仅受过5年教育。同时，大量城市的崛起和商品经济的交流促成了城市文化的繁荣与发展。

最大的变化来自读者。一方面,大量的新移民不断涌入美国各个城市。有资料表明,在1880~1900年间,有90万移民进入美国。另一方面,企业和城市的发展使工人阶级、小职员和市民阶层的人数也大大增加了。这些美国人——新的或老的公民们崇尚自由,向往独立快乐的生活,在美国的大熔炉中,他们被锻造成为一代天性粗犷、幽默机智、坦诚平等、勤奋劳作、独立自由的新人。这些人数众多的美国人在艰苦奋斗之余,强烈地要求文化知识和娱乐消遣,强烈地要求适合其阅读水平与口味的大众传播媒介——新式报刊的出现。当这个新闻市场拥有了如此众多的潜在的买主时候,能不被一心渴望发财致富的黄色新闻大王赫斯特们发现和挖掘吗?

美国报业传播技术的水准也满足了这种发掘工作的各个环节之需要。通讯网络系统在19世纪末已把全美国联成了一片;洲际电缆和有线电报使新旧大陆信息相连;高速的轮转印刷机能在单位时间内大批量地印刷出上万份的报纸;新型的铸造机能铸出特大号的字形;照相凹板印刷术难题的完全解决使报刊的图片领域大大拓宽了;新闻纸、油墨等基本材料是那样的充足和廉价,为报刊的发展提供了基本的前提条件;电话、打字机和后来的无线电报更给编辑部带来了一场又一场的革命;电气化的动力在工厂、车间、报馆普遍使用;电灯不仅给报刊编辑部的工作带来了方便,也使千百万读者们拥有了更为闲暇的时光和更为舒适的阅读环境。一天劳累后的读者们吃完并不丰盛的晚餐,抽着烟斗,坐在安乐椅中,一份报纸在手,轻松娱乐一下,这已成为当时美国城市众多小家庭的一个普遍的生活场景。尽管阿道夫·奥克斯复兴的《纽约时报》可以找到许多认真的读者支持这份高尚严肃的报纸,但更多的读者们却被那种既是娱乐性的,又能提供消息,还代表他们的观点、利益的大众化报刊所吸引——这正是普利策的《纽约世界报》和赫斯特的《纽约新闻报》这类报刊为代表的大众化报刊。

显然,黄色新闻的崛起与存在旨在为商业报刊争取那些文字水平不高,偏爱家喻户晓的有趣故事和通俗小说,对普通社会新闻感兴趣的广大公众。因此黄色新闻报刊普遍遵循迎合公众趣味，制造报道热潮等手法也就毫不奇怪了。正如一位黄色报纸的发行人所说："我们把爱情和浪漫给妇女，把拳击和揭露丑闻给男人。"

3. 怎样评价黄色新闻

对黄色新闻的评价以往历来众口一词——糟粕！我们认为，对黄色新闻的总体评价虽然应该是持否定的，但大众化的价值倾向并不一定全是低级与否定的——当然黄色新闻走过了头。在我们看来，黄色新闻的最大危害之一如埃默里先生所言："（它）塞满了普通人赖以获得消息和新闻的渠道，把人生的重大问题变成了廉价的闹剧"。同时，黄色新闻为了自己营利的目的，刻意迎合或培养读者身上的一些低层次的阅读癖好，以便把他们的金钱塞进自己的腰包，这种所谓在新闻市场上自由地贩卖"正当毒品"的现象当然应该否决。

但是，问题的另一面是：难道黄色新闻就没有一点点值得我们深思和吸取的好东西吗？

毫无疑问，当然有！虽然在商业的自由竞争中泛滥的黄色新闻在报刊的大众化上做得既恶劣、又粗俗，可这种以读者为本位而进行的大众化努力值得我们深思。一个不争的事实是：黄色报刊确实在一定时期内受到了大众的普遍欢迎。这种欢迎的主要原因之一就是黄色报刊能面向读者，尽量迎合他们的口味——尽管读者的口味并不一定全是对的。但是，作为社会大众的信息传播机构，报刊有正当的理由更有责任面向读者，这是不言而喻的。新闻事业的大众化，在今天社会化了的世界尤为重要。不能想象，一家报刊只发挥所谓的指导、教育职能而我行我素、高高在上，不屑于迎合所谓"乌合之众"而自视清高，僵硬呆板。新闻工作者所应致力的是：应该以清醒的头脑去从事大众化的工作，用责任的理念、健全的知识、充分的信息来满足大众的正当的要求，这可谓是黄色新闻现象给予我们的一点启示和联想吧。

从具体的技巧来谈，黄色新闻的许多手法并不应该被一概抛弃。虽然黄色新闻经常滥用图片，却也发掘和推广了许多有效的报刊图片表现手法。大字号的标题在具体的时间、具体的版面环境中使用，有时确可产生妙不可言的作用。人情味的写作风格，短小机智的特写文章，全方位的新闻报道面，对独家新闻的不懈追求，以及积极地参加进步的社会改革运动，这一切对于我们当今的新闻传播业难道不是特别具有借鉴意义吗？——只要我们不像赫斯特那样做得丧失了分寸，我想即使是黄色新闻的许多方法和技巧也能够为我们所用。

总括而言，我们的看法是，黄色新闻现象确实能够开阔我们的眼界，提高我们的专业判断能力，提示我们有分寸地采用许多种富有表现力的方法、技巧，来为今天的报刊，今天的新闻事业，今天的大众和今天的世界服务。

4. 怎样评价普利策与赫斯特

下面，我们再就普利策和赫斯特的评价论说几句。

(1)约瑟夫·普利策的新闻思想

作为美国新一轮新式新闻事业的领袖人物和现代报业的创始者之一，作为美国黄色新闻的始作俑者和一员先锋大将，约瑟夫·普利策给人留下了一个棘手的评价形象。虽然现在的人们对他评论普遍褒多贬少，但对他那个时代新闻传播事业中出现的种种重大缺陷和现代资本主义社会中黄色新闻顽症的形成，普利策负有不可推卸的过失责任，这是无可置疑的。这些在前边已有论述，不再赘言。在此，仅想再谈谈我们对普利策新闻思想的一些看法。

埃默里教授的一段话很好地概括了普利策对新闻事业的贡献及其原因。他写道：

> 普利策在创造新式新闻事业方面作出了他自己的贡献，更为重要的是，他之所以取得领袖群伦的地位，是由于他善于接受别人的意见，他的充沛的精力和敏锐的新闻嗅觉使他有可能用独到的办法去适应和发展他那个时代的出版思想和技术，实现他的殷切希望。要创办一家拥有很好的编辑部和复杂机构的现代化报纸，而使社会无可争议地

> 确认他的创办人的地位，……他的真正伟大在于他对报纸的作用，特别是关于发挥社论的指导作用抱着高尚的想法，以及使这种想法在他报纸上付诸实现的方法。

埃默里教授说得完全对，普利策并不是一个纯粹的商人——尽管他又是一个最精明、最成功的商人。他同他那个时代绝大多数报人不同的一个根本点是：他有着一整套系统的思想——关于报刊的作用，新闻的意义，评论的价值等等。而最重要的是：普利策的这些思想富有浓烈的民主进步色彩，这大概是普利策身为黄色新闻干将，却瑕不掩瑜，至今仍为世人所推崇的基本原因。

普利策的报业思想集中体现在他的《圣路易斯邮讯报》和《纽约世界报》发刊词之中，我们可以从以下的几段文字中清楚地看到普利策的这种民主报业思想。《邮讯报》的发刊词前已介绍过了。普利策在1883年4月28日《纽约世界报》的发刊词中是这样宣布他的办报方针和民主思想的。他写道：

> 《纽约世界报》的全部资产已由本人购买了，从今天起本报将置于一种与过去完全不同的管理之下：人员、设施和方法不同，宗旨、政策和原则不同；同情和信念不同；脑与心不同……在这个日益繁荣的城市里，需要这样一种日报。这种日报不仅售价低廉，而且内容精彩；不仅内容精彩，而且篇幅浩大；不仅篇幅浩大，而且是真正民主的，是真正站在人民一边，而不是倒在那些有钱有势的人们的一边。它要多发新近的消息，少发过时的消息。它将暴露一切诡辩和无耻，抨击一切危害公众的肆虐和弊端，并以真挚诚恳的态度为人民而奋斗。

普利策在1907年即将告别他眷恋的新闻事业前所写的一番话，更清晰深刻地阐明了他的民主报业思想，这些话已作为《圣路易斯邮讯报》的办报纲领刊登在社论版上。他这样写道：

> 我知道我的退休不会影响办报的基本原则，报纸将永远为争取进步和改革而战斗，决不容忍不义或腐败；永远反对一切党派的煽动宣传，决不从属于任何党派；永远反对特权阶级和公众的掠夺者；决不失去对贫苦人的同情；永远致力于公众的福利，决不满足于仅仅发表新闻；永远保持严格的独立性，决不害怕同坏事作斗争——不管这些坏事是掠夺成性的豪门权贵干的还是贪婪的穷人干的。

普利策宣称《纽约世界报》将努力追求最高的理想：它是每天的学校与每天的裁判所，它是人民的导师，也是人民利益的监护人，它是正义的武器、邪恶的克星、教育的辅助者。

普利策不仅仅说出了自己的主张和思想，而且还通过实际行动努力将这些理想付之于现实生活之中。他办报的一个最大特点便是不断地用手中的笔和自己的报纸对社会舆论、政治活动乃至于政府的方针与政策施加强有力的影响，对所处的社会现实生活进行舆论的干预——当然这种经常地、不失时机地掀起的社会改革运动也有着扩大他的报纸的影响和提升其发行量等考虑因素。

普利策干预社会生活，揭露伪诈不公的事例不胜枚举。他不仅号召人们募集自由女神塑像台座基金，还反对垄断托拉斯组织，反对贪污腐化，揭露行贿受贿，支持工会权力和民众的民主权利要求。他所鼓吹、提倡的许多措施甚至成为了美国的法律条款。

1888 年，普利策的《纽约世界报》极力反对洛克菲勒的美孚石油托拉斯和其他一些大垄断公司的垄断行为，敦促联邦政府制定法律，限制垄断，这促成了众议院于同年开始对糖业和石油行业中的垄断情况进行调查，并最终于 1890 年 7 月 2 日通过了美国第一个反垄断法律——谢尔曼反托拉斯行动法。

1896 年，《纽约世界报》的记者们发现政府把公债先卖给一些银行家，这些人又以高价倒卖给民众以牟取暴利，《纽约世界报》立即刊文揭露这一秘密交易，谴责摩根等大银行家的卑劣行径，发表社论敦促克利夫兰总统宣布公开发行公债。在舆论的压力下，政府被迫照办了。

1905年，《纽约世界报》记者戴维·弗格森和路易斯·赛博尔德发现美国最大的一家保险公司——公共人寿保险公司把公众购买保险单的基金挪用为私人投资而敛聚了大量私人财富。后来，赛博尔德的调查范围更扩大到了全美三家最大的保险公司，他的揭露文章引起了很大的争议。当时的纽约州长弗兰克·希金斯曾得到一份详尽揭露这些保险公司腐化现象的报告，但希金斯却把报告给封存了，当《纽约世界报》获得了这份报告的副本并将其全文发表时，立即引起了舆论的大哗。在公众的要求下，该州成立了一个专门委员会调查这些公司的情况，该委员会的法律顾问查尔斯·埃文斯·休斯用充分的证据证实了《纽约世界报》指控公共人寿保险公司专设一笔巨款向议员行贿的报道完全属实。调查最后的结果是：产生了一套新的国家法律监控系统，把保险公司置于严格的法律控制之下。1906年州长希金斯因此下台，而休斯则当选为新的州长，《纽约世界报》在这次调查活动中发挥的举足轻重的作用，为自己树立了很好的形象。

1908年，《纽约世界报》为公众利益同西奥多·罗斯福总统在巴拿马运河问题上发生严重争执。西奥多·罗斯福总统坚持说国会授权购买法国开凿及建设的运河的4000万美元专款全部交给了法国政府，而《纽约世界报》却证明一个由美、法金融寡头组成的辛迪加组织捞取了4000万美元中的大部分，《纽约世界报》在一篇社论中强硬指斥总统的声明是"公然撒谎"。当罗斯福总统扬言要把普利策投入监狱时，《纽约世界报》在其社论中无畏地宣称："总有一天，总统是可能会以诽谤罪向普利策和几位《纽约世界报》编辑提出起诉的，但是罗斯福先生错了，他不能使《纽约世界报》沉默不语！"

普利策不仅以其民主报业思想对当时和后来的新闻事业产生重

大影响，而且也在新闻专业观念方面显示了其新式新闻事业领袖的巨大影响力。普利策是美国乃至西方资本主义国家中资产阶级大型现代化商业报纸的开拓者之一，他所创办的大型日报《纽约世界报》有着现代化的印刷厂、经营部、编辑部和多种附属的复杂机构；有着近代报纸难以企望的发行量和篇幅；其内容包罗万象，有着最广泛的大众读者适应面，巨大的社会声誉和影响力。《纽约世界报》对社会生活进行及时的舆论反映和干预的能力，最终形成了新闻事业监督政府、干预生活的一种重要功能。《纽约世界报》财政完全独立，没有党派联系，依赖广告自负盈亏，无论从什么角度来看，《纽约世界报》都奠定了西方现代大型报纸的雏形。更有人断言，正是普利策的新型报业理论和实践活动，最终奠定了美国当代新闻理论和业务的主流方向。

概而言之，普利策是一个理想主义和现实主义原则相混合的杰出人物。作为一个理想主义者，他坚信自由、平等、博爱的民主自由观念与原则；坚信现代报刊是文明社会中一个富有建设性的动力元素的观点，并对报刊和新闻事业的民主进步作用深信不疑，毕生追求。作为一个现实主义者，他确切地了解那个时代的社会阅读趣味和不同阶层公众群体的特殊新闻需要，并以现实的态度和丰富实用的手段满足了这些需要. 当有人谴责他那耸人听闻的黄色新闻手法时，普利策辩解说：有人情味的和危言耸听的消息是扩大销售量所必需的手段，在发行量得到扩大后，编辑们就可以吸引读者注意高质量的社论栏和新闻中关于公共事务的报道，以此来制造健康的公众舆论。由于事实正如普利策所说，看来我们没有理由把普利策同赫斯特等纯粹的黄色小报的发行人们简单地相提并论。

最后顺便提及的是普利策对美国新闻教育事业的贡献。由于普利策本人没有上过大学和接受过新闻专业的系统训练，他晚年的最大愿望之一便是建立一所以新闻为专业的高等院校，以便把新闻工作提高到一个为社会所公认的专业地位，使新闻学作为一门正式的学科而存在，他为此捐献了200万美元，建立了著名的哥伦比亚新闻学院，现在，这所新闻学院已成为美国最好的新闻院校之一。

普利策还从其遗产中留出25万美元作为一年一度的优秀新闻、历史、音乐和戏剧作品的奖励基金，这就是著名的普利策奖。今天，闻名于世的普利策新闻奖的项目不断扩大，它包括一种授给为公众服务成绩优异的报纸奖章，以及九个单项奖项，每一项目发给1000美元的奖金。九个单项奖分别是：地方新闻报道奖、全国新闻报道奖、国际新闻报道奖、社论写作奖、漫画奖、新闻特写奖、新闻摄影奖、优秀批评或评论奖。作为世界新闻界最高的奖项之一，“普利策新闻奖”享有崇高的荣誉。

(2)怎样评价赫斯特

对于威廉·伦道夫·赫斯特的生平研究和评论也是一件非常困难的事。这主要是鉴于赫斯特个性的复杂多变和他许多事业所产生的多方面的巨大社会、政治影响，以及他本人经历的深度和广度。1951年由国际新闻社正式发表出版的赫斯特传记写道：“当他创建自己的大(出版)企业的时候，公众的心目中就逐渐树立起创业者本人的形象，那是一幅因神话和传说而弄得糊涂，因争论和歪曲而隐于混乱的奇特的肖像”。

事实正是如此。赫斯特在他漫长的88年之中，的确给人们留下了一个矛盾的印象，并给批评他或赞扬他的人们都留下了充足的例子。

赞扬他的人经常提及赫斯特在以下几方面所取得的非凡成就和巨大影响力：

赫斯特在报刊数目和销路总数方面所建立的出版企业是世界上较大的。在1935年极盛时期，赫斯特曾经在美国的19个城市中发行26家日报和17家星期刊，其日报的发行量占全国报纸发行总量的13.6%，星期刊则占全国星期刊发行总量的24.2%。此外，他还控制美国最大的金氏特写辛迪加，控制赚钱的《美国人周刊》和国际新闻社；控制着13家杂志、8家广播电台和2家电影公司。人们认为，这是必须加以承认的成就，这是赫斯特在美国乃至世界新闻史上留下的深刻烙印。

赫斯特在新闻写作和处理,特别是版面安排、标题和图片安排方面推行新方法,在新闻采集、新闻制作等新机械的使用方面作出了十分重要的贡献。赫斯特的报纸讲究编排以吸引读者,培养了千百万读者阅读的习惯和兴趣。由于这些原因,以及他在报界和社会政治活动方面的巨大影响力,赫斯特的报纸在美国民众的生活中发挥着强有力的影响,这也是必须承认的。

赫斯特在许多方面来说都是一个建设性的力量:他忠于美国,赞成实行普及教育和扩大人民的权力,他在漫长经历的各个不同阶段,曾提倡并解决某些全国性的重要问题。比如,他早就提倡由人民选举参议员,提倡公民创制权和公民投票权,提倡征收累进制所得税,提倡公用事业普遍公用化,解散垄断托拉斯组织,甚至提倡工会权利。

尽管赫斯特创建了巨大的报刊集团,在美国新闻史上作出了一定的贡献,但是,众多批评赫斯特的人们也从以下几方面提出反对他的有力论据。

人们认为,尽管赫斯特的大型出版企业一度曾是一个庞然大物,但实际上并没有取得什么惊人的成就。在20世纪30年代末,赫斯特的报团就已处于崩溃的境地了,虽然二战中破了产的赫斯特又曾东山再起,但他的影响力和财政状况却无可挽回地下降了。

最令人不安的是,尽管赫斯特有钱,尽管赫斯特有着庞大的报业舰队、出版公司,但他却并没有用此对社会施加良好影响。赫斯特过着惊人的豪华生活,对金钱采取一种令人吃惊的挥霍浪费态度。他不是把金钱用来对企业不断追加投资,以便发挥良好的社会影响力,而是无休止、无价值地自我挥霍了。

尽管赫斯特曾把许多新的读者争取到报刊阅读圈里,但他采取的那种惊人的黄色新闻手法实在不可取,它们所造成的灾害和后患远远超过了所造成的某些正面影响。普利策曾经为他的《纽约世界报》使用耸人听闻的手法辩解,说这种手法能够把读者吸引过来,使他们接受他那些经过精心撰写的、高质量的社论的影响，读者们还可以在《纽约世界报》的其他版面上读到有分量的、有价值的新闻报道，而赫斯特的报纸就绝对没有理由这样说了。因为他的报纸除了耸人听闻、高声叫嚣外，很难找到有价值的货色。这也许从一个侧面反映了赫斯特追求巨大发行量是为了经济目的而非政治理想。更何况赫斯特并没有始终如一地利用他的报刊巨大发行量来对美国社会生活产生持续、良好的正面影响。

作为一种建设性的社会力量，赫斯特并不是出自真正的内心支持下层民主力量。在20世纪初，赫斯特的报纸是曾有过进步的倾向，但这种倾向是出于经济的目的还是出自理想的追求就很难说了。一个显著的事实是：当赫斯特的庞大报系在20～30年代站稳脚后，它就开始出现了一系列耐人寻味的倒退现象。正是赫斯特的报纸在30年代鼓动在政界领袖、教育工作者、基督教青年会、劳工领袖和普通公民中间“搜捕赤色分子”；正是赫斯特的报纸反对美国人民在二战前后的民主阵营外交政策，鼓吹民族孤立主义，并对德国法西斯政权表示“亲善”；正是赫斯特的报纸称罗斯福总统的新政为“劣政”，称“全国复兴总署”为“全国躲债总署”。当最高法院决定取消这个机构时，兴高采烈的赫斯特在报上刊登了一面美国国旗，并加上这样的标题：《为最高法院感谢上帝》——尽管以前赫斯特还曾肉麻地吹捧过罗斯福总统和新政政策；也正是赫斯特的报纸背叛了它早年曾支持的一系列进步主张，反对工会权力，反对大众对垄断托拉斯进行的法律制裁，反对中小普通公司的利益。

事实上，赫斯特评论中的这种矛盾现象也许可以说明这样一个问题，即赫斯特是一个不折不扣的能够敏锐了解世情的新闻出版推销商。对经济利润的执著追求和自我狂妄是赫斯特报业生涯中最深层次、最为持久的原始动力。基于此种动力，赫斯特不断地追求报刊的巨大发行量，不断扩大其报刊的势力范围，以便获取惊人的资本暴利和出人头地的名流风光。也正是这一动力，促使他不遗余力地掀起了黄色新闻的滔天浊浪，并虚假地在大众面前扮演了一个所谓的

“人民的斗士”的角色。与同行业——特别是与《纽约世界报》的激烈竞争,更拔高了赫斯特这种伪造的“进步”形象。当赫斯特在20世纪20~30年代取得惊人的成就并站稳脚步后,他那大资本家固有的保守、反动观念就自然而然地反映到他那几十家报刊版面上来了。非常明显,赫斯特是一个精明的商人,是一个名符其实的大资本“报业财阀”,他深谙他那个时代、那个社会做买卖的一切规则和细节,并以最大的热情投身于其中,从而给世人留下了一个错综复杂、难以评论的矛盾形象。

【练习题】

名词解释:

1. 黄色新闻
2. 约瑟夫·普利策
3. 伦道夫·赫斯特
4.《纽约世界报》
5.《圣路易斯邮讯报》
6.《纽约新闻报》
7. 哈姆斯沃斯(北岩勋爵)
8.《小新闻报》
9.《小巴黎人报》
10.《万朝报》

简答题:

1. 简述约瑟夫·普利策的新闻从业经历。
2. 试分析普利策成功经营《纽约世界报》的原因。
3. 简述赫斯特与普利策之间的黄色新闻大战。
4. 试评价新闻史上的黄色新闻现象。
5. 如何评价普利策?

第十一章

独立报业的典范

英国的《泰晤士报》

寒来暑往，春去秋回，《泰晤士报》自 1785 年创办至今，业已得享 200 多岁高龄了。在世界报坛上，英国的《泰晤士报》具有崇高的声誉，《大英百科全书》不无自豪地称它是"世界第一报纸"(The first Newspaper in the world)，西方新闻学者们也常常称其为现代新闻事业的"鼻祖"。

第一节　初创阶段(1785～1803)

《泰晤士报》创刊于 1785 年 1 月 1 日，原名《每日环球纪录报》(Daily universal register)，同年 3 月，该报改称《每日环球纪录报》，1788 年，又简称为《泰晤士报》(The Times)。

《泰晤士报》的创办者是约翰·沃尔特(John Walter)，史称沃尔特第一。这位沃尔特第一是在一种完全偶然的机遇下创办了这份历史悠久、声誉卓著的伟大报纸的。

约翰·沃尔特原为伦敦的一名煤炭大王，还是著名的劳埃德轮船保险公司的股东之一。在美国独立战争时期因业务经营不善，惨遭破产，被迫另觅财源，以期东山再起。一天，他偶与当时新式排字机的发明人亨利·约翰逊相识，对其发明的新型印刷设备产生了浓厚兴趣，于是承购了约翰逊的发明专利，开设了一家新式印刷公司。

不想公司开张，承印者寥寥。为打开销路，沃尔特产生了创办一份用新式印刷设备印刷制作的报纸，用以示范新式印刷机器优良性能，以便推销自己的机器的想法。于是，沃尔特第一在 1785 年 1 月 1 日创办了这份原本旨在为新式排字机做广告的《泰晤士报》。

当时，伦敦城已有 8 家早报和 9 家双日刊的报纸。同这些报纸一样，刚刚创刊的《泰晤士报》也是一张四版对开的小型报纸。不过，由于《泰晤士报》用新式机器印刷，售价两个半便士一份，比其他报纸要便宜半个便士；而且沃尔特第一注重广告的发行，《泰晤士报》的头版，经常刊登各种分类广告，使得这份报纸一开始便具有某种浓厚的商业气质。

在编辑方针方面，商人出身的沃尔特第一也有自己的理念。沃尔特第一曾这样写道："时代的《纪录报》是各种情报的忠实记者，它不应被某一个题目占领大量的版面，而应像一桌丰盛的酒菜，有适合每个人口味的菜肴"[①]。《泰晤士报》创刊号上就有十栏广告，只有三栏新闻消息，还有三栏关于新报纸的介绍，其注重商业性信息的报道初显端倪。事实上，《泰晤士报》上刊登的关于航运和商业方面的消息比其他报纸都要多，而政治、文化方面的消息却比较少。沃尔特第一坚持认为，只有迅速、全面地刊登时代的各种情报——如国会辩论，各国动态，商业金融行情，并作公正详细的报道，《泰晤士报》才能赚到大钱。

但是，由于英国政府对报纸实行十分严格周密的控制，企图通过沉重的印花税和卑鄙的贿赂以达到控制舆论的目的，高昂的印花税制使得当时的英国报纸根本无法在商业上获得成功，在经济上取得独立，并进而在社会舆论上有所作为。沃尔特第一的报纸也难逃英国政府当时的严酷控制。为了使报纸能够生存下去，他每年也接受了政府的秘密津贴（每年 300 英镑），他的公司还获得了有利可图的

---

① ［英］马丁·沃克：《报纸的力量——世界十二家大报》，苏澹均、诠申译，新华出版社 1987 年版，第 40 页。

政府海关合同,所以沃尔特第一在许多问题上自愿充当了政府官方的传声筒。为了报答政府的赏金,《泰晤士报》在政治上支持政府,早期的《泰晤士报》曾连篇累牍地报道过许多有利于政府的政治新闻,攻击法国革命和在英格兰出现的任何激进主义。不过,出于报刊声誉等多方面的考虑,沃尔特第一有些时候也敢于直言,顶撞官方。因为他认为政府"一年300英镑是为了报纸的政见而给我的报酬,但是考虑到我失去了所有的广告和反对派的友谊,我怀疑这样做有什么真正的好处"。为此,沃尔特第一有时也刊登一些犯禁的新闻来迎合公众趣味。比如有一次该报曾刊登一篇文章,指责当时国王有野心的儿子在国王一次重病康复时所表现出来的"兴高采烈是不真诚的",沃尔特第一因此被判对威尔士亲王和约克郡公爵犯有诽谤罪①,由于他拒绝透露此篇消息的来源,结果又被判处两年徒刑及当街带枷示众。

作为一位商人,沃尔特第一不但重视在报纸上尽量刊登能赚钱的新闻,而且还把办商业的那股闯劲带到报业中来了。他虽然不是文字工作者和印刷商出身,但却善于吸取同行们的长处,善于学习和创新。他特别重视通过刊登"独家新闻"来建立报纸信誉,扩大销路。1785年3月5日,英国下院的灯光彻夜不息,开会讨论西印度公司问题。沃尔特第一派了几名记者连续采访,第二天下院方告散会,《泰晤士报》就已将有关信息详情登出,给公众留下了深刻的印象。1789年7月,《泰晤士报》详尽报道了公众关心的法国大革命的情况。1792年10月,《泰晤士报》又因刊出法国国王路易十六出逃被捕、受刑处死的消息而销路直线上升。至1793年时,《泰晤士报》的销量已增加到了4000份之多,这是以前伦敦的任何一家报纸都不曾达到过的一个数字。

---

① [英]马丁·沃克:《报纸的力量——世界十二家大报》,苏潼均、诠申译,新华出版社1987年版,第41页。

第二节　黄金时代(1803～1874)

由于老沃尔特一生中三次被监禁,健康大受影响。1803 年,约翰·沃尔特的次子,沃尔特第二正式主持《泰晤士报》的工作。从这一年一直到 19 世纪中后期,《泰晤士报》在沃尔特第二、第三父子两代人的手中,迈步进入了它的黄金时代。

1. 沃尔特第二的改革

沃尔特第二接管《泰晤士报》时才 26 岁。他是牛津大学的高材生,读过商科,懂经营,会管理。他上任伊始,便致力于对《泰晤士报》进行全面的改革,其中最为重要的变化就是开始实行一种独立的办报原则,率先在英国打出了报刊"独立于党派之外"的旗号。

为了独立办报,首先需要解决的问题就是新闻报道的独立。在沃尔特第二以前,英国各报的国外新闻报道是非常落后的,主要是通过官方发布的新闻公报和从邮局定购、翻译国外报刊消息,这种新闻采集方式时效很低、新闻来源单一,但却易于政府控制国外新闻信息的传播。然而,由于法国大革命的爆发和英国与拿破仑一世的战争,导致了当时英国公众对海外特别是欧洲大陆新闻需求的骤然升温。沃尔特第二敏锐地判定,由于欧洲大陆的战事,在英国形成了一个对海外新闻迫切需求的市场,他决意抓住这个时机,建立国内外新闻报道情报网络,为这个市场提供充足的国外新闻商品。为此,沃尔特第二改革的第一个步骤就是设法建立起《泰晤士报》自己的独立完备的海外新闻报道网络。

然而,独立的道路并非一帆风顺。在 1806 年时,沃尔特第二还像其他报纸一样,每年向官方邮局交纳 61 块金币,用以支付翻译每周两期外国刊物的手续费。但是英国政府为了控制舆论,却常常把重要的外来信息优先提供给一些御用报纸。官方的邮局也对小报或不信任的报刊多方刁难,阻挠他们及时得到珍贵的海外新闻。沃尔特第二一气之下拒绝交纳订金，宣布退出政府管控的官方邮局系统，并把这些内幕在《泰晤士报》上加以公布。随后，沃尔特第二开始为建立自己的海外新闻情报搜集系统而不屈不挠地奋斗。他在欧洲许多城市中陆续招聘通讯员，让他们把稿件寄给《泰晤士报》在欧洲大陆上的友好商行和报社办事处，并雇用海上走私者跨过英吉利海峡，把最新的欧洲报纸和通讯员的信息直接送到《泰晤士报》。1807 年1 月，沃尔特第二派出了自己的第一个、也是世界上第一个驻外记者——亨利·克雷布·鲁宾逊。鲁宾逊被派驻到欧洲大陆汉堡附近的阿尔托纳城，他在阿尔托纳城阅读各种欧洲报刊，联系各地通讯员，不断地采集各种新闻，及时邮寄回国。就这样，《泰晤士报》开始向国人们提供大量的国外最新消息，逐步走向了独立供应海外新闻信息之路。

1809 年，《泰晤士报》首先获得并公布了德奥缔结的《费里辛克条约》，引起全国轰动。当时这一条约的缔结连英国政府都不知道，英国政府经急电与驻法大使联系，方才证实。拿破仑在欧洲的一系列战役和同俄国缔结的《提尔西特和约》等重大新闻消息的率先报道使《泰晤士报》声威大震。1815 年，拿破仑在滑铁卢战败的重要消息也是《泰晤士报》最先在英国报道的，这条消息的刊登引发了全国民众的狂欢。出色的海外报道，重要的独家新闻使《泰晤士报》销量大增，从而在经济方面可以依赖广告和发行的收入做到自给自足，逐步摆脱了官方所谓的“资助”，赢得了独立的地位。1810 年，当英国政府照例提供给《泰晤士报》秘密津贴，并希望获得该报默契的合作时，被沃尔特第二拒绝了。他在这年 2 月 10 日的一篇社论中规定了该报的独立原则。他写道：“报纸继续支持当权的人，但是不允许他们以捐助来报偿报纸的偏袒，因为主编认识到，那样，对任何他可能认为有害于公众福利的行为，他就丧失了谴责的权利”①。

---

① ［英］马丁·沃克：《报纸的力量——世界十二家大报》，苏澶均、诠申译，新华出版社 1987 年版，第 43 页。

与此同时,《泰晤士报》的独立原则在该报的言论方面也越来越显现了出来。沃尔特第二先后网罗爱德华·斯太林、约翰·史杜达特爵士和托马斯·巴恩斯、约翰·德莱恩等撰写社论和评论的能手来主持《泰晤士报》的言论工作,并通过遍布全国的记者网经常了解社会各阶层的情绪及意见,作为有针对性的发表言论的依据,反映和指导全国的舆论。在重大问题上,该报往往采取读者投书的形式来加强舆论的力量,所以当时关心英国公共事务的人士一遇到重要的时事问题,都希望看到《泰晤士报》的言论,以期得到明智的指导。

在新闻写作方面,《泰晤士报》也进行了大规模的改革。沃尔特第二无意于继续雇用那些粗制滥造新闻作品的作者,而是提倡一种具有自身风格和文学价值的新式新闻写作。为此他先后聘请了一些与他志同道合且极具才华的作者为《泰晤士报》写稿。伟大的小品文作家威廉·黑兹利特、诗人塞缪尔·泰勒·科尔里奇、戏剧批评家利·亨特和巴伦·菲尔德等人都集聚在沃尔特第二的麾下,《泰晤士报》的写作班子逐渐成为当时伦敦报界最出色的一支人马。

《泰晤士报》在印刷方面素来领先。在沃尔特第二时代,为了提高报纸印刷和发行的速度,不遗余力地研制和使用新式印刷技术。1814 年,该报率先使用蒸汽印刷机(每小时 1100 份);1827 年,又采用了四轮平板印刷机(每小时 4000 份);1847 年,该报率先采用高速轮转机进行报纸印制(每小时 1 万份),这些革新为当时英国其他报刊所望尘莫及。

沃尔特第二所采取的这一系列措施,不仅使《泰晤士报》的声誉日隆,而且销量也节节攀升,很快《泰晤士报》便成为一份利润丰厚的报纸。1814 年该报发行量已达 7000 份之多,它的高级编辑人员每年可领取 1400 英镑的巨额高薪。19 世纪 30 年代,《泰晤士报》增加为 8 版;1847 年又增加到 12 版,一跃登上英国报坛盟主的宝座。当 1847 年 7 月 28 日沃尔特第二逝世时,《泰晤士报》的销量已达两万多份,而当时伦敦还没有其他任何一家报纸发行量能超过 5000 份。

沃尔特第二虽然办报有方,但他并不经常亲自主持报社的编辑和言论工作,《泰晤士报》业务上成功的秘诀是沃尔特第二知人善任、网罗精英。在沃尔特第二主持该报期间,他先后选择了两位出类拔萃的主编——托马斯·巴恩斯和约翰·德莱恩,他们为《泰晤士报》的成功立下了汗马功劳。前者主持《泰晤士报》25 年,后者 35 年,在这 60 年里,奠定了《泰晤士报》的崇高威望和独立地位。

2. 托马斯·巴恩斯

托马斯·巴恩斯是剑桥大学的毕业生,1810 年进入《泰晤士报》工作,1817 年他 32 岁时被任命为该报主编。作为《泰晤士报》历史上最伟大的主编之一,他全力贯彻沃尔特第二的独立办报原则,在他的任期里,《泰晤士报》获得了很高的声誉及巨大的成功。

巴恩斯思想自由、处事稳健,在政治上信奉改良主义。在他主持《泰晤士报》时期,英国的工业革命正处于鼎盛时期,资产阶级的总体实力壮大了。借助于新的生产力而崛起的工业资本家集团逐渐取代以前的商业金融资本家集团,这一集团同旧有的“辉格党”人——即商业金融资本家和中小土地贵族联盟在许多方面产生了一系列的矛盾,更不用说同保守的“托利党”人之间的矛盾了。这种政治格局和形势导致了全国范围内改良主义浪潮的产生,而改良主义的要求集中表现在国会议员改选方案上。在巴恩斯的领导下,这一时期的《泰晤士报》在汇集、指导形成这种改革浪潮的舆论进程中,发挥了自己独特的关键作用。《泰晤士报》逐渐站到了工业资本家集团及不断壮大的中产阶级、商业界、证券交易所、机器制造商中间来了。显然,依靠这股新兴的社会集团力量,巴恩斯的《泰晤士报》完全可以仅靠刊登广告而获得经济上的独立,并进而建立自己政治上的独立地位和新闻报道上的崇高威望。

1818 ~ 1819 年间,在新兴的工业城市曼彻斯特、伯明翰、利兹等地,爆发了工人、市民和工业资本家们共同举行的群众集会和游行。游行群众向国会请愿,要求改革议员选举制度,扩大普选范围,取消谷物法和禁止工人结社的法令。1819 年 8 月 16 日,在曼彻斯特城的圣彼得广场,发生了政府骑兵队镇压游行群众的流血大惨案——

"彼得卢大屠杀"。《泰晤士报》立即在社论中强烈谴责政府"以武力镇压民众因为疾苦而爆发出的每一种舆论抗议,虽然这些言论有时是不恰当的"。当卡瑟尔累首相在反动的"托利党"人的支持下,于1819年11日颁布"六项封口令"——对一切出版物每份征税四便士;凡出版亵渎上帝和反政府书刊者都将处以徒刑或流放……并威胁《泰晤士报》时,该报在社论中坚定地回答道:"问题是,如果新闻自由被破坏,或者实际的新闻自由受到明显的限制,我们可能不能用偶尔的动乱和冲突来换取专制主义的平静和死亡的到来。"①在这一时期,《泰晤士报》利用政治骚动和"彼得卢大屠杀"事件的影响,带头批评政府的各项政策,并在报道英王乔治四世和王后卡洛琳离婚案时,迎合了英国广大公众的道德意识和空前的兴趣,坚决支持卡洛琳王后,从而使《泰晤士报》的发行量从7000份剧增到1.5万份。在随后而来的国会议员选举修正案中,巴恩斯的《泰晤士报》更是坚定地站在斗争的前列,巴恩斯刊登在《泰晤士报》上的改革格言就是:"修正案!整个修正案!唯有修正案!"

由于巴恩斯在这一时期一系列的改革运动中扮演了重要的角色,由于《泰晤士报》崇高的舆论影响能力的增强,巴恩斯的地位十分显赫。当时的首相林德赫斯特勋爵对此曾十分惊疑,他问别人:"为什么巴恩斯是全国最有力量的人物?"的确,巴恩斯以自己的所作所为为英国的新闻界"第四等级"的崛起作出了贡献,初步确定了《泰晤士报》在社会舆论中强有力的地位。

巴恩斯作为《泰晤士报》主编所发挥的另一种才华,是他对广泛、详尽,特别是报道迅速的新闻所给予的充分重视。巴恩斯敏锐地估计到了许多迅速崛起的工业城市的新闻价值——在这些城市中正发生着许多激动人心的故事,在这些城市中有着最为热心的读者群体,为此他迅速地在这些城市中建立了严密的记者网络,并逐步把全

---

① [英]马丁·沃克:《报纸的力量——世界十二家大报》,苏滝均、诠申译,新华出版社1987年版,第44页。

国各地都纳入《泰晤士报》日益完善的新闻情报系统中来。他还专门建立了一支快马传递队伍,从而保证能对外地新闻进行迅速的报道,以便吸引各地读者。到了1834年时,巴恩斯已经可以做到在星期三的报纸上刊登出星期一晚上在爱丁堡发表的演说——两地相隔400英里。到19世纪30年代末期,《泰晤士报》当天的报纸下午三四点就可以在200英里以外的利物浦买到。1840年,法国国王路易·菲利普在巴黎国民议会上发表的演说,《泰晤士报》仅仅在22小时之后就已把它全文刊登出来了。巴恩斯的信条是:不管是国内新闻还是国外新闻,成功的秘诀就在于《泰晤士报》首先刊登这些新闻。

《泰晤士报》日益增强的影响力和独立倾向自然引起了英国政府的嫉恨。1834年,政府开始由官方出面筹集16500英镑,用以振兴政府的喉舌——《泰晤士报》的竞争对手《纪实报》,压制《泰晤士报》的社会影响。政府还专门修正有关印花税条例,以支持版面较少的《纪实报》和打击版面越来越厚的《泰晤士报》,企图在经济上拖垮《泰晤士报》。巴恩斯迅速采取措施,并在《泰晤士报》发表社论进行指责:"他们(指政府)正式组织的一个委员会,是一个宗教法庭,一个秘密法庭。在政府办公室里天天举行会议,策划如何奖赏那些奴性十足的人,加害那些难以驾驭的人……我们有强大的力量,因此我们能蔑视这些伎俩而无所畏惧"。

事实上,《泰晤士报》这时确已有充足的力量蔑视这种经济压制的企图了。在1825年时,《泰晤士报》每期增加了四版广告,到1836年时每周出版四次,已经能够赚取很大的利润,完全可以不理睬政府敌意的做法了。1841年时,《泰晤士报》的利润是17100英镑,销售量是其对手《邮报》、《先驱报》和《纪实报》销售量总和的两倍。1845年该报利润上升到了29600英镑,成为压倒其他一切英国报刊的势力雄厚、权威卓著的新闻机构。为了看到全国和世界各地的重要新闻,人人都买《泰晤士报》。在维多利亚女王订婚的那一天,《泰晤士报》卖出了3万份。政府内阁利用《纪实报》压制《泰晤士报》的企图非但没有成功，反而在该报攻击下倒闭。新任首相林德赫斯特和巴恩斯握手言欢，声称“我宁愿取得《泰晤士报》谅解，也不愿位居高位，受到该报反对”。至此，《泰晤士报》的舆论权威地位获得了英国政府的公开承认。

1841 年 5 月 7 日，托马斯·巴恩斯逝世了。由于巴恩斯长期反对在报纸上做任何的个人宣传，该报所刊登的文章一律不署记者名字——连他也不例外，所以在巴恩斯的讣告中该报才第一次刊登了他的名字。1841 年 5 月 8 日的《泰晤士报》在“结婚、出生、死亡”专栏里仅仅登出一句话的讣告：“本月 7 日，托马斯·巴恩斯先生在苏胡广场的寓所中逝世，享年 56 岁。”一代报人，悄然而逝。

3. 约翰·德莱恩

1841 年托马斯·巴恩斯逝世以后，沃尔特第二又任命了一位精明能干、才华出众的新主编，《泰晤士报》在他的任期内获得了更大的声誉，他就是约翰·德莱恩。

约翰·德莱恩毕业于牛津大学，他的父亲威廉·德莱恩是《泰晤士报》的律师和财务经理，沃尔特第二很早就认识小德莱恩，大学毕业后小德莱恩即进入《泰晤士报》工作。

1840 年，德莱恩开始负责采访国会消息，1841 年沃尔特第二自任主编，德莱恩被任命为他的副手——实际上他就是真正的主编，当时这位小伙子才 23 岁。

德莱恩与巴恩斯一样，努力在报纸的言论上保持独立性，在新闻的报道中力求全面、详尽、迅速。1854 年 3 月英俄克里米亚战争前夕，《泰晤士报》抢先刊登了英国对俄国的最后通牒书，德尔贝勋爵为此强烈谴责《泰晤士报》，政府的一些大臣们也指责该报不负责任地发表本应保密的消息。德莱恩的回答是：“我们报人的责任是对全体英国人民负责，而不是对德尔贝勋爵或英国上议院负责，我们认为有害于公众利益的（消息）一定予以保留，否则，适当而正确的消息均予以发表”。

正是在巴恩斯和德莱恩时代，《泰晤士报》奠定了自己的独立报业地位。该报就独立报业的性质、自由度、职能的一系列权威性阐述,给予英国乃至世界报业以深刻影响。《泰晤士报》的社论曾强调“报纸就是靠透露消息而存在的——它每日而且永远求助于进步的舆论力量,可能时预测局势的发展,在通向未来的道路上首当其冲”。它认为报业的职责就是“调查事实,并根据坚定不移的原则,把这种做法运用于世界事务”之中。该报社论曾强调说“我们认为,这个国家的舆论(其他一切是无力对抗的)有权要求不仅对我国自己政府的行为,而且也对地球上每个政府的行为自由发表评论……我们确实渴望参与世界的治理……但是我们所谋求的权力只是利用语言和理智的力量对人们的思想自由施加影响”。

在德莱恩执掌权柄期间,《泰晤士报》对英、法、俄三国 1854 ~ 1856 年克里米亚战争的报道使该报的声誉和威望达到了顶峰。报道这次战争的两位重要人物就是德莱恩和《泰晤士报》首席战地记者——也是世界上被誉为第一位伟大的战地记者的威廉·霍华德·拉塞尔。

在这场战争中,占地记者拉塞尔在主编德莱恩的支持下,并没有刻意迎合政府和一般公众的乐观心理,用生动的文笔来一味地报道英军的辉煌胜利,而是日复一日、客观真实、细致详尽地报道了英军中不光彩的一面。由于英军指挥官的官僚作风、落后战术和盲目自大的心态,致使英国远征军在军需给养、医疗卫生、前方作战等各方面陷于了悲惨的境地。这些报道文章一开始在英国引发了读者对《泰晤士报》的愤怒和抵制,但伴随着拉塞尔一篇篇战地通讯的不断刊出,前线的真实情景越来越引起读者的关切。德莱恩不失时机地在伦敦掀起了强大的舆论浪潮,他以显著的版面刊登拉塞尔的作品——这些作品深刻全面地揭露了政府与军事当局的腐败无能及给广大普通士兵带来的巨大痛苦和灾难。《泰晤士报》权威性的声音再三地向英国人民发出这样的警告:英国军队在严寒、疾病和麻木不仁的官僚主义危害下正几乎一枪未发地在外国战场上濒临死亡!来自政府最高当局和远征军总司令部的任何压力都不能淹没《泰晤士报》顽强的抗议声音。

1855 年 1 月 23 日，迫于舆论的压力，英国下院通过了一项决议案，决定成立一个特别委员会来调查英军在克里米亚半岛前线的情况。同年 6 月 23 日，《泰晤士报》不无自豪地宣布，该委员会的调查报告基本上肯定了《泰晤士报》对这场战争的指挥方式、后勤供给等方面的批评。《泰晤士报》此举最终促成了当时英国阿伯丁内阁的垮台和英国远征军总司令的辞职。自愿上前线担任战地女护士救护伤员的修女福洛伦斯·南丁格尔经《泰晤士报》的报道，成为报刊史上的第一个超级明星。

1855 年 9 月，英法联军攻克了俄军最顽强的要塞——塞瓦斯托波尔，俄国政府被迫接受和谈条约，克里米亚战争最后结束，《泰晤士报》的记者拉塞尔以英雄般的姿态凯旋回国。《泰晤士报》自豪地宣称这位战地记者受到了以前任何一个记者都未曾享受过的荣誉，新首相同他共进早餐，拉塞尔的母校都柏林大学的三一学院授予他名誉法学博士学位。通过对这次战争的报道，《泰晤士报》和它的主编德莱恩的影响和权威达到了顶峰。

1877 年，主持《泰晤士报》主编工作长达 35 年之久的德莱恩退休了，两年后，德莱恩与世长辞。

4. 沃尔特第三

1847 年，年仅 29 岁的沃尔特第三接替去世的父亲——沃尔特第二，担任了《泰晤士报》新的发行人。由于位高权重的主编德莱恩不喜欢他干涉其工作，所以，只是在德莱恩退休以后，沃尔特第三才正式执掌该报大权，开始影响报纸的运行。

沃尔特第三秉性严肃，富有责任感，在他的主持下，《泰晤士报》继续以崇高的声誉矗立于英国报坛之上。然而，虽然沃尔特第三也先后任命了两位能干的主编——托尔斯·切纳里和乔治·巴克尔，还曾拥有过两名当时欧洲最有名望的记者——布劳维茨和华莱士，但时代变了，《泰晤士报》面临着新的挑战、新的使命。

《泰晤士报》在沃尔特第三时代继续发展。1855 年 6 月，英国下议院决定废除“报纸印花税”,《泰晤士报》即将其每份报纸定价由7便士降至4便士,从而使报纸的销量剧增至6万份,它的记者活跃在世界各地,《泰晤士报》继续占据英国报坛的王位。

沃尔特第二和沃尔特第三主持《泰晤士报》的年代,正是大英帝国的鼎盛时期。《泰晤士报》经过几代同仁们的努力,也随着英国的国力而强盛发达,在国内和海外拥有巨大的影响力和崇高声誉。它的社论极具权威性,甚至可使某些小国的内阁因之倒台,故有人将《泰晤士报》尊称为“雷神报”,把它的驻外记者称为“第二大使”。《泰晤士报》当时在国际上的声誉可以从美国总统林肯的一番话中得以证实,他说:“伦敦的《泰晤士报》是世界上影响最大的一张报纸,事实上,据我所知,除了密西西比河以外,再也没有比它更有力量的东西了”。无论从哪一角度来看,这一时期的《泰晤士报》都可以说是当时世界报业中独立报纸的典范。

第三节　日趋衰落的《泰晤士报》(1874年至今)

在19世纪末到20世纪初——特别是在沃尔特第三去世后,随着英国报纸印花税法的废除,英国报纸的报价普遍降低了。以《每日电讯报》的崛起为标志,迅速地产生了一大批廉价报刊。在这批大众化廉价新型报刊冲击下,墨守成规、高贵自重的《泰晤士报》的处境日益窘迫,虽然它仍以大量出色的“独家新闻”和巨大的社论影响力占据报坛之首,但它的发行量占优势的时代却结束了。这是因为该报高额的成本所带来的高昂售价所造成的。1855年,《泰晤士报》的每份售价从7便士降至4便士,而同期的《每日电讯报》却仅仅1个便士。1870年时《泰晤士报》的发行量为4.7万多份,而《每日新闻》的发行量却已达到了15万份,《每日电讯报》则为20万份之多。

1887年,《泰晤士报》在乔治·巴克尔主编时期发生了一起很大的丑闻,严重地损伤了《泰晤士报》的威望和元气。在这一年,《泰晤士报》为了打击爱尔兰自治运动的首领查尔斯·帕内尔,轻易地相信了一个爱尔兰骗子理查德·皮格特的谎言,用1780英镑的高价从他的手里买下了一批信件,这些信件的内容显示帕内尔对爱尔兰恐怖分子的一次残暴的暗杀活动负有责任。为了打击爱尔兰自治运动,《泰晤士报》没有经过审慎的核实就匆忙草率地以显著的版面发表了一组题为"帕内尔主义与罪行"的文章,把上述信件作为帕内尔犯罪的原始证据陆续加以刊登,掀起了一场耸人听闻的连续报道和声讨帕内尔的舆论浪潮。然而,由国会授权组成的一个特别调查委员会经过细致的调查后却宣布,这些信件纯属伪造。骗子皮格特畏罪潜逃,最后在被捕前夕自杀。查尔斯·帕内尔随后控告《泰晤士报》犯有可恶的诽谤名誉罪,法庭判决《泰晤士报》无条件地从版面上撤销这些信件和相关文章,公开在报纸上向帕内尔道歉,并赔偿帕内尔5000英镑的名誉损失费。加上特别调查委员会和法庭审判的一切开支,《泰晤士报》总共为此案付出了25万英镑。这笔巨款固然使《泰晤士报》陷入了债务的泥潭之中,但更为可怕的是报纸声誉上的巨大损失,这是难以用金钱所估算的。

到1880年时,陈旧保守的《泰晤士报》已显得离时代脉搏相去甚远了。当时该报编辑部里竟无一部打字机,全部文稿一律手写,在印刷车间里也没有先进的自动铸排机和其他新型印刷机械,没有专门的审稿员和版面设计人员。印刷工人们随心所欲地把新闻消息接行排出,致使报纸版面中的文字密密麻麻,栏栏相连,阅读起来十分不便。《泰晤士报》固守传统,其主体版面设计风格和样式竟长达一个世纪而未改变。报纸的里页中挤满了迟到的消息和冗长的政论文章,这些文章排在何处,怎么编排,完全由印刷工人自行决定。报纸的头版仍保持着传统:用来刊登广告和一些陈旧的新闻,这种状况在20世纪初已很难继续维持下去了。1908年,该报被迫卖给了它所不屑的英国黄色报业大王——新报业领袖之一的哈姆斯沃斯(北岩爵士)。对于《泰晤士报》来说,落入哈姆斯沃斯之手标志着一个时代,一个传统的终结。

《泰晤士报》在哈姆斯沃斯的主持下，采取了一系列的大众化方针，配置了一批最新式的印刷机器，雇用了一批报纸推销员来推销广告版面，编辑们也从工人那里接管了版面的设计和编排工作。1914年，《泰晤士报》已降价到一个便士，它的社论一改旧日沉闷保守的写作风格，笔调轻松，观点新锐。哈姆斯沃斯的改革使该报重获新生，报纸销路再度上涨至一战后的31.8万份，这是《泰晤士报》发行历史上的最高纪录。

但是好景不长，当哈姆斯沃斯于1922年去世时，《泰晤士报》又陷于了新的财政危机，不得不出卖给与沃尔特家族有亲属关系的约翰·雅可布·阿斯特上校。

在阿斯特上校掌管《泰晤士报》的40年中，该报并没有什么很大的变动和起色。为了避免报纸落入庸人之手，阿斯特上校设立了一个监督委员会，其成员由社会各界知名人士组成，委员会的重要职责之一就是保证《泰晤士报》的"独立地位"。在主编杰弗里·道森主持报社工作时期，该报开始倾向于保守主义，仇视共产主义国家，在二战前主张对德国亲善，支持张伯伦首相的"绥靖政策"，其发行量一直低于20万份。1960年《泰晤士报》经济状况再度恶化，阿斯特家族难以支撑，不得不又招标出卖给了英籍加拿大人汤姆森勋爵。

汤姆森是一位加拿大的大工业家、大银行家，也是一位著名的国际报业大王，他在英国、南非、加拿大和美国都拥有大量的新闻传媒。汤姆森注重报刊的商业化和大众化，他接管后的《泰晤士报》有些转机。

1976年老汤姆森去世，其子肯·汤姆森感到续办《泰晤士报》力不从心。他原本想通过采用新技术降低成本，寻求出路，但这一措施遭到英国印刷工会的坚决抵制，工会激烈反对他裁减人员的方案，劳资双方摩擦剧烈。1978年12月1日凌晨3点55分，《泰晤士报》的印刷机停止了转动，工人们开始了历时11个月之久的大罢工。1979年11月11日，资方以4000万英镑的代价，换得裁减数百名工人的条件，该报方才重新出刊。不断滋生的劳资矛盾促使小汤姆森决意出卖《泰晤士报》。1981年2月13日，澳大利亚报业巨头鲁珀特·默多克以1200万英镑的代价购得了《泰晤士报》及《星期日泰晤士报》和其他三个附属出版物的所有权。

在默多克时期，《泰晤士报》又有了一些转机和变化。默多克是一位以“黄色新闻”起家的报业大亨，他在英国伦敦掌控的《太阳报》以“三S”（丑闻、性、体育）作为办报方针和宗旨而获得成功。这份报格调低级、内容庸俗、版面煽情，发行量却很大，成为了西方新一代黄色小报的领头羊。以这样的办报背景和理念来运作享有百年历史的《泰晤士报》，默多克的改革内容是什么也就可想而知了。虽然由于编辑部整体的抵制，默多克曾被迫宣布他将不干涉该报编辑部独立自主的编辑权和《泰晤士报》一贯的传统和利益，但事实上，在默多克的推动下《泰晤士报》慢慢在注入商业性、大众化的内容和方式。比如《泰晤士报》曾积极参与伦敦小报的“赌博游戏”以刺激销路，而在1984年英国四家全国性的大报中，唯有《泰晤士报》推出一种“彩票组合猜奖”法来刺激销路。这种做法虽然使《泰晤士报》短期内从37万份增加到破纪录的46万份，但却严重影响了该报的声誉，遭到社会各界的严厉批评。

默多克的改革还包括版面设计和报道内容等多个方面——这些方面的改革许多是成功的。比如在1987年全球7000多家报纸参加的版面评比中，该报获得了插图和特写版设计等七项大奖。而他在对印刷工会的斗争中，强行推广新技术，也促成《泰晤士报》生产的全面现代化，导致了英国报刊业的现代化浪潮。他用精密的电子计算机代替了老式的印刷机，用激光照排技术代替了手工设计排版方式，这些变化是《泰晤士报》发生巨大变化的缩影。在遭到印刷工会强烈反对和抵制时，默多克采取强硬手段，于1986年1月一次就裁减了4000多名工会会员，并把整个印刷厂和编辑部从传统的舰队街搬迁到早已准备好新式机器，安装有电网、防范严密的伦敦东区瓦坪新址，另外雇用400名白领工人（非工会成员）操纵这些新机器。在这场劳资大战中默多克占据了上风。由于降低了生产成本，《泰晤士报》的经营情况有所好转，使得它能够继续以一家具有国际声誉的高级报纸的形象生存下来。

从历史上来看，《泰晤士报》的整个历史以1855年英国国会废止"印花税"法案为界限，大体可以划分为两个阶段。有人说是因为政府不愿意看到《泰晤士报》独领风骚、权倾天下，所以痛下决心，废止了"印花税"法，以鼓励新的报刊出现与《泰晤士报》一争天下。当然，英国政府废除"印花税"是顺应历史潮流而为的举措，然而此举确实对《泰晤士报》的发展产生了深远的影响，这就是把《泰晤士报》推进了报刊市场竞争的浪潮之中。由于历史的沉重负担——这种负担既有现实物质层面的，也有精神文化传统层面的——《泰晤士报》在新的市场竞争格局中没有很好地确定自己的权威性主流大报地位，总是不断地在商业大报与精英大报之间摇摆不定，并因此而转手于多家买主之间，损害了自己固有的优秀传统，成为了一家在世界报坛上不再具有举足轻重地位与影响的星期天刊。

【练习题】

名词解释：

1.《泰晤士报》

2. 沃尔特第二

3. 托马斯·巴恩斯

4. 约翰·德莱恩

简答题：

1.《泰晤士报》初创阶段大受欢迎的原因。

2. 沃尔特第二对《泰晤士报》的改革。

论述题：

1. 试分析《泰晤士报》在当代趋于衰落的原因。

2. 谈谈《泰晤士报》在世界报刊史上的贡献与影响。

第十二章

伟大的《纽约时报》

第一节 初始阶段(1851～1896)

一、创刊背景

《纽约时报》原名《纽约每日时报》(New York Daily Time),创刊于1851年9月18日。我们知道,自1833年美国第一张便士报《纽约太阳报》问世以来,整个19世纪中期的美国报业是廉价报纸的天下,特别在纽约这个美国最大的工业城市,廉价报刊纷纷创办并很快占据了新闻界的主导地位。这些报纸注重社会新闻报道,写法上具有浓郁的"激情主义"色彩,为扩大销路、拉拢读者,不惜耸人听闻,大量刊载暴力与色情新闻,或者干脆假造新闻以轰动社会、扩大报纸销路。虽然便士报在世界新闻史上有着自己不可替代的历史地位——比如从以往的政党"观点"报纸变成为"新闻"本位的报纸;第一次承认了普通读者的社会地位;第一次形成了以市场机制为主的新闻传播事业模式等等,但便士报"激情主义"的报道风格和庸俗、低级、弄虚作假的新闻处理手法,在当时便显示出一种无可救药的弊端,并遭到了有识之士的反对。比如纽约各报主编曾联合对耸人听闻的《纽约先驱报》进行的道德讨伐,虽然含有旧传统势力的偏见和嫉妒,但也反映出新一代便士报在层次上的不足和内容上的浅陋。1841年,霍勒斯·格里利创办了自己的便士报《纽约论坛报》,标志着廉价报纸中的一支新军的诞生。格里利一方面用便士报的低廉售价、企业方法来办报；另一方面又以自己的"激进"观点来主宰《论坛报》，从而获得了成功。尽管如此，格里利手下的一位能干的年轻记者亨利·雷蒙德仍对他的老板感到不满意，因为雷蒙德厌恶他的上司格里利在政治上的"激进主张"和反复无常的思想，也不喜欢《论坛报》过分的道德说教。他也同样厌恶詹姆斯·贝内特等人办报的低级趣味、江湖骗术、危言耸听的手法及其肆无忌惮的粗暴的人身攻击。雷蒙德和他在金融界的两个志同道合的好朋友——乔治·琼斯和爱德华·韦斯利筹划着创办一份自己的报纸——一份真正的既不同于《纽约先驱报》，又不同于《纽约论坛报》的报纸，这份报纸应该是公正的、稳健的、客观的、冷静的、全面的。他们认为，在拥有50万人口的纽约市，创办这样一份报纸一定会受到那些有头脑、会判断的读者们的欢迎，因为这些读者早已厌倦了《先驱报》的大喊大叫和《论坛报》的唠唠叨叨，他们盼望着有一份像伦敦《泰晤士报》那样"庄重严肃，详尽迅速"的"纯正的"新闻纸。1851年9月18日，雷蒙德终于实现了自己的夙愿，他和他的朋友们以10万美元在纽约市拿骚街的一幢小破楼里创办了《纽约每日时报》(*New York Daily Time*)——连报名都像是在模仿《泰晤士报》。

二、雷蒙德与《纽约时报》编辑方针的确立

《纽约时报》(1857年删去Daily)的灵魂人物是亨利·雷蒙德。他自幼聪明好学，1840年以最优等的成绩毕业于佛蒙特大学。1841年，他投身于大学时代的崇拜偶像格里利手下，后成为《纽约论坛报》主编格里利的首席助手。格里利对这位小伙子有过这样的评价："比他精干坚强的人，我或许曾经遇到过，而比他聪敏、机智与多能的记者，我则绝未一见"。可是，雷蒙德虽然尊重他的人生导师格里利，却不喜欢他那变化无常的观点和道德说教，不久便失望地离开了《论坛报》。雷蒙德后来陆续担任过纽约的《使者与问讯者》报副主编和《哈泼斯》月刊杂志的编辑等职务。当1851年雷蒙德拥有了自己的《纽约时报》时，这位年轻的主编便开始执行他筹划已久的新

的编辑方针。

雷蒙德为《纽约时报》确立的编辑方针是——客观、公正、冷静。雷蒙德在创刊号上的政策声明中表示:"我们决不打算似乎是感情冲动地来写文章,除非某些事确实使我们冲动起来,并且我们将努力做到尽量不使自己感情冲动"。《纽约时报》的创刊号为一大张四版,每版六栏,售价一美分。这张报纸绝少刊登耸人听闻的新闻,在报道政治新闻时,往往刻意标榜客观、公正,常常把双方的观点同时介绍给读者,而记者自己很少在文章中加以评价,很少像格里利那样以黑白分明的尖锐形式提出问题,在《纽约时报》上登载个人攻击的文章更是绝无仅有。按照美国新闻史专家埃默里教授的话来说就是:雷蒙德的《纽约时报》既避免了《太阳报》和《先驱报》的耸人听闻;也避免了《论坛报》的兴之所至,鼓吹说教。由于《纽约时报》的客观报道手法、精美完善的编辑和扎扎实实、全面详尽的新闻内容——特别是对外国新闻的注重,该报很快获得了读者的欢迎。这些读者或者是既喜欢《先驱报》的进取精神,但又对其低级趣味表示不满;或者是既对《论坛报》表示钦佩,却又对格里利的政治狂热有所怀疑;或者是既相信《信使与问讯者报》的可靠性,却又对其浮夸自负感到倒胃口的人们。两个月内,《纽约时报》的销量即达到 2 万份。一年之内,篇幅由四版扩大到八版,售价增至 2 美分,发行量不断上升。

三、乔治·琼斯和《纽约时报》

1869 年雷蒙德逝世,他的合伙人、营业部经理乔治·琼斯担任报纸发行人,路易斯·詹宁斯担任主编。

在琼斯时代,《纽约时报》继续欣欣向荣向前发展。这一时期《纽约时报》史上所发生的最重要的事件是 1870 ~ 1871 年该报揭露纽约"特威德集团"贪污案件,这一案件大大提高了《纽约时报》的社会声誉和报纸销路。

威廉·玛西·特威德是美国纽约市民主党"坦慕尼协会"的首

领,他同纽约市的财务总监、审计员、市长等人相互勾结、串通一气,组成了一个针插不进、水泼不进的特大贪污集团,他们通过虚报和伪造账目,霸占公共建筑项目等手法贪污金额达三亿美元。特威德集团采取公开收买选票等手段控制了纽约州的主要立法和行政机构,并对新闻界也进行收买与恐吓。1870 年,特威德集团内部发生倒戈运动,但因查无实据失败了。1871 年,有人掌握了确凿证据,但纽约许多报纸却拒绝发表,因为特威德集团用贿赂的办法收买了纽约 89 家报刊,只有《纽约时报》和《哈泼斯》月刊等几家报刊一直无畏地在谴责和揭露"特威德集团"。一天,一个神秘人物来到《纽约时报》与琼斯面谈,交给了他许多能证明"特威德集团"贪污行为的文件,《纽约时报》在拒绝了该集团 500 万美元的收买巨款后公布了这些揭发材料,引起了社会的极大轰动。最后,特威德本人被捕入狱,该集团其他成员也纷纷落网,"特威德集团"在《纽约时报》等正直报刊的揭露下土崩瓦解了。

1891 年琼斯死后,《纽约时报》趋于衰败了,其继承人不得不于 1892 年将《纽约时报》售与该报总编查尔斯·米勒等人。由于米勒支持共和党分裂运动和经营不善,也由于强大的《纽约太阳报》和《纽约先驱报》的竞争,《纽约时报》越来越走向衰亡的边缘。

第二节　中兴阶段(1896～1935)

一、阿道夫·奥克斯和《纽约时报》的复兴

《纽约时报》的伟大复兴与一个以往名不见经传的普通人物——阿道夫·奥克斯紧密相连。阿道夫·奥克斯出生于美国辛辛那提市的一个德国犹太移民家庭,自幼即外出做工、养家糊口。奥克斯 14 岁时在田纳西州的《诺克斯维尔纪事报》印刷厂当学徒,17 岁时他已成了《路易斯维尔信使日报》排字房的助理领班。20 岁时,奥克斯靠着借来的一笔钱和极大的勇气,用现金买下了一家小报——查塔努加市《时报》,几年后便使该报兴旺发达起来,奥克斯不仅偿

还了购买该报时欠下的5500美元,而且获得了很大利润。但是,雄心勃勃的奥克斯并不满足于查塔努加这样的小地方,他要到纽约去闯世界、赚大钱,实现心中的理想。1896年3月,奥克斯打听到《纽约时报》正在寻找买主,机会终于来了。

当时的《纽约时报》在查尔斯·米勒主编手下已经从雷蒙德和琼斯时代的顶峰跌落下来。它处在几家著名报纸的夹击之下,举步维艰。这些竞争对手的报纸中既有历史悠久的《纽约先驱报》和《纽约太阳报》;也有喜好耸人听闻、冲劲极大的新生代黄色报刊《纽约世界报》和《纽约新闻报》。温文尔雅的《纽约时报》在这些新老黄色新闻报刊的夹击下,销量惨跌到了9000余份,广告收入锐减,每周至少亏损1000美元,已经濒临破产的边缘。经过艰苦的谈判,阿道夫·奥克斯于1896年8月终于买下了这份报纸。

奥克斯与新的编辑方针的确立——1896年8月19日,《纽约时报》刊登了报纸新业主的政策性宣言。奥克斯在宣言中保证:《纽约时报》将是一份高标准的报纸,它清白、庄严、可信。他进一步阐述说:"我殷切希望达到的目标是:《纽约时报》要用简明动人的方式,用文明社会中慎重的语言,来提供所有的新闻——即使不能比其他可靠途径更快地提供新闻,也要一样快;要不偏不倚、无私无畏地提供新闻——不论涉及任何政党、派别和集团的利益,使《纽约时报》的篇幅成为探讨一切与大众有关的重大问题的论坛,并为此目的而邀请各种不同见解的人参加明智的讨论。"第二天,全美各地几乎所有的主要报纸都转载了这篇与众不同的宣言。

很明显,奥克斯是在竭力恢复雷蒙德时代的办报传统,这个编辑方针是他在纽约经过一番深入调查后所确定的。因为奥克斯不想与赫斯特和普利策的黄色新闻展开正面的庸俗竞争,不愿意降低标准、以过分通俗化的内容来扩大销路。他希望把《纽约时报》办成一家新闻全面详尽、社论稳健严肃的"正派"报纸,为纽约优秀的人士——严肃、庄重、受过良好教育的精英型读者们提供一种新式大报。奥克斯相信,在众多中产阶级和知识精英云集的纽约,这一办报政策一定会奏效并获得成功。

奥克斯接管报社伊始，立即以不懈的努力开始了对《纽约时报》的全面改革工作。首先，针对纽约这个美国经济中心大都市的特点，奥克斯采纳了新闻编辑亨利·罗文塞尔的建议，在报纸上大大增加了经济新闻的报道分量，向读者详尽提供市场行情、商界动态以及船舶往来等信息。《纽约时报》还开始出版一种指南，专门开列本地和外地来市内采购货物的人员名单。1897 年 11 月 8 日，奥克斯委托罗文塞尔创立了一个每周金融评论专栏，加大对经济新闻与现象的分析。当时，对于奥克斯注重商业金融报道的措施，《纽约时报》的大部分人并不理解其意义，认为此举将会使《纽约时报》比米勒主编的时候还要沉闷呆板，不料奥克斯的革新很快带来了几千新的订户和潮水般涌来的广告。纽约商业及金融界的人士发现，在纽约市，还没有一家报纸像《纽约时报》一样对商业金融信息刊载得如此详尽完整，他们称《纽约时报》为“商业的经典”。

在内容方面，除了注重商业金融的消息外，奥克斯的报纸对法庭诉讼、天灾人祸、纠纷偷盗等社会新闻也本着严肃的态度加以报道，他还开辟了星期日增刊和图书评介专栏，这些都赢得了众多读者的欢迎。

在印刷方面，奥克斯是个大行家，所以《纽约时报》在奥克斯时代一直以印刷精美、美观洁净著称。奥克斯亲自到印刷车间和排字房，勉励工人们为印刷出精美的报纸而奋斗。他购进了新式印刷机械和上好油墨，废除了以往使用的小五号字，加宽每行之间的距离，把栏目缩短，从而使《纽约时报》成为全纽约印刷最为清晰、洁净、美观的报纸。当时《纽约时报》有个宣传广告——“本报不会玷污早餐桌布”，这一方面表明该报坚决反对黄色新闻、拒绝刊登无稽煽情的消息，另一方面也是在不无自豪地宣称该报印刷质量很高。

奥克斯的编辑方针和改革措施不久即见成效，该报销量很快升到了 2.5 万份，从前无人问津的《纽约时报》现在天天销售一空，广告源源不断。纽约市的教会牧师、新闻报人及政府官员们都对《纽约时报》重振雄风万分惊奇，倍加称赞。牧师们在布道时一面大力抨击黄色报纸，一面赞扬《纽约时报》为适宜于正派人士和有教养的家庭阅读的最好报纸。政府部门、教育机构、商业金融界、文化团体都纷纷订购《纽约时报》，可以说，奥克斯的办报方针和改革措施至此完全成功了。

1896 年 10 月，奥克斯认为由于他的办报方针受到社会各界的好评，有必要用一句简短的标语来确切地表达这一方针，每天印在报纸上，以加深大众的印象。他同编辑们考虑再三，拟定了这样一句标语："所有适宜于刊印的新闻"（All the News that's fit to print）。此外，他又用 100 美元的奖金在报上征求 10 个单词以内的更好的标语短句，并聘请著名的《世纪杂志》编辑吉尔达主持评定。社会各界对此反应强烈，投稿踊跃。奥克斯聪明地抓住这一时机，接连几星期在报上开辟专栏，刊载应征标语。这些标语有几千份之多，最远的来自西海岸的旧金山，内容比较好的是这样一些短句："所有适宜于阅读的新闻"、"所有值得报道的新闻"、"保持清洁，充满新闻"、"千万新闻，无一诽谤"，最后获奖的一条是"刊尽天下新闻，但不教人行恶"。可是，奥克斯及其编辑们最终决定还是沿用原来的标语"所有适宜于刊印的新闻"，这句广告语自 1896 年 10 月 5 日移至第一版报眼，迄今未曾更动，已成为美国家喻户晓的一句话了。

1898 年对奥克斯的《纽约时报》来说是一个面临严峻考验的年头。这一年，爆发了美西战争——赫斯特称之为"我们的战争"，黄色新闻在此期间大肆泛滥，而狂热的民族沙文主义也使全国公众的注意力都集中在这场战争之上。这时的《纽约时报》还无力掏腰包派出自己的战地记者，而"黄色新闻"大王赫斯特却可以凭借雄厚的财力，组织庞大的采访队伍奔赴前线，并拥有自己的新闻快艇专门传送稿件、印制报纸。《纽约先驱报》也有实力可以从牙买加一次发回两千字的电报新闻，每个字花费 3.25 美元，该报一次性全部用黄金支付。此时的《纽约时报》只能刊登美联社的有关电讯消息和一些邮寄稿件。但是，善于动脑子的奥克斯却在发行上出奇制胜，把《纽约时报》的报价毅然从三分降至一分(赫斯特和普利策的报纸均为三分),结果此举使奥克斯在这场竞争中由劣势转为优势,销数迅速上升,1901 年突破 10 万大关,报纸财政扭亏为盈。此后,《纽约时报》修建了一座新大楼,并同时与伦敦的《泰晤士报》达成协议,在《纽约时报》上刊载《泰晤士报》的国际消息。1904 年 1 月 18 日,高达 375 英尺的《纽约时报》塔楼在百老汇大街和四十二号大街交汇处落成(即现在的时报广场),奥克斯和他的编辑人员们自豪地站在大厦下边,听着奥克斯 11 岁的女儿伊菲吉思的颂词:"我把这座大厦献给《纽约时报》使用,祝愿在这里工作的人们主持公道,用勇气和智慧为人类的福利,美国和美国人民的最大利益,以及正派庄严的新闻事业服务,愿上帝永远赐福给他们"。

就这样,阿道夫·奥克斯终于以自己的才干和毅力创造了世界新闻史上的一个奇迹,他不仅使濒临死亡的《纽约时报》起死回生,而且使它不断壮大、声誉日隆,成为世界上最为重要的报纸之一。

二、卡尔·范安达和《纽约时报》

阿道夫·奥克斯能挽救《纽约时报》,除了他编辑纲领的正确和一系列有力的改革措施外,还同他知人善任、体恤下情、致力于网罗一流人才有密切的关系。他任命的第一位新闻编辑主任就是那位提议他注重商业新闻报道的亨利·罗文塞尔。1904 年 2 月,奥克斯又任命了他的第二位新闻编辑主任,即美国新闻史上最出色的编辑主任之一——卡尔·瓦特尔·范安达(Carl Vattel Van Anda)。

卡尔·范安达是那个时代新闻界的头号传奇人物。他于 1864 年 12 月 2 日出生于俄亥俄州的乔治城,自小就喜欢编编写写。据说才 6 岁时,范安达就曾在纸张上粘贴剪报,以 10 美分一份的价格向周围的小朋友们出售,有人说他喜欢编辑报纸胜过世界上的一切。范安达在俄亥俄大学学习的是理科课程,毕业后却投身于报社,先后在数家报纸做过记者和夜班编辑。1904 年,他进入《纽约时报》,很快便被重用,在担任新闻编辑主任的 25 年中,范安达以自己的出色才干协助奥克斯把《纽约时报》推上一个新的辉煌顶峰,而他本人也获得了最伟大的新闻奇才的美称。

有人曾说,在报业的历史上,可能有过比奥克斯和范安达两人更为完美的发行人与总编辑合作的先例,但却绝没有人像他们那样心意相通、观点一致。在执行"所有适宜于刊印的新闻"政策方面,范安达与奥克斯具有相同的看法和信念。奥克斯对于科学发明、飞行探险、地理发现等新闻有着浓厚的兴趣,不惜重金以获得此类独家新闻,而范安达对此也具有同样的好奇心和兴趣,并完美地执行了奥克斯的想法。当《纽约时报》的一些人对这位新上任的主编为求得重要消息而不惜一切代价的做法颇多微词时,是奥克斯站出来为范安达说话,认为把《纽约时报》的大部分利润再次投资于报社——特别是新闻采访活动中去——是完全正确的。

作为美国第一流的新闻编辑主任,卡尔·范安达所表现出的第一个良好素质就是对一切能加快新闻传递速度的新发明的高度重视。范安达是最早发现并理解那个时代刚刚出现的马可尼无线电报在新闻报道活动中重大意义的人之一,也是最早在美国报界用无线电报来传递新闻消息的人之一。

1904 年 4 月 14 日,伦敦《泰晤士报》用海底电缆向《纽约时报》传来了日俄海战的电报消息,这份电报是从远在万里之外的中国旅顺发来的。原来,为了及时地报道这场即将在远离欧美的亚洲爆发的、世人瞩目的日俄战争,《纽约时报》和《泰晤士报》两家联合租用了新闻史上第一艘新闻电子发送船。这艘名叫"海猛号"(Hai mam)的新闻发送船载着一大批稀奇古怪的无线电仪器,神秘地游弋于中国海面,一旦发现新闻,立即用无线电将其发回英国人在威海卫的陆地电台,再通过海底电缆,穿洋过海,发回伦敦和纽约。当范安达接到电报送来的日俄海战新闻时,真是欣喜若狂,因为这条重大的独家新闻在别家美国报纸上是没有的。范安达一分钟也没有耽误,他奋笔疾书,亲自撰写标题,亲自把电讯稿拿到排字房,亲眼看到这则消息排上第一版,范安达的标题是:

日海军昨(用)鱼雷攻击旅顺
并继续对港内实施炮轰

这则消息开头特别注明:“伦敦《泰晤士报》—《纽约时报》海底电报特电。《纽约时报》版权所有,狄福瑞斯无线电报发送至《纽约时报》”。

这段消息的末尾注出了这个富有历史意义的日期“4 月 13 日发自旅顺海外《纽约时报》专用船海猛号”。

由于没有采用电报这一新技术来传送新闻,纽约各报对《纽约时报》的成就非常嫉妒,也顾不得什么脸面了,立刻抄袭或改写这条新闻。第三天的《纽约时报》特为此发表了两篇社论,一篇题为“警告”,严厉指责纽约各报的剽窃行为;另一篇题为“无线电”,则详细介绍了这一新型通讯器材的妙用,社论写道:“……昨天,本报向读者报道的旅顺战讯系发自旅顺海外——那是从《纽约时报》专用船‘海猛号’上目睹战争进行,进而利用这种新型装置,把日俄海战亲眼所观察到的结果发送给世界各地读者”。

人们也许不知道,范安达为了这份电报花了多少钱。有人估计从远东发回的电报每个字至少要花费五美元。但是,富有眼光的范安达和他的老板愿意承担这笔费用,为了《纽约时报》的声誉和销量,他们认为花费这笔钱是完全值得的。

范安达的另一个突出的良好素质是具有敏锐的新闻直觉和组织重大新闻报道的优异能力。也以日俄战争为例,一天早晨 4 点 30 分,当日本海军上将东乡已决定性地击败俄国舰队的新闻提要传来时,范安达领导的《纽约时报》抛出了所有早已备齐的各种资料。19 分钟内,《纽约时报》印出了 4 万份号外,头版刊登了半版的海战消息和范安达利用改版时间所撰写的新闻标题,而里页则刊登了范安达很久以前就为这一时刻而准备妥当的各类更为详尽的背景资料、图片、述评等材料。黎明时分,这位编辑主任率领的马拉车队在纽约街头到处巡视，范安达欣慰地看到，他又一次抢先发表的新闻以显要的位置摆放在报摊上和被报童大声沿街叫卖。

对于“泰坦尼克号”惨案(Titanic)的报道，更为突出地表现了卡尔·范安达的新闻敏感和卓越的组织报道能力。对于范安达来说，《纽约时报》在他的领导下于1912年4月对著名豪华邮轮“泰坦尼克号”冰海沉没的报道，应该是他毕生新闻生涯中最为杰出的成就之一。

1912年4月14日夜晚，美联社波士顿分社夜班报务员肯尼迪在拨弄一架自己装配的无线电发报机时，意外地收到了一个可怕的海难呼救信号，这个信号发自当时世界第一大豪华游轮、英国白星轮船公司的“泰坦尼克号”，电文是：“火速前来营救，我们撞上了冰山，这是遇难求救信号(CQD)，船只位置，北纬41度46分，西径54度14分”。

紧接着，美联社审慎地发出了一条简讯：

[美联社纽芬兰密斯角4月14日星期日深夜电]今夜10时25分白星轮船公司的“泰坦尼克号”称急需援救。

星期一凌晨1时20分，《纽约时报》的电讯室铃声大作，值班员抄收到了美联社这则简讯，并立刻送到了范安达手中。拿到这份简讯的范安达半分钟也没犹豫，立刻传令印刷车间把已上机的头条新闻拆下来，刊印上美联社的这则简讯和“泰坦尼克号”自英国南安普顿港首航纽约的消息，标题是《“泰坦尼克号”大海中触及冰山，行将沉没》。

范安达的处理非常大胆，因为他坚信无线电报的可靠性，尽管白星轮船公司纽约办事处坚持说4.5万吨的“泰坦尼克号”不可能沉没，但范安达根据各方面的信息，毫不动摇地坚信正在发生一场可怕的海难。而此时，纽约的其他著名报纸却因犹豫不决而没敢采用美联社的这条消息，放过了第二天刊登这一新闻的绝好机会(过了截稿期)。

这天深夜,接连不断的美联社简讯很快证实了范安达的判断。刚过两点,"泰坦尼克号"上的电讯悄然中断,再无声息。范安达根据多方面的材料情报,断定"泰坦尼克号"已经沉没了。

这时,离凌晨3点半的《纽约时报》市闻版截稿时间已不远了,范安达显示出了高超的紧急新闻处理能力。他立即派人把资料室中有关"泰坦尼克号"的所有资料都找出来,马上写成几篇背景材料;又根据白星轮船公司提供的所有乘员名单,准备了一篇人物背景介绍,不加评论地刊登了2200多位乘客中的一些著名人物的名单——像约翰·雅可布·阿斯特上校夫妇,英国著名编辑、《帕尔马公报》的主笔(后为《评论的评论》主编)斯蒂德,美国总统塔夫脱的军事助理阿奇博尔德·巴特少校等。记者们还准备了不久前两艘轮船在北大西洋曾与冰山相撞、险遭厄运的相关报道资料,及供头版刊用的"泰坦尼克号"大幅照片,船长史密斯的照片及简介也全部准备就绪。一位值班编辑一边盯着墙上的大闹钟,一边紧张地抓着自己的红胡子喊道:"小伙子们,还有最后五分钟,五分钟后就得印本市要闻版了。"范安达也神经质地绞扭着他的10根手指,在室内踱来踱去,焦急地等待着清样。

就这样,星期一上午,当伦敦和纽约的其他报纸还以谨慎和观望的态度等待白星轮船公司的权威消息时,绝早上市的《纽约时报》第一版排出了三直栏宽、四排大字的大号标题:

新邮轮"泰坦尼克号"触及冰山
午夜船首已开始进水下沉
妇孺登上救生艇撤离险境
清晨零时27分后电讯已告中断

第一版上有一个两直栏宽的加框消息,是一个集纳性的标题:《沉船最后消息》,刊出了截稿前收到的相关电讯稿件。而《纽约时报》清晨3点半上机的本市要闻版更直截了当地宣布:伟大的“泰坦尼克号”已沉没了。

这一天,从海上现场发回的电报证明了这场航海史上最大灾难的发生、当丘纳德轮船公司的“卡帕夏号”到达现场时,仅仅发现在海面上拥挤不堪的救生艇和那条世界第一豪华巨轮所留下的油污。“卡帕夏”号救起了海上的655名幸存者。晚上8点20分,白星轮船公司才沉痛宣告:“卡帕夏号”上的655人,就是“泰坦尼克号”上的全部生还者了。

至此,《纽约时报》对“泰坦尼克号”事件的报道已轰动纽约、轰动全美、轰动欧洲、轰动世界,成为人们最为关切的话题,那些因胆小或过分相信“泰坦尼克号”不会沉没神话的报纸在饱受教训、痛悔不已之后,都纷纷转载《纽约时报》的有关新闻消息,《纽约时报》取得了这场新闻报道战的重大胜利。

随后的星期二、三、四这三天里,《纽约时报》继续以领先地位报道“泰坦尼克号”新闻。当“卡帕夏号”带着死里逃生的“泰坦尼克号”幸存者们即将驶入纽约港时,全纽约的报纸都为此进行了总动员,准备和《纽约时报》一决雌雄。范安达当然对这场压轴戏也全力以赴。星期二时,范安达就在离“卡帕夏号”停泊码头一个街口远的一家旅馆里租了整整一层楼,架上了四条直通《纽约时报》本市新闻编辑室的电话线,并同值班编辑和本市新闻主编商讨确定了一个详尽周密的采访计划。星期四的下午,本市主编阿瑟·格里夫斯把所有的老少记者们都召集了起来,除了几个必不可少的外勤人员之外,所有记者全部出动担任这次采访任务。范安达表情冷淡地站在一边,双手仍在神经质地绞扭着,眼里泛出两道被人称为“范安达的死光”,看着格里夫斯发号施令、调兵遣将。

格里夫斯告诉大家:今晚9点左右,“卡帕夏号”将载着“泰坦尼克号”上的幸存者驶入纽约港。它在途中拒绝回答所有的询问电报,连塔夫脱总统的询问电报都置之不理,看来我们也难以从它那里获得任何电报的答复。格里夫斯又解释说:在“卡帕夏号”抵港后,纽约每家报纸只是获得了有关当局颁发的四张码头专用通行采访证，并且还必须等所有获救人员离船以后才准许记者登船采访，而那时报纸早已过了第一次截稿时间了。所以，格里夫斯说："我们必须设法在'卡帕夏号'一抵港时就混上去，虽然我们只有四张通行证，但是我要求你们16个人一齐去。凡是没有通行证的人，要设法用警察局发的记者证去接近船员或乘客。如果这种办法不行，那在生还者乘车离去的时候，一定要抓住机会进行采访。任何一位记者采访到新闻后立刻送到旅馆里去，有专人在那儿主持。凡是采访过的生还人员，他的名单要贴在墙上，以免重复和浪费时间。"格里夫斯专门对那四个持有特别通行证的老手们交代说："本次报道主要靠你们了，你们要尽量收集一切情况，抓住'卡帕夏号'船长，抓住白星轮船公司的人，抓住'泰坦尼克号'上的船员，如果'泰坦尼克号'无线电报话员还活着的话，一定要找着他"。格里夫斯又对每一个无证的记者都交代了相应的任务：一人专门写"卡帕夏号"到港的情况；一人专门写生还者获救的经过；三个人专门跑城内各家旅馆，采访在码头上漏访的生还人员；一人负责采访拖带"卡帕夏号"进港的拖船船员；一人以欢迎群众为目标；一人以维护秩序的警察为报道对象。格里夫斯最后告诉大家："如果旅馆里的四架电话都占线的话，在23街和11马路转角处，还有三架专用电话和专车备用，司机帽子上有'时报'商标，时报内的电话总机除了一条线路外，所有的外线都抽出来供'泰坦尼克号'采访人员使用，凡是有照片要冲洗者和有预想不到的情况需要汽车的人，都可以自由地使用准备好的车辆。"

与此同时，范安达派一位记者找到了正在吃晚餐的无线电发明人马克尼，马克尼告诉这位记者，等生还人员一离开"卡帕夏号"，他就登船找无线电报话员谈话。在那个时候，英、美所有使用马克尼无线电系统的报话员都是马克尼无线电公司的雇员。范安达一听此话，很是着急，立即亲自前往餐厅，说服马克尼马上坐地铁去码头，并希望这位《纽约时报》的老朋友尽力把记者史密斯带上轮船。

范安达专门安排了一辆专车在地铁出站口等候马克尼等人。这时,三万名急于见到亲人的家属们和纽约市民早把码头围了个水泄不通。码头内外人潮汹涌、喊声喧天,600多名生还者们向着码头上的亲友们挥手尖叫,家属们也拼命地企图冲进码头与亲人会合。政府出动大批军警,建立起严密的警戒线,谁也别想通过登船。他们挡住了马克尼一行人,声称谁也不能过去。急中生智的史密斯大声喊叫道:"这是大名鼎鼎的马克尼先生,他去'卡帕夏号'有紧要公事,你们最好还是报告你们的长官为妙"。一位警察头目考虑了一下后说:"好吧,只许马克尼先生和他的经理——记者可不行。"真是天佑《时报》,警察只认得马克尼,却不知身边一群人中谁是他的经理。机灵的史密斯捏了马克尼真正的经理一把,一边高声喊着自己就是经理、一边推着马克尼走过了警戒线,匆匆登上了轮船,进入无线电室。"卡帕夏号"上的无线电报话员哈罗德·布赖德迎接了他们。更令人难以置信的是,"泰坦尼克号"的无线电报话员不仅被救,而且就在无线电室里。他向马克尼和史密斯详尽描述了"泰坦尼克号"遇难和沉没的全部经过。他叙述到当这艘巨轮下沉时,船上的乐队仍在整齐地演奏着音乐,一些妇女坚决拒绝独自逃生,甘愿留在甲板上与丈夫共赴一死,所有留船的人在最后时刻都站在船头,同唱着赞美诗《秋天》。史密斯奋笔疾书,不加修饰地逐字记下这位报务员的叙述,这篇刊登在《纽约时报》次日头版上的特稿,成为《纽约时报》在这一特大新闻采访中所抓到的最大的一篇独家新闻。尽管纽约别的报纸也使尽浑身解数,试图在这场报道大战中打败《纽约时报》,为自己挽回点面子——比如《纽约先驱报》老板小贝内特就专门设法派出了他的一位王牌女记者,乘坐一艘快船提前出海迎接"卡帕夏号",但这位女明星记者刚一登上"卡帕夏号",就被船长下令关进了一间小舱房,直到所有生还者下船后才把她放出来——《纽约时报》还是以它的快速、详尽、全面的报道夺取了这次采访的全面胜利。

星期五的《纽约时报》上,范安达在24版中用了整整15版的版面用来刊登"泰坦尼克号"新闻。第一版头条新闻的标题就占有八栏之宽：

“泰坦尼克号”21 海浬高速下触及冰山船底破裂
345 名乘客眼见 1595 名同伴赴难
乐队奏乐　船长史密斯遗言“与船共存亡”
许多妇女拒绝离船愿与他们丈夫共生死

《纽约时报》当时最优秀的新闻改写员里奇（Rich）以生花妙笔给头版头条新闻写下了这样一个动人的导语：

> 繁星闪烁之夜，蓝海如镜，“泰坦尼克号”全速前进下触及冰山。一小时之后，船首向下，缓缓沉入海中墓地。

就这样，1912 年 4 月 19 日的《纽约时报》以其卓越的报道使自己名垂史册，这一天的《纽约时报》成为人们竞相搜集保存的珍品，编辑主任范安达也以他出色的组织才干、考虑周密的采访报道计划和完美的版面处理技巧赢得了世界报业同仁的一致称赞。若干年后，当范安达访问伦敦《每日镜报》时，《镜报》总编辑打开抽屉，里面摆着一份 1912 年 4 月 19 日的《纽约时报》，他对客人们说：“这一份报纸是采访史上的最伟大成就，我们谨以保存作为借鉴。”

第一次世界大战时，《纽约时报》在范安达的领导下，达到了新闻报道的顶峰。这时的《纽约时报》已有充足的财力派遣自己的战地记者奔赴前线采访报道。范安达日夜站在总编辑室的大军事地图之下，根据各方情报和自己准确的判断，不断地向世界各地的战场热点派出记者、发出指令、布置报道。《纽约时报》的记者们活跃在各条战线上，他们发回的一篇篇独家新闻吸引了无数美国读者。

也就在一时期，根据奥克斯和范安达的指示，《纽约时报》开始刊登各类权威的历史文件和演说的原文。1914 年 8 月，《纽约时报》以六个整版的篇幅刊登了英国的白皮书，还陆续刊登了英国外交部致德国和奥地利的信件原文,以及德国官方关于战争的前因后果的说法。在一战结束时,《纽约时报》又以八个整版的篇幅刊载了《凡尔赛和约》的全文,成为全文发表这一文件的唯一报纸。这些措施使得《纽约时报》日益成为对图书馆员、学者、政府官员、研究机构及其他报纸都有参考价值的大报,而后来《纽约时报》发行出版的目录索引进一步保证了它的这一地位。

到了 1925 年时,《纽约时报》编辑主任范安达的身体状况已不允许他继续担负这一工作了。范安达最后一次指挥了《纽约时报》对这一年的 1 月 24 日发生的一次日全食的报道,这次报道同他以往的新闻报道杰作一样计划周密详尽。他聘请了哈佛大学天文观测台的专家们把乘飞机在高空所见日全食的情况写成稿件提供给《纽约时报》;而在地面,他要求沿着太阳黑影全部遮盖的所有地区的记者们不但要报道日全食的情况,还要观察飞禽走兽、市面人情的动态反映。在做好了这一切准备工作之后,即在日全食的前一天——1925 年 1 月 23 日,范安达默默无声、不事声张地退休了,没有一个人预料到范安达会在这样一个时刻,以这样一种方式退出了他挚爱的新闻事业:就在天上太阳暂息、大地忽然暗淡之时,一代报坛圣手悄然隐退。

很久以后,每当夜深人静之时,《纽约时报》的老人们还常常向围坐在身边的青年人讲述着这位传奇式的编辑主任的无数故事,其中一则与《纽约时报》一位名叫詹森的年轻记者有关。有一天,詹森出发去采访范安达故乡一家大旅馆失火的消息,在现场,他碰到了一位瘦高个、叼着烟斗、低压帽檐的人。这位陌生人对于这家旅馆的历史、火灾的前因后果等信息知道得比所有人都多,他提供给了这位《纽约时报》小伙子全部详尽而切题的资料,詹森惊讶地发现他只要几乎一字不差地把这位陌生人的话记录下来,就是一篇绝妙的新闻稿件。分手时詹森十分感激,他以赞叹的口气对陌生人说:“先生,您如果当记者的话,我敢肯定您一定是顶呱呱的。”这位陌生人点点头,他的眼里又流露出了人们所熟悉的两道“死光”——他不是别人，正是退休在家的范安达。

范安达离休之后，著名驻外记者费里德里克·伯查尔出任编辑主任之职，《纽约时报》在奥克斯和他的经营下，继续保持着良好的声誉和领先地位。到了 1928 年时，《纽约时报》的篇幅已由 24 版增加为 40 版，广告业务源源不断，客户争相登门，有时竟因篇幅不足而不得不加以拒绝。到 1930 年时，《纽约时报》的销售量已达到 350 万份！

1935 年，《纽约时报》新时代的缔造者阿道夫·奥克斯患脑溢血去世。

奥克斯白手起家，艰苦奋斗，自 38 岁到 78 岁，费尽心血经营 40 载，为《纽约时报》的重新崛起作出了巨大贡献。在奥克斯去世时，《纽约时报》无论从经济、政治之独立地位，到各种新闻的报道水平，都毫无愧色地成为美国的第一大报纸，也站到世界上最著名报纸的行列了。

探讨《纽约时报》这一时期成功的原因，我们可以清晰地看到以下几点：

第一，高尚得当的新闻政策。奥克斯为《纽约时报》所拟定的"刊登所有适宜于刊登的新闻"和"不偏不倚、不党不私"的原则确定了《纽约时报》正派严谨、客观公正的报道作风，以及追求有益于公众的新闻事实，摒弃黄色新闻手法的良好传统。

第二，广泛详尽的新闻报道。《纽约时报》以提供各种记录的报纸而享有盛名，它对美国经济、政治、文化、社会的广泛报道历来为人们所称道。19 世纪末，《纽约时报》同《泰晤士报》交换国际新闻及一战时期大批《纽约时报》驻外记者的派出，使该报的国际新闻报道水平大为提高；各种历史文献的刊登，更使《纽约时报》受到了知识阶层的信赖与好评，声誉日隆。

第三，独立公正的评论。在雷蒙德和琼斯时代，《纽约时报》就已奠定了独立公正的评论传统。比如，雷蒙德是美国共和党的创始人之一，但他却十分注意不使《纽约时报》带有共和党人的色彩。琼斯在与特威德集团的斗争中,就曾拒绝过500万美元的巨额贿赂,表现了报人良好的独立情操。在奥克斯时代,《纽约时报》更是标榜完全脱离政党派别,独立负责地对社会问题发表评论。奥克斯在新建的《纽约时报》大厦的庭柱上醒目地镌刻着一条标语:公正的报道新闻,不畏惧、不徇私、不为任何政党派别和利害关系所影响,这条标语时刻提醒《纽约时报》的所有编辑记者们恪守独立公正的评论与报道原则。

第四,报纸售价大众化。《纽约时报》创刊伊始,就以面向大众的廉价报纸面貌出现,它的最高售价从未超过三美分,从而创立了低廉的报价、精美的内容之路。1898年,奥克斯为迎接黄色新闻报刊的挑战,更曾将报价降为一美分,美国钢铁大王卡内基曾由衷地称赞"这是一分钱所能买到的最好的报纸"。显然,低廉的报纸售价为大众接触《纽约时报》提供了最大的可能性,而精美得体的内容又使《纽约时报》则能够真正留住读者,为民众与社会的利益作出有益的贡献。

第五,报坛精英荟萃。奥克斯深知自己在知识和办报经验上的欠缺,因而致力于网罗第一流新闻人才为其所用。他第一个提拔的编辑主任罗文塞尔擅长于财经报道,为《纽约时报》的重新崛起立下了汗马功劳,而著名的编辑主任卡尔·范安达更是奥克斯独具慧眼所发现和使用的杰出人才。精英荟萃、俊杰云集,是《纽约时报》成功的最主要的因素之一。

第六,洁净美观的印刷质量。由于奥克斯本人精通印刷业务,因而《纽约时报》的印刷质量一直保持很高水准。奥克斯接手《纽约时报》后采取一系列措施改进《纽约时报》的印刷质量。在他的指示下,《纽约时报》的字号变大、行距拉宽,购进了上等的油墨和先进的印刷机械来印制报纸。奥克斯还经常直接下到车间,指导工人们精益求精、不断提高报纸的印刷水平。

第三节　苏兹贝格父子与《纽约时报》（1935年至今）

1935年奥克斯逝世后，他的女婿亚瑟·海斯·苏兹贝格继任《纽约时报》发行人与社长之位。在他的主持下，《纽约时报》逐渐摆脱了以往过于僵死的客观中立态度，开始强烈地反对法西斯势力，谴责意大利、德国和西班牙的法西斯战争行径。这在奥克斯凡事严守中立的时代是不可想象的。第二次世界大战中，《纽约时报》坚定地站在民主国家一边，全面迅速地报道了世界各国反法西斯斗争的消息。在业务方面，《纽约时报》出版了专供老人阅读的大字版，并成立了一个胶片公司，把每天的报纸版面拍成微缩胶卷向图书馆及资料机构出售。此外，《纽约时报》还发行了欧洲版，每天黎明时分，飞机载着报纸印刷纸样飞越大西洋，在巴黎印刷出版。到1959年时，《纽约时报》（欧洲版）的销售量达到了60万份，星期日版增加到120万份。

1961年4月，老苏兹贝格部分退休，专任《纽约时报》公司董事长，由其女婿奥威尔·德莱福斯接管《纽约时报》。然而仅仅两年，德莱福斯便因病去世，这样，1963年6月20日，德莱福斯的儿子——小苏兹贝格接任社长。

小苏兹贝格受过良好的教育，上任后即实行了一系列的改革措施，旨在改变《纽约时报》日益深重的暮气。在人事方面，小苏兹贝格对原先报社论资排辈的陈规旧习进行了改革。过去的《纽约时报》，连办公桌都按资历排列，资历越低者离总编辑的办公桌便越远，整个报社形成了等级森严的积习。小苏兹贝格任命了新的总编辑阿贝·罗森塔尔，改组各个编辑部，起用一批年轻的干练之才。比如在美国名声仅次于李普曼的专栏作家詹姆斯·赖斯顿，还有年轻的记者哈里森·索尔兹伯里、克里费顿·丹尼尔、西摩·托平、汤·韦克等人。在业务经营方面，小苏兹贝格关闭了一直赔钱的西海岸版，买下了“考尔斯传播集团”，开始对《纽约时报》进行垄断性资产经营。“考尔斯传播集团”的其他附属机构给《纽约时报》带来了很大的利润，增强了《纽约时报》的市场竞争能力。在报纸内容方面，小苏兹贝格除了保持《纽约时报》原有的政治、经济、文化、科技新闻以外，还在20世纪70年代增加了一系列有关日常生活的专刊，如《周末》、《家庭》、《体育》、《生活》、《科学》等，取得了极大的成功。

在小苏兹贝格任内，《纽约时报》继续在国际国内的新闻报道中保持领先地位，《纽约时报》这一时期所取得的一次最大的报道胜利就是顶着政府的反对压力，独立发表五角大楼秘密文件。

1974年3月，《纽约时报》的著名记者尼尔·希恩从五角大楼文职官员丹尼尔·艾尔斯伯格手里弄到了一份长达43册的政府秘密文件。丹尼尔·艾尔斯伯格是一个对越南战争持悲观反对观点的五角大楼官员，他把这份文件的副本秘密提供给《纽约时报》的记者尼尔·希恩，希望通过新闻媒介阻止越战的继续。这份文件全称是《关于越南问题的美国决策过程史》，它是奉前任国防部长麦克纳马拉之命而编制的。当时，这位部长不同意将越南战争升级，并因此与约翰逊总统发生了分歧，为了推卸责任，他秘密任命手下的一个特别小组撰写了这份文件。这份文件虽然从内容上来看都是些关于越战的史料，并不具有军事的机密性质，但从政治与外交角度来看，却具有爆炸性。依据1953年颁布的一条行政命令，该文件被列为“绝密”级报告。《纽约时报》总编辑罗森塔尔为此指派了几名重要的编采人员躲在希尔顿饭店里秘密研究这份文件。《纽约时报》的律师也被请来了，律师们认为这份文件从法律的角度来说是可以发表的。就这样，在1974年6月13日，《纽约时报》刊出了根据这份文件编写的第一部分新闻稿件。

五角大楼秘密文件的刊出，立刻轰动了华盛顿和美国，司法部长米切尔气急败坏，要求《纽约时报》马上无条件地停止刊登，但被《纽约时报》拒绝了。于是，司法部长求助于一位刚刚得到尼克松总统任命的地方法官的帮助，这位法官发出了一项没有先例的临时约束限制令。6 月 15 日,法官的这项命令强迫《纽约时报》停止了对五角大楼秘密文件的连载,《纽约时报》旋即向上级法庭上诉。6 月 23 日,根据《纽约时报》的上诉,纽约州的上诉法院推翻了这位法官的裁决,与此同时,《华盛顿邮报》也找到了丹尼尔·艾尔斯伯格,开始在该报进行秘密文件连载。最后,官司打到了美国最高法院,法院以五票对四票的表决同意继续维持事先的临时约束限制方法,同时又认为《纽约时报》和《华盛顿邮报》不属于事先约束的范畴。在 6 月 30 日的最后表决中,美国最高法院最终以六比三的票数宣布,新闻界有权公布历史记录而不管这些记录是否有绝密的标记。这样,《纽约时报》胜诉,获得了这次新闻报道的空前胜利。

《纽约时报》作为西方资产阶级最大的一家报纸,在增进人类文明、知识方面固然做出了自己不懈持久的努力,但是,《纽约时报》本身是一家资本私有的报纸,它难以脱离资本企业的发展规律。从政治观念来看,《纽约时报》称赞“西方的”伟大的民主自由传统,拥护和赞美美国式的生活方式,而对东方的社会主义事业则有着根深蒂固的偏见。从企业角度看,《纽约时报》的主人们当然把追求利润作为一个最高的潜在目标加以追求,并且是从他们个人好恶的角度,从更能拉拢读者、扩大销售的角度来完成这一目标的。不能说奥克斯严肃正派的个人禀性没有影响《纽约时报》的编辑方针,但是,从更深层次、更广泛的背景来看,雷蒙德和奥克斯所确定的严肃客观的编辑方针,所奠定的《纽约时报》独特的办报传统及方针政策,都是与如何更好地在激情主义报刊围攻下发掘新的读者、获取高额利润相关联的。在 20 世纪,随着垄断资本主义时代的到来,《纽约时报》自身地位的升高,它越来越成为东部垄断资本集团的喉舌,同官方、政府的关系日益亲密,变得越来越保守、反动了。在 1920 年 8 月份的美国《新共和》杂志上,受人尊敬的专栏作者沃尔特·李普曼和查尔斯·梅尔茨曾发表了一篇文章,批评《纽约时报》对俄国的革命所作的报道。李普曼证据确凿地列举了在 1917 年 11 月至 1919 年 11 月两年之中,《纽约时报》对苏俄共产党政权所谓已经倒台或行将倒台之事作了91次报道——差不多每周都有一篇错误报道。在这些报道中,4次讲到列宁和托洛斯基准备“逃离”,三次提到他们已经逃走,两次谈到列宁提出辞呈,两次谈到他被关进牢里,有一次干脆报道他已死去。李普曼和梅尔茨说:“关于俄国的报道是不能如实反映情况,而凭个人意愿希望如此来进行报道的一个例子。”而我们知道,这一时期,正是奥克斯和范安达强有力地控制《纽约时报》,高高打出客观公正、不党不私旗号的时候。

到了60年代,《纽约时报》买进“考尔斯传播集团”,成了一家庞大的“时报有限公司”,名列全美500家最大企业之中,并同别的公司形成了错综复杂的连锁利害关系。《纽约时报》成了一份不折不扣的“上层”报纸,东部权势集团的发言人。当50年代美国中央情报局准备在危地马拉搞军事政变的时候,小苏兹贝格应中情局之请,把碍手碍脚的该报驻中美洲记者西德尼·格鲁森调离危地马拉。1961年,《纽约时报》的调查记者泰德·斯扎尔克根据秘密线索采写了一篇报道,提前揭露了中央情报局的雇佣军企图入侵古巴的“猪湾入侵计划”;但是《纽约时报》上层人士根据肯尼迪总统的要求,扣压了这篇报道,这当然获得了美国高级官员的称赞。肯尼迪总统在《纽约时报》又一次应他的要求扣下关于古巴部署苏联导弹的独家新闻时写信给《纽约时报》发行人小苏兹贝格,赞扬说:“你们……同意不发到手的新闻,这是你们对国家利益作出的重要贡献。”小苏兹贝格允许中央情报局阅读《纽约时报》记者寄给他的绝密的私人信件,同样,中央情报局也帮助《纽约时报》弄到了1956年赫鲁晓夫在苏共20大上的秘密报告这一独家新闻。在根本性的重大问题上,《纽约时报》从来都是立场坚定、旗帜鲜明地站在垄断资产阶级一边的,这一点毋庸置疑。

【练习题】

名词解释：

1.《纽约时报》

2. 亨利·雷蒙德

3. 卡尔·范安达

简答题：

1. 简述奥克斯与《纽约时报》的复兴。

2. 简述卡尔·范安达的新闻活动。

论述题：

1. 分析奥克斯时代《纽约时报》成功的主要原因。

2. 分析一下《纽约时报》成功的市场定位。

第十三章

近现代通讯社的历史

人类组建专业化的机构用以传播信息的历史活动可以追溯到很久以前。早在口头传播新闻时代,人们就发明了烽火传书、狼烟报警、鸣锣传讯、檄文露布等信息传递的原始系统。在公元前5世纪,波斯帝国的国王大流士为了迅速地发布他的命令,曾特意在许多山顶上派驻了一些大嗓门的家奴,用高声呼喊、人声相传的方式来进行信息的传送。到了古希腊时期,人们则使用在城墙上点燃火把、组成字母的方法向远方传递消息。近代欧洲德意志的富格尔家族遍布欧洲各地的财经"新闻信"传送网络,北美十三州独立战争前夕塞缪尔·亚当斯等殖民地激进团体所组成的"自由之子"社政治宣传网络等等,都可以被看做是近代社会中最早的专业化新闻信息传递组织形式。但是,一直到19世纪初叶,远距离的信息通讯方式仍然没有很大的改进,除了人力畜力以外,当时世界上最先进的一套信息传递系统是1792年法国人克劳德·夏普发明的一套远距离的旗语传递信号装置,拿破仑曾用此迅速地在战场上传递军事情报。但在本质上,这套装置同上述的原始信息传递方式没有什么更大的区别。

在欧洲,随着新闻传播事业的不断发展,随着工业革命和各国社会经济、文化的繁荣,逐渐形成了一个巨大的新闻市场,并相应地在法国、德国和英国等国家产生了一批近代新闻通讯传播专业机构——通讯社。

第一节　哈瓦斯通讯社(1835～1945)

然而,也正是在19世纪,世界发生了极大的变化。资本主义制度已在西欧和北美确立,工业革命的进程、法国大革命的爆发,对拿破仑的战争和欧洲各国民族解放运动,产生了一种对国际新闻惊人的社会需求热潮。欧洲、北美地区经济的发展、政治军事斗争的需要及多方面的社会生活,都要求进行快速、大量、经常性的社会信息有效传递,而工业革命所带来的科学技术所奠定的物质基础——各国报业的发展,交通运输业的革命,电报、海底电缆的出现,给新的专业化社会信息组织的诞生准备了必要的前提,于是,建立在近代工业文明基础之上的近代通讯社便在这一时期应运而生了。其中,最早的、历史最为悠久的一家通讯社就是法国的哈瓦斯通讯社,可以说,它是近代通讯社的先驱。

一、查理·哈瓦斯

哈瓦斯通讯社的创始人是查理·哈瓦斯(Charles Havas),他是一个有着匈牙利血统的法国人。哈瓦斯出身微贱,但却受过良好的教育,在法国大革命时期,他举家迁往巴黎。在拿破仑执政时期,哈瓦斯与官方关系密切。1806年,他创办了一家官方特许银行,并买下了《法兰西公报》的部分所有权,开始进入新闻界。1814年拿破仑王朝灭亡后,哈瓦斯也随之失势破产。于是,他再次另辟蹊径,利用王朝复辟时期巴黎报业的发展和自己掌握几种外语的特长,于1825年开始从英、德、西班牙等国的报纸中剪裁新闻,选取出适合法国人口味的文章、报纸述评和新闻消息,译成法文后供给法国的报纸、外交界和贸易金融人士使用。1832年,随着形势的发展,哈瓦斯成立了一家宗旨为“迅速而优质”的信息编辑事务所,雇用一批工作人员专门翻译外国报刊的有关新闻和其他信息,分送给政府机关、外交使馆、银行、商业团体,以及个人和报纸订户。不久,哈瓦斯买下了巴黎的几家同行企业——巴黎通讯社、加布里埃通讯社等,在欧洲各地物色一批新闻通讯员,稳步而又扎实地建立起一个遍布欧洲重要城市的新闻收集网络,垄断了巴黎的外来新闻通讯业务。1835 年,雄心勃勃的哈瓦斯正式打出了哈瓦斯通讯社的旗号,开始以法国报纸的新闻和商业金融消息交换外国报纸的新闻和消息,走上了向欧洲各国提供专业新闻信息之路。

二、哈瓦斯通讯社(L'AGENCE HAVAS)

哈瓦斯通讯社运气不错,成立不到一年,法国便出现了廉价报纸。由于忽略"言论"而重视新闻,巴黎两家当时销路最大的廉价报纸《新闻报》和《世纪报》先后成为哈瓦斯的订户。伴随着法国报纸廉价化的浪潮,哈瓦斯通讯社在法国特别是在巴黎报业中很快便站稳脚跟,并迅速扩张自己的业务规模。随着新闻传递技术的发展,哈瓦斯通讯社不断改进它的新闻传递系统、声誉渐高。1837 年,该报采用夏普信号信息传递系统,把自己的业务从巴黎、伦敦、布鲁塞尔扩展到了柏林、罗马、马德里和维也纳。1844 年,美国人塞缪尔·莫尔斯发明了电报技术。1848 年电报在欧洲普遍使用,哈瓦斯通讯社又采用这种最新的电报技术传递新闻,更加快捷地向它的用户提供新闻消息及股票行情信息。在当时,哈瓦斯通讯社的新闻消息和经济信息传递迅速,真实可靠,深受用户欢迎,这使它很快成为了欧洲乃至世界上首屈一指的、最大最好的新闻通讯社。

1850 年时,事业成功的查理·哈瓦斯将通讯社交给其子奥格斯特经营,自己退居二线。同年,该社已有能力每日发稿,向欧洲各国全面提供政治、外交、商业等方面的新闻。1857 年,奥格斯特领导的哈瓦斯通讯社同法国 200 多家地方报纸订立合同,用该社的国内外新闻稿件交换各报若干篇幅的广告版面,然后再将这些版面出售给广告客户,获得了极大的财政收入,进而开始了向世界性通讯社的攀登。

1859 年,哈瓦斯通讯社同英国的路透通讯社、德国的沃尔夫通讯社分别签订了交换新闻的合同。1860 年,该报又利用横贯大西洋的海底电缆,成功地将新闻业务扩大到整个拉丁美洲地区。1866 年,该社同法国通用广告公司正式合并,成为这家公司的下属机构,更加稳定了财政状况。1870 年 1 月,哈瓦斯通讯社与路透通讯社、沃尔夫通讯社这三个老牌通讯社与刚刚成立的美联社一起,共同签订了旨在瓜分世界新闻市场的"三社四边协定",巩固了它在欧洲固有领域和拉丁美洲的垄断地位。

在日后的年代里,哈瓦斯通讯社继续飞速发展,并与沃尔夫通讯社和路透通讯社在世界各地相互争雄。但是,随着庞大资金的需要,法国政府每年给予该社大量财政补给并开始逐步控制该社的有关业务,哈瓦斯通讯社日益成为法国半官方的喉舌,声誉从此而有所下降。1940 年第二次世界大战中,德军占领巴黎,哈瓦斯通讯社旋被德军全盘接收,成为德国纳粹和法国卖国政府的宣传工具。1945 年 9 月 31 日,解放了法国的戴高乐政府没收了哈瓦斯通讯社的所有资产,并在其基础上另外组建了当今著名的法国新闻通讯社。至此,具有 100 多年悠久历史、曾经雄居世界通讯事业之首的哈瓦斯通讯社成为了历史的陈迹。

三、法国新闻通讯社

法国新闻通讯社(法新社)是二战后戴高乐政府在原哈瓦斯通讯社的基础上于 1945 年 11 月正式组建成立的。它是一个受政府财政资助、半官方的新闻通讯社(尽管该社自己并不承认这一点),社长由政府任命,其补助经费也由政府正式列入国家预算。从这一点来看,该社同它的前身哈瓦斯通讯社以及以前私营的路透通讯社是很不相同的。1957 年,法国国会通过了法新社组织章程法,规定该社按照企业法规经营,以完整而客观的国内外新闻提供给订户,收取费用。在章程中,依照英国路透通讯社的组织章程有关内容,专文指明法新社经营的基本原则是:在任何情况下,绝不能损害该社新闻报道的客观性与正确性;同时,在任何情况下该社都不得接受任何政治或经济集团的控制。依照此章程，专门成立了一个由七人组成的“信托最高委员会”对法新社进行管理，该委员会下设一个行政委员会，负责管理法新社的日常业务。这个行政委员会设委员 15 人，其中报业代表 8 人；广播电视业代表 2 人；内阁总理、外交部长及财政部长指定代表 3 人，法新社员工代表 2 人。社长由行政委员会选举任命，兼委员会主席，领导通讯社的日常工作。

现在的法新社位居世界五大通讯社之列，它在 160 多个国家和地区设有分社或驻有记者，国内则有 13 个地区分社，总社每天可以接收新闻及各类信息约 30 万字，并通过各种先进设备、用近 10 种语言向全世界播发 60 余万字的新闻稿件。法新社在全球拥有 3000 多家新闻稿件订户，有着广泛、强大的世界舆论传播力量。

第二节　路透通讯社

一、初创阶段(1851～1858)

英国的通讯社起源于 19 世纪中叶，曾经先后出现过的有联合通讯社、中央新闻社、交换电讯社、英国合众社等等，其中历史最为悠久、最负盛名者首推路透通讯社。

1. 保罗·朱丽叶斯·路透的初期创业史

路透社创建于 1851 年，它的筹划、奠基时期还更早些。事实上，路透社成立和初期的发展史就是保罗·朱丽叶斯·路透个人的奋斗史。

路透于 1821 年 7 月 12 日出生于德国的卡尔塞城一个犹太家庭中，青年时他曾做过银行小职员，在柏林开过书店，后因出版激进的政治小册子而受官方追捕，被迫流亡巴黎。1848 年路透进入哈瓦斯通讯社担任译员，半年多的工作经历促使路透产生了开办自己的商业信息供给机构的想法。所以，在取得了足够的经验，详尽地了解了哈瓦斯通讯社的全部工作程序以后，路透便不辞而别，脱离该社，同妻子一起在自己的巴黎寓所中将法国报刊上的新闻及信息翻译成德文，为德国报刊提供商业金融行情和有关新闻信息，走上了个体信息经营专业户的道路。但是，在巴黎单独经营几个月后，路透夫妇筋疲力尽，加上当时路易·波拿巴（小拿破仑）在法国建立了第二帝国，限制新闻自由，打击进步报刊，这也使路透的业务大受影响。经营失败、窘迫不堪的路透夫妇关闭了自己在巴黎的生意，疏通好关系后准备返回德国，在通讯业这一新的行当里大干一番。

在当时，欧洲建立了两条电报线路，一条从巴黎至布鲁塞尔，一条从柏林至与比利时交界的德国古城亚琛。意欲在祖国创业发展的路透开始准备在首都柏林开办自己的通讯社，不想一个他在哈瓦斯社同为德文翻译的德国人沃尔夫捷足先登，抢先在柏林开办了一家电报综合办事处。路透立即赶到亚琛，在这里开办了一所电报综合办事处。

当时的亚琛与布鲁塞尔之间有 170 公里未架设电报线路，而亚琛这一带是德国新兴的工业汇聚之地，商业、金融界交易十分活跃。路透认为，占领亚琛，开展商业信息的速报业务，一定会有良好的销路。于是，他利用电报网络把从欧洲各地搜集到的汇兑、证券交易等商业金融行情消息，用火车送到还没有架设电报线路的布鲁塞尔和荷兰的安特卫普的订户手中。同时，他还在科隆城设立了一个分店，开始广泛地向亚琛地区的银行家和商人们提供有关的金融快讯。这样，在布鲁塞尔、安特卫普和亚琛地区，很快出现了争购路透快讯稿件的局面。路透又利用信鸽在亚琛与布鲁塞尔之间传递信息，比火车传递提前了七个小时，路透的办事处从此越办越红火，开始走上了正轨。

可惜好景不长，当亚琛与布鲁塞尔之间的电报线路不久也架通时，路透夫妇只好再次关门。以后，路透又曾设想重返巴黎，在那里建立一个欧洲综合通讯社，但遭到了法国政府的拒绝，这时的路透陷入了前途渺茫的困境之中。

1850 年英吉利海峡海底电缆铺设完毕，伦敦和欧洲大陆的电报联系渠道建成了。当时参加这一巨大工程的一位德国著名电气工程师西门子建议路透前往伦敦设立通讯社，路透也认为伦敦是大英“日不落帝国”的首都，也是当时世界政治、经济、商业金融的中心，于是，他欣然接受了西门子的建议，于1851年10月14日，在伦敦的皇家交易所大厅租借了两间房子，正式创建了路透通讯社。

2. 初创时期的路透社

当时的路透社只有路透和一个十几岁的小听差约翰·格里弗斯两人支撑，外加路透夫人的帮助，一切情报的收集、制作和传递完全由路透本人亲自动手。路透社成立不久，英吉利海峡电缆正式投入使用，路透通过这条线路荟萃和收集欧洲大陆上有关商业、金融方面的情报，然后将其编辑为快讯、消息出售，很受伦敦各交易所、银行、股票商、证券经纪人、投资公司和贸易公司的欢迎。当时，同哈瓦斯通讯社、沃尔夫通讯社的开始阶段一样，路透也把主要的精力和目标放在努力争取英国商业金融界的订户上，重点向工商、金融银行界人士提供信息。后来，随着业务的不断发展和财力的逐渐壮大，路透社开始在欧洲各地派驻记者，建立起了严密快速的信息搜集网络，陆续增加了有关政治、外交、军事等方面的新闻消息，开始把工作的重点转向了英国的新闻界——特别是当时的报坛霸主——《泰晤士报》。其实，路透早在亚琛城创业时，就曾给《泰晤士报》写过一封自荐其稿件的信笺，但遭到了对方有礼貌的拒绝。路透通讯社在伦敦成立后，路透又曾两次发信给该报，向其兜售新闻稿件，但《泰晤士报》的每一次回答都是一张明确表示回绝的条子：“《泰晤士报》无意采用贵社提供的消息”。确实，当时的伦敦各报都有自己的海外记者和欧洲大陆情报收集系统，都乐意采用自己的记者和通讯员采编的消息。特别是财力雄厚的《泰晤士报》，该报在国际消息的报道上执掌牛耳已久，当然不信任路透社能提供比自己更加快速准确的国际消息了。路透自己也很清楚，仅仅进行一般的商业、金融快讯的报道，不能保证通讯社的兴旺发达，只有打开英国报纸的新闻市场，路透社的发展才有前途可言。

1858年10月，正面强攻不成的路透采取了一个新的战略方针。

当时的英国报界除了《泰晤士报》以外，势力和声誉第二大的就是创刊仅晚于《泰晤士报》九年的《广告晨报》了。路透认为，只要设法征服了这家报纸，说服它采用自己的新闻稿件，伦敦舰队街的其他小报就会随之俯首称臣，新闻市场的大门就会向自己打开，而那时，《泰晤士报》就不得不就范了。于是有一天，路透登门拜访了《广告晨报》的总编辑詹姆士·格兰特先生，路透告诉他现在伦敦的各报社都要用一笔可观的电报费来采集国际新闻，他打算用低于这些电报费的价格向伦敦所有的报纸提供欧洲大陆的消息，而且这些消息将比各报自己采集的消息更为迅速、准确、全面。格兰特告诉路透，在没有看到路透的建议有百分之百的成功把握之前，他不能取消自己报社同欧洲特派记者和通讯员的合同。于是，路透建议该报免费试用两周的路透电讯，以便让《广告晨报》把这些电讯和其他信息产品同以往该报自采或买来的消息进行一次客观的比较，看看哪家的消息在质量、数量及时效方面更为出色，哪家的新闻更方便、更便宜，然后再决定是否使用路透通讯社的电讯稿件，格兰特认为这是一个不错的主意，便痛快地答应了这一优惠的建议。

《广告晨报》的两周免费"试稿"活动效果极佳，格兰特迅即同路透社签订了有关合同。路透乘胜追击，他拿着《广告晨报》与路透通讯社签订的合同到处游说，伦敦的其他报纸在接受了路透免费提供两周稿件的试验之后，也纷纷与路透社签订供稿合同，处境孤立的《泰晤士报》不久也被迫与路透社签订了供稿合同，就这样，路透和他的通讯社终于在英国站稳了脚步，开始了其兴旺发达的新的历程。

二、发展和兴盛(1858～1915)

在打开了伦敦报界的大门之后，路透社立即积极地扩展自己的海外通讯业务，挖掘和抢发了不少的重大独家新闻，赢得了越来越高的声誉。

1859年欧洲大陆形势紧张，法国与奥地利准备兵戎相见。当时法国国会定于2月7日举行会议，届时拿破仑三世将亲临国会发表有关法国外交政策的重要演说。整个欧洲都提心吊胆地等待这篇讲演的内容，路透也电令驻站巴黎的记者一定要想方设法提前弄到讲演稿。出于宣传的目的，拿破仑三世答应了路透社记者得到一份原稿的要求，但规定路透社的记者不得在他开始演讲以前利用任何方法传递演讲的内容。高兴至极的路透立即决定在法国皇帝开始讲演前后的几个小时内，高价包租海底电报公司从巴黎至伦敦间的唯一电报传送线路。当拿破仑的讲演刚刚在国会开始时，路透社巴黎办事处的人员马上开启了一个密封的演说原稿袋子，由于路透社事先购买了一小时海底电缆线路的使用权，不让别人在此期间使用横跨英吉利海峡的电缆电报，所以拿破仑三世的演讲稿在很快就传至伦敦。早已准备就绪的翻译人员不到一个小时便译出了讲演稿的英文文本，两小时后，刊登拿破仑三世警告奥地利的号外便出现在伦敦街头，《泰晤士报》也刊载了路透社提供的演讲全文。

美国南北战争时期，路透社的声誉又达到了一个新的高峰。由于1858年在纽芬兰和爱尔兰之间铺设的大西洋海底电缆不久即告失效，所以路透社利用当时一切可能的条件来提供英国公众所迫切关心的美国内战消息。

当时来自美国的消息几乎都是通过跨洋邮轮传递的。伦敦各报往往派出专人在爱尔兰等地的港口外乘船出海拦截邮轮，以便能够尽快地拿到各报驻美记者或通讯员事先放在邮轮上的专用小木罐（内装新闻稿件，邮轮看到各报专用的迎接小船后即抛下小木罐），然后通过陆地上的有线电报发往伦敦。路透社也是这样的，但不久路透社却发现它得到的消息常常比一些报纸晚几个小时。原来英国的一家电报公司在爱尔兰的罗切角就派人出海拦截来自美国的邮轮，然后通过爱尔兰和英格兰之间的邮电专线将新闻发往伦敦。于是，在征得了政府的同意后，路透社在爱尔兰最西南端的克鲁克海文又秘密架设一条电报专线，在那里出海迎接邮轮，这样，该社就可以比伦敦所有的报纸提前8小时获得美国的消息并向各报提供最快的新闻，伦敦的金融家和各报的总编们对路透社所付出的这种竞争努力纷纷表示敬意。

1868 年 4 月 14 日，在美国华盛顿的福特剧场，美国总统林肯遭到暗杀，驻纽约的路透社特派记者麦克莱恩旋即收到了该社驻华盛顿的一位通讯员采写的一篇详尽的现场报道，其主要内容是目睹总统被暗杀现场情况的谈话记录，谈话人是总统的私人秘书。接到此篇文章的麦克莱恩立即断定，关于暗杀林肯总统的第一条快讯此时肯定已被其他报社或通讯社的记者向欧洲发出了，但是绝不会有第二家新闻单位能够发出像他手中这篇那样详尽的现场情况报道。麦克莱恩意识到，他手头的这篇稿子将成为具有划时代意义的"独家新闻"，必须以最快速度发出，但是，当天开往伦敦的邮轮早已起航了。麦克莱恩赶到码头，高价雇用了一条快艇拼命追赶早已驶出港湾的邮轮，追上以后，麦克莱恩把那条至关重要的特大独家新闻装入特制的木罐里，扔到了邮轮的甲板上。几天后，路透社的"马赛号"小火轮在爱尔兰的克鲁克海文海域接到了这份独家新闻，有关人员火速用电报把它发往伦敦的路透总社。就这样，这条具有历史意义的路透社电讯在《美国林肯总统遭暗杀　暗杀西瓦德国务卿未遂》的醒目标题下，被《泰晤士报》和伦敦各报同时采用，刊登在 4 月 26 日所有报纸的头版头条位置上，全文如下：

纽约，4 月 15 日，上午 10 点。

今天 1 点 30 分，陆军军官斯坦顿报告暗杀事件经过如下：

昨天夜里 9 点 30 分，林肯总统正在福特剧场的私人包厢内同林肯夫人、哈里斯夫人及莱文少校一块儿看剧，突然遭到闯入包厢内的凶犯从背后的射击。暗杀者用手枪射击之后，提着一把刀，从包厢跳到舞台上，在剧场后面消失了足迹。子弹打进了总统的后脑部，几乎穿透了颅腔，受了致命的重伤。

总统当场就失去了知觉，现在处于危笃状态。

> 几乎就在发生这起暗杀事件的同时,不知是否是射击总统的那个凶犯,一个男人称有急事访问国务卿西瓦德的住宅。当他被领到西瓦德的住室时,这个人突然跑到床边,朝着躺在床上的西瓦德喉咙上猛刺三刀,向脸上刺了两刀。但愿他受的不是致命伤,然而据认为仍有死亡的可能性。
>
> 根据已查明的情况,暗杀者是两个人,枪击总统的叫维克·布斯,眼下尚不知道另外一个刺客的名字。不过,由于掌握了他的面貌特征,因此提解归案只是个时间问题。在布斯的皮包中发现了一封信,从信的内容来看,暗杀计划在3月4日以前就已经制定了,由于要等待另一个合谋犯同里奇蒙取得联系后再行动,因此计划没有实施。
>
> 布斯与合谋犯午后6点在马厩里碰头,在10点或接近10点时留下马匹离开了。两个人这几天一直在寻找暗杀的机会,但不知为什么直到昨天夜里之前没有采取行动,现已经知道其中一个人逃到巴尔的摩去了,另一人下落不明。
>
> 斯坦顿在上午8点宣布,林肯总统于上午7点32分去世。

4月26日,即在伦敦各报刊登这篇报道的同时,巴黎的所有早报中只有《时报》在即将截稿时收到了哈瓦斯通讯社的一条短讯:"林肯总统昨夜遭到枪击,总统今晨已经死亡。昨夜还发生了暗杀西瓦德国务卿未遂事件,该国务卿受到致命重伤。"这条短讯电头是4月15日纽约电,巴黎的《时报》因幸运地最早刊登了这条短讯而在法国新闻界大出风头。

然而,尽管哈瓦斯通讯社的短讯写得短小精悍、更符合现代新闻写作的格式,但同路透社那篇富有现场感、信息更加丰富的报道相比,哈瓦斯社的短讯就显得逊色多了。路透社在美国内战期间的新闻报道,特别是暗杀林肯总统的重大独家新闻报道,进一步提高了该社在英国的威望,巩固了该社在北美和欧洲的新闻报道的权威地位。

路透社在欧美的通讯网络建成并巩固之后，又开始了向亚洲的扩张和发展。这同大英帝国在这一时期成为“世界工厂”和最大殖民地国家的历史进程相吻合。这时的路透社已同英国的殖民帝国整体利益相关密切，在强大的国家势力的保护和推动下，路透社开始了向全球性通讯社地位的进军。

路透社首先通过北欧的汉诺威王国的协助，建立了一条由英国经德、俄、伊朗直通印度的电报专线，大大加强了对沿线国家的信息收集工作。1866 年，路透社在印度的孟买建立了第一个亚洲分社，使其成为该社在远东地区的大本营。此后，随着海底电缆铺向澳大利亚、日本、上海、南洋等地，路透社在亚洲的电报业务蒸蒸日上，很快成为垄断亚洲与中东地区的国际通讯社。至此，路透社在北美、欧洲、亚洲都有着广泛的业务活动，已成为一家名符其实的世界性大通讯社了。

与此同时，路透社本身也在不断改革，逐渐从个体家族产业向近代股份公司组织机构发展。1865 年，路透社改组成为路透电报公司，朱丽叶斯·路透任公司总经理。1868 年，该公司又同英国地方报纸联合组织——英国报纸联合社（报联社）签订了一项重要的合同，从而不仅垄断了伦敦、也垄断了整个英国境内报刊海外新闻的发送权，并同英国报联社结成了利益相关的同盟组织，该合同主要内容如下：

（1）路透社可以把英国报联社的新闻发往国外。

（2）英国报联社拥有把路透社的新闻发往地方报纸、饭店、俱乐部以及其他机关的垄断权。

（3）英国报联社向路透社一家购买国际新闻，偶尔个人提供的新闻除外。

显然，这是一个完全相互依赖的合作协定。据此，路透社垄断了提供英国报纸国际新闻的发送权，这种相辅相成的合作传统一直保持到今天。

在路透电报公司于 1865 年 2 月成立的同时，德国的沃尔夫通讯社也在5月份变成了一家股份合资公司：沃尔夫洲际电报公司。哈瓦斯通讯社也于同年9月在巴黎建立了哈瓦斯广告公司，哈瓦斯通讯社成了该公司的下属机构。随着这三家通讯社机构的改组、扩大，它们在全球范围内开始了更为激烈的竞争，三家通讯社都试图建立自己的国际通讯王国。当时，路透社在保持欧美电讯垄断地位的同时，更向北欧和东方不断扩展；哈瓦斯通讯社则把目标指向拉美国家；而沃尔夫通讯社则专心致志地在普鲁士境内建立其垄断地位，把独占德国和东南欧地区作为自己的目标。三社间的激烈竞争使各方都受到了很大的损失，于是，在1870年1月17日，路透、哈瓦斯和沃尔夫通讯社的文策尔（代表沃尔夫）三巨头在巴黎举行了和解会谈，并签署了旨在分割世界新闻市场的垄断性协定，主要内容如下：

（1）路透社的垄断领域为大英帝国、荷兰及远东地区。除汉堡外，路透社关闭在德国及奥地利的分社，放弃在上述地域发布新闻的权利。

（2）哈瓦斯的垄断领域为法国、意大利、西班牙、葡萄牙。

（3）沃尔夫通讯社的垄断领域为德国、奥地利、斯堪的那维亚半岛及俄国。不过，关于在德国以外的地区的垄断权，作为代价，该报每年须支付给路透社和哈瓦斯社一定的补偿金额。

（4）奥斯曼帝国（土耳其）、埃及及巴西为路透社和哈瓦斯社的共同领域。

（5）路透社可以在发布因同纽约美联社签订的合同而收到的有关美国的新闻。

（6）本协定指定国家以外的地区为“中立领域”，三社可以在这些地区从事新闻收集和发布自由竞争。

（7）三社承认纽约美联社在美国的垄断地位，同时不设立妨碍各自领域内建立通讯社的条款。

就这样，依据1870年的这项协定，路透社、哈瓦斯社、沃尔夫社这三大通讯社协议瓜分了世界新闻市场，路透社据此进一步巩固了自己的国际地位。1875年，路透社又代表哈瓦斯社和沃尔夫社同美联社的代表签订了一项交换新闻的协定，这样，纽约美联社事实上也加入了欧洲通讯三强的分割协议，这项协定有三项内容：

（1）欧洲三社同美联社之间交换的新闻全部须在伦敦进行，四社每月结算账目。

（2）三社在向美国国内发布消息时只发给纽约美联社。

（3）美联社不得单独在欧洲和南美发布消息。

从协议内容看，纽约美联社虽然挤进了欧洲三社瓜分世界新闻市场垄断的大卡特尔体系，但却无权在国外单独发布消息，由于美联社当时势力薄弱，它不得不忍受了这种不平等的现实。

这一系列签署的协议就是近代通讯社史上一个时代的标志："三社四边协定"。据此协定，一个由 4 家通讯社对世界新闻市场进行瓜分的新闻市场垄断体系建立起来了。这一体系一直维持了 40 多年，直到第一次世界大战后，德国惨败、法国衰弱、美国强盛了，该协定才完全被改动。到了 1935 年，美联社正式脱离了这一体系，开始在世界范围内建立自己的竞争领域，于是，近代通讯事业转向了更高层次的现代通讯事业发展阶段。

1871 年，朱丽叶斯 · 路透受封为男爵，成为英国上流社会中功成名就的显赫人物。1878 年，老路透退休，其子赫伯特 · 路透男爵继任其职。1899 年，老路透在法国的尼斯别墅中结束了他 83 年来艰辛而又光彩的一生。

三、赫伯特 · 路透时期的路透社

赫伯特 · 路透是老路透的独生子，他耽于幻想，喜爱哲学、音乐和自然科学（数学、物理）。他大学毕业，具有良好的文化素养，但却不喜欢喧闹嘈杂的通讯社工作，不喜欢紧张单调的生活。虽然大学一毕业，他即遵从父愿，进入路透社，开始从低级位置实习，并最终升任总经理，但他的志向和理想却是想当个出色的哲学家。

赫伯特 · 路透执掌路透社时，该报开始面临着一系列的新难题，关系到该社从近代通讯社组织向现代化通讯社的迈进。当时，路透

社的经营组织、业务手段、人员思想、设备配备等在新世纪到来之时都已显得相当落后了。在19世纪末，路透社仍采用手抄新闻、送报少年的传统方法发送新闻，不注重新型通讯设备的更新。更为严重的是，在这一时期，逐渐不满与路透社有关协定的英国报联社和伦敦各报为了打破路透社垄断国际新闻及其价格的地位，赞助建立了联合通讯社和中央电讯社与之竞争，《泰晤士报》也雇用美国的吉尔达通讯社来同路透社展开激烈的竞争。这一切，构成了对赫伯特领导下的路透社新的威胁和严峻挑战。

面对挑战，富有责任感、恪尽职守的赫伯特抛下了喜爱的高等数学、哲学书本，全力率领路透社投入到这场新的竞争之中。由于赫伯特受过良好的教育，头脑冷静，逻辑推理能力强，他开始了路透社全面的现代化进程。在赫伯特的指示下，路透社大批增添新的通讯器材，起用一代新人，努力追赶和适应时代的发展及读者用户的需求和情趣，采取了一系列有力的措施，保证路透社顺利渡过了这次难关。

20世纪来临之际，路透社已经在得心应手的赫伯特领导下走上了健康的经营轨道。在20世纪开始的头十年中，路透社的兴盛达到了顶点。从1898年至1908年，该社每年收入增加额达到14万镑至20万镑的巨大数字，并继续在国际新闻报道中一马当先。1900年布尔战争期间，路透社采访到的一条重大“三明治独家新闻”就是这一时期路透社整体实力强大、人员素质良好，业务技巧娴熟的显现。

当时，在布尔战争中处于劣势的英国军队被困守在南非的马弗京城中，孤立无援，英国派遣军总司令部全力展开增援作战，但数月未曾奏效。英国的国内报纸连月来大登马弗京城被围的消息。英伦三岛民众对马弗京战役极度关心，然而，由于城市被围，不知城内军队情况如何，英国上下和新闻界对马弗京城的前景及增援部队的进展消息非常关注。

按照路透社讲求客观、公平的惯例原则，该社在战争中向英军和布尔军两方都派遣了随军记者，既报道己方消息、也报道敌方消息，该社在布尔人中的随军记者是位名叫麦凯的年轻人。

马弗京城终于被英军解围了,可当时攻入马弗京城中的英国军队没有相关设备。由于距离总司令部相当远,加之战事激烈,外围尚有布尔人的军队在顽强抵抗,路透社在英军中的记者并不知道马弗京城已解围的任何消息。

然而,当时在比勒陀利亚城布尔人中间的麦凯却得到了这条消息。也许是因为布尔人严密监视麦凯,丝毫不担心他会把消息发出的缘故,布尔人坦率地告诉麦凯马弗京城已在英军手中。麦凯得到这个消息后,马上设法赶往葡萄牙所属的东非边境,趁人不注意,他塞给了开往洛伦索·马贵斯城火车上一位司机五英镑的现金,请求对方把一份自己早已写好的关于马弗京城之围已被英军解除的快讯送到马贵斯城英国东方电报公司的电报局去。五英镑的高价使这位司机立即答应了麦凯的请求。为了慎重起见,麦凯坚持让司机把电文折好,夹在这位司机的午餐——一块三明治面包中,以逃过布尔人的搜查。

不久,这条"三明治独家新闻"平安地从洛伦索·马贵斯城发到了伦敦,收到电报的路透社立即向维多利亚女王、英国首相和伦敦市长送去专报,兴高采烈的市长先生亲自在市政厅台阶上向聚集在那里的群众大声宣读了马弗京城解围的路透社消息。

很快,在伦敦街头开始出现号外。市民们欣喜若狂、欢声雷动,顷刻之间,伦敦城一片沸腾。这个消息马上又从伦敦发到了南非的开普敦城前线,送到了英军总司令罗巴茨将军手中。将军毫不怀疑路透社的消息,即刻向所属部队传达了马弗京已经解围的消息,全军振奋。第二天才从前线送来的公文证实了麦凯的"三明治消息"完全属实。

就这样,麦凯的"三明治"独家新闻轰动了大英帝国政府、陆军部及全体国民,路透社的威望一时间在英国内外达到了空前崇高的地位。

四、现代的路透社(1915 年至今)

1915 年 4 月,路透社总经理赫伯特因爱妻埃迪斯突然病逝而自杀身死,使路透社陷入一场强地震之中。赫伯特的独生子休伯特性情古怪,根本不愿、也不能从事新闻领导工作,他自愿放弃继承权,投笔从戎,所以路透社开普敦分社社长——37 岁的罗德里克·琼斯继任总经理之职。1916 年,休伯特·路透在法国前线阵亡,路透家族从此断绝了直系继承人。

罗德里克·琼斯为人精明干练、富有能力,路透社在他的领导下继续前进。琼斯在位其间,为了更加巩固路透社的地位,将路透社改组为路透有限公司,并把公司的大部分股票卖给了英国报联社,从而使英国报联社成为路透社的拥有者,巩固与壮大了路透通讯社的生存基础,得以保持该社独立自主的基本方针和客观、公正、自由的报道原则,及在财政上更加强大独立,足以抵御政府和其他组织的压力和收买企图。琼斯的这一系列重大措施奠定了现代路透社的雄厚发展基础。在 1941 年引退不久,琼斯又把自己的所有股票卖给了伦敦报纸发行人协会,使路透社变成了一家由加盟报纸、通讯社、电台和其他用户分担股本、独立进行经营的非营利性法人机构,这一法人组织的有关章程规定:

(1)路透社永远不得为任何个人、集团或党派所有;

(2)路透社永远保持其公正、自由与独立的精神;

(3)路透社依照契约,供给英国、帝国自治领及世界其他国家的报纸、通讯社确实可靠、不偏不倚的消息;

(4)除维护新闻界的利益处,对其他各界的利益亦应注意;

(5)努力发展业务,以保持该社在任何情况下属于世界通讯的领先地位。

1941 年琼斯引退后,路透社由其远东地区总负责人克里斯托弗·钱塞勒和欧洲地区总负责人威廉·莫洛尼两巨头共同管理。1944 年,40 岁的钱塞勒被任命为总经理,英国报联社的沃尔顿·科尔为主编。1949年路透社又进一步扩大股东来源，使自己归属为澳大利亚及新西兰报业联合社、英国报纸联合社和伦敦发行人协会共同所有。1959年科尔担任总经理，当他于1963年因心脏病突发而猝死在工作岗位上时，查拉尔德·朗又升任总经理，开始了朗体制下路透社的新时代。

今日的路透社是世界五大通讯社之一，势力雄厚、信誉良好，它在国外建有100多个分社，并派驻或雇用了数千名记者，每天发稿量近100万字，有1000多家国外报刊、电台、电视台订购其新闻稿件，还有无数的跨国公司、商业大公司订购它的商业金融行情。路透社除播发政治新闻外，它的经济和体育新闻亦占重要地位。今天，保罗·朱丽叶斯·路透所创建的这个世界性新闻通讯传播组织仍在稳步发展，向前迈进。

第三节 美国联合通讯社（美联社）

在美国的通讯社中，历史最为悠久的要算美联社（The Associated Press，简称AP）了。它的历史可以追溯到19世纪。1848年5月，为防止不正当竞争，保护各家报纸的共同利益，纽约市报界由一位名叫戴维·黑尔（David Hale）的资深印刷商牵头，在著名的《纽约先驱报》老板詹姆士·戈登·贝内特的拥护下，《纽约太阳报》、《纽约先驱报》、《信使问询者报》、《纽约论坛报》、《纽约快报》、《商业新闻报》六家当时纽约最重要的报纸成立了一个"港口新闻联合社"，为六家报纸共同采访海外轮船带来的国外（主要是欧洲大陆的）新闻，以便防止纽约报界之间日益激烈的新闻竞争和降低不断增加的竞争成本。这个新闻联合社同日后的美联社同名（The Associated Press），它就是今日美联社的雏形，戴维·黑尔成为这个新闻联合社的创始人。

成立初始，这个组织就开始显示出了它存在的巨大价值。从著名的新闻采集"个体户"到"港口新闻联合社"专业新闻采访人的丹尼尔·克瑞格(Daniel Craig)在加拿大的哈利法克斯开设了港口新闻联合社的第一家海外办事处。他在那里出海迎接从欧洲来的轮船,然后在轮船到达纽约港口之前就通过陆上的有线电报把相关新闻传送回纽约。

1858 年,第一条标有"AP"字样,直接通过海底电缆电报传递的欧洲新闻是一条包含了 42 个单词、归纳了五条信息内容标题的新闻,它的结尾是"暴动正在被镇压,印度全境即将平静"。这标志着以"AP"为品牌的一家新的新闻通讯社业务正式开张了。在 100 多年的发展历程中,"AP"代表着可靠、真实、迅速,它日益成为新闻通讯界中的一颗明星。

在 1861 年爆发的美国内战中,新闻联合社(亦即美联社)的记者们崭露头角。1863 年,美联社的通讯员约瑟夫· L. 吉尔博特在葛底斯堡记录下了林肯总统的著名讲演词,它以"葛底斯堡讲演"而闻名于世。1865 年,在北军波托马克军团中的一位美联社通讯员目睹了南军统帅李将军向北军总司令格兰特将军投降的仪式并作了报道。为了应付南北双方的新闻检查,美联社的记者们采用了共同的匿名署名方式:"联合新闻社记者报道"(From the Associated Press agent),这种署名方式延续了很久,以至于成为了日后美联社的一个传统。

1865 年,华盛顿资深记者、美联社第一位驻华盛顿记者站主任劳伦斯·L. 格布赖特在林肯总统被暗杀几分钟内便赶到了现场——华盛顿福特剧院,并写下了他的记者生涯中最重要的一篇消息:"华盛顿,1865 年 4 月 14 日,致联合新闻社:总统今晚在一家剧院遇刺并且可能遭受致命创伤"。

1862 年,美国西部的报纸也成立了一个类似的组织——西部报联社。其他一些地区也存在着此类的临时性协作组织,但较有名气的仍是纽约原来的那个联合性组织——"港口新闻联合社",这个"港口新闻联合社"的规模在逐步扩大,遂改称为"纽约报联社"。在一些早期杰出的领导人——亚历山大·琼斯博士、丹尼尔·克雷格等人的领导下,该社办得有声有色,其兴盛的标志之一便是 1875 年它作为美国境内最有影响力的一家通讯社被欧洲三大通讯社巨头看中,同意其与路透社等签署了著名的“三社四边协议”。依据此项协议,这家联合通讯社逐步垄断了国外新闻在美国的发稿权和对外销售美国国内新闻的权利。然而,内部发生的争权夺利和分裂使其衰落了。1892 年,新成立的伊利诺斯报联社接管了纽约报联社,麦尔维尔 · E. 斯通就任新组成的美联社的总经理,这个组织才又开始强大起来,迈向现代的美联社之途。

在当时,世界新闻市场被路透社和哈瓦斯社、沃尔夫社所垄断,它们于 1870 年签订的分割世界新闻市场的协议既有效地防止了相互竞争,又阻止了后来者的挑战。为了纽约报联社和伊利诺斯联合通讯社组成的联合通讯社的生存和战胜国内竞争对手,斯通必须参加到这个新闻“卡特尔”垄断组织中去——当然,参加的条件肯定是苛刻的。

1893 年,斯通从美国的芝加哥来到伦敦,拜访了赫伯特 · 德 · 路透男爵,请求允许加入其“三社联盟”。对于斯通的通讯社来说,这是一件生死攸关的事情,因为联合通讯社要打算成为一家全国性的新闻机构,取代许多地区性通讯社,就必须独家获得路透社、哈瓦斯社和沃尔夫社的国际新闻。路透本人答应了斯通的请求,但要求把斯通的联合通讯社纳入旧的世界新闻卡特尔垄断体系之中,具体的条件是:联合通讯社同三大通讯社建立一个为期 20 年的联盟——这是一个在各自的领地之外互相交换各自收到的电讯消息的排他性联盟,联合通讯社每年向路透社交纳 1.75 万英镑巨款,作为独家获得三大通讯社海外新闻的费用。

虽然同路透社的协议严重束缚了联合通讯社的手脚,但斯通还是据此给自己的组织找到了一条生路,并彻底割断了别的美国报联组织和其他报纸的国外新闻主要来源。除了少数几家报纸外,大部分的美国报纸加入了联合通讯社成员组织以获得世界三大通讯社的国际新闻,敌对的竞争组织破产了,在斯通总经理领导下,联合通讯社度过了致命的初始难关。

但是,由于成立这个联合通讯社的有关章程写得十分笼统含糊、定义不明,因而在1898年,《芝加哥洋际报》与联合通讯社之间发生了著名的诉讼案件,该报控告联合通讯社因《洋际报》使用了"拉芬新闻社"的稿件而惩罚性地停止向其供稿的做法违背了联合通讯社自身的组织章程。伊利诺斯州法院判决联合通讯社无权中止向一个不服约束的报纸提供消息,或不向任何其他提出申请的报纸提供消息,因为该社的章程使它成为一个必须为一切愿意得到它的消息的报纸提供消息的公用事业机构。经此挫折,足智多谋的斯通立刻解散了伊利诺斯联合通讯社,而根据纽约的法律组成了一个新的非营利性组织,这就是1900年5月22日成立的美国联合通讯社——也即当今的美联社(AP),斯通仍任总经理之职。不管从何种意义上来看,梅尔维尔·伊莱贾·斯通是美联社的真正创始人。

1900年成立的美联社是一个非营利的合作性质的组织,这是美联社保持至今的最重要的特点。它的社员——各家报纸和电台、电视台及其他相关组织把在各自的出版地区采访到的新闻相互交换、互通有无,共同分担交换新闻的费用。斯通曾用下述语言简明扼要地阐述了美联社的性质,他说:

> 一个全国性的新闻合作组织是这样一种机构,它属于而且只属于各个报纸,它不出卖新闻,不谋利润,不付股息,仅仅是各报纸的代理人和公仆。参加者应包括一切党派、宗教界、经济界和社会界的新闻工作者,但他们对新闻事业同样热情积极,所采集的消息应该严谨、准确、公正和完整,这就是我们梦寐以求的美好愿望。

从1900年到20世纪30年代,是美联社逐步发展的初始阶段。由于1893年斯通同欧洲三大通讯社签订的新闻交换合作议定,由美联社搜集编辑的美国消息在国外要由外国通讯社来发布,同时,国际新闻基本上是由路透社和哈瓦斯社所控制和提供的。这种局面已开始帮助美联社获得了全国性的垄断地位,但也严重限制、影响了美联社向海外后续发展的步伐。尽管斯通对此做出了极大的努力,并随着美国的崛起,先后在俄、法、德、意等欧洲主要国家建立了自己的分社,但是由于没有在国外出售其国内消息的权利,美联社在相当长的一段时间里还不得不仰仗国际通讯大卡特尔组织的"保护"与限制。直到 1934 年,羽翼渐丰的美联社才冲破了这种新闻限制。至 1946 年第二次世界大战结束之时,美联社已能完全凭借其强大的势力自由地向全世界各地供稿了。

促使美联社独立自主地走向世界的一个主要人物是美联社一位思想活跃、极富进取心的领导人——肯特·库珀。库珀于 1880 年出生于美国印第安纳州的哥伦布市,11 岁当报童,青少年时就当上了当地报社的见习记者。作为一个报业经验丰富、作风泼辣大胆的新闻从业人员,肯特·库珀因在国内新闻界首次采用比电报更为快捷的传送新闻方式——用电话向报社传送新闻而闻名于同行之中。正是他与老乡霍华德和报业大王斯克利普斯等人一起创建了后来著名的合众社。1910 年,库珀转入美联社,成了直接归属斯通领导的一名"钦差大臣"——巡回视察员。他不知疲倦地巡视美联社各地分社,鼓励他的下属与竞争敌手进行凶猛的新闻竞争,从而确立了他作为一位出色领导人的声誉。

作为一位现实而又是富于进取心的人物,肯特·库珀早在 1914 年便对美联社是否有必要同国际通讯大卡特尔合作提出了质疑。当一战胜利后的路透社和哈瓦斯社随着国家的声威而成为垄断世界通讯事业的两大巨头,并迫使已降为国家级通讯社的旧日伙伴——沃尔夫通讯社等一大批国家级通讯社签订了有利于自己的合同时,忧心忡忡的斯通意识到自己的通讯社也被逼上绝路,他不敢反抗这一新的垄断组织——国家通讯社联盟,而肯特·库珀却认为这是摆脱世界通讯社卡特尔组织的一个良机。他首先在南美洲尝试着打入哈瓦斯社和美国合众社的地盘。当库珀乘胜向欧洲挺进时,他遭到了路透社新的总经理罗德里克·琼斯的冷遇和警告,美联社被迫放慢了前进的脚步。即便如此,打破外来束缚,使美联社在世界新闻市场上以平等地位同其他对手竞争,仍是肯特·库珀坚定不移的理想和目的。

1925年,肯特·库珀就任美联社总经理,拥有了实现自己愿望的权力和威望。1927年4月,在日本设立分社问题上美联社同大卡特尔新闻垄断组织发生了尖锐矛盾。该社董事会一致表决同意废除以往与大卡特尔组织签订的一系列条约以获得充分的发展权,肯特·库珀受命前往欧洲谈判,但毫无结果。库珀顽强奋斗,一面不断赴欧谈判,一面大力扩张自己的世界性新闻网络,造成竞争的既定事实。1934年,愤怒而又无可奈何的罗德里克·琼斯正式通知美联社,路透社与美联社的合同一到期限,便断绝以往签署的一切契约关系,肯特·库珀和他的美联社立刻表示同意,美联社终于争得了在全球范围内进行自由竞争的权力。

在试图诱惑另一家美国通讯社——合众社在世界大卡特尔组织内取代美联社的企图遭到霍华德的拒绝后,罗德里克·琼斯被迫做出了让步,1934年2月12日他前往纽约,签署了路透社同美联社互相交换新闻的新合同。合同中最重要的成果是规定两社按照自己的意愿和能力向世界各地报纸或通讯社提供新闻,美联社不仅得到了直接与英国报联社签订合同的权力,同时还可以向其他大英帝国属国和领域提供新闻。美联社得到保证,它还可以同加拿大通讯社和其他国家的客户签订供稿合同,这种分别签订双边合同的方式也适用于哈瓦斯通讯社和愿意与美联社签约的别的通讯社。至此,库珀和美联社终于获得了真正的独立自主权益,开始了走向世界性新闻通讯社的新历程。

库珀不仅为美联社争得独立地位立下大功,而且他所进行的内部改革也促成了美联社的现代化和一系列成就的取得。在他的任期内,美联社在国内和世界重要地区增设了一系列分社,扩大了新闻信息搜集的范围和编辑记者队伍。更为重要的改革是,肯特·库珀对美联社的新闻写作业务制定了一系列科学的标准和要求。1931 年，库珀任内组成的美联社编辑主任协会对通讯社新闻报道的特色予以日益密切的检查监督，各下属社员报纸的编辑主任们也以口头的方式对美联社的新闻采访和文风进行批评，这对美联社的新闻写作产生了深远的影响，促成了美联社新闻记者与编辑手册的出现。这个手册具体规定了美联社新闻稿件的一系列要求，从而确立了美联社稿件严谨、及时、客观、平衡等风格的形成。1927，美联社设立了新闻图片业务，1936 年又建立了美联社的照片传真系统。在社内，电传打字的自动新闻发报机代替了莫尔斯电码手动发报机的报务员，一系列的新型设备使美联社的工作更上一层楼。1940 年起，美联社开始向无线电台出售新闻，1954 年又成立了美联社广播电视协会，密切了同无线"视听新闻"界的广泛联系。当 1948 年肯特·库珀退休之时，美联社已是一个业内富有盛誉、新闻内容广泛，稿件严谨可靠，吸引着美国众多富有才华的男男女女们的庞大新闻专业采集机构了。在斯通时代，美联社艰难诞生、稳健成长。在库珀时代，美联社跻身世界、腾达飞升。

美联社的光辉历史是与一系列优秀的记者分不开的。自从 1922 年柯克尔·辛普森在阿林顿国家公墓举行阵亡将士葬礼的新闻消息首次获得普利策新闻奖以来，美联社的许多杰出记者均获此殊荣。20 世纪 30 年代，采访空中探险英雄林德伯格上尉婴儿被绑架事件的弗朗西斯·贾米逊；美联社科学编辑霍华德·布莱克斯利和柏林分社社长路易斯·海克纳获得了普利策新闻奖；在二战中，占地记者哈密尔·博伊尔、拉里·艾伦和丹尼尔·卢斯、新闻摄影记者弗兰克·诺埃尔、弗兰克·菲兰、罗·罗森塔尔等人也曾获得普利策新闻奖。在朝鲜战争中，记者唐·怀特黑德、摄影记者马克斯·德斯弗等三人也获得过普利策新闻奖。因采访越南战争同样获得普利策新闻奖的还有记者马尔克姆·布朗、彼得·阿奈特，摄影记者霍斯特·法斯、爱德华·亚当斯等人。

作为一家非营利性质的新闻采集通讯社，美联社的组织机构是由会员单位选举产生的管理董事会。它一般由18至24名成员组成。这个董事会授权依据多数原则选举任命四位两年一换的成员，他们按惯例都由广播与电视界的人士担任。而通讯社总经理则是由管理董事会所选举任命的，他在董事会的授权下独立领导通讯社开展工作。

当今美联社已非昔比，其报纸会员从初期的100多个增至1500多个，它在国内设有6个总分社，100多个分社和记者站。在国外则有3个国外总分社：伦敦（欧洲）、东京（亚洲）、布宜诺思艾利斯（拉美）和60多个分社。现在，美联社在国内拥有1550家合作报纸和5000多家电台和电视台订户。在全球112个国家中，美联社还拥有8500多家报纸、电台、电视台订户，每年的支出经费达1亿多美元。在世界范围内的许多次权威性评比中，美联社总是占据着世界第一大通讯社的鳌头。

为了回应互联网时代的挑战，美联社于1995年成立了它的多媒体服务部，专门用网路向会员单位和非会员单位及时迅速地提供新闻、图片、音像等成品。同时，它还广泛地向各类用户提供从普通新闻、体育消息、财经报道、电视节目到专栏文章等一系列全方位的服务。

第四节　合众国际通讯社

美国的第二家通讯社——同时也是一家具有世界通讯社规模和声誉的通讯社——合众国际通讯社（United Press International，简称UPI）的历史始于20世纪初，它是由日后联合在一起的两家较小的美国通讯社——斯克里普斯创办的合众通讯社与赫斯特创办的国际新闻社所组成的。这两个小通讯社不是美联社那种非营利合作性质的组织，而是正规的私人商业性新闻媒体生产企业，以合同的方式向通讯社的订户出售各类新闻稿件，令人奇怪的是它们都是为了对付美联社的新闻垄断而分别创建和联合起来的。

合众通讯社的创建人爱德华·斯克里普斯是美国新闻史上第一家报团——斯克里普斯报团的所有者。这位出身于一个人口众多的报业世家的子弟既是美国最早的垄断报业的始作俑者，又是一个自称对普通大众富有社会责任感的“人民的斗士”。当1900年成立的美联社逐渐成为美国最大的也是唯一的一家全国性通讯社时，斯克里普斯就决意创建一个新的通讯社与之对立和竞争，以便保持斯克里普斯所信仰的新闻的自由必须出自自由的新闻竞争的观念。他曾说：

> 我知道，至少在那时我知道，我必须带着一个新的通讯社进来，否则，就不可能使美国人民通过美联社的媒介得到正确的新闻……我一生中作出的最出色的贡献就是创建了合众通讯社，我已使那些控制美联社的人不可能压制事实真相，或成功地散布谎言。

事实上，除了认为互相竞争对于美国新闻事业具有不可估量的价值以外，斯克里普斯创立合众社还有其他现实的理由，美联社的规章制度把一大批订户排除在外，而且美联社的电讯稿当时主要为有资格的社员报纸提供新闻，却难以满足斯克里普斯报系大部分晚报的特定所需。斯克里普斯因此希望创办一家自己的通讯社，既可以为别的美联社非社员资格订户服务，也为自己具有“人民的斗士”性质的廉价大众化报纸服务——当然还希望靠这家通讯社营利赚钱。于是，斯克里普斯于1907年把自己在美国中西部和西部经营了10年之久的两家地区性小通讯社与一个叫发行人报联社的组织合并，创建了合众通讯社。

当合众社的第一任经理约翰·范德科克于1908年去世以后，25岁的罗伊·W. 霍华德——合众社历史上最有名的领导人继任总经理，并开始了他同斯克里普斯长期成功合作的历史。在合众社历史上，罗伊·霍华德的重要性犹如美联社的梅尔维尔·E. 斯通一样，他为合众社的成长奠定了最重要的基础。

罗伊·威尔逊·霍华德是美国俄亥俄州人,1838 年元旦生于该州的加诺村。中学毕业以后,他先后在数家报纸工作。1907 年合众社成立时,霍华德当上了该社纽约分社第一任经理。那时,他是一个野心勃勃、精力充沛的年轻人,斯克里普斯曾这样描述道:“他是一个惊人的人物,身材很小,有着一个大脑袋和传神的脸。他的一双眼睛像是一扇非凡的智慧之窗。他风度自恃、毫不谦逊,满脸是大胆莽撞的神气。他说的每句话、每个字都是如此。他身上的每个毛孔里都散发出一种野心勃勃的自尊和强有力的精神。”

霍华德上任伊始,便到处巡视合众社的十几个分社,鼓舞记者们用“今天的观点”来采写新闻,使新闻富有新鲜感,力争在美联社之前编发。为了打败唯一的竞争对手美联社,霍华德给予合众社勤奋的年轻采编人员以稿件挂名和发展自己文字风格及新闻专长的机会,当时合众社里流行的一句话是“他们付给你的是署名”,而当时美联社编采人员是不在文章末尾署名的。

在注重国内报道的同时,霍华德奔走于世界各地,致力于改善合众社的国际报道。他陆续在欧洲各主要国家的首都建立了分社,同一些外国大报和与美联社没有业务联系的商业通讯社建立联系。在第一次世界大战中,霍华德捷足先登,在南美洲建立起一个广泛的合众社客户网络,并在那里设立了分社,从而走在了美联社前头。

然而,过分的竞争也带来了负面的效应。对霍华德和合众社来说,1918 年 11 月 7 日是一个灾难的日子。这一天,远在德国的霍华德亲手抓到了一条“特大独家新闻”,他从布莱斯特美军海军总部弄到了一份情报,得知第一次世界大战的停战命令已在当天上午 11 点签署生效。惊喜万分的霍华德在战胜美联社的急迫心情下未及时对此项重大消息加以多方面的验证,便火速向纽约的合众社总部发了急电。这条重大要闻一经合众社播出后立即在美国各地引起了广泛的狂欢庆祝活动。但几小时后,美联社发出特别更正消息,证明霍华德的消息是错误的。这是一次惨重的信誉损失,从此以后,美国和世界各地的一些重要报刊的电讯编辑们不再完全相信合众社的电讯稿了,他们总是要看看美联社是怎么说的才刊登合众社的稿子。许多年以后,老报人们还总谈论着这件"罗伊·霍华德提前四天结束第一次世界大战"的故事。

尽管如此,斯克里普斯和霍华德领导下的合众社仍在稳步前进,并成为美联社的强硬竞争对手。在某些领域和地区,合众社甚至走到了美联社的前头。比如早在1925年合众社就开始播发阿克美新闻图片,比美联社早两年之久;1935年,独具慧眼的合众社又成为第一家主要向新生的广播电台提供新闻消息的先驱者。1951年,合众社更早于美联社进入电视新闻领域;1952年,"阿克美"新闻图片改名为合众社新闻图片,并开办了合众社的照片传真业务;1958年,与国际新闻社合并的合众国际社最早进入有线广播网,率先向广播网提供世界各地的有声广播新闻;电视新闻领域,在霍华德及后续的几位杰出的领导人——卡尔·A.比克尔、休贝利等的带领下,在二战中和战后多事的年代里,合众社全面出击、稳健成长。

合众国际社的另一个支脉——国际新闻社成立于1909年,它也是另一个美国报团——赫斯特报团老板赫斯特反对美联社封锁政策的产物。尽管赫斯特所购买兼并的报纸中有许多是美联社的成员报纸,但更多的报纸——包括报团的"旗舰"《纽约新闻报》,都不是美联社的成员,因而没有资格刊登美联社的稿件。为此,赫斯特开办了国际新闻社和环球新闻社(后者1937年倒闭)。

国际新闻社成立伊始就很不景气。正如赫斯特所言:"我希望那时(国际新闻社)能为我的组织中的一些没有得到(美联社)消息的报纸搞到它们的消息,如果他们能够得到美联社的消息的话,我也就没有理由再办国际新闻社了……麻烦的是,我既要忠实于美联社,让报纸成为它的成员,又不得不经营另一个同业组织,实际上,我是在和自己竞争"。基于这一原因,赫斯特并未投入全力来经营国际新闻社。特别是一战中,由于赫斯特的黄色新闻兴风作浪,及他一贯公开鼓吹亲德和在美国实行民族孤立主义政策,英法两国政府都禁止国际新闻社使用他们的国际电缆，其直接借口是该通讯社不断地窜改电稿和不守信用。随后，加拿大、葡萄牙和日本也对赫斯特的通讯社采取处罚和抵制措施，使国际新闻社的国际新闻业务难以展开。1914年1月，美联社正式控告国际新闻社有侵犯其新闻专利的行为，要求法院裁决不准该社使用美联社的新闻材料，尽管国际新闻社坚持否认这种指控并提起上诉，但美国最高法院维持了一项禁令，裁决美联社的消息发布之后，其他通讯社不得采用。此后，美联社又要求它的所有成员报纸在刊登其消息时必须印上美联社的标记，从而确保了自己的胜利。

但是，国际新闻社在艰难困苦中顽强地生存了下来并有所发展——尽管人们并不把它与美联社、路透社、哈瓦斯社、沃尔夫通讯社，甚至合众社同等看待。1916年，27岁的巴里·法利斯担任该社总编辑，他采用把国际新闻社的主要力量集中于世界上一些大的新闻热点中心，专门提供记者的深度特写稿件和聘请有才华的作家专门采写重大新闻事件内幕消息的策略，使该社的新闻稿件销路渐增，声誉渐好。

在20世纪30年代，国际新闻社开始正式建立自己的国外业务。第二次世界大战中，该社的一批杰出记者活跃在世界各主要战场，同对手美联社和合众社一样，国际新闻社也拥有自己获得普利策新闻奖金荣誉的记者。

1958年5月，合众社和国际新闻社合并，成为当今著名的合众国际社，弗兰克·H.巴塞洛缪担任合并后的第一任总经理，米姆斯·托马森、罗德里克·比顿等人日后继任了这一职务。现任主席和总裁是资深的国际新闻记者、普利策新闻奖获得者阿纳尔多·德·伯切格瑞夫，他曾在合并前的合众社工作过，后先后进入《新闻周刊》和《华盛顿时报》并担任过后者的总编辑。1998年12月他被任命为合众国际社新的领导人，并于1999年1月4日正式上任。

合并后的合众国际社力量和规模较以前更大了，并且以更为积极的创造性与竞争性闻名于美国新闻界。1982年，该社首先创立了向客户提供标题新闻的供稿系统,而不是通常简单的分类稿件系统。1995 年,合众国际社在世界范围内提供了用卫星传送系统向客户提供稿件。据统计,该社国内分社现已发展到 100 多个,国外分社 80 多个,其发送稿件设备非常先进,不仅向全球的新闻客户提供新闻通稿、有声广播稿件和图片,还创立了合众国际社新闻网站(www.upi.com),向互联网新闻传播领域进军。当今的合众国际社名列世界五大通讯社之一。

近年来,合众社的财政状况不太好。1986 年 6 月,合众国际社更弦易主,其控制权先后落入墨西哥、沙特等报阀手中,但情况仍未见根本好转,发展前途如何,尚待来日试目相看。

【练习题】

名词解释:

1. 查理·哈瓦斯
2. 路透社
3. "三明治新闻"
4. 美联社
5. 法新社
6. 合众通讯社
7. 国际通讯社

简答题:

1. 简答"三社协定"的基本内容。
2. 新闻通讯社诞生和发展的背景是怎样的?
3. 简述新闻通讯社传播新闻的方式及其作用。

论述题:

1. 试分析路透社创办 150 多年来经久不衰的原因何在?

第三编

垄断竞争时期的资本主义传播事业史

（20世纪初至今）

导 言

自由资本主义的市场机制，生产和消费者的分离现象，以及自由资本主义市场竞争理论和实践，必然导致生产领域中资本的集中化趋势。随着工业化在西方各国的发展，早期作坊式的家庭资本主义不仅让位于工厂家族资本经营方式，而且工厂家族式的资本主义经营方式又不得不让位于更大范围的垄断资本主义新型经营方式了。这一历史的进程，首先在19世纪末的资本主义制造行业出现，后来陆续在其他行业中也出现了。

以美国为例。19世纪末叶，随着机械化大生产的推进，随着钢铁工业和电力时代的到来，一大批工商业和金融界资本家通过各种手段——或发明创造，或埋头苦干，更多的则是通过贪得无厌的巧取豪夺、残酷无情的商业竞争，在许多领域获得了巨大的资本和权势，开始垄断市场，形成了一种不同以往的新的经济现象、新的经济秩序、新的经济组织。其显著标志便是：在许多行业之中产生了一大批资本大王、垄断巨头和金融寡头。

约翰·洛克菲勒代表石油垄断企业，安德鲁·卡内基代表钢铁联合企业，亨利·福特是“汽车大王”，铁路运输的垄断巨头为利兰·斯坦福、詹姆斯·希尔、乔治·普尔曼、科·范德比尔特和杰伊·古尔德，而摩根则是金融界的“皇帝”。在制糖、食盐、威士忌酒、面粉加工、肉类加工、机器制造、毛纺品、木材、矿业等许多生产经营领域中都产生了类似的垄断现象和垄断组织。尽管美国国会于

1890 年通过了《薛尔曼反托拉斯法案》,但却完全不能阻止这种垄断现象的蔓延。同样,在英国、法国、德国和日本——只要有资本竞争的地方,也或多或少地出现了垄断现象,这说明,起码在经济领域,一个新的时代降临了。

我们知道,资本主义制度下的新闻传播事业的一大特征便是具有双重属性。一方面,大众传播事业是一种从事思想、意识交流的社会舆论工具;另一方面,它又是作为生产这种精神产品(这种产品当然也毫无例外地作为一种特殊的商品投入到社会流通领域)的特殊企业而成为赚取市场高额利润的经营实体。正如列宁所说的那样:“资本主义使报纸成为资本主义企业”。很明显,这种资本主义的传播产业必然要遵循市场私有制经济体系中的一系列客观发展、客观消亡的规律。正是这一规律,使得垄断时期的资本主义传播事业必然地具有了垄断企业的性质,必然地要遵循垄断竞争的市场规律——尽管可能受不同国情、具体环境的制约,使世界各国的垄断传播事业呈现出不同的外貌和内质。

在世界新闻传播史上,资本主义体系的传播事业是其历史画卷里的重要一页,而垄断时期的资本主义传播事业又是其中的一个探索难点。对这一时期西方新闻传播事业的探讨,构成了理解和把握当代西方新闻传播事业的一个重要支撑点。

虽然人们对这段历史很感兴趣,但对西方垄断资本竞争阶段新闻传播事业进行客观与深入地研究并非易事。概括来说,研究西方各国垄断时期的传播事业史有着双重的困难。

第一,由于这个时代西方社会多种因素的复杂化(经济生活与社会文化环境诸多变量)的存在,庞大错综的相互关系的交织,常常妨碍了人们正确估价事物的视角。来自社会各阶层对垄断性质、程度、特点无休止的、多种声音的争论,也使人感到困惑和难以适从。经济生活的复杂性与多样要素的相互关联,以及资产阶级的学者们的有意掩饰歪曲,增加了我们对西方传媒垄断现象及影响的正确认识的困难程度,而西方世界的现实生活和学术活动与我们的遥远距离（现实的和心理的）也使我们——资本主义社会以外的人，很难一识“庐山真面目”。

第二，更大的困难也许来自我们自身——来自我们这个世界中许多僵化不变的标签教条；来自我们对垄断这一经济、社会现象的多重神话，无数臆语和层层人为的迷雾；来自我们有时单一的、线性的思考方式，及仅仅依据几部经典简单推理的粗暴浅陋的学术习惯，这一切在相当长的历史时期里曾严重地损害了我们的科学研究工作。

这些困难及林林总总构成这些困难的因素、土壤——造成了我们对垄断资本时代许多模糊的认识。然而，我们仍然在此勇敢地提出以下问题：初期纯粹在经济领域中出现的资本集中垄断现象对传播事业——这一经济和意识形态的混合体——的影响是怎样发生的？这种影响带来的后果是什么？资本垄断所带给传播界的后果全然是消极的吗？传播事业中垄断的发展的阶段性又是怎样的？西方传媒垄断的程度现今达到了什么样的地步？垄断传播事业发展的前景如何？各国的垄断现象是怎样通过具体的历史环境呈现出各自的发展态势的？社会主义国家是否也存在垄断传播事业？

对这一系列问题的探讨和回答构成了这一编中的主要内容。

第十四章

资本垄断现象与现代新闻传播事业

第一节 初期垄断的大众传播事业(1871~1945)

1871年法国巴黎公社的失败,标志着一个资本主义自由竞争制度、市场机制稳定发展时期的到来。事实上,美国自南北战争后,英国从19世纪60年代“工业革命”开始,法国、德国于1871年,日本在中日甲午战争以后,都陆续进入了一个稳定持续的发展时期。在这一时期,资本主义制度各个方面都得到了全面的发展,并逐步在自由竞争的经济领域中产生了早期垄断现象的萌芽。

大约在19世纪末叶至20世纪初始(各国具体时间不尽相同),首先在西方资本主义社会结构的经济子系统之中出现了垄断的现象。最早在制造业中,随后在其他工业、商业和金融行业之中,垄断的趋势越来越明显了。由于大众传播事业早已经在资本主义社会体系中由早期的手工作坊式的个体经营发展成为一个工商性质的企业组织,由于大众传媒机构完全是按照一般工商企业的经营原则——追求市场份额,获取高额剩余价值来进行运作的。于是,传播事业中垄断现象的出现便在所难免了。

在垄断现象初露端倪,传播媒介新旧交替的这一时期,传播事业的主角仍然是印刷媒介——报纸、杂志和书籍。初期的新闻传播事业垄断现象主要集中在这些传统的纸介媒体领域之内,一个重大的、日益突出的垄断特征便是——垄断“报团”(又称“报系”)的出现。

一、美国的早期垄断"报团"

在美国,报纸这一行业是最早追随着其他企业垄断的后尘,步入初期垄断阶段的。在19世纪末20世纪初,一大批具有垄断特征的大众报业传媒组合形成了早期的垄断"报团"。

"报团"又称"报系"(Newspaper Chain),即报业集团,它是指一家报业公司在两个以上的城市中同时拥有两种以上报纸的一种垄断性传媒经营组织形式(报业公司)。最早在美国创办"报团"的两个人是爱德华·斯克里普斯和著名的"黄色新闻大王"威廉·赫斯特。他们所创办的垄断"报团"在美国初期的八家报团中是最大最有名的。

1. 斯克里普斯报团

美国的第一个现代报业集团是爱德华·斯克里普斯组建创办的。爱德华·斯克里普斯出身于一个报业世家,其祖父在未曾移民美国之前就曾在英国的伦敦办报和从事出版事业。斯克里普斯家族移居北美后,他的父亲和几位叔父都曾办过报纸。他的两个哥哥(詹姆斯·斯克里普斯和乔治·斯克里普斯)及一位姐姐(爱伦·斯克里普斯)都是美国著名的报人。而作为老斯克里普斯的第13个儿子的小爱德华更是创造了报业的奇迹,成为美国传播事业史上垄断报团的始作俑者。

爱德华初涉报业的第一张报纸是他哥哥詹姆斯的底特律《新闻报》,这家报纸在斯克里普斯四兄妹的通力合作下办得红红火火、兴旺发达。正是在这家报纸里,小斯克里普斯接受了从事现代新闻事业的全面训练。

1878年11月2日,爱德华在克里夫兰创办了第一份自己的报纸《克里夫兰新闻报》并获得了成功。随后,爱德华接连收买和创办了《圣路易斯纪事晚报》(1880年)、《辛辛那提邮报》(1881年)和《肯塔基邮报》(1885年)。1889年,爱德华和麦克雷开始合作,并进而组建了合伙的"斯克里普斯—麦克雷报团联盟"(Scripps—Mcrae

League),开创了最早的美国报纸垄断联盟。麦克雷作为报团的业务经营者出头露面,而爱德华·斯克里普斯则隐身幕后,有力地操纵着整个报团的发展方向。在这个报团联盟中,斯克里普斯占有三分之二的绝对股份。

斯克里普斯—麦克雷报团主要在美国的中小城市发展自己的势力,他们所创办的报纸几乎都是通俗廉价的“大众化的晚报”。在报团的经营扩张与发展理念上,斯克里普斯有着自己的一整套主张。他总是密切地注意报刊市场,在有发展前途的中小型城市不断创办新报,而较少购买别人的报纸。报团扩展的通常的做法是:首先选择一个5~10万人口的城市,由报业总公司垫付第一笔创业经费(一般为2.5万美元);然后从报团总部和报团其他报刊中选择干练的从业人员前往经营新报;如新报成功,报团享有51%的控股权力,其他股份则归创办人员所有,以资鼓励;如果报纸创办费用花完了,而新报还未能站住脚跟,就停止出版,损失部分由报团负担。

除了采用这种有效的鼓励方式以外,斯克里普斯的报纸还普遍采取了一系列面向普通大众的通俗化办报方针来赢得读者的欢心。他曾声称:“我的重要原则是终生拥护大多数贫苦人民的利益。”他还说:“我有一个原则,那就是使富有者更难以再富;使贫困者更易于不穷。”正因为斯克里普斯办报的宗旨始终强调为穷人服务,因而他很快成为著名的“人民的斗士”。然而,没有人能真正弄清楚,斯克里普斯报纸的“平民风格”是为了取悦大众,提升报刊的发行量,还是真正为了实现自己的政治理想。人们只知道的是:借助大众化的办报理念和出色的市场扩张策略,在1893~1926年间,除了第一次世界大战以外,斯克里普斯—麦克雷报团每年以增加1~6家新报的速度高速扩张,最兴旺时报团曾拥有52家来自不同城市的报纸。1902年,为了向属下的报刊提供各类特稿与专栏文章,斯克里普斯创建了一个“报业协会联合专稿社”为自己的报系服务。1907年,为同美联社竞争,他又创办了自己的通讯社——合众社,更大规模地扩展了他的报系整体实力。1922年,因健康原因,爱德华·斯克里普斯把自己名下报纸的股份转让给了次子罗伯特·斯克里普斯，由他与报团的总经理罗伊·霍华德合伙经营，报团改名为“斯克里普斯—霍华德报团”。当爱德华·斯克里普斯于1926年去世时，他所创立的报团已经拥有了26家各地的报纸，总销量达几百万份。作为美国最早形成的第一家垄断报团，“斯克利普斯—霍华德报团”在当时美国新闻传播界的影响和现实生活中的作用都是不容低估的。

1926年以后，“斯克里普斯—霍华德报团”逐渐从一个地方性的报团向全国性大型报团发展。1921～1929年间，这家报团至少又增加了18家新报。1927～1932年间，该报团先后购买了著名的《纽约电讯报》和普利策家族名下的伟大的《纽约世界报》，并将两报合并为一份名为《纽约世界电讯报》的报纸，从而成功地打入了纽约这座最大的美国都市，开始出版发行具有全国影响力的大报。尽管30年代的美国经济大萧条给予了该报团沉重打击，致使该报团中的日报数量递减至19家，但在40年代它又恢复元气，开始重新扩张。特别是1950年，“斯克里普斯—霍华德报团”买下了著名的《纽约太阳报》，并把它与《纽约世界电讯报》合并为《世界电讯太阳报》，极大地壮大了报团的声威。然而，纽约新闻史上两家由著名报人本杰明·戴伊和约瑟夫·普利策创办的《纽约太阳报》与《纽约世界报》便这样在报业的兼并中消失了。合并后的《世界电讯太阳报》由霍华德亲自主持，成为该报团中的旗舰性报纸。1958年，该报团的合众通讯社与赫斯特的国际通讯社合并，成为世界性的一家大通讯社——合众国际社，更是大大增加了“斯克利普斯—霍华德报团”的影响力。现在，斯克里普斯—霍华德报团的势力虽已衰落，但仍位属美国13大报团之列，只是以前老斯克里普斯时代为公众服务的精神与理念，业已烟消云散、荡然无存了。

2. 赫斯特报团

与爱德华·斯克里普斯不同，威廉·赫斯特既不是印刷报业世家出身，也不是从偏远的地方中、小型报刊自我创业、滚动发家的。

赫斯特依仗家族的强大财力，以“黄色新闻”的手法，强烈的竞争意识，明确的企业经营理念，从美国的西部打入东部大城市，并逐步在全国一系列重要城市中形成了自己的报团组织。

赫斯特出身富豪，在他那加州大牧场主、著名矿业家的父亲去世之后，赫斯特继承了1700万美元的巨额遗产，跻身于全美90家富豪之列。巨额的资产使他得以放手投资报业，不断在各个城市购买报纸，打入竞争对手的地盘。加之他为人精明，富有闯劲，贪得无厌，因而赫斯特的报业兼并一路顺利，迅速形成了规模经营。

初期的赫斯特仅仅拥有两家著名报纸——1887年他主持的西海岸《旧金山考察家报》和1895年收买创办的东海岸《纽约新闻报》早、晚刊。通过这两家报纸——特别是主持《纽约新闻报》的办报实践，赫斯特发展出来了一整套以“黄色新闻”手法扩大市场的经营思路，并取得了巨大的成功。这促使赫斯特以更大的狂热投身于既有名又有利的报业经营市场之中，开始把其发展的触角伸向别的大城市，走上了报业扩张，连锁经营的垄断报团之路。

1900年赫斯特首先向芝加哥市进军。在强手如林的芝加哥诸报联合围剿的险恶境况下，成功地创办了《美国人报》晚刊。1902年，赫斯特又创办了《芝加哥检查报》，从而在该市站稳了脚跟。

1904年赫斯特又进军波士顿市。是年创办了波士顿的《美国人报》（有别于从《纽约新闻报》早刊改名而来的纽约《美国人报》）。1917年，赫斯特的波士顿《美国人报》兼并了已有一个世纪历史的波士顿《每日广告报》。1920年又吞并了波士顿《纪录报》，从而顺利打入波士顿市。

自1912年始，赫斯特报系开始向南部和西部发展。这一年赫斯特首先买下亚特兰大的《乔治亚人报》。第二年又收买了旧金山市的《呼声报》，并立即把该市的《晚邮报》兼并进《呼声报》。在奥克兰，赫斯特通过兼并活动创办了该市的《问询邮报》；在洛杉矶，通过把该市的一家晚报《先驱报》兼并到赫斯特的晨刊《考察家报》，赫斯特报系壮大了自己在该市的势力。

自1917年以后,赫斯特加快了兼并的步伐,向全国各地的城市扩张,报团几乎每一年都有新的报刊并入。1919年,赫斯特买进了《华盛顿时报》;在威斯康星州的密尔沃基,由三家报纸合并而成的《威斯康星新闻报》归属于赫斯特报团;1921年,《底特律时报》又归到赫斯特名下。在1922年一年中,赫斯特报团共买进合并了七家报纸;1923年又购进三家报纸;1924年是四家;1925年买进《锡拉丘兹新闻报》;1927年则又买进匹兹堡的四家报纸……

就这样,通过1917年至1931年的报业大兼并大买卖活动,赫斯特的报团总共造成了近20家著名报纸的倒闭。这些报纸的财产与人员被重新分割兼并,资产组合,变成为该报团的骨干报刊。到1927年时,赫斯特报团在全国17个重要的大城市(这些城市遍及美国的东部、中西部、南部和西部地区)中拥有25家日报,17家星期天刊,24家杂志。此外,还拥有2家通讯社(International News Service; Universal Service)和一家当时全美最大的特稿"辛迪加"供应社(King Feature)。报团另外还拥有一家新闻制片厂,一个电影公司。尽管受到了广大社会公众对"黄色新闻"的强烈抵制和30年代经济大萧条的冲击,赫斯特报团的实力仍非同小可。据统计,1935年时,赫斯特报团仍然拥有28家报纸,13家杂志,2个通讯社,1个广播电台,2家电影公司。这当然还未算上赫斯特个人所有的私人财产——矿山、牧场、房地产、旅馆、剧院等等其他的工商企业。可以说,赫斯特不仅是富豪办报成为报团的典型,也是二战后发展起来的大众传播媒介连锁经营联合体的一个"版本"。

3. 芒西报团

当爱德华·斯克里普斯以普通报人的身份在中、小城市形成自己的势力,而赫斯特以雄厚的资本在报刊界大肆兼并购买的时候,另外一个纯粹的美国商人——弗兰克·芒西(Frank Munsey)也正在通过自己的报业兼并活动建立一个新的报团组织。从某种意义、某种角度来看,芒西的报业兼并购买生涯更好地体现了这一时期垄断报业的一些特点。

弗兰克·芒西是个带有传奇色彩的人物。他出身寒微,却又雄心勃勃,拼命奋斗,自命不凡。“他的生涯带有霍雷肖·阿尔杰小说中穷小子个人奋斗,终于发迹的命运色彩”。弗兰克·芒西早年在缅因州学习电报,后在奥克斯塔城的一家公司工作。这一小城中刊登连载小说的报纸很发达,而且利润丰厚,这使得芒西对报刊事业产生了浓厚的兴趣。

1882 年,决意闯荡天下的芒西提了一袋手稿,怀揣 40 元钱,抱着一股创业的激情来到了世界大都会纽约市。他先后从事过多种职业,经过艰苦的努力,通过经营不动产,开办旅馆和银行、连锁杂货商店等,逐渐发迹。然而,从未放弃进军传播业的芒西终于通过创办一份青年杂志《金色船队》打入了纽约杂志界。

1889 年,在杂志界站稳脚跟的芒西开始转向综合性的杂志领域,创办了著名的《芒西》杂志。这份杂志开始是周刊,随后改为月刊出版。1893 年,芒西把该刊售价降为一角一份,使之成为一份大获成功的廉价杂志(又被人们称为“一角钱杂志”)。1900 年,这份杂志的发行量达到了 65 万份之高,每年可以为芒西赚 50 万美元。而到了 1905 年时,芒西仅仅依靠这一份杂志,每年就可收入 100 万美元,不择手段艰苦奋斗的弗兰克·芒西终于功成名就。

作为一个深谙时代发展趋势的商人,芒西对于垄断机制在商业领域中的运作及其发展前景是非常了解的。他很早就认识到垄断是不可避免的,而且垄断对于提高企业的生产效率,促进新型生产技术,提升管理水平都很有益处。在他看来,美国当时的新闻传播事业是混乱不堪和没有效率的。芒西坚定地认为经济学上的垄断定律同样适于报刊传播行业。他认为同现代经济领域中其他行业一样,在传播界中,小型传媒是无论如何都竞争不过大型传媒企业的。因此,芒西以一个冷静商人的眼光看到了垄断现象在新闻传播界中不可避免的未来趋势,并以一个商人投资高回报率新兴行业的冲天干劲进军报纸行业,雄心勃勃地企图实现他的报业合并、垄断经营、获取暴利的经营理念。

1901 年,芒西首先买下了老牌的《纽约每日新闻》和《华盛顿时报》作为他报业帝国的核心报纸。1902 年,他又买下了《波士顿新闻报》;1908 年,芒西先后买进和创办了《巴尔的摩新闻晚报》和《费城时代晚报》;1912 年,《纽约新闻报》也归到了他的名下。通过这一系列的报业大兼并,芒西终于在美国东部大城市的新闻传播业中站稳了脚跟。然而,由于芒西纯粹是一种商业化的投机,并不善于、也不会认真地来办报,到了 1917 年时,除了《纽约新闻报》以外,其他的报纸不是破产倒闭就是被迫又卖给了别人。

1916 年,芒西以 250 万美元的价格买进了著名的《纽约太阳报》和《太阳晚报》,这标志着芒西报团登上了一个新的台阶。可惜的是,由于第一次世界大战和不善经营的缘故,尽管芒西把《纽约太阳报》这份廉价报刊的"鼻祖"又降价为一分钱一份(原来已经涨为两分),并陆续投入了 200 多万元的新资本,但仍未能获得理想的成功,于是,芒西又开始寻找新的兼并对象。

这一次的牺牲品是最早的"三大廉价报纸"之一的另一家——著名的《纽约先驱报》。1920 年,芒西以 400 万美元的高价买到了《纽约先驱报》、《电讯晚报》和《先驱报》巴黎版,并把它们同自己麾下的其他报刊拆卸合并,重新组合开张。1923 年,他购买了纽约的《环球报》;第二年又购进纽约的《晚邮报》。

频繁的报纸买卖活动并没有给芒西带来丰厚的利润,因为芒西仅仅是热衷于买卖报纸,但却不愿也不会静下心来经营它们。因此,虽然芒西报团越来越大,但却不甚兴旺。于是,弗兰克·芒西再次把兼并的眼光转向了"三大廉价报纸"的最后一家——《纽约论坛报》。这一次,芒西的企图遭到了《论坛报》业主里德夫妇的坚决拒绝。

第二节 垄断新闻传播媒介连锁链条的形成（1945～1980）

第二次世界大战的爆发，客观上暂时延缓了西方新闻传播垄断发展的趋势，但是在20世纪50年代以后，新闻垄断现象又重新“抬头”，开始了它“蚕食”新闻传播事业的进程。

二战后西方国家新闻传播领域垄断现象发展的一个重要特征，就是从战前单一的报业垄断横向发展到多种新闻传媒形态，再延伸到其他的产业金融领域，最后在21世纪前后，发展成为以跨国传媒国际公司的形式，垄断经营全球化多种产业和大众媒体的国际新闻传播垄断链条现象。

这一递进的垄断过程开始于新闻传播自身领域垄断现象的横向衍生。在20世纪前半叶（二战前），新闻事业的垄断现象是在报纸这一主要传媒领域开始的（报团）。与此同时，正如第一节所介绍的那样，资本主义市场化竞争的客观规律驱使着资本向垄断阶段“挺进”，表现为大型“报团”的出现，大型电影公司的出现（好莱坞现象），大型出版社联合兼并经营现象。这一以某种单一媒体生存领域的垄断规模化为特征的初期新闻传播事业垄断现象，在二战后的资本主义和平发展阶段演变为新闻传播领域整体性的垄断化进程。这表现在众多大型的报业垄断集团为了盈利目的，开始兼并收买或干脆创办附属于报业集团的图片社、特稿“辛迪加”、出版社、杂志、电台，最后是电视台。虽然西方政府认识到过分的传播界垄断经营对整个社会制度的严重威胁，因而纷纷制订诸如《薛尔曼反垄断法》（美国）等法律条文，对传播界的垄断规模与领域进行限定，但经过20世纪60～70年代的发展，新闻传播领域的垄断现象已然非常严重了。在西方各国，出现了许多囊括众多不同形态新闻媒介的垄断传媒集团（已不是单纯的报业集团了）。20世纪80年代，美国加利福尼亚大学的巴格迪坎教授在《传播媒介的垄断》一书中为世人描述了这样一幅触目惊心的图画:在美国,每日发售的6100万份报纸中,半数以上由20家公司控制;美国1.1万家杂志的收入,半数以上由20家公司掌管;3家公司左右着大多数电视台的收入和观众;10家公司掌管无线电广播;11家公司把持着图书的出版,4家公司支配着电影……

随着西方垄断现象的扩展与深入,新闻传播领域里的垄断也开始了新一轮的嬗变,表现为从新闻传播领域向相关外延领域挺进和外部金融资本、交通运输、能源电力等财团向新闻传播领域的"入侵"。

新闻传播行业除了核心企业以外,还需要许多外围的配套产业方能生存与发展,这就是造纸业、交通运输业、银行、能源产业和无线电器材制造公司。为了降低经营成本与风险,提高并维护垄断价格,许多新闻传媒集团在自身的业务发展壮大之后,又在垄断资本运营机制的驱使下,开始向相关配套产业如新闻纸制造集团、保证传媒集团"资金链"的大银行集团、海运交通集团和无线电、电视机等制造业集团的"联营"与"共股"运动,其真实意图就是通过股票的相互占有,经营上的互利互惠,形成市场垄断态势,维持较高的垄断价格,最终获取高额的垄断利润。这种企图所产生的结果就是,一大批新闻传媒集团首次走出了自己传统的经营领域,开始了跨行业的垄断进程。

除了新闻传媒集团自身的努力,一大批从事各行各业的垄断资本集团也看上传媒产业丰厚的利润前景,并开始了自外而内的跨行业资本运作。其结果就是,大量其他行业的外来资本进入传媒产业,不同行业领域的资本家们在资本的表现媒介——股票的联营运作上"胜利"地在传媒产业中大会师了,这更加剧了西方新闻传播事业领域资本垄断的深度与广度。

美国学者巴格迪坎教授在其《传播媒介的垄断》一书上对这种"可怕的"现象进行了这样一番描述:各个不同性质的公司进行股票互换、董事互兼(指不同公司的董事会成员相互兼任对方公司的董事),从而形成了一个巨大的连锁经营链条,这使得连锁经营的多家公司在利益上趋于一致,经常通过采取共同的保护措施损害大众的利益。显然,一个个经营上的循环运行的巨大链条,一家家传媒公司与各家大公司、大企业、大银行互换董事会成员,使管辖下的所有公司能够采取一致的行动与政策;一家公司与多个传媒公司合作,使它们用同一种声音说话。这些公司相互交叉,没有一张平行的网;它们相互重叠,没有一张透明的网。在市场经济高度发达的西方各国,传播媒介公司已被其他行业的大公司、大银行、国际化大企业所吞没合并,形成了巨大的传媒产业"航空母舰",成为完全不同于以往的新型垄断传媒寡头集团。

传播媒介垄断集团与其他产业垄断集团的"联姻"(巴格迪坎教授称之为"乱伦")导致了整个西方社会中新闻传媒垄断现象的加剧,对新闻传播事业和整个社会带来了重大的影响。以往在"古典"的资本主义市场上可以"自由"竞争发展的新闻传播事业演化进入了更为"高级"、更为"霸道"的市场垄断竞争阶段。它们不得不遵循着传媒市场资本垄断运行的普遍客观规律,发展成为传播事业领域中的"巨无霸",进而对传统的新闻传播事业造成了极大的破坏。

进入到20世纪90年代,西方各国的新闻传播垄断事业又呈现一轮新的发展势头,这就是随着"冷战"的结束、前苏联的解体和全球经济"一体化"的进程,世界进入了一个国际视野下的新发展时期。西方发达国家的传媒垄断集团开始"冲出"本国疆土的桎梏,在世界各地适宜于资本繁殖的"土壤"里发芽生长、开花结果了。

最为典型的一个例子是澳大利亚新闻寡头鲁伯特·默多克所领导的新闻集团。默多克发家于澳大利亚,却先后在加拿大、英国、美国、墨西哥、香港、东南亚等地购买兼并各类新闻媒体,发展成为一个巨大的国际传播垄断集团。在当今世界,信息传媒产业已成为最为强大、最为赢利的行业之一,而在全球最大的多种传媒公司中,只有鲁伯特·默多克的新闻集团属一人所有。多年来他通过不懈的努力设法兼并各国的报社、电视台、卫星网络、有线网络以及出版公司。

目前,默多克的新闻集团已经覆盖了全球三分之二的人口,使他成为当今世界上最具影响力的人物之一。

第三节　分析与思考

正是20世纪初经济垄断集中的趋势,导致了新闻传播媒介所有权集中的浪潮,给传播事业带来了巨大的影响——残酷的竞争促进了新闻事业的标准化,牺牲了传播媒介的个性,导致了对新闻自由与新闻独立理念及实践的严峻挑战。

一、阶段与领域

一般来说,垄断传播事业的发展在各国普遍呈现三个阶段化的进程,它们既相互衔接又各具特色。

从19世纪末叶到第一次世界大战的爆发,是垄断现象开始侵入"传播产业"的时期,突出的表现便是在各国产生了"报团"现象。同工商业界相似,几个实力雄厚的报业巨头通过竞争、收买、兼并、扩张活动,在报刊业市场中建立了自己的托拉斯组织——"报团"。由于日益具有巨大经营规模的现代报纸需要巨额资本以维护其庞大的设备投入及收集、制作、销售新闻商品的能力;由于广告越来越成为报刊业的主要收入来源,而绝大部分广告主倾向投资于读者众多的大型报刊;由于大规模的"报团"组织可以用较小的成本、换取更多的利润,于是,这些直接的经济因素使"报团"的出现成为一种不可避免的趋势。

应该指出,这一阶段传播界中的垄断现象主要集中在当时影响最大、获利最多的报纸行业之中,与此同时,传播媒介领域里传统的自由主义传播理念和独立媒体仍然有着相当大的规模,占据着重要地位。

一战后至二战后不久,是垄断传播事业发展的又一阶段。其特征是传播界垄断的势力范围扩大了——从以往的日报业扩展到周报、杂志、通讯社、特稿辛迪加、广播电台、图书出版、电影等其他传播媒介领域之中，而且垄断的程度也加强了。“报团”之间的无情竞争和易手导致了更少、更大的“报团”出现。不同寻常的是，这些报团在这一阶段开始不同程度地插手上述其他传播行业，大大扩张了它们在传播产业中的整体实力，一小部分传播巨头逐步垄断了大部分社会传媒，垄断现象日益严重了。

20 世纪 50 年代至今，西方社会中的垄断传播事业又发生了很大的变数。一方面，垄断的方式产生了许多新的变化，出现了工商业垄断组织和传播业垄断组织相互渗透、相互兼并的趋势，“连锁董事”（传播公司与其他性质、行当完全不同的企业、银行之间互兼董事）的做法成为一种越来越普遍的现象，“跨国传播公司”（在两个以上的国家经营传播事业的企业组织）也纷纷出现。另一方面，传播事业的垄断兼并程度更为严重了，在美国、英国等重要的资本主义国家，几家或几十家垄断传播公司把持和控制了大部分的（在某些传播行业中几乎是全部的）传播媒介和社会的大众传播信息流通渠道。一些西方的学者通过缜密的研究，认为 50 多个男女、几十家传播机构已经控制了美国社会的大部分舆论机器，从而形成了对以往人们所理解的新闻传播自由的严重威胁（本·巴格迪坎，1983）。资本的这种高度集中逐渐改变了传统传播事业的性质和规模，使其呈现出一些新的发展趋势。一系列新的问题和困惑摆在人们的面前，并在西方传播理论领域中也泛起了波涛，产生了新的理论回声。

二、问题与争论

西方资本主义垄断现象在传播事业中的泛滥导致了一系列问题的产生，其中，一些根本性的要害问题正日益引起西方社会普遍性的关注和争论。

一个重大的现实问题是：在日益复杂多变的当代社会生活里，千千万万的普通民众从来未曾如此迫切地需要大众媒介帮助他们获取正常生活所需的各类信息；同时，他们还强烈地依赖社会传媒表达和吸收自己及别人的观念与思想。他们要求大众媒介随着现代各种事业社会化的进程，也成为一个真正的、利他性的“公共论坛”，但现实是，这一被大众所迫切需要的社会公益论坛——大众传媒的所有权却日益被集中到极少数人的手中。这种社会公共论坛公益化和传媒资本私人化（惊人的、庞大的私人资本）的矛盾便构成了许多争论的一个深层次的核心焦点。人们注意到，媒介资本所有者们往往凭借这种私有权力来支配大众传播媒介吹唱着他们少数人喜欢的调子，控制着大众思想信息交流的程序和实质性内容。在这里，自由资本时代所信奉的那只看不见的手——既能为社会个体谋求最大福利，又能同时带来社会整体进步幸福的自由资本之手——已失去了往日的魔力。垄断资本的利益和社会大众的利益变得越来越难以调和了。于是，批评的浪潮滚滚而来，而反对批评的声音也始终回响在大众的耳际。

另一个重大的争论则是伴随着前一个问题相应而生的。在现代西方社会中，私人资本的为所欲为，正日益引起大众普遍的、深刻的反感，于是，一个想法正越来越迅速地取得了大众的共识，那就是：如果私人垄断的大众传媒不能够完成它应该承担的重大社会职责，那么，一些相应的社会管理机构——比如国家，就应该肩负起督责的担子。但是，在自由竞争传统氛围中存在了几百年的习俗、惯例、观点思想反对这一据说将会导致极权主义，破坏民主自由的企图，于是，又一个争辩的“热点”问题形成了。

还有一个更为复杂的问题在传播业中也引起了广泛的争论，即广告对传播事业的影响。有人认为广告客户利用金钱施加影响，部分地或几乎全部地控制了大众传媒进行社会信息收集、制作、传播的全部过程，广告的现实力量业已构成了传播界完成其重大社会使命的巨大威胁。也有人认为，广告的影响并没有达到有害的地步，一般而言，广告不会对新闻的主体内容构成伤害，广告有助于使传播机构获得财政独立，使其有能力抵制来自官方的控制思想传播自由的企图，确保传播界继续执行其监督政府和自由传递民众思想的根本的根本使命。

对于“新闻自由”观念的争辩也是这一时期一个引起大众关心的问题，按照早期资本主义传统“新闻自由”的观点，这种自由就是保证人们有权力投身于传播事业，并有权自由地传播各种信息而不受政府官方的任何限制。因为人们相信，在这种自由传播的“思想的公开市场”上，人类理性会通过“自我纠正法则”和“看不见的手”引导人们发现真理，因而人们自由地从事传播、自由地使用传媒、自由地收看任何信息的权利不容置疑。但是，现代社会中的一个现实问题是：由于种种原因，特别是资本的垄断，已使绝大多数人丧失了这种自由的权利。他们无力进入需要巨额资金的传播领域，无力确保自己的言行能够自由的发表和传播，也无力拒绝强加给他们的、来自垄断传媒的少数人的声音。人们发现，随着垄断的加剧，以往美妙的新闻自由仅仅成为资本拥有者的“自由”和“护身符”了，而大众则在资本这一现实力量的制约下，实际上已丧失了所谓的“新闻自由”。于是，对以往的这种消极的“新闻自由”观念的怀疑和批评产生了，在现代社会中，“新闻自由”应该具有何种确切的、能够保证社会大众根本利益的内容，便成为人们极为关注的一个重要问题。

总之，垄断资本主义时期传播事业的发展，向人们展示了许许多多的问题，而随着对这些问题的解剖分析，我们将对传媒垄断这一当代重大的社会“热点”问题有一个清醒理性的把握。

三、“社会责任理论”的出现

20 世纪来自传播事业领域的巨大变化和发展，给人们带来了许多疑问，以往自由主义的传统理论遭到了现实生活的怀疑和淘汰。于是，在这个以垄断现象为主要特征的变化的世界里，产生了新的传播理论学说——“社会责任理论”。

在早期的自由资本主义时代，一系列相互关联、来源于反封建的思想启蒙时代的理论，构成了传统的自由主义新闻传播理论坚实的框架。古典的自由主义传播理论是同这样一些邻近领域的自由主义理论协调一致、互生共存的，这些理论——牛顿的天体运动学说；洛克的天赋人权哲学和社会契约论；亚当·斯密的古典经济学的自由竞争主义思想；密尔顿的真理自我修正法则——构成了传播的自由主义理论的深层基础。

但是，在20世纪初，一系列新的理论革命构筑了新的世界观，反映了新时代各方面发展量的积累和质的变化。爱因斯坦的相对论；达尔文的社会进化学说；凯恩斯的新经济理论……标志着一个新时期的到来和理论的新总结。“很明显的，报刊自由传统概念的哲学基础已经被近代思想革命突然摧毁。牛顿的静态的永恒世界已经被进化论的思想和近代物理、动力概念所破坏；洛克的自然权利学说已经不仅为浪漫派哲学而且也为现代科学所推翻；古典的放任主义的经济学已经为近代大多数经济学者所摒弃，并且在实践上也几乎为每一个现代工业国家所不取。此外，密尔顿的自我纠正法则学说近来已经变成可疑的了。”（施拉姆，《报刊的四种理论》）

理论基础改变了，现实的环境改变了，于是，传统的自由主义理论逐渐被传播界的社会责任理论所替代了。

社会责任理论的要点概括而言有以下几条：

第一，传播事业对公众的福利必须负有社会责任，传播事业应当担负起消息和讨论的公共传播者的职责。

第二，公众对于传播事业也有着特定的义务，同大众传媒一样，公众对于言论自由在拥有权利的同时也伴随着相应的义务，这就是帮助、监督大众传媒完成其肩负的社会职责。

第三，政府对于传播界而言，不能仅仅只是允许新闻自由、消极地不去干涉新闻传播自由，它还必须积极地促进这种自由的实现。如果传播行业的自我约束和社会生活中的自我纠正功能不足以保证传播事业完成自己的社会职责，那么政府有义务加以帮助。在必要时，政府有权采取行动，以保证公众的言论自由的实现。但是，政府不应当采取过激手段，并且政府不应当以与私营通讯工具竞争或是以消灭它们为目标。只有在特别需要和利害攸关之时，政府才可以谨慎地从事某种程度上的干涉。

“社会责任理论”为当代传播事业开列了许多项重要的责任，提出了传播工作的一系列新的准则。这包括：传播界应向大众提供真实的、概括的、明智的关于当天事件的记述，它要解释说明事件的意义和事实的真相；传播界有义务使自己的传媒工具成为“一个交换评论或批评的论坛”，把自己看成是公众讨论信息的公共传递者——虽然这并不意味着法律要强迫它们接受一切请示刊登的来稿；传播界还有义务正确地描绘出社会各个成员集团的典型图画；而且传播界要负责地介绍和阐明社会的目标和美德；最后，传播界有义务使人们“便于获得当天的消息”，公众有权从传播界获得这些消息，而传播界必须充当起破除新闻自由流通障碍的公众代理人。

但是，对于传播事业的垄断现实，“社会责任理论”难以提出真正有效的解决方案。尽管它提出了自己的传播工作标准，但没有——似乎也不能提出保证这些标准得以实施的具体措施。尽管它准确地指出了资本主义垄断传播行业所产生的一系列缺陷，但私有制度的基本原则使得解决这些缺陷的前景显得暗淡了。

【练习题】

名词解释：

1. 报团
2. “社会责任理论”
3. “连锁董事”
4. 新闻集团

简答题：

1. 简述“社会责任理论”产生的背景与基本内容。
2. 简述西方垄断资本主义新闻事业发展的不同阶段与典型表现。

第十五章

西方广播电视传媒发展史

第一节 美国的广播事业

一、创始时期(20 世纪 20 年代末)

在美国,无线电广播事业是在 20 世纪 20 年代才逐渐变成为一种大众传播工具的。在此之前,无线电技术的迅猛发展所取得的一系列重大成果为无线电传播媒介的产生奠定了技术的基础。大致而言,这一不断臻于完善的技术发展大致经历了以下四个阶段:

第一,解决通过电线远距离传送信号的技术。1837 年塞缪尔·莫尔斯所发明的磁针发报机解决了这一难题。

第二,解决通过电线使人类声音进行远距离传播的技术。1876 年亚历山大·贝尔发明的电话解决了有线传音技术,贝尔的这一发明对广播、电视的产生及发展有着重大的意义。

第三,解决不用电线(无线)把信号传向远方的技术。这个阶段的功臣是意大利著名发明家古格里摩·马可尼(1874 ~ 1937),他发明了天线和新型发报机,从而解决了信号无线远距离传送的难题。

第四,解决不用电线(无线)把人类的声音传向远方的技术。在 19 世纪末叶,有许多科学家为解决这一问题作出了贡献。早在 1837 年,英国科学家麦克斯韦尔从理论上论证了在电磁波频谱上存在着一个介于声波与光波之间的无线电波波段,可以传向远方。1888 年,德国科学家赫兹通过实验证实了麦克斯韦尔的论断。人们为此称无线电波为“赫兹波”。赫兹还证明了应用共振原理,可以通过电路接收无线电波,这一技术问题的具体解决在20世纪初也由一些科学家们出色完成了。至此,无线电广播的技术问题基本解决。

无线电技术的发明和日臻完善,预示着一种新型传媒的产生。在美国,许多人在不断地进行着无线电广播试验,并取得了可喜的进步。

早在1895年,匹兹堡大学的物理学教授伦纳德·奥布里·费森登就已在麻省的布兰特岩城开始无线电试验工作。与此同时,一位名叫李·德福斯特的人也在致力于研究传送人声的无线电广播技术。1910年1月20日,德福斯特在纽约大都会歌剧院成功地广播了世界歌王恩里科·卡鲁索的歌声。1915年,他又在纽约根据报纸要闻播送了最早的新闻简讯——其中包括威尔逊和休斯的总统竞选情况及威尔逊当选美国总统的消息,李的工作引起了公众广泛的注意。

第一次世界大战后,无线电广播事业开始转向正式的商业领域,“广播热”深入民间,种类繁多的无线电设备、接收机出现在商店的柜台上,一大批无线电爱好者纷纷建立自己的试验电台。

根据美国商业部的正式记录,从政府处领取第一张营业执照而设立的商业电台是匹兹堡的KDKA电台,时间为1920年10月27日,这一天KDKA(呼号)电台正式播音。一般认为,这是美国乃至世界上第一家正式播音的商业电台。从此以后,新电台在美国如雨后春笋纷纷出现。到1927年时,美国已有733家电台和450万架收音机了。

1926年6月,美国无线电广播公司宣布成立一个下属的新公司——全国广播公司(NBC),这是在美国出现的第一家专业广播公司。1927年7月,NBC组建了两大广播网——红色和蓝色广播网,在美国广播事业发展道路上占据了领先地位。

1927年,哥伦比亚唱片公司向NBC挑战,成立了哥伦比亚广播公司(CBS)。1928年,一位香烟公司的老板威廉·佩利买下了这个广播公司。1943 年,根据美国有关反托拉斯垄断法案,NBC 的“蓝色”广播网被迫卖给爱德华·诺布尔,成为现在的美国广播公司(ABC)。至此,美国三家全国性商业广播大公司鼎足并立的局面形成了。

二、兴盛与发展(20 世纪 30～40 年代)

由于无线电台的大量出现,广播作为一种新型大众传播手段而受到听众的热烈欢迎。广播所特有的、为传统媒介所不能替代的传播优势,更加重了这种欢迎的热潮。三大广播网(1948 年之前为 NBC 两大广播网和 CBS 广播网)统一组织节目、汇总消息、迅速大量地播放娱乐与新闻节目,使广播电台日益具有全国性影响力。由于当时电视还未兴起,广播业一枝独秀,独领风骚。20 世纪 30～40 年代,美国的广播事业得到了迅速的发展,进入了它的兴盛与腾飞阶段。

1. 大萧条时期——花样百出的广播节目

在上世纪 30 年代,除了观赏好莱坞的电影,收听广播已成为美国民众一项重要的家庭生活活动。那时,全国约有 900 多家电台——大部分是三大广播网的联盟台,播放花样百出的广播节目,其中绝大多数是娱乐性的节目。

30 年代初期的经济大萧条,给美国人民带来一片凄惨景象。人们找不到工作,情绪焦虑,这时的广播就成为人们赖以消遣、保持乐观心情的重要渠道了。许多人在困厄中卖掉了家具、房子、衣服,却留下了收音机,因为他们把收音机看作保持与社会外界联系的一根纽带,不管电台播送什么节目,人们都怀着极大的兴趣收听,收音机成为所有家庭起居室中显眼的奢侈高档设备。从某种意义上来说,经济大萧条不但没能造成对广播事业的损害,反倒成为促使广播事业得以发展的一个重要因素。广播网依照家庭活动的一般规律,白天播送主妇们喜欢收听的肥皂剧——广播连续剧;晚上则是消遣的滑稽剧、歌舞、杂耍和简明新闻,许多优秀的播音员和节目主持人脱颖而出，为民众所熟知，成为最早的一代广播明星。

2.“炉边谈话”——广播史上伟大的里程碑

1933 年 3 月 5 日，德拉诺·富兰克林·罗斯福在危难中就任美国第 32 届总统。面对奄奄一息的国家经济，面对迷惘恐慌的民众，面对攻击他的“新政措施”的敌人，罗斯福总统迫切感到在复兴经济之时首先必须振奋民心，鼓舞民众，向人民直接解释“新政”的纲领、意义和措施。他决定利用新兴的大众传媒，在广播中发表演说，直接向全体美国人民讲话。1933 年 3 月 12 日、5 月 7 日、7 月 24 日、11 月 24 日，罗斯福总统闲适随意地坐在白宫楼下的起居室里，在夫人的陪伴下，通过实况广播向千百万美国普通大众发表了令人难以忘怀的演讲，这就是著名的“炉边谈话”，一个美国政治史和广播史上的伟大里程碑。

在这些形式随意、气氛亲切的系列“炉边谈话”中，罗斯福总统生动形象地向美国人民讲述了当前的形势和这届政府所推行的“新政”措施。总统告诉无数正在收音机旁的听众们，在这个世界上唯一能使我们害怕的东西就是害怕这个念头本身，美国人民和政府有信心、有能力度过大萧条时期。总统还形象地讲解了“新政”措施中的许多具体内容和原因。他像一个亲切的父兄、朋友一样告诉大家为什么要实行“银行法”，因为每个人手里拿着一个鸡蛋并不能填饱肚子，但如果大家把手里的鸡蛋都放到联邦银行里去，银行就会使这些鸡蛋孵成小鸡，这些小鸡又会生出更多的鸡蛋，更多的鸡蛋又会在联邦银行里孵出更多的小鸡来，这样，最后大家都有鸡蛋可吃，都有小鸡可养了。一个令人亲切和感动的细节发生在 7 月 24 日的“炉边谈话”节目中，说得口干舌燥的罗斯福总统忽然转脸向正在机器后面的 CBS 新闻部负责人谢克特要一杯水喝，于是，全美国收音机旁的听众们都听到了哗哗的倒水声和总统咕噜咕噜的喝水声，喝完水后感到无比舒畅的总统对着直播话筒随口说道：“夏天的华盛顿可真热呀”，这句随意的插语引起了无数听众们会心的笑声，气氛变得更加融洽了。事后总统问谢克特这句闲话是不是不太适宜？兴奋的谢克特告诉总统这句闲话“简直妙不可言”。

就这样，无线电广播以它神奇的威力，把罗斯福总统那圆润动听的声音迅速传遍美国，顷刻之间，这位总统家喻户晓，民众无比信任。对于那个时代的大多数美国人来说，他们记忆中最早的政治活动，就是坐在家中收音机旁倾听那个强有力的、自信的、从容不迫的洪亮的声音。现场广播讲话这一形式，成功地把罗斯福同美国人民的感情拉近了。著名评论家沃尔特·李普曼写道：“我们全国人民原来对任何人、任何事情都不相信了，不过一周时间，我们现在对国家、对政府又恢复了信心”。在罗斯福前任胡佛总统时，白宫每天最多只能受到十几封信，而且几乎都是批评信函，但现在一天之内，几十万封信件飞来，最多的一天有 50 多万封信件涌入白宫，有关当局不得不专门增设一个邮局来处理人民寄往白宫的信件。人民对罗斯福总统的敬重情感达到了前所未有的高度，罗斯福的“新政”得到了全国的一致支持，敌对的声音销声匿迹了，人民空前团结，国家空前团结，这一切都同罗斯福总统对新生的广播媒介巨大作用的深刻认识和娴熟运用是分不开的。即使过了几十年以后，像约翰·肯尼迪、林登·约翰逊、尼克松这样一些成熟的政治家们都曾专门研究过富兰克林·罗斯福总统运用新闻工具的天才技巧。

3.“朗格—库格林流感”

在 30 年代中，并不是罗斯福总统一个人看到了新生的广播传媒的威力并加以运用的，还有两个人在美国广播史上以其出色的活动加深了大众对广播威力的认识，他们是休伊·波尔斯·朗格参议员和查尔斯·E.库格林神父。这两个人一个用广播作为政治宣传的工具，一个把广播作为宗教布道、时事宣讲的论坛，很快便成为全国皆知的著名人物。

朗格参议员来自美国南部偏远的密西西比州，他擅长讲演、声音悦耳动听。来到华盛顿后，朗格参议员很快就认识到新兴大众传媒广播的巨大威力，便开始频繁运用广播进行演讲，很快就扩大了自己的知名度。朗格的广播演讲题目火爆、煽动性强、语言风趣尖刻，非常受大众欢迎。朗格通过广播所赢得的全国声誉是如此之高，以至于有人认为，如果朗格不是因为广播讲演得罪了人而遭暗杀的话，他可能会在1937年大选时替代罗斯福总统而成为美国新总统。

库格林神父与广播的关系更加具有传奇色彩。这位神父大人在神学院读书时很不合群，毕业后被发配到加、美边境的一个偏远穷困的小红花教堂做布道牧师。郁郁不得志的库格林神父不满足于这个小小的空间，他看准了广播这一新型媒介的巨大影响潜力和受众市场，便怀揣教徒们所捐献的一点点经费，长途跋涉，徒步来到了芝加哥。库格林神父说服当地一家电台的负责人，购买了一小段广播时间，通过话筒向着不见面的教徒们宣讲上帝的旨意。库格林神父的空中布道得到了极为热烈的反响，雪片般的来函和捐款寄到了以往无人知晓的小红花礼拜堂。来信和捐款是如此之多，以至于库格林神父不得不专门雇了十几个人来处理。

成名后的库格林神父开始更频繁地在各类广播节目上布道讲演，不仅对宗教、也对政治和国际事务发表他极端化的评价。当有些电台的老板对库格林神父的广播谈话内容感到不安，企图事先审查他的演讲稿时，库格林神父在广播中动员广大听众对其进行抗议和抵制。从此以后，再也没有人敢对这位神父说三道四了。

1935年后，朗格参议员和库格林神父联合向罗斯福总统发动攻击，利用广播大造舆论，一时甚嚣尘上。罗斯福总统在给美国驻意大利大使的一封信中对此作了一个绝妙的比喻，总统告诉这位大使：目前美国人正在害一种很严重的病，叫做朗格—库格林流感，全国人人都浑身发疼。这也许从一个侧面说明了当时朗格参议员和库格林神父利用广播所造成的强大舆论影响力。

4. 新闻竞争——“比尔莫特协议”

随着广播事业的不断发展，旧有的传媒之间的平衡被逐渐打破了。广播不仅在娱乐节目、商业广告等方面威胁着报刊业，而且开始在新闻报道领域运用自己的及时报道特长来“侵犯”报刊和通讯社的传统领地。

1932 年,美国 NBC 和 CBS 广播网就曾成功地报道了罗斯福总统的竞选活动,这是广播向报刊和通讯社发出的第一个新闻竞争信号。随着读者和广告商快速地转向广播网,报纸的销售量下降了,收入减少了,这一状况引起了报刊业和通讯社的不满。当广播日益成为一个极其严肃正规的新闻传播媒介时,这种不满便转为不安了。

1933 年 4 月,为抵制广播公司的挑战,恼火的美国报刊发行人协会决定不再向广播界提供新闻。美联社所属的资格电台也仅允许播送该社提供的简明新闻,但必须另外付款。合众社和国际社也做出了相应的决定。后来,情况变得更加糟糕了,一些小电台还能付款从报界和通讯社买到一些简明新闻,而三大广播网就是付款,通讯社和报刊界也不提供任何新闻了。

在这种背景下,NBC 和 CBS 两大广播公司开始自己采写新闻,NBC 的谢克特和 CBS 的保罗·怀特分别建立起了两家公司的新闻采写机构组织,走上了独立采集、制作新闻节目之路。为此,报刊和通讯社再度联手,向在 NBC 和 CBS 广播节目中提供广告的一些大广告公司施加了强大的压力,威胁将抵制其广告在报刊上刊登,要求它们停止在 NBC 和 CBS 的广告活动。就这样,在多方的压力下,NBC 和 CBS 先后被迫妥协了。

1933 年 12 月,在纽约比尔莫特饭店举行了一次重要的新闻界联席会议,NBC、CBS、全国广播协会、美联社、合众社、国际新闻社、美国报刊发行人协会的代表们共同达成一项和解协议,史称“比尔莫特协议”,主要内容如下:

(1)CBS 同意解散自己的新闻社;

(2)NBC 不再建立新的新闻社;

(3)广播网出资成立“报纸—广播局”,以便向广播电台提供三大新闻通讯社的简明新闻,这些简明新闻每条不得超过 30 个字,并且只能在早上 9:30 播送 5 分钟,晚上 9:00 或稍晚些时候再播送 5 分钟。

“比尔莫特协议”给广播界以沉重的打击。但是,广播这种新型大众传媒前进的历史脚步是谁也难以阻挡的。在广播界的高价诱惑下，有几家独立的小型通讯社马上成立，它们不理睬"比尔莫特协议"，专门向广播电台提供新闻，不满的广播网也悄悄加强了自己的新闻报道力量。随着时间的推移，"比尔莫特协议"逐渐失效，终于，美联社的竞争对手合众社和国际社首先开始向商业电台全面提供新闻，美联社不久也加入到了这一行列。看到广播界不可阻挡的前进趋势，越来越多的报刊发行人不是抵制而是主动申请领取新电台的营业执照，或购买旧台，直接参与其经营。广播网很快恢复了新闻部，加强了新闻报道的力量，逐渐成为一种有力的大众新闻媒介。

三、黄金时代(1938～1950)

广播界"黄金时代"的到来同以下两个因素密切相关：一是第二次世界大战的爆发，这场空前惨烈、波及全球的世界大战，促成了人们对新闻的强烈需求。迅速地传递和报道大量的新闻信息已成为新闻机构最富有挑战性和最受欢迎的业务，而无线电广播恰恰具有速报和在单位时间内传递大量信息的特点和能力，因此，广播业的繁荣昌盛就属必然了。第二个原因是物质和技术的基础日益雄厚，使广播界迎来了它发展的"黄金时代"。经过20余年的发展，广播界已解决了一系列技术问题，拥有了成熟的新闻体制及大批娴熟的专业工作人员；在经济上，广播已完全得到了大公司、大广告主的支持，实力雄厚，翅膀已硬；在政治上，广播也早已成为影响大众舆论的重要媒介之一，在公众中有着巨大的影响力，于是广播的"黄金时代"到来了。

30年代中期，广播已完全进入成熟阶段，以1938年慕尼黑危机和二战爆发为契机，广播界的新闻报道名声鹊起，拉开了它黄金时代的序幕。

1938年3月12日，CBS的著名记者爱德华·莫罗和威廉·夏勒等人首先联手推出了广播史上的第一次"新闻联播"节目，引起了美国听众的极大兴趣。而后，在慕尼黑危机紧张的18天中(1938年

9月12日至29日)，CBS总共播出了151次短波实况报道，NBC播出147次。三大广播公司对此危机中所有的重要人物——希特勒、墨索里尼、张伯伦、贝奈斯等人的活动进行了广泛而迅速的报道，给美国人民留下了深刻的印象。在CBS总部大厦，老练沉着的新闻评论员卡尔登邦18天足不出户，根据前方莫罗报道班子发回的一系列报道，进行迅速而又透彻的即席分析评论，开创了广播史上最引人注目的新闻广播评论的新局面，树立了广播评论了不起的权威形象。

在随后的战争年代里，三大广播公司的战地记者们活跃在全球各条战线上，发回了无数条激动人心的新闻消息。CBS莫罗的"这里是伦敦"，夏勒的康边森林德法停战协议签署实况报道，塞西尔·布朗的远东报道，查尔斯·科林伍德从北非发回的战况新闻，以及诺曼底登陆、易北河会师、攻克柏林、原子弹轰炸日本、密苏里战船签字等等重大新闻的报道，都有着广播记者的身影。全球上空日日夜夜回荡着英勇的战地记者的声音，他们每一个人在这富于挑战性的多事之秋都干得非常出色，二战中的全球广播锻炼出了一支群星灿烂的广播记者队伍，无线电广播从来没有像二战中那样享有崇高的声誉和巨大的威望。

广播界娱乐性节目的繁荣也是这一"黄金时代"的标志之一。不仅许多优秀的脍炙人口的广播节目已拥有了十几年的不衰历史，而且还出现了具有惊人效果的新的广播剧——奥森·韦尔斯和他的《星球大战》。

韦尔斯根据英国科幻小说改编的广播剧《星球大战》，描述了火星人在地球的登陆和毁灭性的战争。这一节目在1938年10月30日万圣节前夜由CBS广播公司邀请著名演员奥森·韦尔斯的水星剧团表演播出。韦尔斯把广播的效果利用到了空前绝后的程度。由于他坚持该节目以插入新闻简要的形式播出，使整出戏如报道真人真事一般，从而造成全国的大恐慌。几百万人收听广播后携妻带子仓皇出逃。人们哭哭啼啼，乱作一团，以为世界的末日已经来临，可是韦尔斯却轻松愉快地在节目最后对听众们说："朋友们，再见。明后两天,请不要忘记今天的教训……要是有人调皮敲门,又不见其人,那并不是什么火星人,因为这是'万圣节'的前夕呵!"(西方习俗,"万圣节"前夜是人们开玩笑,举办化装舞会的时候)。

四、二战后的广播节目

日本投降后没几天,杜鲁门总统便批准生产民用收音机和电视机。由于电视机的生产刚刚恢复和广播界在二战中所取得的巨大声誉,在战后初期,广播界仍然独领风骚,并开办了一系列新的节目。

明星记者爱德华·莫罗从欧洲回国后,主办《现在请听》节目,极受欢迎。CBS的另外一位记者泰勒也开办了一个优秀的广播节目《你在哪里》,这个节目全面介绍和展播了二战中CBS记者的权威性报道,受到了熟知这些记者大名的听众们的欢迎。

《一个世界在飞行》是战后广播界开办的最有影响的优秀节目之一,它是CBS著名记者诺曼·科温为纪念已故政治家温德尔·威尔基和他的名著《一个世界》而于1946年开办的。

娱乐性的节目在战后得到了更广泛的发展。几家广播网播送的连续广播节目有18个已播送十几年之久,其中有几个深受大众欢迎的连续节目已过了20年!它们都是广播节目中收听率最高的优秀节目、名称如下:

- 《阿莫斯和安迪》
- 《佩蒂·克罗克》
- 《天主教时刻》
- 《H.V.卡尔登邦》
- 《全国农场与家庭时刻》
- 《全国电台布道坛》
- 《全国晚祷》
- 《纽约交响乐团》
- 《盐湖城教堂歌唱队》
- 《南方》

- 《洛厄尔·托马斯》
- 《耐火岩石之声》

但是,广播界的好时光马上就要过去了,因为电视已在美国崛起。“江山代有才人出,各领风骚数百年”,现在该是电视传媒大显身手,唱出传播事业主导声音的时候了。

五、“美国之音”(Voice of America)

在当今世界上,除了现实的武装冲突外,在太空中还悄悄进行着另一场战争,这就是世界各国的广播之战。在这一场战争中“美国之音”广播电台称得上是一个重量级的对手。作为一个全球性的广播电台,“美国之音”每周用39种语言播音900多小时,拥有几千名员工,对全世界的新闻进行全面覆盖报道。

“美国之音”创办于1942年的第二次世界大战之中,它是作为美国政府举办的第一个短波国际广播电台,用五种语言开播来为战争服务的。在2月24日的第一次德语播音中,“美国之音”在开播宣言中这样告诉德国占领区的听众:“美国之音”开播了,直到今日美国已参战79天,从今日起,每天在这个时间我们将播送有关美国和战争的情况。新闻中可能有好消息,也可能有坏消息。本台将如实报道真相。这一时期的“美国之音”,带有较明显的为战争服务的倾向,并且在业务上亦不太成熟。作为国际广播领域里的后起之秀,开播之初的“美国之音”非常注意效仿英国广播公司——BBC的一整套广播宣传手法。像BBC一样,虽然“美国之音”的节目内容侧重报道敌人的失利,呼吁世界各国团结一致击败德国法西斯,但在具体报道过程中,却力图据实报道,侧重播送“事实性新闻和平衡性新闻”。在二战期间,“美国之音”获得了一定声誉。

二战后和50年代,由于东西方两大敌对阵营的形成,在美苏之间出现了敌对和冷战的局面。自1947年4月“美国之音”开始对苏联及东欧地区进行广播轰炸以来,“美国之音”开播了多种语言节目,向共产党国家进行政治广播。美国政府为此投入了大量的资金,帮助“美国之音”在英国、联邦德国、希腊等国家安装了大功率的转播发射机。

50年代初期,作为反映美国政府官方意见的喉舌,作为国务院和美国新闻署的直辖机构,“美国之音”充当了冷战的急先锋。这一时期的“美国之音”,在宣传策略手法上相当笨拙,它直截了当地反映美国政府的立场,鼓吹战争,热心于报道社会主义阵营的坏消息,露骨地宣传西方生活方式的优越性,不顾基本的事实,常常把自己的主观意志强加于新闻事件之中。在“美国之音”的报道中,报道社会主义国家暴动、歉收、灾害、专制、秘密警察、酗酒的新闻比比皆是,鼓动听众选择或从事敌对活动也是“美国之音”乐此不疲的宣传主题。

60年代初,美苏两国关系有所改善,“美国之音”对苏联广播的色彩稍微温和了一点,但在随之而来的印度支那战争中,“美国之音”仍然竭力掩盖事实真相,进行政治色彩极浓的意识形态宣传广播活动,甚至屈从于美国国务院指令,把美军最后撤离越南的撤军消息扣押了长达48小时之久。

进入70年代,由于美国在国际事务活动中遭受了一系列的挫折,特别是侵越战争失败及“水门事件”的丑闻,促使“美国之音”进行内部改革,业务情况有了相当大的变化。这主要表现在70年代初期以“美国之音”新闻部主任卡曼斯基为首的工作人员开展了一场排除干扰的斗争,要求“美国之音”的新闻节目摆脱国务院新闻署(现在称国际交流署)的控制,独立进行工作,要求改变死板的宣传方式,争取更好的宣传效果。三分之二的工作人员参加了这项请愿运动,并最终导致1976年福特总统签署了《美国之音章程》,并经国会批准生效。该章程规定:一、“美国之音”必须始终保持成为一个可靠的和权威性的新闻来源,“美国之音”广播的新闻一定要准确、客观、广泛;二、“美国之音”应代表整个美国而不是美国社会的任何一部分,因此,它对美国的主要思想和制度必须作平衡的和全面的报道;三、“美国之音”应清楚地有效地阐明美国政府的政策,同时也报道对这些政策所发表的认真的讨论和意见。为了改变“美国之音”

在世界上的形象,美国国会在讨论通过此项章程时,把第三条原有的“作为官方电台”字样删去了,要求该台在宣传上讲求客观报道、据实传播。

20 世纪 80 年代的“美国之音”同 50 ~ 60 年代相比有了很大变化,改变的最大特征是“美国之音”不再像冷战时期那样独唱生硬的赤裸裸的反共调子了。“美国之音”的宣传手法在四个方面有所变化,成为 80 年代“美国之音”的特征。

第一,吸取了以往“美国之音”同美国官方关系过密、声誉不佳的经验,“美国之音”在选择、处理新闻方面取得了相当程度的独立性,蒙上了一层非官方客观独立的色彩。在具体的报道手法中,该台注意据实报道,以示客观公正,恢复了二战时期侧重事实性新闻和平衡性新闻的特点。在一般情况下,“美国之音”的新闻如果没有两个以上确切的消息来源相互印证是不轻易作报道的。

第二,“美国之音”的广播中把新闻和评论分开了,每次节目播送的社论、新闻分析、专栏文章都明确地说明它代表谁的立场,这就大大不同于 50 年代的“美国之音”。另外,整个节目特别注意加强调查研究,经常举办适应特定听众群体心理的热门节目,投听众之所好,这主要反映在“美国之音”的专题性节目中。例如,当 1972 年尼克松总统访华后,中国出现了英语热,“美国之音”适时推出了《英语九百句》,风靡一时,很受青年人欢迎。至于美国乡村民谣介绍、好莱坞电影回顾、美国普通大众的生活专题节目,都很受中国听众的欢迎。最后,为了保持较高声誉,为了紧紧地抓住听众,“美国之音”总是不断举办和推出五花八门的热门节目来牢牢勾住大批听众。用他们自己的话说:“目的就是让听众接受我们的观点,形式上的改变只是为了更好地为这一目的服务。”

“美国之音”这时已经是世界上最有名望的国际广播电台之一,一度拥有近一亿的听众,每年可收到听众来信约近 20 万封。其节目除由华盛顿总部和海外发射站直播外,还积极地向外国电台提供大量的寄送节目。这时该台拥有工作人员 2000 多人,使用 30 多种语言昼夜不停地向全世界广播。

“美国之音”内部的管理体制是这样的：该台台长由美国国际交流署助理署长兼任，由美国总统直接任命；副台长一人，由外交人员担任。全台分三大部门，即节目部门、行政部门和技术部门。

节目部门是“美国之音”最大的部门，最多时有工作人员1000多人，占全台一半。节目部下设一个中心发稿部门——新闻时事部，还有七个语言组。“美国之音”的节目部门第一把手以及他手下的各语言组的第一把手均由外交官担任，三年轮换一次。这是因为“美国之音”认为，各语言组的第一把手由驻在国的外交官担任是因为他们熟悉各国情况，可以有针对性地协调节目内容，三年以后这些外交官再回到原来的国家去进一步深化他们的知识。

节目部的中心发稿部门是新闻时事部，它分为两个部门即新闻部和时事部，新闻部由撰稿人和辅助人员组成，设主任一人。下设责任编辑、世界综合新闻组、记者组、国内组、欧洲组、远东组、东南亚组、非洲组、拉美组，还有一个收录记者报道和美国商业电视网节目的电子收录中心。“美国之音”的新闻素以稿源丰富而著称。电台新闻部备有18部接收世界各大通讯社电讯稿的电传机。除了各大通讯社的电讯稿以外，“美国之音”还截听100多个国家的广播资料。“美国之音”新闻的另一个来源是美国国内三家大报《华盛顿邮报》、《纽约时报》、《洛杉矶时报》的新闻电讯稿，它们的电讯稿比通讯社的电讯稿更快、更好。新闻部消息还有一个来源，即在国内外派驻的记者和聘请的特约通讯员。鼎盛时期，“美国之音”有十几名国外记者，还有100多名兼职的特约通讯员。就这样，丰富的新闻稿源保证了“美国之音”每天可以抄收150万字的资料。经过选择采用四分之一左右。该部主任自豪地说：“美国之音”就像一个蜘蛛网，把触角伸向四面八方，每时每刻都有最新消息。

新闻消息既快又准，是“美国之音”的一大特色。新闻部每隔一小时就发一套消息和目录，而在这中间如有重大消息则随时编发，并按消息的重要性更换次序。有些重要消息即使在两小时内没有新的发展，也要重新改写，以便给听众以新鲜之感。所以说，“美国之音”的新闻节目非常重视时效性。他们除了大规模采用现代电子技术设备，保证及时发稿以外，还坚持所有新闻节目一律直播，而不采取事先录音的办法，电台鼓励记者抢发新闻，快发新闻。

新闻部每天的新闻可分为两部分，一是要闻；二是地区性新闻。世界综合新闻组就是专发要闻的编辑组，该组人员精明强干，汇集了新闻部最优秀的编辑人员。

时事部是“美国之音”第二个发稿中心，它也由近100个工作人员组成，设主任一人，副主任一人。下设新闻分析组、专稿特写组、音乐组、通联部、胶带库和资料组。时事部主要负责编发新闻以外的所有节目。

《美国之音编辑指南》对时事部的发稿范围曾作了如下规定：

评论 精练地把美国政策介绍出去，不是简单地说明政策，而是运用新闻技巧使听众进一步理解美国政策。

新闻分析 用事实和客观报道手法分析发生的事件。就事件的前因后果，它与其他方面的关系进行讨论，并解说这一事件的意义和影响。

背景资料 提供当前所发生事件的来龙去脉，不作结论，帮助听众结合背景资料加深对事件的理解。

政治性专稿 在多数情况下邀请两人或更多的人就国内外政治问题和经济问题发表专家看法，常用直接引语，尽可能用本人声音。

人物特写 给一个人画个特写，对他的生活、工作环境，结合相关背景加以说明，帮助听众加深理解，常用本人说话等音响。

事件特写 对国内外发生的重大事件进行较深入的报道，可请新闻评论家、知名记者、专家、国会议员作广播讲话。

记者报道 “美国之音”记者或特约通讯员对事件进行细致深入的补充报道，提供现场实况音响。

“美国之音”的评论和国际新闻的分析都是紧密配合美国国内外政策的。评论的来源一般有三种：其一是政府方面提供的；其二是

“美国之音”评论员撰写的;其三是国内外报刊舆论。“美国之音”的评论一般不署名。在广播时特别声明它仅仅代表美国政府的观点。“美国之音”同时还明确规定,电台评论所有的对外广播节目都要采用。在翻译时绝对忠于原文,不得删改,这种评论每周要发一至二篇。新闻分析则每天至少一篇。

专题节目是时事部的重要工作之一。“美国之音”的专题节目有两种:一种是定期专题节目,每天或每周一次,各语言组在播出时固定时间,便于听众收听;另一种是非定期专题节目。“美国之音”的专题节目特别注意考虑国外听众的心理、兴趣和接受方式,投其所好,用种种方法来吸引听众。这些专题节目的播出,常常用朋友间的聊天方式,而且完全是直播。为了使节目更自然一些,不论是答记者问还是座谈,都不采取事先组织、排练的办法,而是当场提问,被访问者事先不知道记者要提的问题,记者报道也多用记者本人的声音而不是播音员的声音。

“美国之音”在里根总统任内加强了它的工作,里根总统曾对“美国之音”投入了大量的经费,先后更换了两三位电台台长,尽管“美国之音”采取了种种科学有效的播音政策、方法和技巧,但它的目的当然完全是为美国政府和美国社会服务的。但是,“美国之音”的业务工作也的确值得我们中国同行们借鉴学习。

今天的美国之音设有英语新闻及节目部、外国语言播音部、工程部、行政部、总务部和电脑中心等多个职能部门,其中外语播音部最大,共有 52 个部门,而中文部又是外语部中最大的。美国之音以 53 种语言,每周 1300 多个小时的时间,向世界各地广播。内容包括新闻、专题特写、音乐和评论,听众将近一亿人。

第二节　美国的电视事业

美国是一个电视事业极为发达的国家。在 1980 年时,美国有 1020 家电视台,近 2 亿台电视接收机,98% 的家庭拥有电视机,其中约有一半家庭有一台以上。三大广播电视网(NBC、CBS、ABC)竞争激烈,每天各自播放 18 ~ 24 小时的商业电视节目。在"黄金时间"(下午 6:30 ~ 10:30)约有一亿多人观看电视。电视这一视听新闻、娱乐传媒,已成为美国社会中新型的、大众化的、最普及的传播工具。

一、初期发展(20 世纪 20 年代 ~ 1952 年)

电视的发展史最早可以上溯到 19 世纪末叶。1884 年,德国科学家保罗·尼普科夫发明了尼普科夫圆盘,利用机械扫描方法,初步解决了电视图像的关键难题——图像扫描技术。在 20 世纪 20 年代,俄裔美籍人符拉基米尔·兹沃尔金发明了一种电子扫描方法,改进了电视图像的稳定性等问题。20 年代末期,电视的技术基础已逐步奠定了。

美国第一家试验性的电视台是 1930 年由 NBC 所建立的。早在 1928 年时,通用电气公司设在纽约州斯克内克塔迪的 WGY 电台曾同 NBC 的一个小型 XAD 实验台联合播出了第一部电视剧《女王的信使》,1940 年,WGY 同 XAD 实验台正式连接合一,形成了美国第一家电视网。1941 年 6 月 1 日,美国第一家商业电视台诞生(NBC),呼号为 WNBC。同年,CBS 在纽约的 WCBS 电视台也获得了营业执照。

第二次世界大战的爆发严重阻碍了美国电视的发展,1945 年战争结束时,美国仅有 6 座电视台。由于几家大公司关于彩色电视"制式"的竞争和朝鲜战争的爆发,联邦通讯委员会事实上一直冻结着执照的颁发。直到 1952 年后,电视业才开始迅猛发展起来。

表 15 - 1 20 世纪美国电视台增长情况

年 代	数 量
1937 年	17 座
1941 年	47 座
1950 年	186 座
1960 年	617 座
1970 年	872 座
1980 年	1020 座

二、兴盛与繁荣(1950~1952)

美国商业性电视节目的内容,主要有三部分:娱乐节目、广告和新闻。早期电视新闻的固定节目开办于1953年。在此之前,电视新闻还处于幼年期,相当简陋。1953年电视新闻节目中的杰作是NBC的《骆驼新闻大篷车》和CBS的《电视新闻与道格拉斯·爱德华》,前者是由生产"骆驼牌"香烟的厂商资助开办的,由NBC的约翰·卡梅伦·斯韦兹主持。后者则由CBS的道·爱德华主持。这两个节目都在晚间播放15分钟,每次播出6~8条新闻,是当时最主要的两个固定的电视新闻节目。

早期的电视新闻同广播初期一样,大都受广告商的资助和控制。NBC的一位总经理西尔威斯特·韦弗试图改变这一状况。他主张开设一种大型的"杂志型"电视节目,广告商只能在这一由NBC完全控制的节目中间插播广告按时收费。《今天》和《今晚》这两个叫座的节目就是韦弗领导的NBC首先推出的"杂志型"节目。现在,这种"杂志型"节目已成为美国电视中经常出现的一种固定的节目形式。

电视的崛起标志着一种新的大众传播媒介的出现,同广播一样,这个强大的传媒工具很快在美国的政治生活中崭露头角,显示出自己干预社会生活、反映和影响舆论的强大能量。这一切都同美国50年代的两个人紧密相连:CBS著名新闻记者爱德华·莫罗和美国参议员约瑟夫·麦卡锡。

作为美国广播界的巨星,莫罗在电视传媒刚刚出现时便敏锐地看到了它在民主社会中的力量。尽管莫罗作为广播巨星已享有极大荣誉,但他不怕砸牌子,毅然转向电视界,同弗雷德·弗兰德利一起把《现在请听》广播专栏节目变为《现在请看》电视专栏节目了,莫罗亲自出任该节目的主持人。

约瑟夫·麦卡锡是来自美国威斯康星州的一位参议员,也是一个著名的丧心病狂的反共死硬分子。他利用二战后"冷战"的严峻局面,在美国各地乱窜,疯狂地叫嚷说在许多上层机构里包括美国总统办公室和国会中有许多共产主义分子成功地执掌了政权。在麦卡锡主义反共狂潮的泛滥下,许多正直、无辜的人们遭到了不同程度的迫害。一时间,人人自危的气氛在美国各地蔓延,许多新闻界人士也受到恫吓和威胁。这一切引起了酷爱民主自由的爱德华·莫罗的强烈反感,他勇敢地挺身而出,通过电视节目开始了同麦卡锡主义的斗争。

1952 年 10 月,莫罗的《现在请看》播出了空军后备役军官米洛·拉杜洛维奇案件,开始向麦卡锡反击。不出一个月,《现在请看》又播出了"印第安纳波利斯的争论"节目,再次向广大民众显示麦卡锡之流的荒谬和违反民主传统的违法行径。1954 年 3 月 9 日这一天,《现在请看》成为广播电视史上最为轰动的新闻节目。莫罗和弗雷德利在这一天直接向麦卡锡本人挑战,他们两人自费在《纽约时报》上刊登了一则广告:"今晚 10 点 30 分,《现在请看》在二频道播放评论约瑟夫·R. 麦卡锡的新闻。节目主持人:W. 弗兰德利,爱德华·R. 莫罗"。节目引起空前轰动。1954 年 4 月 6 日,麦卡锡沉不住气,跳出来肆意谩骂和攻击莫罗。《现在请看》继续勇敢地揭露麦卡锡的所作所为。同年 4 月 22 日,美国参议院以67:22票通过了一项谴责麦卡锡的决议。自此,麦卡锡名声一落千丈,麦卡锡主义开始销声匿迹。

莫罗的电视实践活动在美国电视史上具有开拓性意义。他提高了电视的声誉,创立了严肃电视干涉社会生活的良好传统,扩大了电视新闻在公众中的巨大影响力。但是,莫罗所热心的严肃电视却使 CBS 的董事长威廉·佩利感到棘手,因为大广告商反对这类"激进的、严肃的"节目。1958 年,佩利决定停办《现在请看》。7 月 9 日《现在请看》作了最后一次播映。

爱德华·莫罗的广播和电视活动在美国乃至世界广播电视史上留下了巨大的痕迹,他是一位了不起的杰出人物。莫罗热爱民主自由,主张广播和电视不回避现实生活中的矛盾和冲突,对美国和世界事务做出客观公正、真实全面的报道。他痛恨广播和电视被老板们当作造钱的机器,热爱新闻广播电视事业,执著地追求民主与自由,悉心培养了一批优秀的记者,他永远为后世的人们所敬仰。莫罗去世以后,莫罗的竞争对手,全国广播公司的一位领导人曾由衷地赞叹说:莫罗提出了一个挑战,一个目标,并树立了一个榜样!

在1956~1957年间,美国电视兴旺起来,电视台由108家猛增到500家,4000万拥有电视机的家庭每天约收看5个小时的电视,电视节目得到了数以千计广告商的资助。电视迈开步伐,开始进入快速发展时期。1962年第一颗电视通讯卫星发射成功,标志着电视事业全球性时代的到来。之后不久,美国国会通过了“通讯卫星法规”,开始统一管理空间电视业务。1964年在美国成立了国际电信通讯卫星财团,电视事业不仅在国内,而且在国外都得到了迅速的发展。

三、当今概况介绍

美国的电视事业一般划分为商业性电视业和公共性电视业两种类型,按技术来划分则又可分为常规电视、电缆电视、直播卫星电视等数种,我们下面予以简略介绍。

1. 商业性电视

美国的商业电视势力强大,在全国1020家电视台中,有752家(74%)为商业性电视台(1980年),其中80%附属于三大广播公司:全国广播公司(NBC)、哥伦比亚广播公司(CBS)和美国广播公司(ABC)。据1980年有关资料如下:

广播公司	附属电视台
NBC	218
CBS	198
ABC	206

这三大广播公司还拥有5个甚高频(UHF)电视台,它们通过直属台和附属联盟台,几乎控制了美国的整个商业性电视系统。这一控制是通过提供电视节目和交换广告时间来实现的。由于电视节目

生产费用昂贵，电视节目的主要来源是全国性大电视网(65%)和一些节目大辛迪加公司(22%)，它们把节目和节目中的广告时间出售给广告商以得到高额利润。

商业性电视节目的主要内容有娱乐性节目，广告和电视新闻三大类型。

(1)娱乐性节目

现在，美国商业性电视节目中75%属于娱乐性节目，25%为新闻、国家公共事务、广告、教育和宗教内容。娱乐性节目的播放时间一般是这样安排的：

周日(星期一至星期五)白天主要以家庭妇女为收看对象，节目主要有“肥皂剧”、喜剧、问答、比赛等；晚上是电影、连续电视剧、歌舞、说笑(一种美国式的相声)杂耍等轻松节目。

周六上午是儿童卡通片，下午则是体育节目。星期日的下午也是体育节目、周六和星期日的晚上则是叫座率较高的歌舞、电影、电视剧等等。

具体来说、娱乐性节目大体可分以下几种体裁形式：

戏剧　多为虚构的故事，类似电影(电视剧)，多在“黄金时间”播放。

短喜剧　通过幽默风趣的表演、表现生活中人物的缺点和活动，也常在“黄金时间”播放。

杂耍表演　以音乐欣赏、喜剧演员等为角色的对话式活报剧，间以杂耍滑稽动作。

谈话节目　是一种由著名主持人主持的对话节目。

知名人士和游戏演出　由电视台工作室选出的观众(或通过全国性投票选举)出演，进行一种奖金或钱财的“竞赛游戏”，常邀请社会名流，电视明星主持播出。

逐日连播的电视剧　主题多描写男女关系，或为警匪片、打斗片。

儿童节目　主要采用戏剧或动画片(卡通)形式，通过生动的故事和幽默的人物、动物对象,对儿童进行教育。

电影 播放电影厂家出售给电视台的新片,以及专为电视台摄制的影片,大都在“黄金时间”播送。

特别节目 指专为庆典、美女竞选和有奖戏剧等安排的一次性节目。

体育 即反映重要比赛的体育特别节目。

纪实戏剧 根据一段历史事实改编而成的故事片。例如《根》和反映水门事件的电影《总统班底》。1980 年美国公共广播公司(PDS)摄制的《公主之死》,因反映沙特阿拉伯公主被处死的真实事件,曾在国际上激起强烈反响。

(2)广告类节目

电视广告是电视节目中的一个重要部分。美国的电视广告出现频繁;平均 10 次/1 小时,每次 1 分钟,常常插播在娱乐性节目中间,令人扫兴,故常被人称为“干扰性”节目。其内容则五花八门,包括政治、宗教、商品推销,公共服务——几乎所有的社会领域都有广告为其服务。美国的电视广告制作质量较高,也很讲求艺术性及实效,经常聘请、雇用影视界和体育界明星及社会名流来做广告。其费用非常昂贵,在“黄金时间”播出一则 30 秒的广告要花费 7.5 ~ 15 万美元甚至更多。

电视广告一般有三类:其一是商业广告,这是一种为推销商品所编制的广告节目,包括地方性的和全国性的,其编制质量很好,产品内容很多,根据广告节目在什么时间播放来确定广告费的多少;其二是公共服务广告,按照联邦通讯委员会的规定,这是一种不付款的广告,内容从文化、服务事务到为紧急情况所实行的健康保护等等不一;其三是推销节目广告,它主要用来推销电视台及电视网自己的节目。

现在,广告收入已成为电视台和电视网生存的主要“血液”了。1979 年,美国商业电视台总收入为 79 亿美元,纯利润为 17 亿美元。几乎全部来自广告收入。

(3)电视新闻节目

如前所述,定期的电视新闻始于50年代初。在50年代末期以后,电视新闻进入了“黄金时代”,产生过许多重大新闻报道狂潮:1960年,肯尼迪和尼克松的首次电视辩论,竞选美国总统;1963年,肯尼迪在达拉斯市遇刺身亡,三大电视网四天四夜不断播放新闻,还通过电视卫星向国外传播;60年代美国校园风潮、民权运动、越南战争;1969年阿波罗登月飞行;1972年尼克松中国之行;70年代水门事件。还有卡特,里根任内的重大新闻报道,电视已成为美国人民获取新闻的第一来源。

美国三大广播公司的电视新闻往往采用“明星主持人”和固定专栏方式播出。CBS的明星主持人除了50年代的道·爱德华、爱德华·莫罗、弗雷德利外,60年代是“克朗凯特年代”。克朗凯特拥有最受欢迎的电视新闻节目主持人的盛誉,他退休后,丹·拉瑟接替了他的位置。NBC50年代的节目主持明星人物是1956年组班搭档的亨特利和布林克利两人,他们对美国两党竞选大会的新闻报道从未被别人超过。后来NBC的明星主持人是老资格的主持人约翰·钱塞勒。ABC是三大广播公司的后起之秀,近年来在美国有名的“包打听”阿利奇就任新闻部主持后,其新闻业务蒸蒸日上。他网罗了沃尔斯特、里森纳等众多明星主持人,雄心勃勃地追赶NBC和CBS。

现在,一般周日早晨,三大广播电视公司都各有两小时的综合性新闻节目,每晚则有半小时的新闻节目,放在“黄金时间”播出。这是三家广播公司最重要的新闻节目,全部由著名主持人负责播出,竞争激烈。此外,每周还有一些专题性新闻节目,如对政界和其他社会各界新闻人物的专题采访,调查性、解释性新闻报道,新闻系列报道等。美国电视台的新闻报道一般都先由节目主持人简单介绍一下何时何地发生何事,然后镜头立即转到事件现场,由一个记者在现场通过话筒报道亲眼见到的现场情况,边讲边播出画面,以增加真实感和现场感。新闻节目主持人不仅负责播音,还是这个节目的责任编辑。

2. 其他电视业

(1)公共电视

在美国,除了庞大的商业性电视网、台外,还有一些非营利的,非商业性质的电视台和电视网。这些电视台同非商业的广播电台一起,被人们称作公共广播台——也叫教育台。这些广播、电视台不放商业性广告,靠政府部门、工矿企业,或者团体和私人捐款来维持开支,播出的主要内容是为公众服务的教育节目,并因此而得名。

美国公共性电视业起源于早期的公共性广播电台。在1967年以前,公共广播、电视事业因资金私有制而发展维艰。1967年,美国国会通过一项法案,根据法案,由政府资助,成立了一个全国性的公共广播服务机构。1970年,该组织又建立了一个下属的公共广播社,专门负责广播(电视)节目的制作,并将节目分发给各教育电台、电视台播出。由于现在制作的教育节目大部分是电视节目,电台节目很少,所以现在所说的美国公共广播实际上主要提供电视广播。现在,美国各教育电视台与教育电台已分别通过公共广播社和全国公共广播电台两个组织而形成了两个公共广播网。单独的公共性电台(电视台)由地方团体、宗教社团及高等院校(供学生实习所用)主办。虽然联邦政府和各地政府及私人基金会给予一定资助,但同绝大多数的商业性电台、电视台相比,公共性广播、电视经费拮据,势单力薄,影响微小。尽管它们制作、播出的节目有着较高的水平,健康的内容,但仍被淹没在商业性节目泛滥的大海之中。

(2)闭路有线电缆电视

闭路有线电缆电视是美国大众传播工业中异军突起的一种新型热门传媒。1980年,全美有4400个电缆电视系统存在。拥有1700万家“订户”,其总收入约为23亿美元。近年来,电缆电视系统在美国更有了长足的发展。

电缆电视原名“集体天线电视”(简称ATV),首先出现于1950年。当时一些边远地区收不到或收不清远方电视台的节目,便在山头高处架设一个接收能力强大的天线架,再用电线将之与各家电视机连接起来。安装、维护费用大家分摊。随着科学技术的发展，这种收看方式逐渐发展为当今的电缆电视，即通过电缆把电视台和用户直接连接起来的“有线电视”。谁付钱，谁就可以连线收看，故又称做“付费电视”。用户需缴纳一系列费用，然后便可连线，再在电视机内安装一种特殊的“翻译”电视信号的装置，便可以看到电视台供给的专门节目了。

电缆电视由于具有普通电视不具备的优势而在美国备受青睐，发展迅速。其最大特点就是能够提供具有不同专题内容的专门频道节目。

由于电缆电视是使用同一电缆传递信号，能比一根普通电线或一个无线电广播系统输送更多，更强的电信号。这种由同轴电缆传递的信号具有频道性能，可以传递不同专题的不同频道内容。比如《天气预报》频道节目专播“天气预报”消息；《电影频道》则全是电影节目；《新闻频道》则报告简要新闻，高效全面地向受众提供世界范围的新闻消息；《体育频道》全是体育节目。《市场行情》则提供各种商品的市价变化等信息。美国大多数电缆电视系统可以提供几个不同的专题频道。但就其发展潜力而言，它能提供几十个甚至上百个不同的频道。订户完全可以根据自己的爱好和需求选订频道。显然，它大大优于不容选择的普通电视。而且由于这类电视节目中不插广告，连续播出，图像非常清晰，还可以将电信号传送至远离电视台几百里乃至几千里的地方，图像清晰照旧，所以它获得了大众的热烈欢迎。

当然，由于电缆电视必须付钱才能收看，不同的专题频道，收费不一，订的越多，付款越大，因此，订户使用这种电视和选择频道，不仅仅取决于兴趣爱好，还决定于其经济状况。但即使如此，全美已有30%以上的家庭开始使用这种电视了。

显然，电缆电视已发展到了能同常规电视网相抗衡的地步。随着技术的发展，市场的开拓，有理由对这种电视的前景抱乐观态度。

现在，在美国有两家规模很大的电缆电视公司，其一是时代公司所拥有的“家庭票房”(Home Box office,简称 HBO),其二是美国“电缆电视大王”特纳所创办的有线电视网(CNN)。

“家庭票房”是美国当今第一家规模最大的电缆电视公司,是时代公司的一棵摇钱树。它为订户提供各种电影节目,并用卫星把节目播至各地的电缆电视系统。在 1982 年,该公司盈利达 1.66 亿美元,实际上已相当于美国的第四个全国性大电视网。近年来,该公司又雄心勃勃地提出了“在今后五年里业务翻一番”的目标,积极开拓市场购买更多的节目,投资创办了自己的“三星电影公司”。准备制作更多的电影片、电视系列片,体育、音乐、喜剧节目,一方面用来在国内播放,一方面制成录像带向海外倾销。

“电缆电视大王”特纳所创办的“有线广播电视网”在美国具有重要的地位,并且开始在国际上产生影响。1970 年特纳买下了美国南部亚特兰大的电视中心。1976 年,这一超级电视台迈开了有线电视服务的步子。特纳尽一切可能引进或租用先进的无线电传播技术——直播卫星和同轴电缆来为电影爱好者及体育迷提供先进、迅速、完善的服务,从而使得他的订户由最初的 2000 多家迅速扩展。1984 年特纳的“世界广播电视系统”(WTBS)已为在美国和维尔京群岛的波多黎各登记注册的电视用户中百分之二十五的用户传送电缆电视节目了。特纳的 WTBS 可以每周播出 50 部电影,观众们每年可以看到 300 多场体育比赛。而且特纳创办的有线新闻电视网 CNN 已能够 24 小时不停地播放电视新闻节目,几百个电视台和 1000 多万用户都采用 CNN 制作的电视新闻节目。特纳先生乐观地声称,他的公司每年用户以 85% 的速度发展,而他的电视竞争者的用户增长率仅为 15% 到 20% 。

电缆电视取得的显著成绩和发展趋势,自然引起了美国其他大众传媒老板们的注意。许多公司和电视台已开始进入这一领域。电缆电视发展迅速,前途无量。现已有人提出将它与图书馆、银行、商场电脑系统联结起来,以便用它查阅资料和进行各种日常活动。随着电视技术的发展,人类有理由相信,一种新型的,能造福人类的新电视传媒即将成熟和普及。

当今美国的电视产业是以市场资源调节机制为主流的商业性电视体制。在20世纪这个庞大的商业电视体系中,美国三大广播公司电视网(CBS、NBC、ABC)一直垄断着美国的电视行业。但20世纪末到21世纪初,以福克斯公司(FOX)、联合派拉蒙电视网(UPN)、华纳兄弟公司(WB)等为代表的一批新的电视巨头相继崛起。随后,以跨媒体与跨行业兼并为显著标志的新一代四大巨头(美国在线—时代华纳公司、迪斯尼集团、新闻集团和西屋电气—哥伦比亚广播公司)横空出世,组成了当代美国媒体行业的超级航母。这些媒体巨无霸的商业电视网除了拥有所在城市的直属台以外,还在全国各地有着众多的附属台。这种大型电视媒体公司与各自的附属台联动的网络化结构成为美国商业性电视组织最为重要的特征。庞大的商业电视网络与美国的有线电视、卫星电视、公共电视和地方电视、社区电视、大学电视等构成了美国庞大的电视传播网络。

美国现在有电视台1000多家,其中商业电视台约960家,教育电视台约320家;有线电视网7900余家。全国共有广播电台8807家,对外广播电台19家。最大的两家对外广播机构为美国之音和美国广播电视网,均属官方电台。

具体到美国著名的电视台,21世纪初最为重要的有:

1. 哥伦比亚广播公司(CBS)——美国老牌的三大商业广播电视公司之一,其母公司为著名的维亚康姆电视集团。该公司的节目以新闻和娱乐性节目为主,其收视率曾长期占据三大广播公司之首位,公司主要经营收入是广告收入。CBS总部设在纽约,主要机构有广播部、电视网、自营电视台和新闻部等。它在全美最为主要的纽约、芝加哥、洛杉矶、费城、圣路易斯等城市中拥有7家直属电视台,还在全国有着200座附属电视台。另外公司还经营调频广播电台,并拥有多座附属广播电台。当然,公司还拥有其他庞大多元的产业。

2. 全国广播公司(NBC)——也是美国老牌的三大商业广播电

视公司之一。公司经费主要来自节目的广告收入。母公司为著名的通用电气公司。NBC 的总部设在纽约，在纽约、洛杉矶、芝加哥、华盛顿、克利夫兰、丹佛和迈阿密 7 座城市设有自己的直属电视台，并在全国各地拥有附属电视台 208 座。著名电视剧《白宫风云》、《赌城风云》、《急诊室的故事》、《老友记》等都是 NBC 制作播出的。

3. 美国广播公司（ABC）——美国老牌的三大商业广播公司之一。其母公司为大名鼎鼎的迪斯尼公司。ABC 的总部设在纽约，在纽约、芝加哥、底特律、洛杉矶、休斯敦和旧金山等主要城市设有自己的直属电视台，同时在全国还拥有 220 座之多的附属电视台。近年来曾经制作播出的著名电视剧有《绝望的主妇》、《实习医生格蕾》、《成长的烦恼》等。

4. 福克斯广播公司（FOX）——这是一家 1986 年 10 月才成立的新型商业电视网，老板是全球知名的澳大利亚媒体大亨默多克，公司总部设在洛杉矶。这家电视网以大型的新闻直播节目和黄金档电视连续剧的播出而著称，著名的《美国偶像》、《辛普森一家》、《24 小时》、《X 档案》等电视节目都出自这家电视网。

5. HBO 电视网（Home Box Office）——这是一家著名的隶属时代华纳旗下的有线付费电视网，总部设在洛杉矶，于 1972 年开播。该电视网主要全天候播出电影、电视剧、音乐节目、纪录片、著名体育赛事等娱乐性节目，不播放广告，只靠付费来获取盈利。近年来该电视网制作的《黑道家族》、《欲望城市》、《兄弟连》、《罗马》等电视剧非常知名。

6. 特纳电视网（TNT）——这是另一家时代华纳旗下的著名有线付费电视网，由美国传媒巨擘特德·特纳于 1988 年创建（Turner Network Television），1996 年随其母公司 TBS 划入时代华纳，总部设在洛杉矶。这个电视网以全天候播出各种体育赛事而闻名，较少制作播出其他娱乐节目。不过近年的史诗性电视剧《西部风云》就是 TNT 制作的，播出后反响很好。

7. Show Time——简称 SNI（Show time Networks Inc.），是维亚康

姆旗下的一家付费电视频道，主要与时代华纳的 HBO 进行竞争，以全天候播出各种电影和原创性电视剧而著称，公司总部设在纽约。

8. MTV 电视网（Music Television Network）——这家专业化的音乐电视网成立于 1981 年，总部设在纽约，后来被维尔康姆公司收购，成为这家公司旗下的一个以音乐节目为主的专业性有线电视频道，其各种类型的音乐节目受到了年轻观众的热烈欢迎。

9. 探索频道（Discovery Channel）——探索频道是由美国的 DCI（Discovery Communications Inc.）公司创建经营的，总部设在马里兰州的贝塞斯达。该频道自 1985 年开始在美国开播，很快便成为世界上发展最为迅速的有线付费电视网络之一。如今频道覆盖了全美 99% 的有线电视节目订户，并在全球有超过 1 亿以上的家庭订户。该频道的节目主要以其精彩的内容，高超的技术和引人入胜的故事情节，向观众们展示自然界的变迁，科学的发展历史，人类文化的不同故事和人类征服自然的各种冒险经历来满足观众对自然界的好奇心。优秀的节目制作团队和科学严谨、高雅曼妙的电视节目是保证探索频道很高收视率的根本原因。

10. 国家地理频道（NGCI）——这也是一个同探索频道类似的以特定类型性节目取胜的小众化电视频道。该频道由美国的国家地理电视、福克斯娱乐集团和美国国家广播公司合组而成，秉承美国国家地理学会的核心价值，致力于探索历险、保护环境及教育方面的推广工作。它将国家地理杂志丰富的人文资讯、探险故事、自然历史和野生世界等精彩内容通过电视节目的方式制作出来，用 27 种语言在全球 153 个国家播出，拥有超过 1.7 亿收视用户。

11. CNN（Cable News Network）——又称有线电视新闻网，是美国的一家著名的有线新闻电视频道，由特德·特纳于 1980 年创办，目前为时代华纳所有。CNN 被认为是第一个全天候 24 小时播出新闻的新闻频道。公司总部和演播室位于美国亚特兰大，在全美 8600 万个家庭和 89 万个宾馆房间可以收看到 CNN。全球 212 个国家和地区的大约10亿人可以收看到CNN①。

第三节 英国的广播电视事业

一、英国广播公司(BBC)

英国的广播电视发展规模在西方诸国中也是很大的。英国的广播历史悠久,声誉卓著。英国也是世界上最早拥有电视的国家之一。现在,英国的广播电视事业集中在两大广播电视机构中,这就是为人们所熟知的英国广播公司(BBC)和独立广播局(HBA)。

英国的广播公司(BBC)其实有两个,这就是新老BBC。在1922年时,英国政府准许民间创立广播电台,很多电器制造商纷纷设立电台,以便出售收音机。1922年12月14日,伦敦六家主要电器制造商集资创立了著名的英国广播公司(BRITISH BROADCASTNG COMPQANY)。其经费由出售收音机附加费及收听费来担负,这就是私营的老BBC。老BBC只经营广播业(当时电视没有正式问世),而广告节目则被政府一律禁止。老BBC开播后,政府成立了“收听委员会”、经常收听节目内容。

1.约翰·里思的广播运营体制构思

BBC的创始人是约翰·里思,他被后人尊称为“BBC之父”(The BBC's founding father),里思之所以能够享此荣誉,完全是因为他独特的广播电台运营体制的构思为BBC乃至英国的广播电视事业所带来的巨大影响。

在思考创立一个新的社会大众媒体的时候,约翰·里思把审慎的目光投向了西方美国式的商业广播电台和东方苏俄式的政治严控广播制度。在对东、西方两种不同的广播体系进行了深入的思考之后,结合英国的传统、文化和社会发展需求,约翰·里思逐渐产生了自己的一整套关于广播事业的制度理论与框架构思,这就是:未来的

① 以上资料参考了克里斯提娜等人提供的相关信息。

英国广播事业必须既能够“独立的”向社会大众传播教育、新闻、娱乐等信息，又要能够尽可能地避免来自政治方面的干涉，尽量在市场的商业压力和政治干涉的双重压力下获得某种平衡与自由（Free from political interference and commercial pressure）。正是从里思的这一观念和思想里最终产生了英国“公营广播事业体制”。

新成立的 BBC 很快受到了英国社会与文化界的欢迎，收听 BBC 广播不仅在首都伦敦，而且在英国各地都逐渐成为一个引人注意的社会文化现象。初期开办的 BBC 广播电台向大众播出戏剧、聊天、儿童通俗与古典音乐等多种节目，“这里是伦敦”的声音日夜在英伦三岛上空回响。

除了这些节目外，刚刚开办不久的 BBC 也播出少量的新闻消息。为了不触怒敏感多疑的报界，BBC 初期的新闻节目仅仅在每天的晚上七点后播出。

1924 年，BBC 采用伦敦塔上“大笨钟”的报时和格林尼治标准时间，“大笨钟”的报时钟声成为 BBC 的标志。

1926 年 7 月，“收听委员会”建议由政府收买该公司股票，建立国家级广播电台，以担负起全国性的广播任务。

1927 年元旦，改组后的英国广播公司正式成立，英国王室特为它颁发皇家特许状，有效期十年。根据该特许状，英国广播公司为公共营业性质的独立广播事业组织，拥有在英国进行全国无线电广播的垄断权，其经营政策与节目内容均由邮政大臣负责监督，经费来源仍然是靠收听费、收音机制造费专项税款及政府的资助。自此以后，英国广播公司（BRITTSH BROADCASTING CORPORATION）的皇家特许状连续至今，政府部分地承担了 BBC 的经费开支。

现在，英国广播公司经营着两个全国电视频道，六个联播节目制作中心，四个全国无线电广播电台和 29 个地方无线电广播电台，两种杂志，六个交响乐队和录音图书与磁带公司，是一个庞大的公共广播企业。其职员约有三万人，机构庞大，设备先进，其广播水平在世界上名列前茅。广播的规模也居世界各国际广播电台的前列。

2. BBC 的组织结构和节目类型

组织结构:英国广播公司作为独占性及非盈利性的公营企业,成为英国政府的形式独立的舆论工具。它的最高决策机构为管理委员会,委员九人,包括首相、反对党领袖、最高法院院长、邮政大臣等重要官员。各委员由国王任命,任期五年。公司实际负责人为总经理,但实际权限归管理委员会和英国议会;并通过邮政大臣直接掌握。总经理下设秘书处、行政部、技术部、广播部、国外广播部和电视广播部。

广播部管辖有覆盖英国全境的四大广播网,此外还有 29 家地方电台及娱乐部、音乐部、演说评论部和学校广播委员会等机构。这些广播网还转播 BBC 全国性广播电台的节目。

国外广播部包括欧洲部、海外部、侦听部、联络部、听众研究部以及世界各地的办事处。

广播电视部则辖有节目部、户外广播部、电影部、节目服务部等部门。

虽然英国广播公司在名义上是"独立"的,不受政府的直接控制,但事实上它在经费、节目、政策、投资、方向等许许多多方面都受英国政府的控制,与"美国之音"的性质无大区别。

3. BBC 的节目内容

英国广播公司的节目可分为广播节目和电视节目两部分。广播节目主要是新闻和各种专题性节目。它的专题性节目在西方社会里是比较严肃的,主要包括古典音乐、广播剧、公共评论、为学校安排的调频广播节目,以及娱乐性的流行音乐、体育节目等等。

BBC 的新闻节目很出色。同西方各国电台的节目相比,BBC 的新闻节目很注意精选新闻。它的新闻特点,一是信息量大。由于 BBC 新闻的来源较多——有来自专业记者的采访,各大新闻通讯社、电台、报刊的消息,官方公布的消息,以及侦听的各国广播节目,这就保证 BBC 能够及时大量地汇集和选编新闻。二是时效特别快。BBC 的英语新闻在世界上享有盛誉。

BBC 的电视节目质量较高。英国早在 20 年代就出现了电视。1936 年 8 月,BBC 在亚历山大宫建立了一座电视台。二战后,受众很多的英国电视事业发展很快。特别是由于英国广播公司不接收广告,经费由政府供给,可靠、稳定,故英国广播公司的电视节目百分之八十是 BBC 自己制作的,百分之十来自美国,其余则来自别的国家。同美国的商业电视相比,BBC 的电视节目色情、暴力、凶杀、贩毒等内容占的比例就小得多。

4.BBC 国际广播电台

BBC 于 1932 年开始对外广播,其呼号为"帝国广播"。一开始只开办了一种英语节目,主要针对英联邦国家。英国政府发表的关于对外广播方针的《白皮书》指出:"政府认为英国广播公司在编排节目方面应保持独立性,但是它必须从政府那里了解对象国家的情况以及政府对该国的政策,以便根据国家的利益来编排节目。"很明显,英国政府的意图是要求对外广播根据国家利益来开办。

BBC 的帝国广播在二战时达到了高潮,它用近 50 种语言日夜不停地向世界广播。今天 BBC 仍能用近 40 种语言向世界各地播音。由于英国广播公司在争取听众方面有其独特的方法和技巧,因而在近 50 年的国际广播舞台上,BBC 享有较高的声誉。据几项调查,BBC 的声誉远在"美国之音"和"莫斯科广播电台"之上。

BBC 拥有较高声誉的原因如下。

第一,非常讲究宣传报道的技巧。"美国之音"在冷战和 60 年代强行推销西方的"自由"及生活方式,公开号召共产党国家人民暴动,在新闻的取舍上以我划线。英国广播公司则不然。早在二战前,BBC 就从长远利益着眼,强调建立真实可靠的声誉。在二战期间,英国广播公司遵循着报道事实性新闻和平衡性新闻的方针。对不利的战况也进行比较真实的报道,进而吸引了大批的英国、欧洲及世界各地的听众,甚至德国人也相信英国广播公司的节目。战后 BBC 继续保持了这种传统,既报喜也报忧。BBC 还注意报道对象国的各种新闻,这样,听众们往往认为 BBC 的报道就是事实而不是宣传,从而在各国听众中建立了持久,广泛、真实可靠的声誉。

第二,讲究时效性。它的英语新闻节目昼夜不停地对外广播。一旦有重要新闻随时可以插播。BBC 认为一家电台如果不能及时地提供最新的消息,则肯定不能赢得听众。在这一方面,英国广播公司常常夸耀两件事:一是斯大林逝世,它的消息播放在苏联之前;二是苏联首次发射地球卫星,在苏联未公布之前,BBC 便将发射成功的消息连同该卫星的无线电联络信号的录音抢播了出来。另外 1971 年赫鲁晓夫逝世的消息也是英国广播公司最先播出的。久而久之,英国广播公司自然而然对听众产生了一种吸引力。

第三,开辟多种新闻来源。英国广播公司的国际新闻主要来自自己的驻外记者。目前它在世界二三十个国家和地区派有常驻记者。广播侦听,也是 BBC 新闻的来源之一。BBC 的侦听处有 600 多名精通各种语言的工作人员,昼夜不停地收听 34 个国家采用 27 种语言广播的节目。比如 1968 年,正是由于侦听员的侦听,BBC 在世界上第一个发现苏联人在某一天的凌晨两点入侵了捷克斯洛伐克,并立即向世界广播了这条重大消息。

侦听处除及时侦听有关电讯,提供许多重要的内幕新闻外,每天还将有关前苏联、东欧、中东和远东四个地区的新闻汇编成四本侦听情报,供本台、国会、外交部及各情报部门使用。

第四,重视听众研究工作。为了加强广播的针对性,BBC 在听众研究方面做了大量的工作。它的专业机构听众研究处拥有几百名工作人员和编外人员,他们经常研究 BBC 各种广播节目的收听效果和收听对象者们的各种背景信息,以便有针对性地编辑、调整节目。根据这些持续不断、深入系统的调研结果,BBC 在制定宣传计划时就能够明智地决定信息传播的重点,自觉地平衡和发挥相关宣传技巧。听众研究处还深入研究对象国听众们的语言习惯、常用政治语汇和生活用语等,反馈到有关部门的节目制作与播出过程中,为公司的广播制作人员提供有益的咨询和有的放矢的评估意见。这样,BBC 就能够始终较好地同世界各地的听众保持心理上的密切联系,就能够以自己不断完善的各类节目争取更多的听众，而事实上它也确实达到了这一目的。

尽管BBC是世界上老牌的、具有影响力的著名国际广播电台，但它现在的影响力和声誉度正在逐步下降。这首先是BBC的广播对象过分局限于国外的上层人士和精英阶层，而对各国的特别是第三世界的普通老百姓却注意不够。而更重要的是由于英国国力的不断衰落和对BBC广播公司的经费逐年下降，使得BBC的对外广播人员、节目、语种不断减少，播出设备也日趋落后。在50年代以前，按对外广播时间计算，BBC曾占据世界第一的位置。然而，自50年代以后，BBC的广播时间先后被前苏联的“莫斯科广播电台”和美国的“美国之音”所超过。1960年又被中国的“中国国际广播电台”超过。1965年更被小小的西德所超过。虽然BBC在国际广播界的巨大声誉仍然得到了保持，但想再向前发展却是困难重重。特别是近年来，英国政府因财政困难，屡屡提出削减BBC经费的建议，这些建议虽因遭到该公司的激烈抵制和议会的反对而未全部实现，但总的来说BBC的经费越来越少了，随之而来的便是解雇人员，削减基本建设费用，减少转播台的功率，减少语言和广播时数，这一切都大大影响了BBC继续争取国外听众、保持世界第一流国际广播电台的能力。

BBC除了面临政府提供经费不足的困难外，还面临着国际卫星传送网络和有线电视系统的巨大威胁。新兴的国际互联网事业也对传统媒体的BBC造成了一定的潜在威胁。由于商业电视特别是电影在英国日益发展的趋势和外来广播电视节目的冲击，BBC的电视广播垄断地位受到了严峻的考验。近年来曾数次发生过对BBC垄断电视和广播、广告所产生的争论浪潮，特别是随着撒切尔夫人的保守党政府厉行推动国有企业私营化运动，BBC传统的垄断发展模式受到了挑战。但是，经历了撒切尔夫人、梅杰两届保守党政府和布莱尔工党政府统治时期的BBC广播公司依然凭借着它那悠久的传统力量，继续保持着国际著名广播电台的优秀品牌，并在当今新旧媒体纷争、国际形势变化的时代发挥着它不可替代的全球传播权威者的作用。

二、独立广播局(ITA)

1954 年,英国正式制定了电视法案,首次允许商业电视台创立。依照此法案,独立广播局和它下设的独立电视台(ITA)于 1955 年正式开播,它也获得了皇家特许状,为期十年。该台虽属商业电台性质,但却同美国的完全由个人办的商业电台不一样。它的最高领导机构董事会由十人组成,均由邮政大臣聘请。该台与 BBC 也不同,BBC 由于接受政府拨款,而不能出于商业目的制作和播出其他任何收费节目——诸如私营公司的商业广告之类,而独立电视台则可以播送广告。根据电视法案规定。ITA 的一切设备完全归其所有,但公司本身不制作节目,由私营的承包公司承包。而且依据法案,ITA 的电视广告必须遵守下列原则:

1. 电台、电视台对于广告内容均有监督、约束的责任。

2. 广告客户只能购买广告时间,不能指定广告时间,也不能成为节目的主办单位。

3. 节目播放期间不能插入广告,广告只能在节目前后播出。其时间不能超出节目的 10%。即每小时不能超出 6 分钟。

4. 邮政大臣对一切不当的广告有权禁止,对不妥广告有权纠正。

如此可见,英国独立电视台受国家和公众的监督指导,所以节目水准比较高,对公众的服务精神也较强。当然,它同 BBC 一样比较呆板,变化少,不能够满足各类人员的精神需求。目前,英国的广播电视发展到了一个较高的水平,英国广播电视事业的组建结构、管理方式、政策导向、传播特点,都值得我们借鉴和学习。

现在的英国广播公司(无线电广播网,BBC Network Radio)有 5 个对内广播电台,1 个对外广播电台,用 43 种语言向全世界各国播放节目。英国广播公司(电视台)(BBC Television)有两个台:BBC1 主要播放面对普通大众的新闻、宗教、体育、歌剧及少儿和娱乐节目,

BBC2 主要播放音乐、艺术、喜剧、教育及一些特别节目。另有 5 个数码频道供交费用户使用。广播电台局(the Radio Authority)负责批准及管理所有独立电台的服务,监督节目及广告质量。独立电视委员会(Independent Television Commission)负责批准和规管商业电视台服务,拥有 ITV(第三频道)、第四频道和第五频道(该频道始播于 1997 年 3 月),面向全国 24 小时全天播出节目,1/3 时间播放新闻,其他时间播放体育、喜剧、游戏和电影等。主要靠广告赞助。另外,为澳大利亚新闻大亨默多克所有的 SKY 电视台是英国最有名的卫星有线电视公司,拥有英超比赛转播的权利,是英国第一大卫星电视台,面对整个英国和欧洲地区播出,具有很大的影响力。

第四节　法国、日本的广播电视事业

一、法国的广播电视事业

法国是欧洲大陆资本主义国家中广播电视事业较为发达的国家之一。早在本世纪初,法国的无线电广播就出现了。1903 年,广播事业先驱法莱斯特在艾菲尔铁塔设立了广播实验电台。1922 年 2 月,法国成立国家广播电台,从艾菲尔铁塔定时开始广播节目。这标志着法国广播事业的开始。随后在各地陆续准许开办了私营的商业电台。

1932 年,法国开始试播电视。1938 年起,每天定时播出电视节目。二战期间,法国的广播电视事业遭到了严重的破坏,战后法国的广播电视事业得到了迅速的恢复和发展。截至目前,法国已有强大的公共广播和电视网络,数套国内广播节目和众多的调频广播电台。

法国广播电视事业大体可分为五个阶段。

20 世纪 20 年代初至二战为第一阶段。1923 年 6 月,法国国会制订的广播法,宣布广播事业为国家专利所有的公共企业。但也准许民营电台设立,故这一阶段所采取的是公私并行发展的方针。

1945 ~ 1961 年为第二阶段。二战后,法国政府乘机接受了贝当政权和国内所有的私营电台的设备。并于 1945 年 3 月取消了私营电台的营业执照。同年 11 月,法国政府颁布法令,成立直属于政府情报部的法国广播电视公司(RTF)。该公司经理由总统任命,对政府负责,另设董事会负责监督指导,公司的经费由广播电视制造费收入和国家预算直接调拨,领导设在法国境内的所有电台和电视台,这样,法国广播电视公司就成为公营而独占的政府直接领导的国家机构。法国广播电视公司的设立,强化了国家对广播电视事业的垄断和控制。这一阶段是国家垄断体制时期。

法国广播电视公司是国营的强大的垄断企业。依据有关法令,该公司不播送商业广告,致力于在政府的领导下服务公众。它拥有四个广播网,即巴黎国家广播部、地区广播部、全国广播部、高级音乐广播部,还拥有一个商业台和一个教育台。法国的电视自 1950 年开始正式播出后,也是由 RTF 主持的,它拥有一个电视广播网,向全国传播。其中,教育电视的比例很大。

1964 ~ 1974 年为第三个阶段。1964 年 6 月 27 日,戴高乐政府通过立法取消了 RTF,建立了法国广播电视管理局(ORTF)。这一阶段的主要特征是,广播电视事业虽然实行国家垄断体制,但政府在控制方式上变得较为灵活和隐蔽,新设立的 ORTF 是一个表面独立的机构,不再隶属于政府的情报部,主要由广播局长和管理委员会对广播电视事业实行控制与指导。管理委员会成员由部长会议委任。其中国家和公众的代表各占半数。在这一时期,法国广播电视改变了以往不播放广告的惯例。1967 年 11 月 10 日,国民议会宣布电视向商业广告开放。

第四阶段从 1974 年开始也称分散经营体制时期。在此之前,法国广播电视事业在 ORTF 的管制下,由于经营不善,连年亏损,无法支撑。1974 年 5 月,德斯坦当选总统。社会舆论要求改革的声浪更加高涨,法国政府于同年 8 月 7 日通过法令,撤销 ORTF,职权分散移交给 7 个新成立的、各自独立的、自治的、高质量的、互相竞争的国营公司,即电视一台(TFE),电视台(AR),电视三台(FR3)、制片公司、发行公司、广播公司、视听研究所。分散经营改善了政府实行管理的具体方式,但仍保留了国家对广播电视事业的垄断权利。在这一阶段,法国的广播电台分国营和私营二大类,而电视台则都是国营的。

1981 年,密特朗的社会民主党执政,开始了法国广播事业体制的第五个阶段。这个阶段总体特征是私有化,密特朗政府的明确的视听新闻改革政策是通过视听业经济能力的发展、解决广播电视领域存在的问题,以寻求法国视听体制改进的新途径。在具体的策略上,社会党一派主张加强国营广播电视,继续沿用德斯坦总统的高质量的国营电视台相互竞争,维持法国广播电视事业节目的实力。而另一派则主张纳资本主义自由市场经济于视听行业之中,认为这是使法国广播电视事业满足公众需要的唯一现实的原则和动力所在。密特朗政府于 1982 年 7 月 29 日颁布的法令中确定了一条中庸的原则,这就是给予公营视听部门经济独立权,受国家新闻技术部和议会节制。据此项计划,政府与西德联合建立 TDF 和 TD2 卫星电视直播系统,向广播电视事业提供四条频道;建立全国电视电缆系统,以满足公众需求;并于 1984 年 11 月 4 日开播新频道电视台。这三项计划采取国家、地方、私人资本三方联营,体现了密特朗在视听领域混合经济制度的设想。

但是,由于私人资本对这一设想不感兴趣,迫使密特朗向右转。1985 年 1 月,密特朗毅然宣布法国无线电广播电视事业向私人开放。同年 11 月 20 日,法国政府又作出决定,将法国公共电视第五台的经营权正式授予一个以德方资本为主的联营公司。该公司的一个重要人物是意大利新闻界首屈一指的财阀——贝尔津斯科尼。

从以上密特朗政府的视听行业私有化措施——1981 年无线电广播私营化,1982 年 7 月 29 日混合经济体制的改革设想及 1985 年无线电广播电视行业的私营——来看法国政府的视听新闻政策明显地向右转了。这同 80 年代以来欧美各国市场经济复兴的浪潮,各国政府大力推广国营企业私有化的行动是分不开的。这表明,在理论上,社会党在一贯坚持的公众自由至上的纲领中,增添了鼓吹节目制造商和播送者广告业主的自由权利的言论。并指责国家管理为助长行会势力和停滞不前的保护主义。在实践上,政府以自由开放为名,通过大量的国有企业私营化,在视听领域逐步引进、推行残酷的市场经济,否认各级政府在新闻视听行业里的指导作用,寄希望于私人资本。在内容上,政府放弃了国营广播电视事业在提高法国视听经济势力和文化水平方面的保护作用,听任商业资本为所欲为。

就现在而言,法国广播电视行业私营化的趋势有一发而不可收的可能:一方面,这一措施确实带来了法国视听行业的竞争活力;但另一方面,也存在很大的危险性。因私人资本不可能把保障和提高视听制作水平作为第一需要,必然以营利作为其经营目标。意大利新闻大王贝尔津斯科尼并不讳言信守其以往的经营秘诀,这就是广告和美国片。而另一个国际新闻财阀默多克也跻身于法国视听市场,同贝尔津斯科尼展开市场争夺战。

现在,成立于1975年的法国国家广播公司下设6个广播电台。此外,法国国家广播公司还和地方共同投资设立了17个独立的地方台。为加强对外宣传,国家广播公司专设独立的法国国际台,对外广播几乎遍及全世界。1982年政府通过法令,取消国家对电台的垄断,允许私人和团体设立电台。目前,全国私营电台近1300家,主要有卢森堡电台、蒙特卡洛电台、欧洲一台等。现有4家全国性国家电视台,20多家中央或地方的有线电视台,另有许多可通过卫星接收的电视频道。

二、日本的广播电视事业

1. 日本广播公司——广播部分

日本广播事业开始于1924年。这年11月在递信省监督下成立了中央放送局,并在东京等主要城市设立电台。1925年3月22日,中央放送局正式播音。早期的日本广播事业模仿英国的广播体制。中央放送局(不久改为日本放送协会,也即日本广播公司)是政府经营的营利性组织，其经费来源完全依赖收音机执照费，其性质同英国的BBC相同——公共垄断。

同BBC一样，日本广播公司依据广播法而设立，公司最高统治机构是由12人组成的管理委员会。下设会长一人，负责实际行政管理。委员们均由首相提名，国会同意任命。广播公司下属事务部、放送部、业务部、技术部及各地的分社、分局。

日本广播公司放送部又分广播部和电视部，电视部又分国内广播部和国外广播部。在二战前，国内广播部统辖两个广播网：第一广播网以一般大众为对象；第二广播网则为教育广播网，听众以知识分子为主要对象，内容主要是学术和高级音乐。国外广播部于1952年2月恢复播音，共有18个短波台，节目内容分一般广播和地区广播两部分，用18种语言播出，每天可达36小时之多。日本广播公司所提供的新闻和种类节目均以服务大众和提高听众文化水准为目的，不允许广播商业性的广告。

2. 日本广播公司——电视部分

1939年5月，日本广播公司开始试验性的电视播出，但真正的电视事业发展是在二战后。1953年2月1日首先播出黑白电视节目，1956年建立全国电视网。随着战后商业电视台的设立，日本的电视事业发展迅速。1960年9月，日本广播公司率先播出彩色电视。1964年10月，日本广播公司用转播卫星向世界播出了东京奥林匹克运动会的电视节目。同广播部分一样，日本广播公司的电视部分也有两个电视网，第一电视网以一般大众为对象，第二电视网仍为教育性的电视网。

3. 日本商业广播电视

二战后，美军占领日本列岛，日本开始了新闻体制的大改革。1950年6月1日，日本政府修正了广播法，准许商业性的电台和电视台设立，只是规定除日本短波公司外，所有的商业性电台仅可设立地方性的电台，不可设立全国性的广播网。

在商业性的电视公司中，以东京广播公司和日本电视公司

(NTV)最为著名。东京广播公司是1951年12月成立的日本第一家商业电视,由朝日、每日,读卖三大报投资开办。1955年4月,东京广播公司又建立了自己的电视台。日本电视公司则是由《读卖新闻》发行人下立松太郎于1953年创立的,同年8月正式播出电视节目。它是日本最早的、最大的民营电视公司。

早在1965年,日本已有13个商业广播公司,在整个广播电台中占有重要的地位。商业广播电视台的收入完全依赖广告,这样不可避免地在节目内容、经营政策等方面同国有的日本广播公司有所不同。

现在日本的广播电台和电视台共有近200家。全国性的电视、广播公司主要有:日本广播协会(NHK),1925年成立,属半官方性质;东京广播公司(TBS),1951年成立;日本电视广播网公司(NTV),1953年成立。除日本广播协会外,其他电视广播公司均为私营。日本的广播、电视事业无论在规模和数量上都名列世界发达国家前茅。日本的广播、电视已成为日本国家与社会信息流通系统中的重要传播力量。

第五节　西方的广播电视管理体制与分析

一、各国不同的广电管理体制

在世界各国,由于广播、电视事业同报刊等传播事业相比有着一个重大特点——通过电波传送信息,故各国的电子传播媒介的管理制度并不完全相同于印刷媒介的管理制度,有必要略加研讨。

纵观世界各国的广播、电视管理制度,大体可分为如下几种体制:

特许独占制:可以英国的广播、电视事业为代表。

民间私有制:即私人企业经营制,可以美国的广播、电视事业为代表。

国家所有制:可以法国、西班牙等国为代表。

国家与私人合股经营制：可以芬兰、波兰等国为代表。

国家所有制与私人经营制：这种“两轨并存制”可以日本、加拿大、澳大利亚等国为代表。

世界上不同的国家在广播电视行业运营与管理方面的巨大差异向我们透露着这样一个信息：作为具有巨大社会影响能量和公共资源性质的广播电视行业，与传统的、个人色彩浓厚的平面印刷行业的管理方式有着很大的不同。而各国不同的文化背景、历史传承和公众与政府的博弈都可能对广播电视管理体制的诞生和发展产生重大影响。我们的结论是：作为国家重要信息传播系统的广播与电视行业，各国的管理制度都应该根据本国的具体国情来进行设计与运行，反馈与改进。

二、美国的广播电视管理体制

现在，我们以美国为标本，重点介绍一下美国的私人企业经营体制下的广播、电视管理制度。

在美国，20 年代无线电广播开始兴起。到 1927 年时，美国的商业电台已达到 733 座。由于许多电台用同一频率播送节目，造成了惊人的混乱，引起了各方面的不满。来自听众、收音机制造商和广播界本身的呼声都敦促联邦政府出面解决这一问题。因为按照以往处理报刊业的常规办法无济于事，美国政府和广电传媒业在不断的博弈中逐渐发展出一种政府有限度的法律管制与广电传媒高度市场化竞争相混合的法治体系。

1927 年 2 月 23 日，美国国会通过了《广播法案》。该法案规定授权建立一个管理所有无线电通信联络的“五人委员会”，该委员会成员由不同的社会阶层人士组成，但隶属于政府体系。同时，该法案还确定这样一条重要原则：电波为社会公共财产。由政府出面控制一切频道分配权力，具体工作则由“联邦无线电”五人工作委员会“安排”。该委员会有权安排各电台的信号，规定其频率和发射功率，颁发为期三年的营业执照并有权吊销。执照的颁发资格是必须符合向全国提供公正、有效、机会均等的服务，有利于社会，方便于公众或出于公众的需要。这样，同自由的报刊印刷媒介不同，美国的电子传播媒介一开始便在很大意义上被置于政府的某种控制管理之下（当然并不是全部的控制）。

1934 年，在《广播法案》的基础上，美国国会又通过了《传播法案》（Communications Act），并成立了一个“七人联邦传播委员会”，负责管理一切无线电传播、通讯、联络事件，这个委员会就是大名鼎鼎的“联邦通讯委员会”（FCC）。

“联邦通讯委员会”也是一个政府的机构。其主要责任是制定无线电通讯领域的各类具体条例，并监督管理各个无线电传播机构贯彻执行这些条例。该会的七名委员均由总统提名，参议院认可，其中一人由总统指定为主任委员。委员任期七年，须是美国公民，并同任何传播机构、组织无经济上的牵连，七人中同一政党者不得超出四人。

“联邦通讯委员会”的日常工作是对广播电台给予分类，指定其频率和功率，核准和颁发营业执照。执照最长不得超过三年，一旦期满必须提前提出申请延长。如果电子传媒行业人员有违法乱纪行为，委员会有权吊销其营业执照。任何人创办新台，也须向该委员会提出申请。

三、FCC 条例的几个重要原则

该委员会制定的条例主要有以下内容。

其一是反垄断独占的法令条例。FCC（联邦通讯委员会简称）规定：在美国，任何人或集团企业都不得拥有七座以上的电视台（其中商业电视台不得超过五座）和电台、调频电台；任何私人或企业不得在同一地区有两个同一类型的电台或电视台；报刊发行人不得在同一地点拥有电台和电视台；广播电台不能拥有电视台；电视台也不能拥有广播电台及电缆系统。为了反对垄断独占现象。FCC 曾于 1943 年责令全国广播公司（NBC）出售其“蓝色广播网”，成立了“美国广播公司”(ABC)。但是,由于垄断是资本主义发展的必然趋势,FCC的许多反垄断措施很难得到认真执行。

FCC所制定的第二项法规的内容是“公平主义”原则(也称“一视同仁原则”)。按照FCC的解释,在广播电视业中实行公平主义的原则是基于两个理由:根据国会通过的法案,电波是公共财产,而联邦通讯委员会被授权根据“有利于社会、方便于公众、出于公众的需要”的原则向广播、电视机构颁发营业执照的。委员会认为:如果多种不同观点都有机会利用电波,公共利益就可以得到维护。

据此观点,FCC早在1941年“五月花决议”议案中就确定“广播员不得成为一个鼓动员”。1949年,FCC又作出决定,广播业应以“公平的态度发表社论”。今天,公平主义的具体含义是要求电台、电视台在播出评论时,要公平对待持不同意见者,并给予必要的条件,使其能充分发表他们的观点。

FCC第三项重要的法规原则是“平等时间”待遇。平等时间原则主要是为政客们的利益服务的。它要求在社论或节目中“受到人身攻击的人”即公职竞选人,均有权占有同等的广播时间攻击对手或为自己辩护。广播不得在时间上厚此薄彼,均应给予“平等时间”待遇。

FCC的管理制度对于美国广播电视业的发展曾起到了相当大的作用,其工作成效也有目共睹。尽管如此,由于美国社会是自由竞争的商业资本主义社会,资本的力量非常强大,因而FCC所制定的律条并未被所有人认可和认真执行。特别是在20世纪80年代里根总统执政时期,西方的私有化运动浪潮深刻地影响了美国的广播电视行业,自由竞争的呼声与压力对FCC的工作产生了很大的影响。而20世纪90年代国会修改颁布的新的《传播法》对资本的竞争要求给予了越来越大的让步,使得当代美国广播电视私有化市场竞争愈演愈烈,垄断的程度也达到了惊人的地步,并产生了一系列深远的影响。

四、英国公共性质的 BBC 体制

英国的广播电视管理实行了一种较为独特的体制,这就是在本国历史经验与国情背景下,既吸取现代市场化企业制度的长处,又坚持民主社会中新闻自由独立原则的公共性质的公营广播电视运营与管理体制,这集中地体现在英国广播公司的架构与运行之中。

按照 BBC 创始人约翰·里斯的理想化观念,英国广播公司既要在商业与政治的双重压力下寻求到一个平衡点,还要符合现代的组织运行科学架构和符合本国社会公众的特殊要求。在这种思想指导下,英国广播公司走出了一条很有特色的西方公共公营性质的广电运营管理之路。

首先,英国广播公司的特许独占经营管理理念同英国历史上存在过很长时间的都铎王朝印刷出版特许独占经营管理制度有着内在的历史逻辑,符合英国的国情背景和绝大多数英国民众的心理接受取向,能够为英国社会各阶层所接纳、支持。只不过以往的国王转换成了民选的国会,而个体的印刷商变成了一个庞大的、旨在为全体英国民众服务的专业化公共组织——英国广播公司。

其次,英国广播公司采取了较为科学的市场化现代企业组织架构,公司管理委员会由社会各个阶层的代表性人物所组成,能够较为广泛地反映不同社会团体的要求,达成符合绝大多数民众意愿的文化产品价值取向。管理委员会下属的董事会依照现代企业组织的架构来聘请总编辑、总经理,再由他们分别聘任不同的部门经理等具体专业人员。这种组织方式所构成的广播电视专业组织具有较强的公共性、社会性、企业化公营色彩,能够较好地保证其社会公共性质与现代企业化运营的平衡。

再次,英国广播公司获得了来自不同渠道的经费支持,解除了商业盈利的市场压力,可以按照公司章程中所要求的社会公共产品特性来进行生产活动,尽量满足绝大多数公众的高水平的广播电视信息需求,以提升国家的整体文化水平。

最后，通过公司章程的拟定，英国广播公司具有了抵制政府干涉的一定法律依据，承担起了提升英国受众文化生活水平的责任，明确了自己公共产业的性质，从而为该公司一个多世纪精品迭出的辉煌奠定了坚实的基础。

尽管在商业的竞争方面英国广播公司有一定的劣势，近年来处于一个较为不利的状况，但我们应该汲取 BBC 公共公营广播电视体制明显而又巨大的优点，采撷精华，综合创新，为我所用。

【练习题】

名词解释：

1. “炉边谈话”
2. CBS
3. “联邦通讯委员会”
4. KDKA 广播电台
5. 爱德华·莫罗
6. “美国之音”
7. CNN
8. BBC
10. NBC
11. ABC
12. 《60 分钟》
13. 《今日》
14. 《芝麻街》
15. 《现在请听》
16. 《世界新闻集锦》

简答题：

1. 简要回答英国广播公司(BBC)广播体制的特色。
2. 广播事业是怎样诞生的？它的发展经历了那些阶段？

3. 简述美国公共广播电视网的发展过程及特点。

4. 美国四大商业广播网是怎样形成的？现状如何？

5. 简述英国广播公司的创建与现状。

6. BBC 享有较高声誉的原因有哪些？

7. 简述法国广播电视事业的发展过程。

8. 简述日本广播电视事业的发展状况。

论述题：

1. 世界各国广播电视体制大体上有几种？它们各自的特征是什么？

第十六章

法西斯新闻传播体制模式

第一节　背景之回顾

法西斯新闻传播体制在人类历史上的出现并非偶然，它是跟20世纪世界范围内法西斯社会体制的出现紧密相连的，而法西斯社会体制的出现更是与那个时代人类社会一系列深层次的历史背景及原因分不开的。

从历史背景来看，20世纪所出现的这些法西斯化的国家在历史传统中都曾有过集权主义的强大影响。近代德国的历史与德意志第二帝国紧密相连，近代德国事实上是封建军事强国普鲁士的政治产物，是普鲁士权相俾斯麦"铁与血"强权统一政策的产物。尽管资本主义的经济在统一后的国家力量扶持下获得了迅速的发展，使德国的国家实力为之大增，但是，资本主义经济的快速发展，从来没有带动资本主义民主政治力量的提升，相反，封建的军事"容克"贵族和反动的第二帝国君主们却从中获得了生存发展的雄厚财力，并产生了不可遏制的对外侵略野心。当德国原本狭小的民族生存空间与君主们勃勃的对外侵略野心产生尖锐的矛盾时，对外发动侵略战争以获取更大的"生存空间"，攫取更多的原始资源、市场、殖民地的念头便日益强烈了。为了所谓的国家利益、民族利益，统治者必然要求实行专制化的政治架构和组织形式，以求把国家有限的人力物力和财力集中起来，实现"伟大的"帝国梦想。第一次世界大战就是德国这一系列政策的后果,而战败的耻辱、艰难的生存压力和民族利益被“不公正地掠夺”更增加了整个民族报复敌手的决心,于是,法西斯这个人类历史上的政治怪胎便在希特勒这样蛊惑人心的政客操纵下在德国应运而生了。

近代日本产生法西斯政体的最深层原因也是来自于它的历史传统和地理环境。

我们知道,近代日本的历史是在抵抗、学习、融合西方外来文明的进程中逐渐形成的,在这一进程中,日本渐渐地变化为一个典型的“二元化”体制的国家,这就是经济上的资本主义和政治上的集权主义。天皇制和军部势力的存在,及它们随着对外数次侵略战争的成功而在日本社会生活中威信权利的加重,对外战争对日本近代资本主义经济的强烈刺激等种种因素,都逐渐导致了日本社会及民众集权主义倾向的整体性倾斜。第一次世界大战没有给日本带来什么巨大的好处,而生存空间的狭小、资源的贫乏、单一的民族及近百年现代化所产生的野心终于导致了日本“大东亚共荣圈”争霸概念的提出,全国为达成此项目标而自愿进行国家的“一体化”——也即法西斯化的过程。当整个日本民族都被绑在这辆“一体化”的法西斯战车上时,日本发动对外战争就不可避免了,法西斯新闻传播体制自然是这个“一体化”国家结构中不可缺少的一环。

西班牙和意大利的情形虽与日本和德国略有不同,但专制的传统、民族自身狭小利益的追求、动荡社会生活所导致的民众对领袖、强者、伟大人物的企盼——这些可能产生法西斯专政的因素在这两个国家中都存在。于是,当墨索里尼登高一呼、进军罗马时,意大利脆弱的资产阶级民主力量根本无法与之抗衡;弗朗哥将军的叛乱军队进军马德里时,西班牙自身并没有什么力量可以用来阻挡叛军的进攻,整个民族抵抗法西斯政权的意志是微弱的,即使国际进步力量全力支持西班牙平叛也无济于事,法西斯势力的上台在西班牙是顺理成章、不可阻挡的。

综合来看,集权主义的传统、动荡危机的现实生活及失去理智的民族化情绪，是三个促成近代法西斯政权出现的重要因素。

以国家主义、民族主义、专制主义为基本特征的现代法西斯德国、日本、西班牙、意大利等国家的出现，导致了近代法西斯新闻传播体制的出现，从而为人类的新闻传播事业提供了一个极其重要的反面标本，我们将在下面的章节中，就法西斯新闻传播体制的一系列特征和历史过程展开相关的论述。

第二节　历史的进程

一、意大利与西班牙法西斯新闻史

1. 意大利的法西斯新闻史

在欧洲近代史上，意大利是一个不幸的国家。1870 年以前，意大利长期在外国侵略者的瓜分统治下，经济落后、人民贫困、报业萧条，新闻事业很不发达。1871 年，意大利独立统一运动完成，奠定了今日意大利新闻事业的基础。但由于积弱过久，其政治民主化程度较低，经济也相当落后，没有形成英、法、美、德等国的工业革命和自由资本主义工商业繁荣兴盛的局面。表现在新闻事业上，则是意大利的资产阶级新闻事业始终落后于西欧和美国的发展水平。在一战前，意大利资产阶级报刊主要集中在米兰、都灵等几个有限的城市里，较著名的有《米兰晚邮报》和都灵的《邮报》，所有的报纸在内容上仍以政治新闻及政论为主；在财政方面，广告很少，实力弱小，谈不上企业化经营，难以在经济上获得独立。

一战后，意大利虽然是战胜国之一，但获利甚微。而且由于参战带来的经济破产、通货膨胀和对外债台高筑，导致了工人罢工、退伍军人失业，全国陷入一片混乱和不满之中。这种局面十分有利于法西斯主义在意大利滋生。意大利的法西斯党是墨索里尼 1919 年组建的。墨索里尼是一位新闻记者，他于 1914 年在米兰创办了《意大利人民报》，一战后，他继续主编该报，同时开始组织法西斯党，强烈鼓吹社会主义和国家主义，吸引了大批不满现实的退伍军人、工人、农民和小资产阶级分子。1922 年,墨索里尼率领法西斯党徒进军罗马,在意大利取得了政权。

墨索里尼政权成立以后,旋即在各个领域实施法西斯专政。在新闻事业中,新政府颁布了新闻法,限制和打击反对派报纸。依据此法,意大利全国的报纸被命令予以合并,规定一个地区只能有一家报纸。通过"合并"方式,法西斯政府消灭了不少反对派报纸,达到了言论的一致。1924 年 7 月,墨索里尼政府规定,新创报刊必须经法院检察核准,而且必须经当地行政长官同意方可创办,从而把管控各地新闻传媒的大权掌握在了法西斯官员手中。

1925 年,墨索里尼公布《新闻记者登记法》,同时组织全国性的记者工会和报纸发行人协会,在意大利彻底实行新闻事业的法西斯化体制。

墨索里尼的《新闻记者登记法》是一部世界上最具法西斯色彩的记者登记法。该法的重点内容在于遴选记者的资格以及对记者的监督措施。该法规定:"凡是有违反国家利益行为者即撤销记者资格"。显然,在"国家利益"名义下,凡不对法西斯政权效忠者均不能从事新闻事业。在这条法令限制下,约有数百名著名记者被拒绝登记,失去了从事新闻事业的资格。审查记者登记资格或处罚登记记者的工作由法西斯政府的司法部从记者工会中选出的"五人委员会"全权负责,这个"五人委员会"直接受司法部的监督和领导。

1929 年,墨索里尼在一次会见各报社长时阐述了法西斯新闻事业的使命。他说:"凡对政府有益者应积极实施,反之则应加以拒绝。"他认为,新闻事业是政府事业的一部分,不能由私人自由经营,从而破坏新闻事业对国家整体目标的贡献。

法西斯政府最高新闻管理机构是内政部新闻管理处,该处后被分出,升格成立为新闻宣传部,由墨索里尼的女婿希阿诺担任部长。该部逐日对各报用口头、文字或电话的方式颁发指示,这些指示大至新闻政策,小至具体的新闻标题、记叙内容,一应俱有,详细周全。

对于外国报刊、电台、通讯社驻意大利的记者,墨索里尼政府也采取了强硬的控制措施。1924 年以后，意大利政府对外籍新闻记者的新闻稿件也进行新闻检查，凡批评墨索里尼或对其政府表示不友好的电讯及消息均不得拍发国外。若有类似电讯拍出，特派记者有被判 5～15 年徒刑的危险。对外电的检查是由邮政总局和新闻宣传部共同执行的，检查人员可以任意地删改新闻内容，亦可扣压新闻，不准发出或延迟发出。这样，意大利法西斯政权通过对国内外新闻事业的控制，在世界上最早建立起了法西斯新闻体制。

2. 西班牙的法西斯新闻体制

在欧洲，西班牙也是一个封建专制传统势力强大的国家，故而它的政治、经济、文化事业也全面落后于西欧其他国家和美国。1936～1939 年间，反动将军弗朗哥发动了内战，武力推翻了西班牙共和国，在西班牙建立了法西斯政权。在新闻事业上，弗朗哥政府也是最早建立以管制、监督、控制为特征的法西斯新闻体制的国家。

弗朗哥法西斯政府成立伊始就颁布了新闻法，以法律的形式正式建立了西班牙法西斯新闻体制。这部新闻法第一条即明确规定："全国报纸的组织、监督、控制归于国家。"第二条规定："前述职权归于国家者即有：(1)报纸发行的推广及数目的调整权；(2)对社长、人员任免的干预权；(3)对新闻记者职业的规定权；(4)对新闻活动的规定权；(5)不加遏制的检查权；(6)其他本法第一条内容所引申的权力。"

依据此项新闻法，西班牙的报纸报刊的人事、发行、编辑政策、新闻取舍标准及其他一切新闻活动都处于政府的强力控制之下，新闻事业成为法西斯政府的舆论工具，为法西斯政权的巩固和发展效力。

这项对新闻及言论采取严格管制制度的新闻法是于 1939 年公布实施的，它在西班牙存在了 30 余年，只是在二战后，特别是在 60 年代，西班牙的这项法令才略为改变。1966 年，西班牙通过了一项新的新闻法——新闻出版法，才最终取代了弗朗哥政府的这部法西斯新闻法。

二、德国法西斯新闻史

人们知道,近代的德国从来就未曾真正资本主义化,封建的因素根深蒂固地存在于德国的传统之中。一战后,德意志帝国瓦解,随后建立的魏玛共和国宣布了《魏玛宪法》,从而使德国在字面上有了第一部资产阶级宪法。但是不久德国政权即落到以希特勒为首的法西斯政党手中,从而开始了德国法西斯"第三帝国"的统治。

希特勒原为奥地利人,后迁入德国慕尼黑。一战中,他曾参军入伍,负伤而归。一战后,由于德国政治经济的危机,希特勒于1919年在慕尼黑加入德国工人党,并于1920年取得了该党的控制权,将其改为纳粹党,开始了其法西斯夺权活动。1931年,德国面临世界性经济危机,工人失业、企业破产,中产阶级濒于毁灭,农民贫困不堪,民族主义情绪日益高涨。借助于有利的形势,希特勒的纳粹党在德国各阶层中获得了惊人的发展,很快成为德国最有影响的大党。1933年1月30日,希特勒的纳粹党经过法律程序正式成为德国执政党,希特勒被狂热的德国民众选举为总理,后又成为国家元首。

希特勒取得政权后立即实行法西斯独裁制度,先后解散了各社会主义政党,社会民主党和共产党的报刊受到了严重的打击。1933年2月20日"国会纵火案"以后,希特勒借此将51家共产党报刊停业,把社会民主党的130多家报纸也同时封闭。2月28日,希特勒通过兴登堡总统发布命令,宣称"为了保障国家和人民的安全,宪法规定的新闻自由暂时中止。"从而取消了《魏玛宪法》规定的新闻和言论自由,肆无忌惮地施行法西斯的"舆论一律"。

1935年3月,纳粹政府成立了国家宣传部,由戈培尔担任部长,专门负责管制全国报刊电台的言论及新闻报道,并负责国社党的整体宣传工作。同年7月,纳粹派遣挺进队以暴力的形式夺取了沃塞尔报团的财产,沃尔斯坦报团也在"反犹"运动中被没收财产。9月,依据德国《国家文化学院法》创设"国家新闻学院",负责严格控制全家的新闻事业。

在反对派报刊被消灭殆尽后，纳粹政府即着手建立德国的新报业——即为政府效忠的法西斯新闻事业。1933 年 10 月 4 日，依据意大利的《新闻记者登记法》，德国也颁布了《新闻记者登记法》。该法规定："各个新闻单位的负责人必须由宣传部长直接任命；一般记者唯有符合下列条件：(1)必须为德国人；(2)具有公民权及管理的资格；(3)受过专门教育；(4)祖籍为纯种的雅利安人而未与其他各族成员结婚者方可成为记者；各新闻单位领导人必须保证在其宣传媒介中不得有反对德国国防、教育、经济及荣誉的任何报道"。在《记者法》实施细则中还专门规定：凡从事马克思主义新闻工作，或其他政治上有害行为者，一律不得从事新闻事业。至 1934 年，德国的报刊从 1930 年的 4703 家降至 1200 家，它们大部分都是表示效忠希特勒政府的新闻事业机构。至此，希特勒完成了对德国境内报纸杂志的全面掌控。

1933 年，具有悠久历史的德国沃尔夫通讯社被勒令停止供稿，由政府接管。法西斯政府将该通讯社和成立于 1915 年的"海通社"合并，改组为国家直接经营控制的"德国通讯社"，成为希特勒政权统一进行对外宣传的喉舌。至此，在新闻通讯社方面，纳粹也完成了自己的统制步骤。

德国的广播事业原来是商业化的私营制。在 1933 年国社党执政后，广播事业也全部为国家宣传部所控制。同年，德国开始以英语、德语等多种语种对外进行国际宣传广播。整个二战中，广播始终是戈培尔之流进行法西斯宣传工作的主要工具。

三、日本法西斯战时新闻体制

在日本新闻史上，1936 ~ 1945 年这段时期的新闻事业被称为"统制时代"新闻事业，也即法西斯军国主义新闻事业。日本法西斯新闻事业的形成，主要是通过改造以往的新闻事业，逐步建立战时体制而完成的，我们拟从以下几个方面来阐述这一过程。

1. 政府情报机构的确立

早在1931年“九·一八”事变之后,日本法西斯军部的势力大为增长,对全国信息情报工作的管控逐渐加强了。该年9月,外务省建立了一个非正式的情报委员会,由外务、陆军、文部、内务等各省选派委员和干事组成,直属内阁领导,职责是就当时如何统一国内舆论、加强时局的宣传而向政府提出有关建议。1936年1月,日本军国主义统治当局又正式成立了列入官制的“内阁情报委员会”,该委员会直属内阁总理大臣,其任务是对各部有关信息情报事宜进行统筹联络和调查,并通过这一委员会对来自各个渠道的情报中有关战时国策的材料加以处理,再传达给有关部门,为政府的情报宣传工作统一口径。

1937年七七事变后,内阁情报委员会易名为“内阁情报部”,有了更大的权限。该部所新增的一项任务就是:“开展不属于各厅范围内的报道,收集情报和启发宣传活动”。内阁情报部起用了新闻界、经济界、文化界等各行业富有学识的民间人士承担报道和宣传的咨询工作,加强了原来的信息情报协调职能。

1940年太平洋战争爆发之前,为了强化战时体制,实施更加有力的一体化控制,该年12月6日,日本政府废除了内阁情报部,将类似的一些机构合并成为一个更大的专业职能部门——内阁情报局,直属内阁首相管辖。它是日本政府当时负责全国战争宣传报道的中枢权力机关。该局分为五个部:第一部负责主管计划、情报调查;第二部主管国际宣传;第三部主管新闻检查;第四部主管国内宣传;第五部主管国内文化宣传团体的指导。至此,日本法西斯政府控制言论的宣传情报机构最终形成了。

2. 国家同盟通讯社的成立

“九·一八”事变后,国际舆论开始不利于日本。与此同时,日本国内新闻机构之间的不同意见、不同报道也造成了对外宣传舆论的不统一。日本官方迫切地感到有必要成立一个国家通讯社,来统管、加强对内对外的宣传工作。

当时，日本的通讯社主要有两大家——日本电报通讯社（电通）与新闻联合通讯社（联合）。“电通”与美国的合众国际社有合作关系，“联合”则与路透社和美联社挂钩，两社一直处于竞争对立状态。1932 年 11 月，内阁情报委员会作出决定，尝试把“电通”和“联合”合并，成立国家级的通讯社，但谈判没有成功。

1936 年 1 月 1 日，在政府强有力的支持下，以联合社为主独自成立了新的通讯社即同盟通讯社。在此之前，日本电讯省制定并公布了国际电报规则，规定凡传播新闻信息的电报，其收发电讯权仅限于同盟社一家。这一措施给“电通”以致命打击，从此开始了同盟社在政府庇护下单独享受种种特权的阶段。1936 年 5 月 31 日，“电通”终于被迫向同盟社投降，两社遂正式合并。

从此以后，同盟社作为唯一代表日本政府的国家级通讯社全面控制了国内外一切电讯消息，在日本军部的支持下，该社不仅在国内有了相当大的发展，而且很快打入亚洲各国，扩大了在亚洲的势力。通过它，日本法西斯政府顺利实现了其旨在控制国内外通讯消息、统一国内舆论的意图。

3. 言论管制法规的制定

中日战争爆发前后，日本政府就能通过颁布的新闻诸法中有关条例来钳制新闻界，这些条款包括：陆海军、外务大臣有权禁止报刊登载有关本省事务的稿件；1899 年 7 月 15 日颁布的《军机保护法》；1939 年公布的《军用物资秘密保护法》；1941 年 3 月 7 日公布的《国防保安法》等等，这些法规条例都在中日战争爆发后被政府用来管制报刊，强化言论控制。

最重要的言论控制法规是 1938 年 5 月公布的《国家总动员法》第 20 条。该条规定：“政府在战时因国家动员所需，得以勒令对于报纸及其他出版物的记载予以限制或禁止。”可以说，后来出现的一系列新闻统制法规都以此项法令为依据。

1941 年，依据《国家总动员法》第 20 条，日本政府公布了《新闻纸刊载限制令》。同年 12 月 8 日太平洋战争爆发，19 日，日本政府又颁布了《言论、出版、结社、集会等临时取缔法》，将报刊的创办与发行由申报制改为许可制，并规定政府有关部门有权勒令报纸停刊。1942年2月24日，政府又公布了《战时刑事特别法》，扩大了战时犯罪、处罚的范围。这一切都是日本法西斯政府用以控制舆论，建立法西斯新闻体制的言论法规。

4. 对新闻界的控制和报业大合并

1941年5月26日，在内阁情报局的指导下，日本报界成立了政府御用的报业团体——"新闻联盟"。1942年，该团体改名为"日本新闻协会"。该组织由新闻界知名人士和政府官员组成，内阁情报局长及警察局长均为该会理事。它的任务是：(1)协助政府统制言论报道；(2)调查、改善新闻编辑及经营；(3)调查新闻用纸及其资财的配额；(4)研究全国报业合并问题。

"日本新闻协会"在当局的授意下，效仿纳粹德国的新闻记者法制订了日本的记者"规章"，要求担当记者工作的每个人都必须"明誓确保国体"和"确保国家使命"才有资格登记。

1941年12月13日，依据《国家总动员法》第16条，政府公布了《新闻事业令》及实行规则。根据该《事业令》，新闻界成立了新闻事业协会，负责战时新闻事业的自我管理，并在报纸的编辑、经营、销售、用纸、资财的分配和记者的登记、培养等一切方面协助当局对新闻事业的控制。

除了成立"新闻事业协会"外，《新闻事业令》还有如下内容：(1)报刊发行仍采取许可制；(2)内务大臣认为必要时，得令报纸出卖、承让或合并。依据《新闻事业令》的这些内容，日本政府开始了对全国报刊业史无前例的整顿合并运动，合并的中心意图，就是实施"一县一报"制，把全国各地的新闻报刊有效地控制在政府手中，为法西斯战争宣传服务。报刊界大合并于1942年2月正式展开，根据《新闻事业协会决议》：(1)东京一地保存全国性报纸三家，地方性报纸及产业界报纸各一家；(2)大阪保存全国性报纸两家，地方性报纸及产业界报纸各一家；(3)每府、县均只准有地方性报纸一家。依据这项决议所展开的日本报业大合并运动的结果是:1939 年时的 848 家大小报刊,到 1943 年时只剩下了 54 家,所有的反对派报纸全被查禁封闭,而这 54 家留下来的报刊完全是法西斯政府的喉舌机构。

另外,日本政府还对处于其殖民统治下的朝鲜、我国台湾和东三省的新闻事业实行统一管制,通过殖民总督或行政当局进行对口管理,或者分别纳入日本国内各大报系统进行控制。

通过以上诸种手段和措施,日本法西斯军部和政府就将新闻事业的用纸、资产、编辑、情报宣传等各项事务控制了起来,建立了所谓"统一指导"的战时体制。在这种体制下,日本新闻界诸种媒介完全成为政府操纵下的喉舌和宣传机器,狂热地报道战争消息,吹嘘"皇军"的伟大胜利和"大东亚共荣圈"的迷梦,欺骗日本人民。这一时期的日本新闻事业在制造战争舆论、煽动民众狂热的战争意识及统一国内宣传口径等诸方面都起了极大的也是极坏的作用。此时的日本新闻事业,抛弃了资产阶级报刊所标榜的"客观"、"公正"、"民主"外衣,完完全全堕落为法西斯政权的战争工具。

第三节　分析与思考

法西斯新闻传播体制是人类历史上最为丑恶、反动的一种传播体制,是资本主义、社会主义国家中都有可能产生的一种"恶性肿瘤",鉴于它的巨大危害性,鉴于在西方的德国,东方的日本都曾出现过这一体制或其苗头,我们有足够的现实必要性对其做出深入的解析,以为借鉴,以为教训。

从总体上看,法西斯新闻传播体制有着自己一整套完整系列的哲学基础和思想体系,有着严密的组织性与纪律性,我们的分析就先从这里入手。

从德国和日本法西斯主义产生与发展的历史来看,它的基本思想是用高度集权的组织方式,达成特定的社会目标,这个特定的社会目标就是本民族的强大兴盛(当然这是以其他民族的被侵略和被压迫的悲惨结局和本民族绝大多数人民的个体自由和尊严的丧失为代价的)。比如,在希特勒的法西斯思想体系中有一个基本的“民族共同体”的概念,希特勒认为人类社会中根本不存在所谓的阶级划分,而只存在着不同的“民族共同体”,德意志优秀的亚利安人种是作为一个社会化的“民族共同体”存活在这个世界上的,它也是最为优秀的一个种族。所以,必须从维护“民族共同体”的高度来进行斗争,德意志人民的所有行动,都必须以这个“民族共同体”的利益为唯一的衡量标准。依据这个思想,希特勒自然提出了代表德意志“民族共同体”的法西斯政权是至高无上的、具有最广泛的代表性和最高权威性的理论,自然地提出了一个民族、一个国家、一个政党、一个领袖的口号。在这个法西斯理论中,大众传播事业应该是而且只能是作为一个为“民族共同体”利益奋斗的有力的工具而存在着,它的生存价值和活动意义就是为亚利安种族服务,为代表着亚利安“民族共同体”根本利益的希特勒政权服务,任何一种对这种服务性质的歪曲和脱离都是对整个民族的反叛和犯罪。就这样,希特勒利用了“民族共同体”这一思想,把德意志的社会传播事业牢牢地绑在了自己的法西斯战车上。

希特勒及法西斯党宣传理论的另一个重要方面是“超人”概念和领袖思想(元首概念)。希特勒利用了人们的一个常识性的经验,断定在同一种族的人群之间,人与人的体力、智力差别是极大的。在德意志“民族共同体”中,永远存在着精英阶层和广大普通群众的差异,存在着“超人”与俗人的根本性差异。因此,“超人”和精英们责无旁贷地要比其他人更多地肩负起对“民族共同体”的责任,更有权指挥其他民众为“民族共同体”的兴亡而斗争。所以,法西斯精英阶层们先天地拥有智力上的优势,必须用外在的灌注方式把伟大的“民族共同体”思想和意识灌输到普通的千千万万一般民众中去。必须利用普通民众共同存在的先天性弱点,用感官刺激、反复宣传、外部灌注的方式把法西斯思想和理论同民众紧密地结合起来。为此,就必须对社会大众传播事业进行严密的组织化,而绝不能把社会宣传工具不负责任地交付给个体资本家和小商小贩，任凭这些个体业主们利用虚伪的民主自由理念来“自由”地进行市场竞争，为捞取个人的一己私利而将伟大的“民族共同体”大业置之度外。必须将整个社会大众传播事业纳入“纳粹”党的整体事业之中，在“元首”的绝对领导下与其他社会系统“一体化”，这样才能收到手动臂随、令行禁止、统一集中的功效，才能形成强大的民族合力，完成“伟大”的民族复兴大业。

日本法西斯事业也有着一整套反动的理论，这些理论和思想成为其新闻传播事业的基础。由于日本近代史的特殊背景，日本的近代化进程是以保国保种、民族自强为其原始目的的，而且这一进程是在封建性质的天皇体制下领导进行的。所以，“大和民族”的兴亡、帝国的“武运长久”、以日本为核心的“大东亚共荣圈”的建立乃是国家和民族的唯一长远目标。为了突破西方老牌帝国主义对新生的东方帝国主义的压制，为了拓展本身狭小的生存空间，日本必须持续地进行对外扩张，而民族利益、国家兴亡便成为天皇和军部独裁的最有力的借口。在数次把日本新闻传播事业民主化的势力给打压下去之后，日本法西斯政权借助对外侵略战争，实行“国家总动员”，把人民的一切民主自由权利都悉数剥夺，最后建立了日本法西斯专政体制。

追随着日本“大和民族”的最高目标，日本的现代新闻传播事业自觉或不自觉地成为了法西斯政权的有力工具和帮凶，成为所谓“民族利益”的坚定维护者并为此不惜抛弃自己以往追求的民主自由目的。

一个民族的整体利益对这个民族来说当然是极为重要的，以民族的利益为目标来动员全民族的合力也是可以理解的，但是，任何事情都应该有一个底线，有一个合理的尺度，如果一个民族的利益之实现必须以其他民族利益的丧失为前提，如果一个民族的兴起必须以其他民族的屈服为代价，如果一个民族的欢乐必须以其他民族的痛苦——甚至被殖民、被亡国为条件，这种利己害人的“民族”利益就超出了正当的范畴，走上了异化的邪路。所以，当任何统治者用“民族主义”口号来统制、强化它对整个社会系统力量——特别是大众传播事业的绝对控制时,人们必须对之保持高度的警惕,绝不能在追求正确的目标时跨过了真理的界限,走上了可能导致严重损害真正民族利益的错误方向。

历史的另一个经验是:在任何时候,大众传播事业都必须保持对政治系统的一定程度的独立,而决不能丧失自己对社会发展方向、社会管理方式的预警和批判功能。历史的经验和政治科学的规律还告诉我们,在任何时候,大众传播事业作为一个独立的“多元化”因素都比随波逐流的“舆论一律”之“一体化”要好得多。为了防止潜在的法西斯专政现象出现,大众传播事业必须作为一种制度化的社会制衡力量独立存在和发展。

从更深层次的原因来看,日本和德国法西斯新闻传播体制产生的原因,从根本上来看乃是两国不健全的、独特的社会传统的集权化潜在结构机制所导致的。而这种机制乃是两国近代“二元化”社会结构体系在传播事业中的放大。这当然印证了这样一条规律,即某种社会中的传播事业总是同它所处的社会整体环境协调一致地共存。

那么,遵循这一规律,我们是不是就悲观地得出这样一个结论:法西斯传播体制是一种不可避免的存在物呢?从某一个角度看,当这种二元结构化的社会已经发展到很成熟的程度,又没有强大的外力干涉时,法西斯体制的出现是不可避免的;但从另一个角度来看,情况可能就会有所不同。

在对历史发展规律的探讨中,人们发现了这样一种规律,即一个社会的历史发展过程乃是其社会结构演变的历史过程。一个社会结构的主要内容,可以近似地划分为三个子系统——社会经济组织小系统、社会政治组织小系统、社会意识形态组织小系统,当这三个小系统之间产生了相互适应、相互促进的“同态结构体”时——比方说当封建社会体内产生了商品经济因素(经济小系统)、市民自治组织(政治小系统)、人文主义启蒙思潮(意识形态小系统)的时候,一个潜在的新的社会结构便同构组合、逐渐产生了,以后的历史就仅仅是这一“潜社会体制”破胎而出,代替它的“母体”“显社会结构”(封建社会)的必然过程罢了。这一历史规律的描述注意到一个极为重要的事实,即在社会潜结构各组织要素生长、发育、同构的过程中,这种社会潜结构的组合发展方向可能是多元的,这取决于不同性质间的“潜组织”要素产生、发育、认同的不同过程。也许,三个社会小系统的潜组织同时顺利产生、发育认同,结果就会出现一个新的潜社会结构体;也许,这三个社会小系统中产生了两个同质的系统、一个异质的系统,那么它们的组合,就会产生不规则的、特殊性的社会潜结构组合方式;如果三个潜社会小系统中的两个是异质的(旧社会形态性质的)而只有一个新质的社会小系统,那么新社会的组合与发展将是相当困难的;如果三个潜社会小系统不能适应,而是相互斗争、同归于尽了,则结局就可能是旧社会结构的继续存在。值得注意的是:在一个社会的“潜组织”产生、发育、认同的几个关键性的历史进程中,各种各样的历史因素都能制约、影响着它们——其中极为重要的一种力量就是人!人类的认识社会发展客观规律的能力,人类的主观能动反作用能力在这些非常时期显得极为重要。当人类利用自己认识客观规律的能力发现了各种社会潜在元素、结构的产生与发育规律时,既可以有意识地抑制一些潜在元素的产生和发展速度,也可以有意识地促进一些历史潜在元素的顺利生长、发育及认同过程。从这一角度来看,我们认为人类确实能在特定的历史时刻改造历史、推动历史——当然这种改造和推动不是随心所欲的,因为人也是历史的产物,他也只能在有限的认识客观规律的前提下来创造历史。但是,如果人类错过了改造历史、推动历史的特定时机,一旦“显社会结构”中新生的“潜组织结构”自行认同、组合发展起来了,人类在相当长一段时间里就无力改变其性质、内涵和发展之路了——最多只能是暂时阻碍或加速这一历史进程而已。

我们把上述理论运用到对法西斯传播事业体系解析上时,就会发现这样一个结论:如果人们不主动在历史的“特定时刻”去消除产生法西斯的社会结构中的那些根本性隐患、缺陷的话，一旦某些条件成熟、某些因素催化，这种有缺陷的社会体制就有可能立刻向恶性的社会肿瘤——法西斯体制演化。人们制约这种演化的关键的时机——就是这种体制产生之初和其受外力影响出现震荡危机的时候；适于改革的关键部位——就是改造这种有缺陷的社会体制结构；改造的目标是把先天性不足的某些社会小“异质”系统适时地改造成为“同质”系统，使社会的三个子系统尽量“同质”协调起来，并通过建立制度性的预防措施来抑制社会结构中可能产生恶性“癌变”的不良细胞。

比如，在日本近代史上就曾经有过数次改造其“二元”体制的时机。第一个时机是明治天皇政府初期建立的时候，如何建立一个学习西方，迅速实行现代化的国家体制是摆在当时明治政府面前的重要任务。由于明治维新集团的封建性质，这个国家体制只能是“二元化”的，新闻传播事业被作为统治阶级的助手和工具而被“宠幸”，大众传播事业与政治、经济的关系一开始就摆错了。第二个时机是“政论报刊”兴盛时期，各种思想流派进入日本，原有的国家统治体系处于某种危机震荡之中。在这个时候，或者通过新的社会阶层改革活动，或者通过顺应社会压力的政府自身变革，日本的“二元化”社会体制还是有可能成为“一元化”资本主义君主立宪制国家的。但是，反动势力利用他们惯常的高压手段窒息了这场社会改革运动，使日本社会的“二元化”趋势不仅没有被削弱，反而更加被强化了。到了20世纪初的“大正时代”，在强大的市场经济支持下的新闻界和日本民众第三次也是最后一次发起了改造“二元化”社会结构的努力。然而，伴随着数次侵略战争而势力大增的封建军国主义——军部的代表寺内政府，利用所谓的“白虹贯日”笔祸事件，把人民大众的民主浪潮强行镇压了下去。从此，日本沿着再也不可挽回的法西斯体制道路逐渐滑向了无底的深渊。

德国的情况也是相似的。1848年欧洲资产阶级革命爆发时，德国资产阶级就因为自身的软弱无能丧失了掌握政权、统一全国的历史性机会。第一次世界大战以后,德国曾经面临着重建资本主义民主制度的良好机会。但是,由于对无产阶级革命的恐惧和因不平等的《凡尔赛和约》而引起的民族仇恨,最终导致了希特勒法西斯政权的“合法”上台。于是,德意志民族历史上最大的悲剧便不可避免地发生了。

【练习题】

名词解释:

1. 德国通讯社
2. 同盟通讯社
3. 日本新闻协会(NHK)

简答题:

1. 简略叙述日本法西斯新闻体制建立的步骤。
2. 简略叙述德国法西斯新闻体制建立的步骤。
3. 简略叙述意大利法西斯新闻体制建立的步骤。

论述题:

1. 试分析日本法西斯战时新闻体制的内容与特征。
2. 试分析德国纳粹法西斯新闻体制的理论基础与外在特征。

第四编

社会主义新闻传播事业史

导 言

社会主义新闻传播事业史包含着广泛的历史内容。从时间上划分，十月社会主义革命前的西欧、北美国际共运新闻事业是社会主义思想体系在传播事业中的反映。其中，马克思和恩格斯的新闻传播活动具有重要的意义。十月革命后，世界上诞生了第一个社会主义国家现实形态——苏联社会主义国家，标志着社会主义新闻传播事业新时期的来临。在列宁和斯大林领导下，不是作为一种思想流派的反映物，而是作为国家基础原则在上层建筑领域里的延伸，具有国家形态的苏联新闻传播事业体系形成了。这一传播事业新体系客观存在所具有的示范意义和权威作用，对20世纪的社会主义新闻事业产生了深远强大的影响能力。第二次世界大战后，社会主义阵营产生了，但又发生了一些分裂。在南斯拉夫、匈牙利、中国都出现了一些新的社会主义发展趋势，这使得社会主义新闻事业呈现出某种多样化和丰富性。随着近年来社会主义各国改革浪潮的兴起，这种多样化和丰富性正在向着更加深广的领域前进。

与此同时，现代资本主义西方世界也存在着迥然不同于东方的社会主义思想体系及特有的新闻传播事业。随着马克思主义基本思想和各国国情具体结合的指导思想日益为社会主义各国承认的现实原则，他们以往被指责为修正主义的大帽子被摘除了。西方社会主义新闻事业的发展前景，构成当今全球社会主义新闻传播事业的极其重要的组成部分。可以说，从地域的角度来看，当今社会主义新闻传播事业已遍布全球，成为同西方资本主义新闻传播体系既抗衡又渗透的另一个强大体系了。

社会主义新闻传播事业传播活动和发展的历史，既有过光辉的荣耀与胜利、史无前例的进步，也有着惨淡的失败和强暴、愚昧的倒退；既有过僵死的教条和导致某些组织坏死的机制，又有着很大的传播效能和为公众服务的高尚原则；既充满着失误和痛苦，又展现着光明和未来。社会主义新闻传播事业实践活动中不尽如人意的一面并不能掩盖它的历史进步趋势和它旺盛的成长机制，而它优越的社会历史发展的光明性质，也不能替代这一性质在历史实现过程中曾呈现出来的惊人的黑暗和某些方面的反动。

在国际共运早先的历史里，马克思主义和各种社会主义流派的共生和共存及相互间的斗争，构成了这一时期主要的历史内容。这一进程反映在当时的国际共运新闻传播活动之中。马克思和恩格斯的新闻实践和相关思想给我们留下了一笔宝贵丰富的遗产，而社会主义其他流派的新闻事业在留下经验教训的同时，也给了我们许多富有意义的启迪。

社会主义新闻传播事业在苏联的存在和发展，形成了国际共运史和社会主义国家中非常重要的一种典型体制。这种体制的核心观念来源于多种的历史渠道和历史存在。详细地研究苏联社会主义新闻传播体制的产生背景、特征功能、运行机制，构成了社会主义新闻传播事业研究课题中的重要一环。

20 世纪 70 年代以来的国际共运新闻传播事业丰富多彩。西方法国、意大利、西班牙等国家共产党的报刊同资本主义传播体系和平共处、和平竞争，展示了一种高水平的新型发展模式。南斯拉夫、东欧诸国富有自己特色的新闻传播体系在不断的改革完善中摸索前行，也成为人们考察国际共运新闻传播事业的一个绝好的样本。苏联和中国，这两个世界上最大的社会主义国家新闻事业发展的进程，引起了全球瞩目。有充分理由相信，这种伟大的改革将给社会主义新闻传播事业史带来深远的历史影响。

学习与研究社会主义新闻传播事业的发展历史，给我们提出了三个重要的命题：

第一，社会主义新闻传播事业的建立过程是否也同资本主义时期西方各国建立自己特色独具的资产阶级新闻传播事业那样，存在着多样化的建设模式和成长道路？

第二，社会主义新闻传播事业的发展进程中是否能够也应该最大限度地学习与借鉴资本主义新闻传播事业的文明成果——特别是资产阶级所提出的新闻自由？

第三，在全球化的今天，社会主义新闻传播事业怎样迎接资本主义新闻传播事业的挑战？怎样在新的理论、新的思路、新的模式的探索过程中坚持与发扬社会主义新闻传播事业的核心理念与内涵？

探讨与回答以上三个重大命题，就构成了本编的主要学习内容。

第十七章

国际共运新闻传播事业简史

第一节　背景之回顾

近代社会主义、共产主义的理论最早出现于16世纪的英国和意大利。到了19世纪初期,随着早期工人运动的出现,在英国和法国形成了各种空想社会主义、共产主义理论体系,主要以欧文、傅立叶和圣·西门三大流派为代表。

19世纪40年代前后,欧洲主要国家的工业革命已陆续完成或正在完成,现代社会的两大阶级对立局面日益成形,工人阶级作为一种新的力量登上了世界政治舞台。这一时期国际共运所发生的最重要的事情是马克思主义的诞生及广泛传播。与此相同,19世纪初形成的各种空想社会主义、共产主义理论也得到了广泛的、但有时是庸俗化的传播,从而形成了这一时期各种理论,各种流派百家争鸣的现象。

19世纪三四十年代的斗争实践证明了马克思主义的科学性,从而使马克思主义在19世纪七八十年代的国际共运中逐渐占有了主导性的地位,从此以后的共运史主要都是马克思主义传播和发展的历史了。巴黎公社失败之后,资本主义各国转入较为和平的发展时期,国际共运新闻事业也有了长足的发展。

1917年俄国的十月革命首次把马克思主义科学的社会主义理论变成了直接的现实运动,从而产生了以列宁为代表的无产阶级执政党的新闻事业，这标志着世界上第一个社会主义国家新闻传播事业的建立，开创了人类新闻事业发展史的新阶段。

苏联社会主义新闻传播事业可以分为列宁时期和斯大林时期两个历史阶段，这两个阶段的社会主义新闻事业既有本质的承继性，也有一定的差异。斯大林时代所奠定的苏联社会主义新闻传播事业体制的基本要素和特征，给二战后崛起的一批社会主义国家的新闻事业以极大的影响，并由此引发了社会主义新闻事业不同类型的产生与发展的历史。

二战后的四五十年代，随着社会主义阵营的形成，社会主义政党在许多国家中夺取了政权，获得了统治地位，从而导致了社会主义新闻事业全球范围的空前发展与繁荣。50 年代之后的全球性冷战以及国际共运内部的分裂，进一步考验了各国党和社会主义新闻传播事业，并产生了社会主义新闻事业发展的不同道路及不同类型。

国际共运新闻事业史具有较强烈的政治色彩，这当然同它和国际共产主义运动的紧密联系是分不开的。但是，各国不同的发展特点、不同的生存环境造成了国际共运新闻事业的多样性和相异性。特别是在第二次世界大战以后，这点更为明显。现在，国际共运新闻事业正以新的形式向多样化的方向发展。下面，我们将按照国际共运发展的一般阶段和世界各国社会主义新闻传播事业的不同状况分别加以叙述。

第二节　历史的进程

一、早期工人报刊

如前所述，早期工人报刊是同早期的工人运动紧密相连的。早期工人运动首先出现于 19 世纪二三十年代的英国和美国，这是因为这两个国家的资本主义生产发展水平较高，工人阶级的力量较为强大，因此早期的工人报刊也最先在这两个国家出现。在英国，1816 年和 1820 年曾分别出现了两份世界上最早的工人刊物——《戈根》

和《纺织》,专门反映当地工人们的生活。1830年英国又出现了一份《穷人卫报》,这份以下层工人大众为读者对象的报纸第一次用通俗、生动的方式向世人们介绍了早期空想社会主义的许多理论和观点,它还公开抵制英国政府对报刊的重税制度,以适应工人购买水平的1便士的低价出售,一直发行到1835年。19世纪30年代,英国工人阶级掀起了世界上第一个重要的无产阶级政治运动——英国宪章运动。1837年,在宪章运动的浪潮中诞生了早期工人运动的最重要的一份报纸——《北极星报》,创办人为宪章运动的左翼主要领导人菲奥康·瑙尔,宪章派的著名领袖朱哈尼和厄·琼斯都是该报的编辑。《北极星报》的发行量曾高达12万份,持续出版了15年之久,在国内外享有盛誉。马克思曾高度评价说它在各方面都是欧洲最优秀的报纸之一,称它是"社会主义运动的正式机关报"。恩格斯也曾为该报撰稿达6年之久,十分关心这份工人阶级的政治报纸。

在美国,1827~1832年之间,在几个工业中心城市形成了一个规模不小的组织工会运动,并在这一运动中诞生了美国最早的一批工人报刊,共有50多家。第一份工人报纸《机工雇工拥护者》于1827年在费城创刊。在这次工会运动中诞生的最主要的几份报纸是1829年在纽约出版的《工人拥护者》、《人报》、《自由询问报》等,它们都是廉价的、面向工友的报刊。在同一时期,法国工人运动高涨,也出现了一些工人早期的报刊,例如1830年创刊的《工人报》、《手工业者报》等。

二、19世纪40年代的百家争鸣现象

19世纪40年代前后,是空想社会主义报刊和科学的社会主义报刊相互竞争、百家争鸣的年代。这一时期,社会主义和共产主义是很时髦的词,不但无产阶级的报刊谈论它,资产阶级的报刊也谈论它。当时,除了马克思派科学社会主义报刊以外,最多的就是空想社会主义阵营的报刊了。傅立叶派、圣西门派、欧文派,还有一些比较小的流派,都有自己的舆论阵地。在英国,欧文本人创办了《新道德

世界》周报(1834～1846)。在法国,圣西门派创办了《同盟月刊》和工人们自己创办和发行的《道报》(1843～1846);傅立叶派则创办了著名的《法朗吉》杂志。受巴贝夫理论影响的一些法国工人秘密团体还出版了《人类卫护者报》和《博爱月刊》。法国小资产阶级代表路易·布朗则于1832年出版了《进步评论》。蒲鲁东派则在1818～1850年间先后创办了《人民代表》和《人民之声报》。费朗吉主义分子德撒米于1848年创办了《人权》、《无产者论坛报》。

在德国,社会主义、共产主义报刊则分为两大类:一类是以《年轻一代》(1841～1843)为代表的空想平均共产主义,这个刊物的创办人是魏特林。另一类是德国小资产阶级的报刊,最有代表性的是吕宁主编的《威斯特伐利亚汽船》(1845～1848)。

美国在19世纪40年代主要盛行傅立叶主义,这类报刊很多,影响较大的是1841年由美国著名新闻工作者格里利创办的《纽约论坛报》,这家报纸在当时每天都辟有一个专版刊登讨论傅立叶主义的文章。

马克思主义的报刊最早出现是1844年2月出版的《德法年鉴》,但马克思和恩格斯在此之前就有过丰富的报刊工作经历。1842年德国科隆的自由资产阶级分子创办了一份报纸——《莱因报》(《莱因政治、商业和工业日报》),当时还是青年黑格尔派分子的马克思就成为这份报纸的经常撰稿人。1842年10月,马克思还担任了《莱因报》的主编,以这个报纸为阵地来进行批判和反对普鲁士专制制度的斗争,“在他的主持下,《莱因报》的面目焕然一新,具有鲜明的革命民主主义色彩”①。1844年,已同黑格尔派决裂了的马克思参加了巴黎《前进报》的编辑工作。1847年共产主义者同盟成立后,马克思和恩格斯又参加了《德意志—普鲁塞尔报》的编辑工作(1847～1848),这家报纸成为实际上的同盟机关报。马克思和恩格斯所从事的这些报刊活动及经验,为即将出版的《新莱茵报》

---

① 吴于廑、周一良主编:《世界通史》(近代部分上册),人民出版社1972年版,第291页。

(1848～1849)奠定了工作基础,准备了新闻干部。

1848年6月1日,马克思和恩格斯为指导德国工人运动,在莱因地区的科隆城创办了欧洲无产阶级最优秀的政治机关报——《新莱茵报》。编辑部的主要人员有总编辑马克思、编辑比尔·格尔斯、德朗克、恩格斯、弗迪南·沃尔夫、威廉·沃尔夫,这些人不是著名的政论家,就是作家或诗人。《新莱茵报》在这些出色报人们的运作下影响日益扩大,1848年9月该报发行量曾达到了9000多份。这份报纸是一份对开大报,每天一张,特殊情况下则出增刊和副刊,遇有重大新闻就出号外。

《新莱茵报》可以说是一份真正的无产阶级最早的报刊,是19世纪40年代社会主义、共产主义报刊发展的顶峰。马克思和恩格斯在这家报刊的工作经验在许多方面奠定了无产阶级报刊的一些传统和原则。比如该报是无产阶级报刊里最早建立通讯员网络的报纸;它非常重视读者来信;其宣传重点突出,紧密配合形势;其写作文风朴实、通俗易懂,报道内容主题广泛深刻;它的新闻报道和政论文章都有很高的水准。

马克思、恩格斯曾在日后这样评论过这张报纸:"没有一家德国报纸——无论在以前或以后像《新莱茵报》这样有威力和影响,这样善于鼓舞无产阶级群众。"列宁也曾说:"这个报纸到现在还是革命的无产阶级最好的机关报。"

在这一时期,各个社会主义报刊存在的情况很复杂,马克思主义报刊只是作为其中影响很大的一派而存在。1840年、1850年欧洲的反动政治浪潮使大部分社会主义、共产主义报刊销声匿迹,而唯有马克思主义的报刊经受住了反动年代的考验,并且还有所发展。比如1850年在马克思、恩格斯的指导下,美国出版了第一家马克思主义的刊物《革命》,主编约瑟夫·维得曼。马克思、恩格斯作为无产阶级新闻事业的大师,一生共创办和编辑了十几份报刊,先后为60多家报刊撰稿,他们的新闻实践活动对国际共运新闻事业做出了卓越的贡献。

三、第一国际时期的工人报刊

第一国际(1864～1876)的成立,标志着国际共运史的一个新时期的到来,在这一时期,以科学社会主义为指导的马克思主义报刊在斗争中逐步成为工人报刊的主体力量。

这一时期,马克思主义的或受马克思主义影响的报刊都是第一国际的机关报,如《蜂房报》、《工人辩护士报》等。各国支部中较为重要的机关报则有德国的《民主周报》(1866～1869,主编威廉·李卜克内西)、美国的《工人报》(1873～1875)、英国的《国际先驱报》、法国的《法兰西信使报》等。1869～1876年出版的艾森纳赫派的《人民国家报》是德国最重要的马克思主义报刊之一,该报社长为奥·倍倍尔,主编是威廉·李卜克内西。

对工人运动尚有影响的非马克思主义报刊在这一时期仍然存在,较重要的主要是拉撒尔派的《社会民主党人报》和巴枯宁派的《进步报》,布朗吉本人也在1870年创办了《祖国在危急中报》。

1871年3～5月,第一个无产阶级的政权组织——巴黎公社诞生了,在短短的两个月内,公社先后出版了30多家报刊,但都不是马克思主义的。最重要的公社报刊是蒲鲁东派的《人民呼声报》和布朗吉派的《先锋报》以及新雅各宾派的《复仇者报》。

四、社会主义报刊大发展的和平时期

从1872年到第一次世界大战,是一个相对稳定的资本主义和平发展时期,马克思主义也在这十几年中获得了很大的发展和广泛的传播。这一时期的工人报刊一般称为社会主义报刊,它们有了长足的发展。在德国,社会民主党是德国的第一大党,拥有70多家报刊,读者数量也居全国第一。它的中央级报刊《社会民主党人报》(1879～1890)的编辑为艾·波恩斯坦,《前进报》(1890～1933)前期主编威廉·李卜克内西和《新时代》杂志(1883～1923)的编辑卡尔·考茨基,都是当时非常有名的社会民主党人。

在法国，最有名的社会主义报刊是1904年4月12日让·饶勒斯创办的法共机关报《人道报》。饶勒斯于1914年遇刺后，该报的主要负责人成为马·加香。

在英国，工人报刊依然众多，但由于缺少比较大的马克思主义政党，工人运动派别集团较多，因而有影响的社会主义报刊并不多，比较重要的是社会主义联盟的机关报《正义报》。

在美国，北美社会主义工人党的机关报《北美日报》有好几种文字版，如英文的《工人讲坛报》和德文的《新马克思主义报》。

在俄国，从19世纪80年代开始也出现了工人阶级的报刊，如《工人曙光报》、《工人思想报》、《圣·彼得堡工人小报》等。1900年12月24日列宁和普列汉诺夫创办的《火星报》是俄国最早的马克思主义报刊。在1903年以后，《火星报》成为孟什维克的机关报，而1905年创刊的《前进报》则成为布尔什维克党人的第一家机关报。1912年5月5日公开出版的《真理报》则是布尔什维克最重要的报纸并很快成为该党的机关报。

在日本，1897年日共领袖片山潜创办了第一个工人刊物《劳工世界》。1903年，日本早期的社会主义刊物《平民新闻》创刊，主编为幸德秋水，1907年，诞生了日本无产阶级的第一家日报——《平民新闻日刊》。

五、十月革命后各国共产党新闻事业的诞生

1917年俄国十月革命以及匈牙利、芬兰、德国和捷克的革命或起义，开始了国际共运的一个新的历史时期。在这一时期里，新兴的马克思主义政党——共产党在各国纷纷建立，并组成了以列宁为首的共产国际(1919年)，各国党的报刊也随之创办。

除了共产国际的《共产国际》杂志和《真理报》外，在欧洲出现了一大批共产党人的报刊，如德共的《红旗报》。(1918年)，创办人为卡尔·李卜克西和罗莎·卢森堡，英共的《共产党人周刊》(1920年)，意共的《共产主义》(1922年，主编陶里亚蒂)和《团结报》(1924

年),法共的《人道报》(1920年成为法共机关报),南共的《战斗报》(1922年),罗共的《社会主义者报》(1927年),日共的《赤旗报》(1928年),美共的《共产党人》,中共的《向导》(1922年)等等。

1918年,苏维埃俄国建立了罗斯塔通讯社。1922年,苏维埃的广播电台正式播音,1939年,苏联的电视台也正式开播。这就开始了国际共运通讯社、电台和电视台的发展历史。

这一时期各国党的报刊力量还较弱小,在各国反动派的政治压迫下,一部分遭破坏,一部分被迫转入地下。然而,这个国际共运史的新阶段却奠定了现代国际共运新闻事业的基础。

六、二战后社会主义国家的报刊和西欧各国共产党的报刊

二战后,在东欧和东亚地区诞生了一批社会主义国家,形成了社会主义新的阵营,原来在这些国家秘密创办的报刊得以公开出版。在其他一些非社会主义的国家,也相继出现了一批新创办的共产党的报刊。

这一时期在欧亚地区新创办的较为著名的社会主义报刊有:中国共产党的《人民日报》(1948年),朝鲜劳动党的《前卫报》(1945年,第二年改为《劳动新闻》)、德国统一社会党的《新德意志报》(1946年)、波兰统一工人党的《人民论坛报》(1948年)、越共的《人民报》(1951年)等。

20世纪50年代初期,随着冷战的到来和社会主义阵营内不正常的政治关系,各国共产党之间发生了一些冲突,使各党的新闻工作不同程度地受到了一些损害。最大的事件是苏联和南斯拉夫的冲突,这一冲突波及到东欧各国,使得捷共《红色权力报》最早的编辑之一、党总书记斯兰斯基和当时该报总编安·西蒙等11人被当局处决。非社会主义国家的共产党报刊也由于冷战的敌对气氛,大都遭到了不同程度的破坏和查禁。直到20世纪70年代,国际共运的新闻事业才进入了一个新的相对和平稳定的发展时期。

七、20 世纪 70 年代以来国际共运新闻史

20 世纪 70 年代后，国际共运的主要特征是出现了新的多样化和社会主义与资本主义和平共处的发展局面。50 年代末国际共运内部的公开论战，使得以往受苏联老大哥影响的各国党的新闻事业的单一模式发生了变化，其中引人注目的是欧洲共产主义的报刊及南斯拉夫的人民自治新闻事业的发展。

欧洲共产主义报刊的主要代表是法共、意共以及西班牙共产党人的报刊。早在 50 年代甚至更早的二战期间，这些国家共产党的报刊就根据自己所处的社会历史环境，决定了独立的办报方针，从而跟以斯大林为首的国际共运新闻事业模式发生了一系列的冲突和矛盾。但在今天看来，这些党的报刊由于适应了所在国的具体国情，大部分都获得了较为稳定的发展。事实证明，他们的新闻改革之路对他们而言是正确的。

在 20 世纪 70 年代的鼎盛时期，法共《人道报》发行量达到了 20 多万份，为法国的第五大报刊，在法国有巨大的影响。而意共的《团结报》则为意大利的第三大报，在国内外也有很大影响。西共的《工人世界周报》发行量 10 多万份，也是一份在本国具有一定影响力的报刊。

前南斯拉夫的新闻事业实行自治原则，在社会主义国家的新闻事业中独具特色，其具体情况我们将在南斯拉夫模式中将加以详细探讨。

东欧一些国家的新闻事业在 20 世纪 70 年代也有了较快的发展，这主要是波兰、匈牙利和罗马尼亚的新闻事业不断法制化，以及在新闻传播渠道、节目内容等方面的改革。

相形之下，中国的新闻事业在 1978 年改革开放政策实施以后，其发展也是极为迅速的，但基本的体制模式似乎还没有受到很大的冲击和改变。中国的广播电视事业发展极快，大众传播媒体的结构也开始向多层次、城市化和专业化方向发展，随着政治体制的改革进

程，我们将吸取国际共运新闻事业史的经验教训，本着实事求是的精神，走出一条具有中国社会主义特色的新闻改革之路，建立起一个符合中国人民根本利益、符合中国社会主义具体国情的新闻事业传播新模式。

第三节　分析与思考

一、经验与教训

国际共产主义运动历百年而不衰，给人类的历史发展进程带来了深刻的多方面的影响，其中，国际共运新闻传播事业也在世界新闻传播史上占有很重要的地位。在这一新型新闻传播事业的发展过程中，国际共运新闻传播事业既取得了宝贵的经验，也饱尝了许多深刻的教训。总结这些经验与教训当然不是我们这里短小篇幅所能囊括和我们的学力所能胜任的，但是，以铜为镜，可以正衣冠，以史为鉴，可以知兴替，我们有必要汇集每个人的一得之见，以获得大家的宝贵共识，达成对客观真理的认知。

纵览百年国际共运新闻传播事业发展的历史，以下的几条经验与教训值得我们深思与吸取。

首先，必须清醒地认识到，在遍及世界各个具有不同历史背景与具体国情的各国中推行国际共运新闻传播事业，并不存在一个先验的、唯一正确的发展模式。前苏联领导人就是因为总以为苏联的模式是最“正宗”的、最“正确”的，因而总是对其他兄弟国家有别于苏联的新闻传播模式指手画脚、说三道四。而一些紧随社会主义老大哥的国家也不顾自己的具体国情，亦步亦趋，全盘搬用苏联的新闻传播模式，僵化了自己的社会主义新闻事业发展生命力。所以，遵循马克思主义的基本原则，依据自己的具体国情，灵活地、创造性地发展社会主义不同模式的新闻传播体制，应该是我们恪守的一条基本思路。

其次，各个国家中发展的社会主义新闻传播事业都应该把自己的管理与发展工作完整地纳入全社会健全的法治化轨道之中，不允许任何“人治”因素的干扰与破坏。前苏联新闻传播事业的一个重要经验教训就是存在着严重的个人化“人治”现象，从而导致了国家官僚阶层对新闻媒体和传播行为随意干涉、粗暴蹂躏，严重伤害了新闻媒体的正常社会功能，导致了新闻监督和民主集中机制的退化乃至于丧失。但是，我们必须郑重指出，社会主义新闻传播事业所需要的是在社会健全民主集中原则下和依据民主代议制所制定的法律框架中的“法治”，而绝不是盗用人民名义，虚有法律形式的恶意“法制”，更不是唯我独尊、彻底践踏人民主权的法西斯化的“法制”，这一点是必须反复强调与防范的。

在实施社会主义新闻传播法规方面，前东欧社会主义国家为我们提供了一些有益的经验，罗马尼亚、波兰、匈牙利、南斯拉夫等前社会主义国家都曾在新闻传播法律制定工作中取得了较大的成绩，为国际共运新闻传播事业的未来发展提供了有益的借鉴。尽管这些国家因为历史与现实的原因已经发生了巨大的变化，但它们以往的社会主义实践活动是国际共运史上宝贵的财富，仍然能为我们提供发展与完善社会主义新闻传播事业的重要参照指数。

最后，为了健康地发展国际共运新闻传播事业，我们还必须敞开襟怀，大胆吸取人类以往所创造的一切有益于社会主义新闻事业发展的文明与制度的成果，特别是大胆借鉴与吸取西方近300年来资本主义制度下新闻传播事业的有益部分，综合创造，发展创新，才能使国际共运新闻传播事业具有更为广阔的群众基础和更为科学的发展框架。资本主义新闻传播事业的市场经营机制、监督制衡机制、新闻自由普遍的法律实现形式等等，都是值得我们思考与借鉴的。而资本主义传播事业的私人资本性质，牟利的最终动机，和在资本的制约下对人民大众自由权力的真实剥夺与虚伪掩饰，则是我们必须揭露与扬弃的。

二、新模式的基本要点探讨

几百年来国际共运新闻传播事业的发展走过了许多弯路，但更逐渐创造出了一些人类传播事业新模式的先进因素。这些宝贵的成分为社会主义未来的新型新闻传播事业模式与体制奠定了重要的基本原则。依照实践第一的标准，把基本原则与具体国情、时代等因素结合起来综合考虑，我们就可能较为顺利地建设一个新的新闻传播体制。

首先，我们认为国际共运新闻传播事业新模式的第一个基本要点是：必须以马克思主义的解放社会生产力为宗旨，以达成全体人民的共同富裕发展为圭臬，以实现人民当家做主的公民自由权利为目标。在当代中国，就是要以邓小平理论、“三个代表”重要思想为社会主义媒体新模式的基本建设原则。

其次，新模式的具体建设以实践为唯一的评判标准，依据各国的具体情况选择不同的方法与步骤来达成第一项要点，在真理标准面前，不管是摘抄的领袖人物的只言片语，还是前人的“两个凡是”口号等，都不能与实践的标准相抗衡。

最后，新模式的具体组织架构应该完全符合政治科学规律，符合现代社会科学中分权、制衡、代议一系列科学原则，广泛吸纳人类新闻传播史上共有的文明成果、有益经验和民主与法治要素，摒弃一切“人治”和过分集权的体制性弊病，防止社会主义新闻事业的异化现象，确保第一项基本要点目标的最终达成。

【练习题】

名词解释：

1.《新莱茵报》

2.《北极星报》

简答题：

1. 简述国际共运新闻传播事业新模式的基本要点。
2.《新莱茵报》创办的背景与过程怎样？试分析它的性质、办报思想和特色。

论述题：

1. 各国社会主义新闻事业是否存在着统一的内核与不同的模式？为什么？

第十八章

苏联新闻传播事业模式

第一节　背景之回顾

在这一节中,我们将就两方面的历史背景展开论述。其一,是沙俄时代俄国一般新闻事业概况以及这一基础对苏联新闻事业的间接影响;其二,是苏联十月革命前布尔什维克党报创建的一般背景和对革命胜利后社会主义新闻事业的直接影响。

一、沙俄时代新闻事业概况

俄国近代报刊的产生和发展是从罗曼诺夫王朝时代(1702 ~ 1917)开始的,具体而言,它是在彼得大帝学习西方、欧化俄国的改革过程中产生的,至 1917 年十月革命告终。

最早的俄国近代报业是彼得大帝 1702 年在莫斯科创办的《新闻报道》,这是一份由政府出版发行,性质类似于《伦敦公报》的官方报纸。1791 年,《莫斯科杂志》及《包罗万象》杂志创刊,它们成为俄国最早的杂志。

早期俄国近代报刊业发展的重要特征之一就是它们都是由沙皇封建专制政权一手扶植起来的,并在集权主义的严格监控之下缓慢发展。从彼得大帝到沙皇尼古拉一世(1702 ~ 1855),俄国的新闻事业在专制政权的强力压迫下苟延残喘,发展的速度、方向和规模都受沙皇专制统治的操纵。政府利用官方检查人员对报刊实行严酷的预防检查制度，迫害进步作家和具有自由主义思想倾向的文化人，保证其对新闻事业的有效控制。

1796 年，女皇叶卡捷琳娜二世正式建立了出版前的书刊检查制度，之后历代的沙皇君主们都不断采取措施加强这一检查制度。

1804 年 7 月，沙皇亚历山大一世公布了新的检查方法，规定全国报刊书籍出版检查工作由各地的大学或相应机构负责实施。虽然该法第二条说明检查的目的在于给社会提供有益于道德和心灵的书籍著作，抑制与此目的相反的印刷品出版，但在任何印刷品的字里行间含有反对宗教、政府、社会道德及个人名誉等事项或检查人员认为有辱沙皇者，其作者都将受到严厉惩罚。

1826 年，反动国王尼古拉一世又颁布了新的检查法，这一法规因其严酷而被称为“铁的法典”，它是由退休海军上将、极端的保守分子、教育部长希什科夫拟定的。该法第三条明文规定：“无论有意或无意，均不得攻击宗教、君权、政府当局、法律、道德以及国家和个人的荣誉”。该法第六条规定：设立一个由三位部长组成的最高检查委员会，“指导舆论，使其符合现实政治形势与政府观点。”同时，在关于国家外交政策的报道方面，舆论必须依据指示，不得任意刊行，任何攻击或辱及与俄国友好的国家——特别是“神圣同盟”的行为都将受到惩处。该法还规定：任何作家，对其作品须永远负责，即令通过了检查，也不得例外。

1849 年 2 月，依据尼古拉一世的指令，专门成立了一个负责报刊检查的委员会。该委员会被授予极大权力，用以压迫和控制俄国境内的整个报刊新闻出版事业。

尼古拉一世时期检查范围的苛细和检查官员们的颟顸无知可以从英国一位历史学家的一本著作中得以证明，该书记载：

> 1851 年，一个委员会被任命去检查所有音乐谱集，以发现可能的反叛暗号……尤瓦洛夫在其所著书中论及古代希腊风俗制度时，不准使用民主政体字眼，也不得说罗马皇

帝们被杀，而只可以说他们“死亡”。检查官阿克马托夫禁止一本算术书出版，因为他在一个计算题中发现了“删节号”。

亚历山大一世时期，书刊检查的气氛有所宽松。比如1865年4月新制定的《报业法》就有三点微小的变化——尽管其专制的性质半点未改。这三点变化，一是取消报刊预先检查制度，但仅适用于圣彼得堡和莫斯科已有的定期刊物；二是设立警告制度。书籍、报刊、杂志若印行恶意文字，将受到一至二次的警告，第三次便停止其发行；三是行政处分。内政部长有权颁布行政命令，停止任何刊物三至六个月，亦可禁止报纸刊登广告或在街头出售。

然而，1872年修订颁布的新报业法，又使1865年原法仅有的这点宽松也荡然无存。新法剥夺了法院管制报业的权力，而由部长会议执行，该会议对任何书刊都拥有停刊、没收、限制出售或禁登广告的广泛的权力。

亚历山大三世在其父亲被暗杀后登基，他更加严厉推行、维持专制主义。1882年颁布的“暂时出版条例”除规定三次警告停刊措施外，还规定报刊发行人或主笔因死亡或脱离报社时，政府可以拒绝提名后继者而使该报刊自动停刊停业。所有的印刷人员都必须事先登记申请执照，而行政官员们可以不说明任何理由拒绝颁发执照。

沙皇陛下的社会检查机构一般下设四个部门：第一部门专门负责处理有关沙皇的言行事件；第二部门负责戏院演出事务；第三部门负责宗教事务；第四部门负责外国书籍和报刊事宜；“秘密警察第四厅”则是整个检查工作的有力后盾和助手。

二、十月革命前后的社会与新闻背景

十月革命前的沙俄是一个混杂着强大封建主义元素和微弱资本主义元素的专制落后国家。从某种意义上它同二元君主制的近代日本有些相似，可实际上近代资本的力量在俄国社会政治、经济结构中的比重同日本相比要少得多。毋庸置疑,封建专制主义的影响力在俄国的现实中根深蒂固地存在着,并由于沙皇专制政体的反动特性而强化和突出了,这种社会现实不能不影响俄国革命的历史进程和后来的苏俄社会主义报刊事业的风貌。

19 世纪 80 年代,马克思主义开始在俄国出现,90 年代俄国工业的发展和无产阶级的壮大促成了早期工人运动的开端。在斗争中,工人运动与马克思主义逐渐结合,从而产生了旨在推翻沙皇反动政府的先进政党——社会民主工党(布尔什维克)。

利用武装斗争形式,在帝国主义最薄弱的链环上下手,是布尔什维克英明的领袖列宁所提出的革命斗争策略。布尔什维克党在列宁的指挥下,以革命的暴力形式取得了十月革命的伟大胜利,第一个社会主义国家在外敌环顾的恶劣条件下诞生了。

在十月革命前后,列宁的无产阶级报刊理论和实践活动对前苏联社会主义及后续的世界上其他社会主义国家的新闻事业都产生了深远的影响。

随之而来的斯大林时代是一个安定与混乱相依、荒谬的错误和正确的行动混合的时代。但总的评价是,由于历史的局限性,斯大林破坏了列宁关于无产阶级新闻事业的一系列正确理念与方针。他为了个人私利,无情地运用舆论的专政武器展开内部的残酷斗争,建立起了新的个人专制主义,使苏联党和人民遭受了巨大的创伤,并波及影响了整个战后社会主义阵营。在这一阶段,苏联的社会主义新闻事业完全堕落为个人专制与迷信的私人工具。

苏联卫国战争是一场全民的、正义的战争。由于苏联人民艰苦卓绝的努力和所作出的巨大牺牲,人民赢得了这场战争,并在战火中紧密地团结在党和斯大林身边。苏联新闻传播事业在这场战争中也发挥了巨大的正面宣传作用,为赢得这场战争作出了卓越贡献。

赫鲁晓夫时代是一个惊人的时期。赫鲁晓夫在苏共二十大的秘密报告和他的一系列改革行动在某种程度上动摇了苏联业已僵化的社会政治经济体制,这是苏联社会主义国家里刮起的第一阵改革之风。但是，就其实质而言，赫鲁晓夫的改革并没有脱离其以往的政治范围和经验，终于在改革中失去了权力，结束了他那注定要失败的所谓改革运动。

勃列日涅夫和安德罗波夫时代的基调是保守。苏联社会固有的矛盾在有意识的遮盖下被掩饰、拖延下来了，由于顽固地恪守计划经济体制和非民主集中制的个人专权迷信，苏联党和人民失去了较早进行社会主义改革的大好机会，为后续的社会发展埋下了危机的种子。

戈尔巴乔夫时代是苏联社会主义历史上最为重要的时期，这个时代的基调是改革，在舆论和国家社会生活中的目标是公开性。然而，由于社会改革目标的错误定位，戈尔巴乔夫的改革导致了苏联的解体和社会主义势力的全球大衰退，给国际共产主义运动造成了重大损失，这个深刻的历史教训值得人们吸取。

第二节　历史的进程

一、列宁时代(1900～1924)

1. 十月革命前列宁的报刊活动

在19世纪80～90年代，俄国的一些先进分子先后创办了几份工人报刊，传播马克思主义。早在1895年，列宁就创建了圣彼得堡工人阶级解放斗争协会，并于1896年底出版了一份圣彼得堡工人小报。

工人运动的蓬勃发展和革命时机的逼近，要求在俄国建立一个能够真正领导革命运动的统一集中的无产阶级先进政党。由于在俄国工人运动中一开始就存在着不同的政治派别，由于社会民主工党的思想分离、组织涣散，列宁提出了创办一份全俄政治性报刊，以便组织工人阶级的先进政党的主张。1900年12月24日，第一个全俄政治性报刊《火星报》在德国的莱比锡创办了。

《火星报》的编辑人员由列宁、普列汉诺夫、马尔托夫、阿克雪里诺德、波特列索夫和查苏里奇六人组成，而实际负责整个编务工作的是列宁和马尔托夫两人。列宁是《火星报》的灵魂，1901 年春，他的夫人克鲁普斯卡娅担任了该报的秘书。

《火星报》是一份八版对开的大报（第一期以后略有不同），在第一期中政论版（包括社论和政论文章）及新闻版（包括新闻、通讯、新闻述评和读者来信等……）大体各占 1/2 的版面，以后各期新闻版的分量则大于政论版。

第一期《火星报》设有“来自我们的社会生活”、“工人运动记事”、“工厂来信”、“国际新闻”及“时评”、“信箱”、“党的通讯”多个专栏，以后各期又陆续增添了“革命斗争纪事”、“政治笑话”、“来自农村的新闻”、“关于农民浪潮”等新专栏。专栏众多和努力贴近俄国现实社会生活是《火星报》的一个很大特点。

《火星报》编排比较严谨、变化不多，几乎每个版面都是三个长条“顶天立地”，很严肃正统。社论往往居于头版，起着整个报纸的统帅作用。由于《火星报》在国外秘密出版，报社人员又太少，没有专门的记者和编辑，新闻稿件主要依靠国内的通讯员和积极分子投稿，时效性很差，反映面也不宽，因而编辑的重点仍然放在报纸的政论性文章上，政治性的大块文章占据了，《火星报》的主要版面。

列宁创办《火星报》的首要目的就在于以其为思想与组织的联络中心，建立一个马克思主义的政党，因此，《火星报》的创办和工作有着不同于以往无产阶级政党报刊的许多特点。这些报刊思想和特点从列宁在这一时期的一系列重要文章中可以清晰地看出来。从某种意义上来看，这些特点奠定了日后布尔什维克报刊事业的传统。在《火星报》第一号社论《我们运动的迫切任务》中，列宁把建立一个坚强的、有组织的、紧密联系工人运动的马克思主义政党作为办报工作的中心任务。在《火星报编辑部声明》（该文由火星报以单页形式出版并运往俄国秘密散发）中，列宁明确、严格地规定了《火星报》的办报方针——马克思主义方针，这就是人们所熟知的一段话：

> 我们不打算把我们的机关报办成形形色色观点的堆砌，相反，我们将以严正的明确的方针办报，一言以蔽之，这个方针就是马克思主义。

1901 年 1 月 5 日，《火星报》发表了列宁的《从何处着手?》一文，文章论述了建立工人阶级政党的具体计划，并指出：为了把各地的工人运动合成为一个全俄的运动，第一步应当是创办全俄的政治性报刊。根据俄国当时的情况，列宁提出了报纸不仅是集体的宣传员和鼓动员，而且是集体的组织者这一科学的论断，同时强调“必须建立统一的党的地方代办员”以便从中培养和选拔能干的宣传、组织的骨干分子。列宁在这里把《火星报》比喻为组织工人阶级运动的链条和脚手架，强调应该集中力量用《火星报》来团结和组织各地的先进分子，以便成立无产阶级的先锋队组织。

通过以上简略叙述我们可以看出，列宁在《火星报》的活动至少奠定了日后影响深远的三个无产阶级报刊原则和传统：其一是无产阶级革命必须拥有自己的政治机关报刊；其二是无产阶级机关报刊的办报方针是马克思主义；其三是无产阶级报刊负有的基本职能是组织、鼓动和宣传。显然，列宁的这些原则和思想在当时的环境中是极为正确和必要的。

建立一个独立的工人阶级的政党是《火星报》创办的缘由，也是它的一项主要任务，这对理解这一特定历史时期、特定历史任务所赋予《火星报》的相关特点至关重要。正是在这一既定方针的引导下，列宁在《火星报》上同俄国经济派和形形色色的机会主义者进行了坚决的斗争。《火星报》用大量的篇幅宣传建党学说及其联系各地分散的工人运动的重要性，通过对各地代办员的组织联系，逐步建立了各级党的基层组织，该报编辑部还制定了党的纲领和原则草案，并在 1902 年 6 月以编辑部的名义在《火星报》上全文发表。

1903 年 7 月，俄国民主工党第二次代表大会召开，这标志着独立的马克思主义政党的建立。会议通过党纲，并把《火星报》正式定为党的机关报。

但也是在这次会议上，列宁和普列汉诺夫等人产生了严重的分歧，并最终退出《火星报》编辑部。从此，俄国社会工党内产生了以列宁为首的布尔什维克派和以普列汉诺夫为首的孟什维克派。

列宁退出《火星报》以后，布尔什维克党人又连续创办了《前进报》、《无产者报》、《新生活报》等几份报刊，但发行的时间都很短。

随着1912年工人运动高潮的来临和革命形势的飞快发展，在列宁的指导下，斯大林、阿尔钦斯基、普列塔耶夫三人于1912年5月5日在圣彼得堡创办了《真理报》，该报继承和发扬了列宁在《火星报》的革命传统。保护党性的纯洁、重建革命政党和对无产阶级民众进行革命的教育工作是《真理报》生存的基础和全部意义。由于沙皇秘密警察的残酷打击，《真理报》曾8次被封，不断被迫更名。1917年"二月革命"胜利后的第5天，《真理报》在圣彼得堡以原名复刊了。

在伟大的十月革命实施和准备时期，《真理报》一直旗帜鲜明地表现出了布尔什维克党人的战斗性质，为宣传革命的纲领，准备和领导群众参加最后的决战进行了大量的宣传、鼓动和组织工作。无论是在确定党的新方针时期，(3～4月)、还是群众革命动员时期(5～8月)及组织革命武装冲锋时期(9～10月)，《真理报》都紧密地团结在以列宁为首的布尔什维克党的身边，积极广泛地宣传党的一系列方针政策，组织和鼓动群众实施党的一系列任务，从而形成了布尔什维克党报的一系列宣传鼓动策略的传统。

在整个十月社会主义革命时期，《真理报》具有的特点是：宣传目的明确；阶段重点突出；紧跟党的方针政策：采取集中连续报道的形式，努力使党的声音深入到广大民众之中，并化为千百万人民具体的革命行动。《真理报》特别注意发挥无产阶级政治报刊指导性的作用，不懈地教育、组织、鼓动工农群众，使其紧密地团结在党中央周围，一致对敌，共同前进。

2. 十月革命后列宁的报刊活动

1917年，十月革命取得了伟大的胜利，世界上第一个社会主义国家诞生了。11 月 9 日，布尔什维克党中央的机关报《工人之路报》用原来的名称《真理报》恢复出版。《真理报》发表了列宁签署的"报刊法令"，根据"报刊法令"，以下机关报刊应予封闭：一、煽动公开反抗苏维埃政权或不服从苏维埃政权者；二、公然诽谤、歪曲事实以扰乱治安者；三，煽动犯罪行为，应受刑事处分者。

11 月 10 日，革命军事委员会依据列宁签署的命令，查封了《新时代》、《新俄罗斯》、《交易所新闻》等对革命事业危害最大的反动报刊。12 月 27 日，《真理报》颁布了革命军事委员会关于剥夺资产阶级印刷厂和纸库的命令。依据此项命令，用被封闭了的《新时代》报的印刷所出版《真理报》；用《言论》和《白昼》的印刷所出版《士兵真理报》及《贫民报》；《俄罗斯议会报》的印刷所和储存的全部纸张转交彼得格勒革命军事委员会分配使用。值得注意的一个现象是：在"报刊法令"发布后的第一个月里，只有几家明目张胆反对新政权的资产阶级报纸被封闭了。工农舆论经常监督资产阶级报刊，并与苏维埃出版法的破坏者作斗争，新政权成立了革命出版法庭，利用法律的形式对用报纸进行反革命活动和对现实生活进行歪曲报道的资产阶级报刊实施审判和处置。

随着《真理报》的正式恢复，在彼得格勒和莫斯科各地苏维埃政府的大力支持下，苏维埃境内出现了新创办的《消息报》、《贫民报》、《革命士兵报》、《经济生活报》等新型的社会主义报刊，开始形成了初期苏维埃报刊宣传网。1918 年 7 月 10 日，苏维埃第一部宪法通过，该法第 14 条规定："为保障劳动者享有真正表达自己意志的自由，俄罗斯社会主义联邦苏维埃共和国消灭出版事业对资本的从属关系，将一切有关出版报章、书籍以及其他任何印刷品的技术与物质手段一律交归工人阶级与农民掌握，并保障此等印刷品在全国自由传播。"

1923 年后，为了执行俄国共产党(布)十二大关于要为各类主要的读者群创办特别类型报纸的决定，苏俄境内的报刊进行了相对而言的分类。《工人报》、《共青团真理报》、《少年真理报》等相继问世,从而形成了党和苏维埃新的行业群体色彩的报刊体系。至此,苏维埃社会主义新闻传播事业体系初步建立了。

在 1917 ~ 1924 年间,列宁的新闻思想和报刊理论主要着眼于如何解决社会主义过渡时期报刊的性质、作用和任务,列宁在这些方面的报刊活动和思想给我们留下了一笔很宝贵的遗产。

十月革命后,国家政权和主要的经济命脉已掌握在人民手中,无产阶级的新闻传播事业初具规模,列宁适时地提出了一系列新的办报思想。1918 年 9 月 20 日《真理报》刊登了列宁提出的一篇文章《论我们报纸的性质》。在文章中,列宁指出,报刊在资本主义向共产主义过渡时期的主要任务是用生活中生动具体的事例和典型来教育群众,注意工厂、农村、部队的日常生活,表现人民创造的才能。文章一开头,列宁就针对这一时期《真理报》过多的革命口号、冗长的革命文章、整版的法律条文等弊端写到:现在"老一套的政治鼓动——政治喧嚷——占的篇幅太多了,新生活建设方面事实的报道占的篇幅太少了",列宁进一步要求:"少谈些政治(因为政治已经完全明朗化了),多谈点经济"。他要求报刊少说政治空话,少发知识分子议论,去接近生活,去注意工农群众怎样在日常工作中实际地建设新事物、建设新生活,多检查这些新事物中含有多少共产主义成分,把报刊由主要报道政治新闻的工具,由主要组织、宣传、鼓动工人阶级的积极分子建立无产阶级政党的工具,变成对人民群众进行经济教育、社会教育、文化教育的重要工具。列宁还要求报刊今后要同具体的坏人坏事作斗争,要为此设置"黑榜",揭发坏人坏事,批评落后的典型。

列宁对报刊职能、思想的一系列阐述还表现在他对《真理报》的具体指导工作中。列宁坚决要求布哈林领导下的《真理报》离生活近些、再近些,要求《真理报》重视实际经验和实际生活中的典型。在列宁指导下,《真理报》开始重视刊登来自基层的新闻材料,开始对苏维埃政权的生活作出生动具体的描述。对此列宁总是及时地予以评论,要求报刊应该抓住种种典型材料来指导实际的工作,这逐渐推动《真理报》和别的报刊形成了党报的一条极重要的经验,即抓住典型事例,指导实际工作。正如列宁所说:“我们很少用生活中的生动具体的事例和典型来教育群众,而这正是报刊在从资本主义到共产主义过渡时期的主要任务”。

列宁对于报刊在党和国家社会生活中的巨大作用,对于报刊在从资本主义到共产主义的过渡时期的地位、作用和任务的一系列阐述,集中体现在《苏维埃政权当前的任务》(初稿)、《论我们报纸的性质》、《伟大的创举》和《生产宣传提纲》等文章中。这些文章表明,列宁总是从具体的社会现实环境要求出发,来具体地规定每一个时期社会主义报刊的任务、性质、地位和作用。可惜,由于列宁逝世过早,他对社会主义时期报刊的论述并不很全面,他的许多报刊思想也没有来得及真正实现。

二、斯大林时代(1924～1953)

1. 卫国战争之前(1924～1941)

如前所述,斯大林时代的苏联是一个令人注目的时期。一方面,苏联人民在党的领导下建设社会主义,国家实力不断增强;另一方面,这又是一个灾难性的时代。强迫实施集体农庄的浪潮使千百万农民受到了迫害,30 年代的“肃反”运动,三次血腥大审判,都给斯大林增添了专制冷酷的色彩。在党的报刊领导上,斯大林把列宁在十月革命前后具体历史条件下创立的许多报刊思想和观念推向了绝对的极端,变成为社会主义新闻传播事业不可逾越的机械教条,并以此奠定了苏联新闻传播事业体制的基础和整体风貌。

斯大林对苏联新闻模式决定性的影响是通过一些关于社会主义新闻事业性质、任务、作用等原则问题的重新论述而体现出来的。我们知道,十月革命前列宁创办党报所提出的许多观点都是具体时间、具体环境里的历史产物。如把《火星报》作为建党过程中的脚手架功能;宣传员、鼓动员和集体的组织者的提法;对十月革命后《真理报》宣传鼓动作用、揭露作用、典型事例报道的指示;对社会主义出版自由概念的深刻理解以及指示等都是如此。而正是在这些问题上,斯大林做出了一系列新的权威性的解释。这些解释表面上看是继承了列宁的遗志,但实际上并非如此,它们对苏联新闻传播事业产生了重大的影响。

斯大林认为,社会主义报刊的根本性任务是“集体的组织者”,他曾两次撰文批评当时的报刊局长英谷洛夫只强调报刊的鼓动作用和揭露作用,而不强调报刊的组织作用的观点。他说:“一分钟也不能容许附带掩盖阐述报刊在我们党和国家事务中的主要任务”。斯大林的这种思想在列宁晚期是相当有代表性的,在 1922 年 6 月俄共中央在给各级党组织的一封信中曾这样强调:苏维埃机关报上的社论和文章“应该能起领导指导作用,能指出行动的基本路线,社论和短评不应是漫谈,而应是指示、法律。”由于列宁的早逝,这种过分夸大报刊的主要任务是组织作用这一做法没有得到纠正,并在此基础上逐渐形成了斯大林的新闻理论,他的这些理论为其后来超越法制,直接利用新闻工具号令全国开了方便之门。

关于新闻传播事业的自由问题,斯大林也做出了权威性的阐述,并成为苏联新闻传播事业的一个重要原则。

在革命的危险环境中,奢谈新闻自由就是对革命的犯罪,在这一点上列宁有着很清醒的认识,他曾严厉批评一些人不顾环境地奢谈新闻自由。但即使是在十月革命前后的艰苦岁月里,列宁也没有对新闻自由采取过全面否定的态度,他所反对的新闻自由也是针对公开反苏或反革命的报刊自由而言的。正是列宁签署的报刊法令指出:“一旦新制度确立起来,对报刊的各种行政干预就必须停止,而将依照最开明、最进步的法律,并在对法庭负责的范围内,对出版实行充分的自由”。在 20 年代新经济政策实行时期,苏联的报刊出版业是相当活跃的,除了无产阶级的报刊以外,还有私人出版社和一些遵纪守法的资产阶级报刊存在。但是,在无产阶级巩固了自己的政治统治,稳步进入社会主义建设时期时,斯大林并没有按照列宁的这个思想去做,而是片面地强调“党的利益高于形式上的民主”,把党的根本利益与人民的新闻自由这两个本来完全应该统一起来的概念对立起来了。联共(布)十四大以后,许多新经济政策实行中产生的非党报刊——包括列宁生前准许出版的私营出版机构都不复存在了。列宁在革命前后对新闻自由的一些暂时性限定被斯大林作为无产阶级专政下新闻事业的固有特征而肯定了下来,列宁曾经主张的"出版自由就是每个公民可以自由发表一切意见,让每一个达到一定人数的公民团体都享有使用相当数量的纸张和相当数量的印刷机器的同等权利"这些指示都不再提了。显然,列宁关于实现工农大众新闻出版普遍自由的形式和理想都被斯大林束之高阁,更谈不上在苏联社会主义新闻事业建设过程中努力探索、实践这些形式和理想了。

在整个20年代后期和30年代,随着斯大林个人专制主义统治的加强,苏联新闻传播事业日益成为斯大林用以对付异己力量的强大专政工具。虽然在这个时期,在宣传动员人民大众参加社会主义建设事业,在广泛组织社会主义劳动竞赛,完成和超额完成国民经济五年计划的过程中,新闻传播事业作出了自己的贡献,但是,它更在揭露所谓布哈林、加米涅夫反党集团和大规模的"肃反"运动中充当了不光彩的角色。对这一时期苏联政治生活中一系列不正常的现象,苏联报刊传播业是负有一定的责任的。

2. 卫国战争时期的苏联报刊

(1)战时新闻传播体制的建立

从1941年6月22日法西斯德国突然入侵苏联,至1945年5月9日德国法西斯无条件投降,苏联报刊在伟大的卫国战争中渡过了难忘的四年时光。苏联的新闻工作者们在这场战争中表现极为出色,苏联新闻传播事业体制的所有优点都在这场战争中尽情发挥了出来。这表明,苏联新闻模式并不是完全一无是处的,它有着自身鲜明的优点与特色。卫国战争时期苏联新闻传播事业的巨大贡献表明,在特定的、非常化的历史时期,它能够比一般新闻体制下的新闻传播事业更多、更大、更集中地发挥出正面能量。

1941年6月22日凌晨4时,法西斯德国背信弃义侵略苏联,宣告了和平年代的结束。战争爆发的当天,外交部长莫洛托夫代表苏联政府发表了关于敌人进攻苏联的广播演说。7 月 3 日,斯大林号召全体苏联人民以大无畏的自我牺牲精神进行反法西斯侵略者的伟大卫国战争,立即按战时轨道部署全部工作,使一切工作都服从于前线的需要。苏联的新闻宣传工作也遵照斯大林的指示,迅速地转向了战时轨道,构建成为高效率的战时宣传报道体制。

1941 年 6 月 23 日的《真理报》同一天前的版面大不一样,往日登在报眼的新闻要目不见了,取而代之的是振奋人心的口号。莫洛托夫 6 月 22 日的广播演说,斯大林凝视远方的巨幅照片,最高苏维埃主席团发布的关于战争动员的四个命令,红军总指挥部 6 月 22 日战报和拉脱维亚举行群众大会的消息,占据了第一版整个版面。第二版在“苏联人民奋起参加必胜的保卫祖国、保卫荣誉、保卫自由的卫国战争(粉碎法西斯强盗),用毁灭性的打击回击敌人的突然进攻!”的通栏标题下,报道了莫斯科各大工厂企业召开群众大会的消息。第三版的通栏标题为“我们的事业是正义的,敌人必败,胜利将属于我们,苏联人民将更加紧密地团结在伟大的列宁—斯大林党和苏联政府的周围”,在此标题下整版报道了各地群众听了莫洛托夫广播演说后的反映。

《真理报》第二版上发表的苏尔柯夫的诗歌《我们用胜利宣誓》,一下子把读者们带到了战争的气氛之中,诗中写到:

打败法西斯匪徒
斗争中决不留情
在经受考验的第一天
我们向您——祖国宣誓!

苏联报刊转入战时体制的另一标志是民用报刊减少了,军事报刊得到了极大发展。根据联共(布)中央规定,停办了《黑色冶金》等许多中央级的行业专业报纸,《真理报》和《消息报》也缩小了篇幅开始出四版，许多研究性的刊物和科学理论、政治、文艺杂志也减少了篇幅和出版的数量，以集中人力物力支援军事报刊的出版发行工作。地方报纸也发生了很大的变化，各级党委的机关报都缩小了篇幅和出版的次数，许多共和国和州党委的理论政治刊物都停刊了，以便把人员、设备和纸张供给必需的报刊应用。

与民用报刊缩减相对应的是军事报刊、前线报刊的大发展。法西斯德国进攻之前，苏联仅有《红星》和《红海军》两份中央军事报纸和几份军事理论宣传杂志。战争一爆发，苏联军队马上创办了两个新的中央级军报：《斯大林之鹰》（1941 年 9 月）和《红色的鹰》（1942 年 10 月），并恢复出版了《红海军报》，红军总政治部还出版了《宣传员与鼓动员》、《伟大的卫国战争》和《前线画报》等几个新杂志。

在各个战线上的苏军也出版了许多《前线报》。《前线报》是一种新的军事报的变种，它随着战争进程中战线数量的变化而增减。《前线报》由前线指挥部和政治部出版，读者对象是该战线的战士和中下级军官。《前线报》不仅充分报道前线的新闻，而且还报道全国和国际的局势，它是军队中发行量最广泛的报纸。在前线报中，包括有《兵团报》、《军团报》、《师报》和《旅报》。在敌人的后方，地下党组织和游击队也出版了一些秘密报刊。当卫国战争结束时，苏联各个战线上共出版了 827 种军事报纸，发行量超过了 300 万份。

报刊新闻传播转入战时的第三标志是 1941 年 6 月 24 日成立的苏联情报局，它是为了系统、有效地报道前线消息，向苏联人民和世界舆论传播苏联战场的全面情况而专门设立的情报传播机构。从 6 月 25 日起，所有的苏联报纸均刊登苏联情报局的通报，通报作为最重要的新闻信息材料，往往刊登在各种报刊的第一版上，而且在广播电台逐日广播。苏联情报局最初的消息来源是从塔斯社、各中央报刊编辑部或红军总政治部得来的，后来则派出了自己的特派通讯员采访获取各种重要权威新闻。在整个战争期间，苏联情报局所发布的通报是苏联人民和世界人民最为关注的新闻和消息。

(2)伟大的军事记者们

卫国战争期间苏联新闻传播界的伟大功绩,是同活跃在各条战线上的军事记者们分不开的。战争爆发的最初几天,三分之一以上的苏联作家协会的会员(约有1000多人)就以军事记者的身份走上了战场,一些在党报工作的知名记者也纷纷转向军事报刊。这样,苏联的各新闻传播单位便获得了一支出色的新闻工作者队伍。这些军事记者们活跃在最艰苦、最危险的战地前沿,写出了大量优秀的报刊文章和通讯消息,为伟大的卫国战争贡献了自己的才智甚至生命,他们的丰功伟绩为后人留下了一份丰富的遗产。

1941年7月,著名作家肖洛霍夫投笔从戎,作为一名军事记者奔赴前线,为《真理报》、《红星报》和其他一些报刊撰写优秀的政论文章和特写文章。1941年7月4日,肖洛霍夫反映卫国战争的第一篇特写《在顿河》首先在《真理报》第三版发表,之后,他的《在南方》、《卑鄙行为》、《战俘》等通讯特写相继发表。他在《真理报》上所发表的《他们为祖国而战》长篇小说节选特别打动前线战士们的心,受到了各条战线指战员们的热烈欢迎。

A.托尔斯泰也是在战争爆发后用笔作为武器投入战斗的。托尔斯泰写了大量优秀的政论文章,例如《我们保卫什么》、《我唤起仇恨》、《祖国》等,托尔斯泰在不少的文章中歌颂俄罗斯民族的伟大性格,歌颂祖国,受到了前线战士的特别敬爱。

戈尔巴托夫是前线《为祖国争光》报的记者,在用书信体裁打动读者方面做得特别出色。他所写的热情洋溢的《给同志们的信》读后令人难以忘怀。1941年11月17日,《真理报》刊登了戈尔巴托夫从南方前线寄来的五封信,题为《谈谈生与死》,这些信中的真实情感和爱国激情感染了每一位读者,十分感人。

文学大师法捷耶夫在战争期间也不止一次地以《真理报》记者和苏联情报局特约通讯员身份到前线采访。1941年7月11日,《真理报》发表了他的第一篇特写《游击战争的英雄》,这篇特写成了他的《青年近卫军》的原始素材。

《真理报》军事记者列多夫的工作在整个战争期间同样令人难忘。他最有名的特写是载于1942年1月27日《真理报》第三版的《丹娘》和载于1942年4月12日《真理报》第二版的《谁是丹娘》。在这两篇特写中，列多夫以细腻感人的笔触，描写了一位女游击队员——丹娘的英雄形象，这就是我们所熟悉的苏联二战女英雄卓娅·科斯摩捷米杨斯卡娅。

波列夫依更是中国人民非常熟知的一位苏联军事记者。当时是《真理报》驻加里宁的一个年轻记者。波列夫依的足迹踏遍了苏德整个战场，在战争期间，他一直活跃在前线，他的众多的战地通讯揭露了侵略者的暴行，记叙了苏联红军的英勇业绩。

在整个卫国战争期间，苏联的军事记者们最常用的新闻体裁是特写、通讯和政论文章，这些新闻体裁在战争期间确实非常适合于描述红军大无畏的英雄气概和人民不屈不挠的顽强精神及敌人的残暴、凶虐和软弱，它们在今天仍然为读者们所喜爱。

除了以上这些新闻体裁外，军事记者们还写了大量的文学性的作品刊登在各个报刊上，这之中，有苏尔科夫的《我们用胜利宣誓》、《勇士之歌》，列别捷夫·库马奇的《神圣的战争》，特瓦尔多夫斯基的长诗《瓦西里·焦尔金》，西蒙诺夫的《等着我吧》、《打死他》等广为传诵的诗歌，都是人们特别喜爱的诗歌珍品。

短篇小说和中长篇小说也是报刊最经常刊登的文学体裁样式，这些小说大多出自著名作家之手，技巧纯熟，感情真挚，洋溢着浓郁的爱国主义和革命英雄主义的情感。

戏剧也是卫国战争时期苏联报刊、电台经常播放的一种文学样式，最有代表性的戏剧作品是《真理报》发表的考涅楚科的剧本《前线》。《前线》描绘和刻画了一个方面军的司令员戈尔诺夫居功自傲，不承认科学作用的形象，剧作家还对某军报编辑季霍伊、特派记者“客里空”和通信联络部部长赫理进行了尖刻、辛酸的讽刺描写。特别是“客里空”这个形象，更是我们所熟知的。

三、赫鲁晓夫和勃列日涅夫时代

斯大林时代的专制与高压，虽然在当时造成了社会表面的一片平静，但在斯大林逝世后不久就出现了强烈的反弹，这就是赫鲁晓夫的政治改革运动，这场大地震似的反斯大林运动对苏联社会主义新闻宣传体制也带来了巨大的冲击。

赫鲁晓夫在苏共二十大上所作的“秘密报告”对斯大林进行了系统严厉的批判，这就动摇了苏联新闻界以往深信不疑、一贯遵循的一系列宣传原则，导致了报刊宣传活动的混乱与无所适从。以文学界的“解冻”文学思潮为契机，苏联报刊上开始出现了新的动向，大量的“解冻文学”作品在报刊上出现，一些关于社会主义基本原则的争议也在报刊上不时刊出，有关突破以往新闻报道、新闻监督禁区的呼声慢慢多了起来，苏联新闻传播事业逐渐进入了一个新的改革时期。

然而，赫鲁晓夫的政治改革只不过是他用以巩固和强化自己政治地位的一种手段而已，并没有脱离苏联政界惯常的高层政治斗争的范畴和经验。他一方面攻击斯大林的专制，另一方面又拼命强化自己的专制统治，因而不可能给苏联新闻传播界指明前进的正确方向。当赫鲁晓夫的政敌也像他一样用宫廷政变的方法解除了他的所有权力时，赫鲁晓夫的这场政治改革运动便很快寿终正寝，在苏联社会中失去了影响力。

似乎像是对赫鲁晓夫“瞎折腾”般的政治改革运动的又一个反弹，勃列日涅夫和安德罗波夫时代的社会整体基调是保守与僵化。出于对抗西方“冷战”的需求和在全球范围内与美国争权夺利、扩大自己的势力范围，任何可能触动社会震荡的改革运动和对旧有体制的改良企图都被压制了下来，苏联社会内部固有的矛盾被有意识地掩盖了起来，对社会的改革活动完全停滞了。

在这一时期，苏联新闻传播体制许多根深蒂固的弊端慢慢暴露出来了。重要新闻常常“出口转内销”；新闻媒体的宣传化倾向完全替代了新闻媒体的娱乐、告知功能；新闻事业对各级政府的权利监督作用日益“软化”；社会新闻事业逐渐成为国家官僚阶层的利益工具，与人民大众的关系日益冷淡疏远；停滞不前的苏联社会主义新闻传播事业逐渐异化了，这就是勃列日涅夫和安德罗波夫时代苏联新闻界的总体状况。

四、戈尔巴乔夫时代

这是苏联新闻传播事业上一个大悲大喜、大起大落的时代，自1983年以来，特别是1986年2月苏共二十七大以来，苏联的新闻传播事业发生了令人震惊的巨大变化。在这一时期里，公开性——这一苏联改革的核心思想成为苏联新闻传媒的重大理论观念，促使苏联传播事业走上了自身改革的道路。

公开性原则是苏共总书记戈尔巴乔夫在苏共二十七大政治报告中正式提出来的。他在提出要更好地利用发扬直接民主的各种可靠渠道（公民集会）如选民委托、人民来信、报刊、广播电视媒介等之后，明确提出“扩大公开性的问题对于我们来说是原则性问题，这是个政治问题，不公开就没有也不可能有民主、有群众的政治创造性及参加管理”。与此同时，戈尔巴乔夫把报刊、广播电视这些能够真实、全面地表达舆论，迅速、敏感地反映群众要求的新闻传播媒介看做是实现公开性的有效手段。这样，如何为国家推行公开性方针、为促进经济发展和政治民主化作好舆论宣传，如何用公开性原则指导新闻工作本身的改革就成为当时苏联新闻改革的两个中心任务。

苏联新闻传媒在提高报道公开性程度方面的一个重要措施就是及时报道公众感兴趣的一切情况，实行新闻报道的大幅度开放。

长期以来，在传统新闻体制模式禁锢之下，苏联的新闻报道工作形成了一套古板、僵化的框框和一系列不可逾越的“禁区”。不仅表现在新闻版面僵硬可憎，内容枯燥乏味，套话废话连篇，还表现为故意设置“禁区”，缩小新闻的报道面和报道过分宣传化，报什么不报什么完全由官僚们依据“政治的需求”来决定，重大新闻“出口转内销”的情况时时出现。

改革以来，苏联新闻界坚持报道公开性原则，冲破了过去新闻报道中的许多禁区，尽力扩大新闻的报道范围，及时地、原原本本地把公众感兴趣的新闻以迅速的时效，生动活泼的形式报道出去，受到了群众的热烈欢迎。苏共二十七大，苏美数次首脑会议都由新闻机构作了迅速、详细的报道。新闻界对一些突发事件和严重灾害、事故的报道也有重大突破，如贝加尔湖污染情况，切尔诺贝利核电站泄漏事故，黑海沉船事件，哈萨克学生闹事，亚美尼亚少数民族骚乱等在过去认为是绝对不可外扬的家丑，现在新闻机构都做了报道——特别是德国青年鲁斯特驾机降落在克里姆林宫红场这一轰动世界的“丢丑”事件的报道，按过去的传统报道思维更是难以想象的。

在增加党和政府的透明度的同时，新闻界同人民群众的联系普遍加强了。不仅电视台经常播出一些专题节目，邀请普通群众同政府官员们面对面讨论问题，报刊界也不断调整版面，增加新型专栏，直接反映群众的意见和要求，组织讲评群众所关心的热点问题。

苏联新闻界在提高报道公开性程度方面的另一个重要措施是不断加强批评报道，努力发挥新闻媒介的舆论监督和干预生活的作用。前《真理报》总编辑阿法纳西耶夫在一次会议上曾着重强调了新闻批评在新闻工作中的重要地位。他指出，对于报刊来说，今天不应该再存在原先认为是“不可侵犯的”或“不允许批评的”、“被禁止的”题目、领域和现象。阿法纳西耶夫的这一呼吁代表了当时苏联新闻界的普遍看法和努力方向。正是在这些“新思维”的指导下，苏联新闻界在突破“禁区”，加强批评报道，积极干预生活方面迈出了不小的步伐，许多过去不敢批评的题目、领域和现象的“禁区”都不复存在了。苏联新闻媒介勇于公开报道现实生活中的许多阴暗面，大胆揭露党政机关工作中的错误、缺点和腐败现象，公开承认并批评社会经济生产和人民生活中存在的诸如经济体制僵化、官僚主义严重、生产效率低，劳动纪律差、食品供应不足、住房紧张等现象，甚至敢于披露军队和克格勃内部存在的一些严重问题，对苏联出兵阿富汗等一系列外交政策也提出了疑问。与此相应的是，在扩大批评范围的同时，苏联新闻机构还在逐步克服过去“批小不批大”的现象，提高批评的“等级”。例如，《真理报》在报道中就曾直接点名批评莫斯科市委主要领导工作中的失误，揭露乌克兰共和国发生的无理逮捕《苏联矿工》杂志记者别列尔辛事件，促使身为苏共中央政治局委员的乌克兰党中央第一书记谢尔比茨基在报上就此事作检查。报纸还直接干预经济生活中存在的一些严重问题，在群众中反响很大。至于新闻界在揭露30年代肃反和斯大林时代的种种弊病，包括布哈林案件在内许多重要历史事件的反省平反中所起的作用，更是有目共睹、熟为人知。

改革国际报道，提高对外宣传的公开性程度，也是苏联新闻界实施改革以来所取得的成就之一。以往苏联的新闻报道往往完全按自己的好恶为标准，采用实用主义态度，对友好国家一味说好，粉饰现实，对不友好国家则总是揭露、攻击，有时为了自己的利益，竟对一些举世瞩目的事件信口雌黄，任意扩大或缩小事实，或者干脆采取鸵鸟政策，沉默不语，这常常使广大群众对新闻媒介失去了信任，转而相信外国新闻媒介的相关报道。改革后，苏联新闻界在国际报道和对外报道中确有不少变化，突破了许多原有的“禁区”，提高了对外报道的公开性程度，对国际事件的报道较为客观全面了，从而使群众能较为真实、全面地了解到国际新闻。

然而，尽管苏联新闻传播事业采取了一系列重大改革措施，焕发出生机，赢得了苏联民众和国际界的好评，但是，由于新闻事业的这次改革运动没有清晰地设置改革的真正目标，没有把保卫社会主义制度的根本原则放在一个明确的不可动摇的位置上，没有正确地处理好社会生活基本原则与改革目标的相互关系，没有在执政党的领导下有序渐进地进行，客观上给苏联社会主义制度造成了巨大的伤害。这种伤害首先表现在新闻界的“公开性”自由行为搞乱了人民大众的思想，使社会公众失去了共同的改革目标，导致了党在人民群众中威信的下降，给反社会主义的各种力量制造了可乘之机。戈尔巴乔夫的改革曾遭到人民群众的抵制和反对，在苏共十九次党代会前夕，一家著名报纸发表了列宁格勒工学院女教师安德烈娃的一封来信，对苏联的改革运动提出强烈疑问，许多报刊转载了这篇文章。在苏共十九次党代会上，来自各州各加盟共和国的一些党政领导人也强烈指责苏联新闻界在公开性的道路上走得过远，总是诬陷打击好人，帮助了国际帝国主义反苏联势力。从这场改革最终导致的惨痛结果来看，苏联新闻传播界在这次改革运动中的所作所为是值得人们深思的。

五、叶利钦与普京时代

戈尔巴乔夫的改革葬送了计划经济时代的前苏联新闻传播事业，随后的叶利钦时代则标志着俄罗斯新闻事业的急剧变化时期。随着苏共的解体，苏共党报体系全面瓦解，各级报刊与电台、电视台纷纷在所谓的改革中落入私人手中。这些新兴的各类金融、能源与政治寡头利用手中的大众媒介为自己所用，鼓吹与推动对己有利的社会"改革"。这些变动导致了俄罗斯新闻事业的全面倒退，产生了许多消极性的社会舆论影响。

在经历了叶利钦时代"震荡休克"式的新闻事业"改革"之后，强力总统普京的上台拉开了俄罗斯新闻事业转型的大幕。伴随着公众对俄罗斯强国地位的追求，对无序社会的不满，对大面积社会经济下滑和政治生活的动荡感到不安，普京政权采取了有力的措施，对国家的新闻传播事业进行了强力整顿。这包括对私人拥有的大型传媒机构的收购，对寡头势力的重拳出击，对新的社会传媒结构的重新整顿，加强国家对重要传播媒介的影响力。这一切措施都旨在根据俄罗斯的具体国情，探寻一条符合俄罗斯社会现实需要的大众传媒体系的转型之路，并在民主自由探索与社会稳定发展两极之间寻求一种合乎大众根本利益的平衡点。事实上，在普京两届总统任期即将结束的今天，俄罗斯的大众传媒事业转型模式已基本定型，新闻传媒在国家社会生活中的地位和作用相对固定了，新闻出版事业重新获得了成长的动力。

2000年俄罗斯新闻出版事业相关数据如下：

俄罗斯报纸总数5758种，杂志和期刊3570种。主要报刊及发行量：《俄罗斯报》，创刊于1991年，政府主办，日发行量48.31万份；《独立报》，1991年创刊，日发行量5.24万份；《消息报》，1917年创刊，日发行量23.45万份；《每日商报》，日发行量11.73万份；《共青真理报》，1925年创刊，日发行量79.6万份；《莫斯科共青团报》，日发行量196.04万份；《论据与事实》周报，发行量292.12万份。

主要杂志及发行量：《总结》周刊(8.5万份)、《政权》周刊(7.35万份)、《剖面》周刊(7.2万份)、《星火》周刊(5万份)、《新时代》周刊(2.5万份)。

主要通讯社：

俄通社－塔斯社　简称俄塔社。前身是前苏联时期的塔斯社及于1992年1月23日成立的俄通社，1992年1月30日正式定名为俄通社—塔斯社，国营。为世界五大通讯社之一。目前在俄及独联体国家有74个分社，在其他59个国家有62个分社。

俄罗斯新闻社　简称俄新社。前身是苏联新闻社，成立于1961年，1993年被确定为国家通讯社，国营。是俄两大国家通讯社之一，地位与俄通社—塔斯社相同。在俄及独联体国家有40多个分社。

国际文传电讯社　成立于1991年，私营。目前在俄、独联体及波海国家有8个分社。

主要广播电台：第一广播电台(原苏联中央广播电台)、俄罗斯之声(私营)、俄罗斯电台(国家控股)、莫斯科"回声"电台(私营)。

主要电视台：

俄罗斯国家电视广播公司　亦称俄罗斯电视台、国家电视台。建于1991年5月，国家控股。

国家第一电视台　前身是前苏联中央电视台。建于1990年，国家控股。

独立电视台　建于1993年1月。私营。在俄、美、欧、中东、北非、澳大利亚等地播放俄语节目。[①]

第三节　分析与思考

在这一节里,我们将集中探讨这样几个问题,其一,苏联新闻传播模式的特征是什么？其二,对苏联新闻传播模式优缺点的比较分析;其三,该模式对我国传播事业的影响。

一、苏联新闻传播模式的特征

我们在此所指的苏联新闻传播模式,主要是指在斯大林时期前苏联所建立的一整套新闻传播体制和其运行规则。这一体制是按照斯大林,联共(布)党的一系列指示和原则精神,经过相当长时期的新闻实践活动,逐渐"配套"成龙的,这一模式的总体特征概括起来有以下几点。

1. 新闻传媒"国家化"是该体制的第一个显著特征

在苏联社会主义新闻事业体制中,所有的新闻媒介均为"国家所有",报刊是官办的机关报;广播电台电视台则是官方的机关台,在新闻传播领域中没有党政的区别,更无官办、民办的区别,宪法中规定的公民的出版自由,表现为代表所有公民根本利益的执政党及其所领导的政权组织的出版自由。无产阶级政党在夺取政权以前,对本党报纸的政策被不加变动地作为一种必须遵循的原则而继承下来,成为国家新闻传播制度的哲学基础。

2. 新闻报道"宣传化"是这个体制的第二个显著特征

从新闻事业狭隘的宣传鼓动组织的职能要求出发,苏联新闻传播事业的整个报道工作完全被功能式地定位为"宣传化"的机器。执政的当权者掌握着新闻报道的过滤漏斗,决定着人民大众应该知

---

① 相关资料来源:百度－百科之俄罗斯新闻出版。

道些什么和不应该知道些什么，凡反对现行政权、现行政策、现行领导的报道，不是完全不予刊登，就是只刊登无害的部分。正如原塔斯社的一位高级负责人曾说过的那样："苏联报刊的首要作用并不在于发布新闻，而在于宣传、鼓动，凡不能纳入宣传、鼓动的事例，就不是新闻，失去了接触新闻传媒的资格。"显然，这完全否定了社会新闻传播事业除了在新闻传播基础上进行必要的宣传、鼓动作用外，尚有让读者客观地获知世界各种情报、信息的义务。在这里，不是新闻媒介应服从人们获知信息的需要，而是人民大众获知新闻信息的需要应服从于执政者的宣传需要。

3. 高度的"一体化"和完全实行"人治"是其第三个显著的特征

就该模式的控制方式而言，高度的"一体化"和完全实行人治是苏联新闻传播体制第三个显著的特征。由于苏联传播事业不是实行法治，从来就没有制定新闻出版法规，而只是单纯依照对当前政治有利无利的现实原则来指导新闻事业，这样，对新闻事业的管理就常常因领导者的素质不同、水平不一而导致一种判断无标准、取舍无定规的人治现象，整个社会传播事业也随之出现了"软化"和过分依赖上层的现象。新闻工作者工作时无所遵循，提心吊胆，常常事事请示，层层受审，无法发挥自身的主动性、创造性，使得该模式下的新闻传播事业毫无生气。

传媒作为同级党委的附属机关言论喉舌这一地位也使控制的方式单一僵化，使传媒失去了生存的活力。报刊、传媒无权对同级执政者进行批评和监督，只有更高一级的新闻事业单位才有此权，这样层层上溯，最后的结果只能是最高权力机构的言行可以不受任何新闻舆论的监督与批评。即使最高权力机构和最高领导人倒行逆施，也不受新闻传媒的非议，直到最高权力机构以非正常的形式改组乃至社会大动荡之后，才会在新闻传媒上出现一个集中的、事后的批判浪潮。

4. 新闻传播体制的过分集权是该体制的第四个显著特点

苏联新闻传播体制模式的过分集权性质导致了自下而上的人民

监督新闻传媒这一“人民喉舌”功能的“软化”与“弱化”，这是该体制的第四个显著特点。由于主持政治，评议新闻传播实践的人就是同级或上级权力机构；由于官费办报、官费订报、官僚门看报，因此报纸办得好坏跟读者的好恶不发生任何关系，新闻传播效果不受发行量、读者态度的左右，从而形成了传媒机构和具体把关人只对上负责，对“现官”负责，而不需对下层、对民众负责的不正常机制。

二、苏联新闻传播模式的功能分析

高度集权的苏联传播模式，就其思想特征与指导原则而言，不乏狭隘的功利主义和唯心的英雄史观，这表现在片面强调新闻传播事业的工具性质和单一的舆论组织作用等新闻理论上，表现在过分强调新闻传播媒介是执政党推行其路线、政策的工具，却不采取切实可行的措施保证新闻传媒为公众所利用，成为公众依法自由表达自己的观念、意见的手段，监督各级人民公仆的喉舌。虽然苏联新闻模式承认新闻传播事业是党的喉舌，也是人民的喉舌这一根本性质，但又强调由于人民成分的复杂，觉悟高低不同的缘故，人民总是呈现左、中、右三种群体倾向，故只能由最能代表人民根本利益的党来为全体民众作出正确的决策。这样，人民获知新闻的质（即获知哪些方面的新闻）和量（即获知多少新闻）就完全由少数的党的先进分子来决定。何为香花？何为毒草？由他们来判断；何为新闻？何为旧闻？由他们来取舍；几时刊登？几时广播？由他们来操纵。显然，这正是英雄史观和唯心主义在传播领域里的反映。这种功能性的新闻传播体制一方面能够极有效地组织和鼓动人民大众在党的领导下万众一心地进行社会主义革命与建设工作，取得辉煌的成果；另一方面，它也极易在有着广泛官僚统治传统的国度，在封建的劣根性不易消除的国家中导致新闻工具脱离人民，导致新闻工具对党内民主和人民民主权力的肆意破坏践踏，最容易导致对人民群众建设社会主义的积极性和历史创造性的压制和打击，最可能使人民的舆论工具退化为支配奴役人民、仅听命于最高权力机关摆布的法西斯传播工具。

但是,从另一个角度来看,我们也必须承认,苏联新闻传播体制下的新闻报道效能也确有其独到之处。首先,比较有组织纪律性,具有某种高效率。它能闻风而动,能在短期之内掀起一个又一个的宣传浪潮,其鼓动效能在某一特定时刻是相当大的。其次,这种体制避免了西方传播事业中最为消极的本职特征——牟利的动机,这也就消除了资本主义社会中出于商业目的而广泛刊登的色情、凶杀、暴力等无聊新闻。一个不可否认的事实是,当这种体制在正确的领导之下,遵循正确的方针政策和路线时,它确实能发出惊人的能量,能提供大众格调较高的精神食粮,能够鼓动人民群众参加真正具有伟大意义的工作,能够迅速的宣传贯彻党的正确的决策、路线、方针,能在开明领导人的鼓励下有效地反馈民意、下情上达,这一点也是为许多历史事实所证明了的。

概而言之,苏联模式是高度集权的、控制严密、思想统一、富有效率(相对意义上的)的一种新闻传播模式,它犹如一把锋利无比的双刃宝刀,掌握在好人手里能披荆斩棘、为民造福;掌握在坏人手里则为祸大众、惨烈无比。显然,这种集权的、工具化的模式有利有弊,而且利弊互换非常容易。

三、苏联新闻传播模式对我国新闻传播事业的影响

苏联新闻传播模式对我国传播事业的影响之大怎么估计都不算过分,这不仅是因为两国之间的历史背景、现实渊源极深的缘故,而且也同两国新闻事业的起源、理论、指导原则等方面的相似有关。从体制、模式产生的背景来看,沙皇时代的俄国同我国近代历史十分相似——生产落后,资本主义因素不发达,封建专制主义盛行,广大民众的文化水平落后低下;从新闻传播事业产生的渊源来看,两国的新闻事业都是在极为残酷的对敌斗争中产生的,都特别重视新闻传播事业的战斗性、指导性和组织、宣传、鼓动功能。两国传媒都是党领导人民进行阶级斗争伟大革命的有力工具;从新中国成立后的总体社会环境来看,我国同苏联的社会结构、思想意识都很相似,特别是

50年代我国学苏一面倒、全盘化，曾专门对口派出庞大的新闻代表团去苏联“取经”，整个传播事业受苏联模式影响非常之大。不夸张地说，我们的新闻传播事业在某种程度上就是苏联模式的翻版——尽管也有不同之处，但不能改变其根本的性质和整个模式的构架方式。

苏联模式对我国新闻传播事业的这种全面影响，一方面带来了许多积极的因素，如我国新民主主义革命时期的新闻传播事业正是学习了苏联的经验而在中国革命事业中发挥了很好的作用。就是在新中国成立初期，这些经验也有助于当时党、国家和人民的根本利益，为我国社会主义建设事业作出了卓越贡献；另一方面，这种全面的影响也带来了不少教条主义、专制主义的弊病，比如片面夸大新闻传媒的组织作用，干涉政府和各界社会团体的日常工作等，我国新闻理论界就曾受苏联新闻理论界的影响提出过“党和政府通过报纸而不必另下公文和命令就可以动员、组织群众完成工作任务”，因为这是“报刊不应也不能否定的战斗传统”。林彪也曾公开说“……报纸是不见面的指导员、不见面的司令员”。十年动乱中，对北大聂元梓一张大字报的广播报道就可以在全国范围内掀起四大狂潮（大鸣、大放、大字报、大辩论）；陈伯达执笔的一篇《横扫一切牛鬼蛇神》的社论，就可以把宪法变成一纸空文，千百万人为此失去自由，被扫地出门，下放劳动；《人民日报》一篇《我们也有两只手，不在城里吃闲饭》的通讯一发表，千千万万的城镇居民便被赶向农村。十年内乱中新闻事业的威力不可谓不大，这当然首先是因为党和国家政治生活中出现了问题，但也确实因为我国新闻传播事业制度本身所具有的弊端使错误的政治路线通过新闻工具为祸人民，造成了社论治国、报纸治国的怪异现象。

这种模式还有一个不良后果，就是社会主义新闻自由形同虚设。这表现在两方面，其一是高度的控制，使新闻传媒不能有一点独立性，造成了整个新闻事业的“软化”和死气沉沉，造成了“多个世界、一种声音”的虚假统一。由于社会主义新闻事业自身没有一定的自由度,因而缺乏活力,缺乏批评、监督、反馈的有效机制;其二就是这种模式否定普遍的人类社会新闻自由形式,把资产阶级乃至人类在几百年中发展起来的某些新闻自由的成熟形式全部批为资产阶级的货色。把社会主义应该具有的新闻出版自由,片面地解释为工人阶级劳动大众占有新闻出版的全部生产资料(公有制)的自由,把拥有实现新闻出版自由的物质条件,说成了出版自由本身。反对普遍的新闻自由形式的另一种解释是党的替代机制,认为由于联共(布)是人民根本利益的代表者,党拥有了新闻出版的真正自由,就意味着人民大众也拥有了全部的新闻传播自由,因为党除了为人民谋利以外别无他求,党所追求的新闻自由与人民大众所追求的新闻自由是完全一致的。这完全是斯大林的观点。早在1927年,斯大林曾在答复德、法、奥、中等十国工人代表团所提出的为什么有人说苏联没有新闻出版自由的问题时说:"一切为工人阶级出版自由所必须的东西都掌握在工人阶级和劳动人民手里,这在我们这里就叫做工人阶级的出版自由"。可见,由于不承认普遍的新闻自由形式,不去建立真正能保证每个公民个体和公民团体占有生产资料和实现新闻自由的具体法规,因而工人阶级的每个具体成员无法自由地行使新闻自由权力。工人阶级和广大民众在宪法上享有掌握出版自由的物质基础条件,但却没有相应具体的法律条文保证每个公民在现实生活中享有新闻出版自由。西方的资产阶级用资本这一现实的物质条件剥夺了绝大多数民众的新闻自由权力,而苏联这一社会主义国家却用否定普遍的新闻自由形式和党的替代机制剥夺了绝大多数民众的新闻自由权力,钱和权都成为阻止人民大众真正享受新闻自由的巨大障碍。

【练习题】

名词解释:

1.《火星报》

2.《真理报》

简答题：

1.《真理报》的特点。

2. 苏联新闻传播模式的特征。

3. 苏联新闻传播模式对我国新闻传播事业的影响。

论述题：

试论苏联新闻传播事业的改革模式。

第十九章

南斯拉夫新闻传播模式

对于南斯拉夫共和国我们并不陌生,随着近代社会主义国家改革运动的浪潮,人们对于南斯拉夫的兴趣越来越浓厚。由于南斯拉夫领袖和人民所创立的社会主义自治理论,这个国家走出了一条建设社会主义家园的独特的道路。与此相同,南斯拉夫新闻事业无论在新闻理论和新闻实践各个方面,都表现出许多不同于其他社会主义国家的一些特色。我们将在这一章中简略地探讨这些特色,并把它们作为一种比较的参照物,来与苏联、中国和西方各国的新闻体制作一个横向的比较分析。我们希望通过这种比较研究,对南斯拉夫社会主义共和国的新闻事业及各国的新闻事业——特别是社会主义新闻事业能有一个更好的理解。

第一节 背景之回顾

一、南斯拉夫新闻模式产生的历史背景

南斯拉夫新闻模式产生的历史背景,主要来自三个方面:其一,是1919~1945年地下工作和战争时期的革命新闻宣传工作的经验;其二,是1945~1950年间外来的苏联集权模式影响;其三,南斯拉夫党和人民自行创立的社会主义自治理论和实践。下面,我们对这三个时期的历史背景和相关影响简略地分别加以探讨。

1919~1945年是南共历史上极其艰苦的年代。在这一时期,南

斯拉夫共产党人一直处于地下工作和战争的残酷环境里,党的报刊工作也始终处于非常艰苦的境地。自1919年南共成立,到1941年战争爆发,由于当时反动国王政府对共产党的迫害及对进步舆论的高压,南共的报刊始终活动在秘密的地下范围。这个时期,报刊被直接掌握在党的手中,受党的严格领导,是党同反动政府和外来敌人进行顽强斗争的有力的宣传武器。

1941年法西斯德国侵入南斯拉夫,战争爆发了,南共从地下状态转入公开的武装斗争,军事斗争成了这一时期南共历史活动的主要内容。相应地,在这一时期所产生的南共报刊都是为军事斗争服务的,完全被控制在军队的手中。1941年最高军事领导人铁托元帅批示恢复出版了南共机关报《战斗报》,同年8月铁托又倡导创办了《最高司令部公报》,南共在战争中至少创办了14种主要的报刊,大多数都掌握在武装部队的手里。1942年成立的自由南斯拉夫广播电台,1943年成立的南通社(南斯拉夫通讯社)都是在残酷的战争环境中为取得战争的最后胜利而服务于党和军队的新闻媒介。

1945~1950年间,是社会主义共和国历史上学习苏联经验,实施国家集权的时期。在这一历史阶段里,同中国、东欧社会主义各国一样,南斯拉夫人学习苏联的经验,在国家的政治生活中实施高度的中央集权制度。在新闻领域内,同样学习苏联模式,对新闻出版事业采取集权管理。地下工作时期和战争年代所形成的新闻工作体制及方式由党和各级政府继承了下来,并在学习苏联模式的浪潮中得到了极大的强化。

1946年通过的第一部《南斯拉夫出版法》规定:报刊是国营企业,由政府提供资金,党、工会和其他官方机构负责出版印刷;在报刊和通讯社的领导机构及组织人事方面,采取主要负责人由党组织任命,一般干部由党的有关部门选择调配的制度;在新闻报道渠道方面,国内外重大新闻均由国家通讯社统一发布;在媒介管理制度方面,所有报刊出版前必须送交有关部门检查,实施事先检查制度;在物质供应方面,由国家经委根据各报的重要性及政治态度来分配新闻纸;在对外报道方面,各报刊、广播电台无权自行决定是否向国外派出自己的记者。这就是南斯拉夫建国初期新闻事业集中统一管理制度的一些特征。显然,这种集中管理体制的产生,是地下工作和革命战争及苏联模式交互影响的必然产物。它在当时的实施有利于战后南斯拉夫新生政权的巩固,但是从长远来看,这种集中统一的新闻体系有着巨大的缺陷,而对于这些体制性缺陷的改造构成了南斯拉夫人民后续新闻改革的主要目标。

二、南斯拉夫新闻模式产生的社会背景——自治运动

上面我们所探讨的南斯拉夫集中统一的管理制度,在1948年以后开始面临着改革的趋势。这一年,苏联和南斯拉夫关系恶化,以铁托元帅为首的南斯拉夫共产党人很快发现,从苏联全面照搬的许多做法不能够适应南斯拉夫的实际情况。他们进而转向寻求符合本国实际状况的社会主义建设新道路,开始了南斯拉夫工人自治运动的实验,这样,就产生了南斯拉夫新闻模式的社会思想背景——工人自治理论。

工人自治理论是南斯拉夫党和人民在深刻领会马克思主义原理的基础上自行创立的一种社会主义独特理论、独特发展模式。在那个年代,这一理论一提出来就被斯大林领导的苏联人和东欧诸国领导人视为“异端”,定义为典型的“修正主义”理论与模式。为了反击苏联老大哥及一些社会主义兄弟国家强加给自己的“修正主义”的罪名,南斯拉夫人所创立的社会主义工人自治理论就必须符合下述三条基本前提:其一是必须以马克思主义为理论依据;其二是必须符合南斯拉夫的实际国情;其三是要同苏联集权模式相异。这三点认识使南斯拉夫的自治理论呈现出独特的色彩和内涵。

大致来说,这一自治理论的思维和建立过程是这样的:

“人”和“人的解放”是马克思主义的基本出发点,马克思对未来社会的设想,就是消灭私有制,铲除雇用劳动制度,建立自由人的联合体,消除人的异化。南斯拉夫领导人紧紧抓住这一点,开始了社会

主义工人自治理论的建构工作。

南斯拉夫人认为，在社会主义公有制条件下，工人阶级作为国家主人的基本条件就是能够直接参加生产的管理，有权决定自身的事务，唯此，才能消除对劳动者主人公地位的异化。因此，企业应当实行工人自治，使国家的经济管理职能首先在微观决策领域中淡化退出，让由工人代表组成的工人委员会行使直接管理企业的职权。南斯拉夫人认为，苏联等国所实行的国家高度集权的方式，虽然在社会和企业中排除了资本的力量，但却又引进了国家这一行政力量。国家作为一种凌驾于大众之上的、超经济的力量独揽大权。国家名义上是集中了全体劳动人民的意志来进行社会领导管理的一个主体形式，但实际上却有可能成为一小撮官僚阶层发号施令的工具，为一小撮官僚集团分子的既得利益而侵犯社会全体成员的根本利益。在国家集权制度下，国家的行政力量很可能代替了原来单个的资本家，而作为一个新的权威机构重新凌驾于劳动者之上。这样，劳动者的主权会徒有虚名，会成为国家官僚机构愚弄人民的掩饰品，并会导致社会主义的直接生产者、真正的主人翁——工人阶级统治权力的异化（被架空）。在南斯拉夫激进的工人自治理论派别中，更干脆把这种苏联式的中央集权体制逐出了社会主义领域，称之为国家主义，认为它是与资本主义、社会主义并列的当代社会发展中的三种独立的社会形态之一。正是从这一系列对马克思主义思想的独立理解和对苏联模式的深刻批判出发，南斯拉夫人积极主张消除国家所有制，首先使国家的经济管理职能逐步消亡，让工人群众直接参与经济与社会事务管理工作。这种社会主义条件下的工人自治同苏联等国集权主义的计划经济制度划清了界限，构成了南斯拉夫自治理论的主要内容和基本精神。

南斯拉夫共产党人认为，在确立民主管理与工人自治的基础上，实行广泛的社会自治与削弱国家的某些社会管理职能，是进一步发展自治社会主义运动，确立工人阶级主人公地位的必要条件。按照马克思主义的原理，直接生产者的主人公地位，意味着其对社会事务的直接管理与干预。南斯拉夫人认为，这是企业自治的延伸，也是在社会主义条件下直接生产者管理社会的必然结果。它要求国家集权退出教育、卫生、福利事业等部门的管理，抛弃了苏联中央集权一统天下的传统社会体制。

自治理论的最后一个核心思想是：市场是联结社会生产者的重要纽带，社会主义条件下的生产活动依然是商品的生产活动，因而商品的价值规律仍然在起作用，而价值规律需要通过市场才得以实现，这是保证自由人联合体“工人自治企业”平等竞争的必要条件与要素，市场是检验社会计划，企业生产是否有效合理的最终标准。

三、自治理论发展的三个阶段

从1949年初开始，南斯拉夫人在上述思想指导下，开始走上自治道路。在此后的实践中，这一体制和指导原则不断地演变，直到其领导人铁托元帅逝世时，大约经历了三个主要发展阶段。

第一阶段，从1950年到1963年，是工人自治的创立阶段。1950年，南斯拉夫开始了工人参加国营企业管理的初步尝试，但工人委员会自然从属于国家认可的经理人员。

1953年，南斯拉夫新宪法公布，将生产资料的社会所有制与工人自治作为社会的经济基础，正式废除了国家所有制。但在这一时期的改革中，许多客观条件决定了主要的社会经济政策仍由国家确定。

第二阶段，从1963年到1970年，这是自治理论向社会领域进一步发展的阶段。1963年新宪法进一步规定了企业自主权限的扩大和在教育、文化、卫生、社会等领域中实行自治，更加削弱了国家的行政权力。这一阶段改革的特点是将更多的社会行政权力移交给社会自治机构，形成了一种社会自治机构独立的微观网络，并将资源动员与分配的权力，价格的权限，收入分配权力都下放给自治企业，向着分散、灵活与社会主义自治经济方向发展。

第三阶段，从1976年至铁托元帅逝世，是自治运动向联合劳动发展的阶段。所谓联合劳动,就是在推行生产资料社会所有制的条件下,使自治生产者通过契约与协议将社会所有的资金与劳动者结合起来。为了进一步发挥工人直接管理的民主作用,保证社会成员的平等利益。南斯拉夫人划分了原有的经济核算单位,以联合劳动基层组织为社会生产的细胞(车间,作业队),通过一层层的契约关系,组成为更高层次的联合劳动组织。每个基层组织既要基于市场进行独立经营,又要根据契约与其他组织发生联系、互相制约。在这种联系中,体现着工人阶级直接参与管理经济与社会事务的民主活力。

第二节　历史的进程

一、自治新闻体制的形成和特征(1950～1971)

在20世纪50代,南斯拉夫人由于开始了工人阶级自治理论的社会主义实践活动,自治制度和原则在南斯拉夫社会的各个领域当中逐步确立了主导地位,这一历史潮流性的理论观念和社会实践活动的转变,必然要求在南斯拉夫建立与之相适应的新的社会主义新闻体制。在这一时期,南斯拉夫社会主义自治的新闻制度逐渐基本形成,它主要表现在以下几个方面。

1. 新闻工具社会职能的转变

南斯拉夫共产主义同盟(占据领导地位的政党)对于新闻工具社会职能的认识作用,在这一期间有了明显的变化。在20世纪50年代以前,共盟(共产主义同盟)认为报刊是党传达政策和决议、指导工人运动和革命战争的有力工具,报刊具有革命的指令的性质。铁托早年曾这样概括它的作用:“报刊是教育和训练无产者进行反对资产阶级斗争的强有力的工具之一,我们用报刊保护和传播我们伟大的无产阶级导师和战士们以往的思想和经验。报刊是我们今天反对反革命和资产阶级最重要和最有力的武器。”但在实行自治制度以后,共盟的认识有了明显的变化。共盟认为,在社会主义自治的条件下，由于劳动者直接决定自己的劳动工资、条件、成果以及整个社会生活，报刊已不再是任何政治党派的工具，而是劳动者、公民用以获取社会消息，以便实现其各项自治权力的工具。也就是说，新闻传媒转变为帮助工人自治者和公民们获得最广泛、最充分和最及时的新闻与情报的社会工具，使用社会化的新闻媒介是劳动自治者不可剥夺的基本权力，是他赖以实现其他一切自治权力的重要的先决条件。基于此种认识，过去原本为各级共盟组织机关报的社会主要报刊，一般都改为劳动人民的群众组织——劳动人民社会主义联盟的机关报刊，共盟中央仅保留《共产主义者周报》和《社会主义杂志》作为自己的机关报刊。联邦政府设立新闻委员会作为新闻事业的主管部门，协调各个劳动人民社会主义联盟报刊之间的关系。这表明，报刊开始从共盟代表人民所用回归到全体劳动者直接或间接共用，共盟不再强调报刊代表共盟具有决定一切社会生活的作用。

2. 共盟与新闻传媒关系的转变

对于新闻工具的主要社会作用不再是宣传而是传播消息，是劳动者用以获取各种社会信息、借以实现其各项自治权力工具的这些认识，导致了另一个重大的变化，这就是共盟与新闻传媒工具之间的关系的重新确定。这种关系强调，在社会自治的条件下，新闻单位是依据自治原则独立进行活动的社会主体，这一主体在履行其社会职能时，享有充分独立的权力。共盟公开申明，在社会生活各个领域中，共盟都不能依靠政治和思想上的垄断及执掌国家机器来获得指导社会思想政治的垄断地位，而只能作为自治制度中的创造性力量，依靠在群众中的政治影响和模范作用来获取这种地位，新闻事业也不例外。

3. 南斯拉夫新闻自由原则的确立及其特点

共盟认为，南斯拉夫社会自治本身的性质，决定了它所要求的新闻事业必然是自由的而不是少数人的垄断物。共盟十一大决议曾就新闻自由的指导思想这样写道：新闻自由就是“在我国，报刊、广播和电视在反映社会主义自治发展中的进步要求时所享有的自由；除了新闻事业对于这项发展所负的责任和义务外,任何人都不能加以限制。在新闻活动和在新闻系统中所有的工作人员的独立性和责任性,从整体来看,是我们社会主义自治社会发展民主和深化自由的新的保证。”1960 年南斯拉夫联邦新闻法第 1 条也明确规定:“为了实现公民们的民主权利的目标,加强舆论在社会生活中的作用,以及随时向公众最大限度地充分报道来自国内外社会生活各个领域的事件和现象,必须保证新闻自由。”

宏观来看,南斯拉夫新闻自由的原则有两个显著特点:其一,具备比较完善的法律形式。在这一点上,南斯拉夫的新闻自由原则很值得称道。因为通过联邦宪法及其他国家法规,完整地规定了公民的新闻自由权力以及实现的具体方式,这显然比一些社会主义国家在宪法上抽象地肯定公民们的新闻自由,但却缺少帮助公民们实现这些自由的具体法律程序和条款要进步得多。

比如,南斯拉夫联邦法律曾具体规定:“公民在新闻传播方面享有以下权力:(1)通过新闻工具了解情况的权力;(2)通过新闻工具表达自己的意见的权力;(3)出版报刊和通过其他新闻工具传播消息的权力。”联盟内的各个共和国、自治省也根据社会主义自治的基本原则颁布了自己的新闻法,使宪法原则具体化,从而形成了实现公民新闻自由权力的完整的法规系统。

与此同时,南斯拉夫也用法律规定了实现和保障这些权力的各项原则,这主要是:第一,社会工作公开化原则。宪法和各共和国新闻法都规定各级政权机构所有的劳动组织和政治组织有义务把自己的工作情况对劳动人民、公民及社会团体公开。第二,新闻信息源的开放性和可接近性。即新闻工作者有权了解和报道一切社会公共事务,包括有权出席所有的政府机构和社会政治、劳动组织机构召开的会议,而这些机构有责任让记者无阻碍地搜集材料,并尽可能地保证他们的工作条件,只有涉及法律认可的机密时,才可予以限制。第三,所有新闻工作者和新闻组织在接近新闻信息源、获取和传播新闻、销售出版物等方面权力平等。第四,新闻传播机构发表新闻时不需要提出申请和被批准，除了处于直接战争威胁或战争状态，不存在任何形式的新闻检查。

南斯拉夫新闻自由原则的第二个显著特点是：它不是某种超阶级的或无限制的自由，即类似于西方所鼓吹的那种新闻自由。它的阶级性首先突出表现在保证构成这个社会基础的一些基本原则不受攻击，这些原则主要是：社会主义自治的基本理论和制度；民族平等和团结；全民防御和社会自立；独立自由的不结盟的外交政策；以及铁托元帅在南斯拉夫历史上的作用、地位和威望。为此宪法规定，联邦政府有权力和义务"在报刊和其他宣传通讯手段反对本宪法规定的社会主义民主制度的基础，或者威胁国家的独立、和平或平等的国际合作时，限制或禁止利用报刊及其他宣传通讯手段。"

南斯拉夫新闻自由原则的阶级性还表现为反对任何人以任何形式利用这一原则把新闻媒体私人化（私有化），从而使劳动人民实际上被迫放弃这一自由。铁托元帅认为"不能允许新闻政治舆论工具变为私有，既不能为政治中心私有，也不能为个人私有，因为这样确定无疑地要导致宗派和专断。"

另外，南斯拉夫新闻自由原则的阶级性还表现为反对新闻工具在报道和辩论中秉持所谓的"不偏不倚"，无立场、无观点的态度，要求新闻工具在客观地报道事实和开展公开辩论时，要有自己鲜明的立场，要能够根据自治原则，判断是非，明确态度。比如，共盟中央主席团曾在一项决议中指出："新闻工具不能成为单纯反映社会各个部分的行为和思想的镜子，而应是属于自治者的持积极态度的社会主义讲坛。它以自己的明确的思想政治倾向，自己的标准和原则站在争取社会进步斗争的最前列。"

显然，南斯拉夫的新闻自由原则具有自己独特的风貌，这突出地表现在这些社会主义新闻自由原则既在形式上参照和广泛借用了现代西方社会成熟的普遍的新闻自由立法形式和法律概念，又体现了社会主义自治制度下的新闻自由的特定含义，并在社会主义的实践活动中逐渐使新闻事业社会化、法制化、公开化。这证明了在社会主义制度下新闻自由不仅仅是宪法上的一纸公民权利，而且是与社会现实发展程度相适应的现实的法律存在，是公民切实享有的一种权力。南斯拉夫党和人民利用了西方乃至世界各国成熟的立法形式和法理概念，用来实现社会主义新闻自由的特定含义，在这一点上是非常值得我们深思和借鉴的。

现在，我们可以把南斯拉夫社会主义自治新闻体系形成时期的一些主要特点总结如下了。

第一，以往为各级政党组织机关报的主要报刊，在社会主义自治理论的指导下逐步转变为劳动人民群众组织的机关报刊。南斯拉夫共盟不再通过党的下属部门，运用指令性政策和政治权威来对报刊实施决定一切的垄断作用。

第二，1965 年以后南斯拉夫新闻单位招收新人员时不再由党和政府的人事部门选派，而是采取公开招聘的方式，让人们在公开的竞争中凭学历和能力获取在新闻单位工作的机会，报社领导人员也通过公开招聘产生，但需要听取出版委员会等自治组织的意见，并经过社盟组织（劳动人民社会主义联盟）的批准予以委任，只有共盟机关报的主要负责人才直接由共盟中央委员会任命。

第三，报社成立出版委员会（广播电台、电视台为节目委员会）作为社会管理机构。这个委员会的职权是负责确定该新闻组织的指导思想、基本任务、编辑方针、干部人选，并就各项工作提出建议。委员会由来自社会各政治组织和劳动组织的代表（占总人数的 2/3）及专业新闻工作者的代表（占 1/3）组成，委员会的工作对社会公开，定期将自己的立场、观点通报给公众。

第四，新闻单位成为经济上自负盈亏的独立的企业，除了来自有关联的社会自治利益共同体的少量资助外，报社的经济来源主要依靠出售报刊和收取广告费，电台、电视台主要靠收听、收看费和广告费。这样，新闻媒介在一定程度上受市场竞争的支配，报刊是否能吸引读者，满足他们多方面的需要，成为事关新闻从业人员切身利益的事情，因为新闻从业人员个人收入多少主要取决于各人的工作成绩和整个单位的财政盈亏情况。

第五，20 世纪 50 年代中，南斯拉夫联邦制定和颁布了一系列有关新闻工作的法律和条例，使新闻事业的管理法制化了。最主要的是 1960 年颁布的《联邦新闻法》，该法从法律上确认了社会主义自治制度下新闻事业的主要任务和管理方式，同时规定“新闻的发布不需要报告和认可，除在全国总动员和战争状态外不准有新闻检查”，这确定了用“事后追惩制”取代了“事先检查制”的原则。

显然，南斯拉夫新闻事业的这些变化和特点，是南斯拉夫共盟根据社会主义自治理论精神，来调整共盟和国家与新闻工具关系的结果。这些措施改变了以往用行政命令的方式管理新闻的旧有体制，加强了劳动者、公民及其自治组织对新闻工具的影响能力，提高了新闻传媒沟通信息、反映舆论的效能。由于这些变化，南斯拉夫新闻事业的面貌迅速改观，这不仅表现为报刊、广播和电视事业迅速发展，全国形成了比较发达、布局比较合理的公众传播网络，也表现为新闻报道范围扩大、消息传播量增加、人民大众的消息灵通程度日益提高。

二、社会主义自治新闻体系的完善和巩固(1971 ~20 世纪 90 年代)

20 世纪 60 年代末，南斯拉夫由于各方面的原因，在经济、政治方面出现了一些危机。与此同时，在南斯拉夫各共和国之间，共和国和联邦之间的矛盾加剧，民族主义势力抬头。到 70 年代初这些矛盾导致了一场激烈的斗争，新闻媒介在这场斗争中暴露了自身的一些问题，并以此为契机走上了自我完善和巩固的道路。

1. 克罗地亚事件和塞尔维亚事件中的新闻媒介

1971 年和 1972 年间，南斯拉夫的克罗地亚共和国和塞尔维亚共和国先后出现了两起严重的民族分裂运动，两个共和国中的少数民族分裂主义分子和无政府主义者在暴乱中利用新闻媒介对南斯拉夫自治制度进行了破坏性的批评和肆意地攻击。他们以民众的代言人自居，在报刊上大肆煽动民族情绪，提出分裂主义要求，恶化南斯拉夫各共和国之间和克罗地亚、塞尔维亚共和国同南斯拉夫联邦政府之间的关系。他们在报刊上刊登文章,在广播、电视中大喊大叫,煽动不明真相的群众罢工、游行、示威,一些新闻媒介对这种无政府主义的民族分裂浪潮未能给予坚决有力的回击。在这两起事件中,克罗地亚和塞尔维亚的新闻媒介暴露了自身的许多问题,其中最为重要的就是忽视了南斯拉夫共盟的政治引导作用所带来的消极后果,从而把这样一个问题提到了人们的面前,即在自治社会现有的发展水平上,新闻工具的独立性和负责性与共盟和南斯拉夫国家政府之间的关系应该怎样处理。发生在这两个共和国的事件表明,新闻工具的独立性和负责性并不意味着它可以脱离共盟的路线和社会发展的一般纲领而自行其是,否则它将不可避免地为反社会主义的敌对思想所支配,在实际生活中被国家集权主义者或无政府主义者、民族分裂主义者所垄断,这只会更加有害于社会进步、有害于南斯拉夫人民自治权力的发展和巩固。

与此相应的另一个问题是:南斯拉夫共盟应该用什么样的方法来保证新闻媒介的相对独立的原则呢?根据自治理论的要求,共盟应该与直接的行政权力分开,避免把政治思想上的引导作用变成行政上指令性的发号施令,在不使用权力的前提下起到充分的思想先锋引导作用。但在实际生活中,这种方法却很容易导致另一倾向的出现,即新闻战线上的共盟组织和其他社会主义组织在错误思想面前不愿及时表态和采取有力措施,怕自己的行为被说成是受人控制和操纵,这样,先进分子的引导作用往往会被架空和削弱,错误思想则因未受到有力的阻止和批判而迅速地滋长起来。显然,在克罗地亚和塞尔维亚事件中情况就是这样的。

那么,是否新闻传媒就应该回转到50年代直接的行政控制方法上去呢?南斯拉夫共盟和铁托元帅并没有这样让其简单地倒退,而是更加积极地采取措施来巩固和完善社会主义新闻自治体系中的某些缺陷。一方面,共盟要求在新闻领域中承担的责任更强,另一方面采取了一些措施以保证在实际工作中共盟可以起对新闻事业的政治方向施加决定性的影响。这些做法主要有：

第一，在实际工作中，共盟通过各种组织和思想的渠道把党的方针政策及时传达给新闻工作者，统一对重大问题的思想认识，而具体工作则由新闻工作者依据法律规定独立自主地进行。

第二，重要新闻组织的主要负责人必须通过以共盟为核心的社盟的领导机关的任命手续，其编辑方针也要经过这些机构讨论研究。

第三，联邦及各共和国、自治省分别设立新闻委员会，共盟中央、社盟中央以及各级组织也设置有关新闻工作的机构，直接领导和影响新闻媒介和团体。

第四，在新闻单位的社会管理机构——新闻管理委员会中，共盟、社盟和社会自治组织的代表占2/3，重要单位的出版委员会主席由各级组织的主要负责人兼任。

通过这样一些措施，前南斯拉夫共盟就有了足够的力量，能够对新闻事业的政治方向和原则问题施加决定性的影响，保证新闻工具切实地遵循社会主义自治的各项基本原则。

在一般情况下，共盟避免直接出面干涉新闻工作，只是在方针政策上进行把关。然而在发生重大政治事件时，共盟也会毫不犹豫的直接提出自己的要求，但共盟所提出的这些要求通常都仅仅“限于对自治社会的生存和发展具有同等意义的小范围之内。”这种要求不能超出一定的限度，否则就会破坏社会主义自治的原则。正像共盟中央主席团、新闻协商委员会在1981年一次会议上所强调的那样：“发挥报刊新闻部门共盟基层组织和整个共盟的作用不应该成为施加垄断影响或具有操纵性能，不应该使这一作用成为对社会报刊的某种控制。这个部门的人员的政治责任在于执行政策、发挥基层组织的作用，同可能出现的垄断主义、个人操纵、外来思想意识的渗透，以及其他破坏自治权力和民主创作气氛的现象作有效的斗争。”

2. 自治新闻事业体系的特色与问题

南斯拉夫自治新闻体系自创立以来经过不断的自身完善和改

革,取得了很大的成绩和许多良好的经验。纵观南斯拉夫社会主义新闻事业的现状,总括而言大众传播事业比较发达,社会主义新闻自由原则实行较好,报刊的社会使命完成得比较出色。具体而言,南斯拉夫新闻事业在以下几个方面形成了自己的特色:

第一,南斯拉夫的报刊、广播、电视具有品种丰富、消息容量大、出版方式灵活多样的特点。比如新闻媒介的报道面相当广泛,举凡政治、经济、外交、文化、艺术、军事、体育、科学,直到大众的生活琐事、社会新闻、世界珍奇等都是其报道对象,加上各种形式的广告,每个南斯拉夫公民都可以在报刊上或广播电视中找到他所感兴趣的消息和信息,南斯拉夫新闻工作者说,在南斯拉夫,不存在被禁忌的题材,问题仅仅在于怎样反映它。

第二,新闻媒介讲求实效性,迅速及时地报道各种人民大众关心的重要新闻。南斯拉夫新闻传媒强调向公众通报情况要迅速及时,而新闻工具较大的独立性和负责性则为提高新闻实效性创造了重要条件,报刊、广播、电视都极力发挥自己的特长,尽快收集和传播公众关心的消息。

新闻媒介权衡新闻的重要性不仅根据当时政治的需要,也根据新闻本身的社会意义、新闻发生的具体情况以及群众对它的关心程度。国际上的重大事件、突发新闻,国内涉及到群众生活的各种实际问题,都可以根据具体情况得到突出的报道,如美国总统里根遇刺,埃及总统萨达特遇刺,各大报都以头版位置予以连续报道。据共盟机关刊物《共产主义者周报》的编辑们声称,如果铁托元帅的一篇重要演说和一架有南斯拉夫公民乘坐的飞机失事在同一天发生,《周报》将毫无疑问地把飞机失事放在头版头条的位置。

第三,强调客观反映现实,重视揭露社会矛盾和阴暗面。南斯拉夫新闻工具在努力反映国内各个领域中党和人民的政绩和成绩的同时,也不讳言缺点和不足,报刊上批评揭露性文章经常占很大比例。南斯拉夫分裂前几年,南斯拉夫的经济面临很大困难,新闻工具就对其建设战线过长、通货膨胀、经济犯罪发表了大量报道和评论,及时反映情况。南斯拉夫社会上存在卖淫和吸毒这样一类问题也会被新闻媒体公开加以披露。

南斯拉夫的新闻舆论工具具有一定的批评、监督政府及其工作人员的作用,新闻传播机构经常把少数人利用职权谋取私利的案件公之于世,报刊常常刊登读者来信和调查性报道,对各级政府和社会环境实施有力的舆论监督。

第四,允许不同意见在报刊上公开辩论。南斯拉夫报刊经常就政治、经济、文化、群众生活等各种问题展开辩论,两种意见都可以发表,各方都有机会利用新闻传媒来表达自己的意见和反驳别人的意见,党和政府保证新闻工具的这种权力,这已成为南斯拉夫新闻事业的一个传统。

第五,在新闻工作中坚持民族平等和民族团结的方针,要求各地区和各民族之间新闻流通自由,反对互相封锁消息,联邦一级的新闻机构在采用消息、编辑方针、报道组织以至语言、书写方式诸方面都严格地贯彻民族平等方针。全国 26 种日报分别使用 6 种语言出版发行,各级广播电视除了使用各地主要民族语言外,也使用各少数民族语言,每晚的全国电视新闻联播由各共和国、自治省的电视台轮流举办。

第六,在国际报道方面,新闻媒体在总方针一致的前提下有一定的独立性和自主权,南斯拉夫联邦历来要求各新闻机构在国际报道中必须严格遵循国家的不结盟政策和各项具体政策,不允许因为报刊自行其是而造成国家外交方面的困难。在大众方针一致的条件下报刊也可以自己采写消息,就具体问题发表自己的看法。

在国际新闻交流中实行较大程度的对外开放。1960 年联邦新闻法规定,在南斯拉夫与其他各国间新闻交流应当是自由的,只有当这种交流与保护国家的独立、安全与自由发展,及尊重人类的自由和权力、公开秩序和道德相违背时才能依法加以限制,这为南斯拉夫同世界各国进行广泛的新闻交流创造了有利条件。新闻法还规定国外出版物可以自由带进南斯拉夫,只有为分发散布为目的而进口的须经过批准。同时内务部有权停止那些为法律所禁止的内容的出版物进口。在南斯拉夫报刊市场上,人们可以买到很多品种的西方有影响的出版物,在街头公开读报室里,也可以看到许多外国出版物,当然这种开放也带来了某些消极的影响。

南斯拉夫新闻事业作为一个探索自己独特道路的新生事物,在取得了许多成绩的同时,还面临着不少需要解决的问题,这些问题大体可以概括如下。

第一,由于南斯拉夫位于欧洲历史上经济比较落后、资产阶级民主发展程度不高的巴尔干地区,而以实现直接民主为特征的社会主义自治的事业又是在面临国内外巨大压力和没有足够经验的条件下开始的,这就使自治制度在取得成就的同时不可避免地也经历了各种曲折和反复,作为依附于整个自治制度上的新闻事业也不可避免地面临着类似的问题。这主要表现为在有些地区、有些组织里,自治者享有的各项传播权力被忽略,劳动者往往得不到他们参与自治决策所必须的足够的高质量的情报,社会工作公开化原则也往往得不到应有的实现,在社会新闻的许多流通领域中,信息的高质量的交流还很少。

第二,20 世纪 70 年代以来一系列事件表明,社会主义自治制度并不是存在于真空中,它时刻面临着各种敌对势力的挑战,这就需要新闻机构中以共盟为领导核心的社会主义力量必须保持可以作出及时反映的能力。但正是在这一方面,也即在党和新闻事业单位的关系方面,在怎样有效地保证社会主义的基本原则不受侵犯的方面,南斯拉夫新闻事业还没有找到更有效的方法。

第三,南斯拉夫新闻制度在抵御市场规律和开放政策所带来的副作用方面还不够完善。由于新闻单位和个人收入往往取决于出版物在市场上的竞争能力,致使不少报刊产生了脱离自治制度的基本目标,盲目追求扩大发行量的倾向,这种由市场竞争所带来的新闻媒介商品化问题,引起了共盟和新闻工作者的高度重视和强烈关注。人们普遍认为,市场规律对社会新闻事业的发展有不可否认的积极推动的一面，但如果为了商品利益而把公众传播变为劣质品交易，那么就会对社会产生重大的有害影响。铁托元帅曾说："我们必须注意到在报刊领域中市场规律的日益绝对化，及其不惜一切为扩大发行量的现象——当这个成为目的本身时，将不可避免地为盲目商品化而耸人听闻，投合少数人的胃口，为伪劣商品、糟粕、不文明以及低级趣味打开缺口，这不是说制止市场规律的作用，进而有损于报刊的发行量，而是说要对这些规律进行有意识的社会控制。"显然，怎样处理好党和新闻单位的相互关系，怎样在商品化时代处理好新闻事业的发展问题，成为南斯拉夫党和人民致力解决的两个重大问题。

第三节　分析与思考

南斯拉夫社会主义新闻事业体制是一种非常具有本国特色和理论探讨价值的新闻传播事业体制。其中，在如何处理社会主义新闻自由的基本原则与人类社会普遍的新闻自由法律实现形式之间的关系方面，南斯拉夫社会主义新闻体制的许多做法值得我们深思与借鉴。

南斯拉夫社会主义同盟对于新闻自由这一敏感问题的处理原则和具体做法，为我们考察如何在社会主义制度下切实地实现公民的新闻自由提供了一个思路。正如前面所介绍的那样，南斯拉夫党和人民对待新闻自由的基本做法是既在法律的内涵里明晰地确定新闻自由的基本概念和内容，更通过吸收人类以往所创造的制度文明成果，用具体的、可操作性的法律形式来保证新闻自由原则在现实生活中能够得以实现。

纵观社会主义国家中公民的新闻自由问题，有两个很大的观念上的误区：其一是许多人认为社会主义国家剥夺了资本家利用资本创办新闻事业以牟取商业利益的权力，从根本上根除了这一制度性的资本痼疾，把从事新闻事业的基本社会生产资料夺回到了人民大众的手中，在这一公有制基础上诞生的社会主义新闻事业本身性质决定了它除了为人民服务的宗旨以外，没有其他的任何目标，因此，社会主义国家的公民们便自然而然地获得并拥有了世界上最大的、最真实的新闻自由。其二是许多人认为在西方社会中发展成熟起来的新闻出版法规是保护资本家根本利益的产物，是资本主义社会制度的产物，是虚伪的、表面的幌子，其目的就是为了掩盖资本主义的根本矛盾，麻痹人民大众的阶级觉悟，维护资本主义社会制度，因此，社会主义国家绝不能使用这些骗人的东西。

在这两个问题上，南斯拉夫党和人民是怎样想和怎样做的呢？

在第一个观念上最具代表性的观点来自于斯大林，他曾在一次接见外国工人代表团的时候提出了一个经典式的社会主义新闻自由观，他说："一切为工人阶级出版自由所必需的东西都掌握在工人阶级和劳动人民手里，这在我们这里就叫做工人阶级的出版自由"。显然，斯大林是把社会主义国家中人民大众实现新闻自由的必要前提——工人阶级和劳动人民获得从事社会主义新闻传播事业的基本生产资料，等同于社会主义国家中公民们的新闻自由权利了。南斯拉夫人则认为，苏联等社会主义国家虽然在公有制条件下成功地把资本因素及营利机制排除在了社会生活之外，但却又引进了国家强大的行政权力，国家作为一种超经济的力量在社会生活中独揽大权。国家名义上是集中劳动人民的意志来进行新闻传媒的领导和管理工作，但实际上新闻机构却有可能成为一小撮上层官僚既得利益阶层发号施令的工具，并为了一小撮人的利益而侵犯社会全体成员的一系列权力。在这种国家集权制度下，国家强大的、不受制衡的行政权力代替了西方资本主义国家中单一的或集团的资本家，并很有可能作为一个新的官僚集团重新凌驾于普通劳动者之上。这样，社会主义国家中劳动者的实际权力会被以国家的名义架空，变得徒有虚名，民主权利成为了国家官僚机构愚弄人民的掩饰品。正是在这一思想认识前提下，南斯拉夫党和人民既坚持人民大众获得新闻自由权力的物质基础——社会主义公有制的建立，更注重把人民的新闻自由权力从抽象的、理论的层次，通过具体的法律法规来加以实现。因为，仅仅宣布人民拥有了行使新闻自由的物质基础和前提是远远不够的,还必须通过具体的法律形式来实现每一个具体公民的新闻自由权利。在南斯拉夫,不仅联邦新闻法第一条概括规定“为了实现公民们民主权利的目标,加强舆论在社会生活中的作用,以及随时向公民最大限度地充分报道来自国内外社会生活各个领域的事件和现象,必须保证新闻自由”,而且更有具体的法律条文规定“公民在新闻传播方面享有以下权力:(1)通过新闻工具了解情况的权力;(2)通过新闻工具表达自己意见的权力;(3)出版报刊和通过其他新闻工具传播消息的权力”。这种既有坚定明确的原则又有清晰具体、可操作性的法律实现形式的新闻自由是南斯拉夫党和人民对社会主义新闻事业的一大贡献。

对于借鉴、使用整个人类文明发展史——当然也包括资本主义社会基础上所创造的制度性文明成果——包括新闻出版自由的法律形式,南斯拉夫党和人民更与以斯大林为首的苏联社会主义新闻自由观念有很大不同。南斯拉夫党和人民认为,不仅科学技术是全人类的共同财富,它们本身并不具有阶级性,人类社会发展进化所形成的许多制度性文明其本身也不具有什么阶级性,其中,如何实现每一个具体公民新闻自由权力的法律形式就是这样一种非阶级性的、具有科学普遍规律的文明成果之一。它既可以被资本家用来保护自己的利益(追求高额资本利润的自由权力),成为欺骗广大劳动人民群众的虚伪工具——因为所有公平美妙的新闻自由实现的法律形式一旦经过资本的实际约束就变成了废纸一张,也可以在社会主义公有制条件下用来实现最广泛的普通劳动人民新闻自由权力的科学工具。仅仅因为它诞生在资本主义制度下就认为它是资产阶级的专用品,是资产阶级性质的统治工具,这种看法是完全错误的。南斯拉夫党和人民更坚持把社会主义公有制度的优越性与资本主义社会中所发展完善的新闻自由普遍的法规法律形式结合起来,共同保证社会主义制度下广大人民群众切实的新闻自由权力,坚决排除国家集权主义专制权力对人民新闻出版自由的破坏性因素,实现社会主义自治制度下的每一个普通公民的一系列民主权利。

南斯拉夫党和人民进行社会主义新闻事业实践的另一个重要经验是，既注意到了商品经济和市场竞争规律对社会主义新闻事业的正面作用，也注意到了它们的负面作用，并对如何处理商品价值规律与社会主义新闻事业的关系进行了有益的探索。南斯拉夫党和人民认识到市场化的商品竞争机制对社会新闻事业的建设一方面有积极的促进作用，另一方面也有着很大的破坏作用，当新闻从业人员把新闻商品化并以市场利润作为唯一的目标时，市场机制和作用就会对社会主义的新闻事业产生不可估量的破坏作用。因此，必须对新闻传播活动中的市场力量进行理智的调节，不应该也绝不可以把市场的商品竞争机制及利润追求目标作为推动社会主义新闻事业发展的唯一的或主体性的原动力。

虽然由于种种原因，南斯拉夫联盟解体了，但南斯拉夫党和人民在进行社会主义建设中所取得的经验与教训却对我们有着重要的借鉴意义。特别是南斯拉夫党和人民在进行社会主义新闻事业模式的追求与探索方面所做的工作，对所有社会主义国家都是一笔宝贵的思想和文化财富。他们在如何实现普通公民新闻自由权力上的做法和对普遍的新闻自由形式的深刻认识和勇敢追求；对官僚国家集权主义可能会对社会主义真正原则所造成的破坏，剥夺人民大众新闻自由权力的危险性的认识；对商品经济可能带给社会主义新闻事业的双重影响及预防原则等等，都是启人心智、极其深刻的。

【练习题】

名词解释：

1. 社会主义自治理论
2. 铁托元帅

简答题：

1. 简述南斯拉夫自治理论的主要内容和基本思想。
2. 简述南斯拉夫新闻体制的主要特点。

参考书目

1.《马克思恩格斯全集》第4卷,人民出版社1958年版
2.《马克思恩格斯选集》第4卷,人民出版社1997年版
3. 童兵:《马克思主义新闻思想史稿》,中国人民大学出版1989年版
4. 陈力丹:《精神交往论——马克思恩格斯的传播观》,开明出版社1993年版
5. 徐耀魁主编:《西方新闻理论评析》,新华出版社1998年版
6. 张隆栋、傅显明编著:《外国新闻事业史简编》,中国人民大学出版社1988年版
7. 张允若编著:《外国新闻事业史教程》,高等教育出版社2003年版
8. 李希光、刘康:《妖魔化中国的背后》,中国社会科学出版社1996年版
9. 闵大洪:《传播科技纵横》,警官教育出版社1998年版
10. 陈力丹:《世界新闻传播史》,上海交通大学出版社2002年版
11. 童兵主编:《中西新闻比较论纲》,新华出版社1999年版
12. 马庆平:《外国广播电视史》,北京广播学院出版社1997年版
13. 张涛:《简明世界新闻通史》,武汉大学出版社1994年版
14. 张涛:《传播观念的历史考察》,武汉大学出版社1997年版
15. 中国社科院新闻研究所编:《七国新闻传播事业》,重庆出版社1988年版
16. 张威、邓天颖:《澳大利亚传媒》,北京大学出版社2002年版
17. 陶涵主编:《世界新闻史大事记》,人民日报出版社1988年版
18. 李彬:《传播学引论》(增补版),新华出版社2003年版
19. 李瑛、何力:《全球新闻传播发展史略》,郑州大学出版社2004年版
20. 联合国教科文组织:《多种声音,一个世界》,中国对外翻译出版公司1981年版

21. 联合国教科文组织《信使》精华丛书:《媒介的变迁》,中国对外翻译出版公司,2002 年版
22. [英]约翰·弥尔顿:《论出版自由》,商务印书馆 1958 年版
23. [英]约翰·密尔:《论自由》,商务印书馆 1959 年版
24. [美]施拉姆等:《报刊的四种理论》,新华出版社 1980 年版
25. [美]埃默里:《美国新闻史》,新华出版社 2001 年版
26. [美]斯旺伯格:《普里策传》,新华出版社 1983 年版
27. [美]约翰·霍恩伯格:《西方新闻界的竞争》,新华出版社 1985 年版
28. [美]哈尔伯斯坦:《无冕之王》,新华出版社 1986 年版
29. [美]赫伯特·阿特休尔:《权利的媒介》,华夏出版社 1989 年版
30. [意]法拉奇:《风云人物采访记》,新华出版社 1988 年版
31. [美]钱塞勒等:《记者生涯——现代美国新闻业务漫谈》,世界知识出版社 1985 年版
32. [美]芭芭拉·马图索:《美国电视明星》,中国广播电视出版社 1988 年版
33. [美]朱立安·哈瑞斯等:《全能记者必备》,中国新闻出版社 1988 年版
34. [美]切特罗姆:《传播媒介与美国人的思想——从莫尔斯到麦克卢汉》,中国广播电视出版社 1991 年版
35. [日]仓田保雄:《路透其人和路透社》,新华出版社 1980 年版
36. [日]内川芳美、新井直之:《日本新闻事业史》,新闻出版社 1986 年版
37. [美]威廉·肖克罗斯:《默多克传》,世界知识出版社 2001 年版
38. [法]彼·阿尔贝、弗·泰鲁:《世界新闻简史》,中国新闻出版社 1985 年版
39. [日]稻叶三千男、新井直之主编:《日本的报业理论与实践》,新华出版社 1985 年版
40. [英]苏珊·卡拉瑟斯:《西方传播与战争》,新华出版社 2002 年版
41. [法]阿芒·马特拉:《世界传播与文化霸权——思想与战略的历史》,中央编译出版社 2001 年版
42. [法]古斯塔夫·勒庞:《乌合之众——大众心理学研究》,中央编译出版社 2005 年版
43. [美]约瑟夫·R. 多米尼克:《大众传播动力学:数字时代的媒介》,中国人民大学出版社 2004 年版

图书在版编目(CIP)数据

外国新闻史教程/李磊著. —北京:中国传媒大学出版社,2008.2(2019.4重印)

21世纪新闻传播学基础教材

ISBN 978-7-81127-103-4

Ⅰ.外… Ⅱ.李… Ⅲ.新闻工作—文化史—世界—教材 Ⅳ.G219.19

中国版本图书馆CIP数据核字(2008)第012873号

外国新闻史教程

WAIGUO XINWENSHI JIAOCHENG

著　　者 李　磊

策　　划 程　平

责任编辑 蔡开松

责任印制 刘　莎

出版发行 中国传媒大学出版社

社　　址 北京市朝阳区定福庄东街1号　邮编:100024

电　　话 86-10-65450532　65450528　传真:65779405

网　　址 http://www.cucp.com.cn

经　　销 全国新华书店

印　　刷 艺堂印刷(天津)有限公司

开　　本 850mm×1168mm　1/32

印　　张 15.375

字　　数 393千字

版　　次 2008年4月第2版

印　　次 2019年4月第10次印刷

书　　号 ISBN 978-7-81127-103-4/K·103　**定　　价** 29.80元